D1670181

Das Gefühl

Eine psychologische Untersuchung

von

Theobald Ziegler

Fünfte, neu durchgesehene Auflage

Berlin und Leipzig
G. J. Göschen'sche Verlagshandlung G. m. b. H.
1912

Jul. Brandstätter (G. Neumann), Leipzig.

Inhaltsübersicht.

Aus dem Vorwort zur erſten Auflage.

Über Abſicht und Plan des vorliegenden Buches gibt
die Einleitung Aufſchluß. Nur weniges bleibt mir daher
hier noch zu ſagen übrig.

Einmal über die Form. Die Pſychologie hat neben ihrer
ſtreng wiſſenſchaftlichen Seite von Haus aus auch einen
Zug zum Populären und allgemein Menſchlichen. Ich
fürchte ihn nicht und meide darum auch nicht den böſen
Schein. Und ſo habe ich für dieſe Unterſuchung eine all=
gemein verſtändliche Sprache gewählt, es im übrigen den
verſchiedenen Seiten meines Gegenſtandes überlaſſend,
ob ſie eine ſtrengere oder laxere Behandlung fordern und
ertragen. Die Einheitlichkeit der Darſtellung im ganzen
ſollte darüber, denke ich, doch nicht in die Brüche gegangen
ſein.

Über mein Verhältnis zu Vorgängern habe ich mich im
einzelnen in der Einleitung ausgeſprochen, und die Lite=
ratur wird ſich je an ihrem Ort, ſoweit es notwendig iſt,
verzeichnet finden. Aber ein Allgemeines wäre darüber
doch noch zu ſagen. Die Pſychologie iſt eine empiriſche
Wiſſenſchaft; daher handelt es ſich in ihr nicht darum, um
jeden Preis Neues und immer wieder Neues zu ſagen; im
Gegenteil würde ich darin den Beweis ſehen, daß ich ſchlecht
beobachtet hätte. Und auch beim Hypotheſenbil den zur Er=
klärung der Tatſachen kommt es nicht ſowohl darauf an,
alles wieder einmal anders zu deuten und zu interpretieren

als alle anderen, sondern vielmehr zu sehen, wie weit man mit den bisherigen Erklärungsversuchen kommt, und erst da, wo es nicht anders geht, dieselben zu ergänzen und um= zubilden. Neu wirkt daher vielleicht am meisten der Versuch einer derartigen Zusammenfassung im Ganzen und als Ganzes, und neu wohl auch das Zurückgehen auf Älteres im Gegensatz zu modernen Strömungen und Anschauungen.

Straßburg i. E., 22. Februar 1893.

Vorwort zur vierten Auflage.

Dieses Buch ist vor fünfzehn Jahren (1893) mit einem gewissen jugendlichen Wagemut veröffentlicht worden. Ich würde ihn heute nicht mehr in derselben Weise haben. Eben darum verstand es sich für mich von selbst, als sich die Not= wendigkeit dieser neuen Auflage herausstellte, daß es im ganzen bleiben müsse, wie es war. Und dies um so mehr, als sich meine psychologischen Grundanschauungen in der Zwischenzeit im wesentlichen nicht geändert haben. Wohl aber habe ich seither vieles hinzugelernt. Und so war im einzelnen natürlich auch recht vieles zu bessern, zu ergänzen und anders zu formulieren. Dadurch hat der Umfang des Buches etwas zugenommen, und ganz unverändert ist wohl keine Seite geblieben. Dennoch wird man in dem neuen Gewand den alten Bekannten von ehedem wieder= erkennen und wiederfinden.

Auf viel Polemik gegen andere Auffassungen habe ich mich auch diesmal nicht eingelassen; sie würde zu Ton und Haltung meines mehr auf Zusammenfassung des Ganzen als auf Auseinandersetzung im einzelnen gerichteten Büchleins nicht paſſen. Und ſo muß ich auch den Herbartianern die Freude ihrer, wie ſie wohl gemeint haben, vernichtenden Kritik an meinem Buche laſſen. Perſönlich würde mich ohnedies die Polemik gegen weniger veraltete Anſchauungen mehr intereſſieren und locken. Von der inzwiſchen hoch aufge= ſchwollenen pſychologiſchen Literatur erwähne ich vor allem das, was mir zu Änderungen Anlaß gegeben hat oder worin ich eine willkommene Beſtätigung meiner Anſchauungen ſehen darf.

S t r a ß b u r g, Oſtern 1908.

Vorwort zur fünften Auflage.

Erfreulich raſch, ſchon nach vier Jahren, iſt dieſe neue Auflage meines Buches über das Gefühl nötig geworden. Nach einer ſo kurzen Spanne Zeit iſt natürlich dieſes Mal weniger zu ändern geweſen, als bei der vorigen vierten Auflage. Immerhin habe ich auch jetzt wieder das Ganze gründlich durchgearbeitet und dabei im einzelnen vieles ge= feilt und gebeſſert, ergänzt und nachgetragen. Gerade in der Pſychologie fehlt es ja nie an neuen Unterſuchungen und Ergebniſſen: zu der Lehre vom Gefühl ſcheinen ſie mir neuerdings beſonders zahlreich. Auch neue Gegner ſind zu den alten hinzugekommen, und ſo fällt in den Anmerkungen gelegentlich auch ein polemiſches Wort: die univerſaliſtiſche Auffaſſung der Pſychologie, wie auch ich ſie für richtig halte, muß ſich immer wieder gegen allerlei Anfechtungen und Ein= ſeitigkeiten zur Wehre ſetzen. Eine erhebliche Änderung wird man zu Anfang des zweiten Abschnitts finden, wo ich — den Bedenken einzelner Kritiker Rechnung tragend — das Verhältnis von Gefühl und Empfindung straffer und entschiedener zu bestimmen mich bemüht habe. Dem letzten Abschnitt über die Abnormitäten im Gefühlsleben sind Winke meines psychiatrischen Kollegen Wollenberg in Straßburg zu gute gekommen, für die ich ihm auch an dieser Stelle herzlich danke; das dort Gesagte weiter auszuführen konnte ich mich aber doch nicht entschließen.

Ich liebe dieses Buch unter meinen Schriften besonders: daher darf ich ihm für diese neue Ausfahrt auch besonders gute Wünsche mit auf den Weg geben.

Frankfurt a. M., 22. Februar 1912.

Theobald Ziegler.

Einleitung.

Nachdem die erkenntnistheoretischen Untersuchungen und Erörterungen dreißig Jahre lang fast ausschließlich Gegenstand der philosophischen Arbeit gewesen sind, haben sie schon seit etlichen Jahren ihre Zugkraft verloren: sie interessieren nicht mehr. Und das von Rechts wegen; denn nachdem wir so energisch auf Kant zurückverwiesen worden sind, mußten wir mehr und mehr erkennen, daß man in wesentlichen Punkten über Kant auch nicht hinauskommt, man mag sich drehen und wenden und ihn im einzelnen modifizieren, wie man will. Empfindungen der Stoff alles Erkennens, und ihre Ordnung sich vollziehend nach den Gesetzen unseres Intellekts —: so hat der Empirismus recht, und so ist die Welt doch nur eine Erscheinungs= und Bewußtseinswelt, meine Vorstellung, wie es Schopenhauer in stechender Deutlichkeit formuliert hat; und auch darin wird man ihm beistimmen müssen, daß das Kausalgesetz das wichtigste unter jenen Ordnungsprinzipien, die notwendigste unter den Bedingungen unseres Erkennens ist. Endlich das Ding an sich — ein bloßer Grenzbegriff, oder besser kein Begriff, da wir von der verborgenen Welt des Transsubjektiven wirklich nichts wissen können; das Ding an sich somit eine Hypothese des Inhalts, daß die Welt meines Bewußtseins doch nicht bloß ein Produkt von mir ist, sondern daß ich bei diesem Produzieren von einer Wirklichkeit außer mir ab= hängig bin, mein Produzieren somit ein Nachschaffen ist.

Aber gleichwohl die Wahrscheinlichkeit, daß dieses von mir
Nachgeschaffene in Stoff u n d F o r m — darin liegt der
Unterschied von Kant — jenem X so gar unähnlich und
ungleichartig doch nicht sein werde; denn ich, der ich cogitans
sum, bin doch auch ein Stück Welt und stehe inmitten jener
mir ewig verschlossenen Wirklichkeit als ein zu ihr Gehörender.
Und dabei bedarf es nicht etwa einer möglicherweise voraus=
zusetzenden prästabilierten Harmonie; auch hier würde der
moderne Begriff der Anpassung genügen zur Erklärung der
Tatsache, daß das Ich die Welt doch nicht bloß in einem ihr
fremden Lichte zu erblicken und zu deuten vermag, daß die
Bewußtseinswelt nicht bloß Wirklichkeitswert hat, sondern
wenn auch kein Abbild, immerhin ein glücklich gewähltes
Symbol der wirklichen Welt ist, die doch wohl selber auch
eine geordnete und geformte sein wird.

Nun war es gewiß wertvoll, diese Einsicht in den phä=
nomenalen Charakter unseres Weltbildes herauszuarbeiten,
und war es berechtigt, dabei auch ins Einzelne und Subtile
zugehen. Allein auf der anderen Seite war es doch notwendig,
über diese erkenntnistheoretischen Untersuchungen endlich
einmal hinwegzukommen, wenn wir nicht scholastisch werden
und in der erkenntnistheoretischen Bewegung des 19. Jahr=
hunderts ein Seitenstück zum Universalienstreit des Mittel=
alters liefern wollten. Aus Prantls Geschichte der Logik
gähnt uns die ganze Öde und Leere dieses langen Streites
und der darauf gerichteten wissenschaftlichen Arbeit ent=
gegen, in den vielen kleinen und kleinlichen Kräuselungen
und Meinungsnuancen derselben sehen wir heute nur noch
wertlose Subtilitäten und eitel Zeitvergeudung. Ich denke,
wir hätten Grund, dafür zu sorgen, daß von unserer philo=
sophischen Arbeit spätere Jahrhunderte nicht ebenso hart
urteilen müssen.

Und dazu sind wir auf dem besten Wege. Wir haben in
der Tat das erkenntnistheoretische Interesse allmählich

zurücktreten laſſen, die Zeit ſelber hat uns andere, höhere
Aufgaben geſtellt. Fragen der Ethik und Fragen der Religion
bewegen heute die Gemüter; auf ſie kann nur die Philo=
ſophie prinzipielle Antwort geben, man erwartet ſie von
ihr; das Gefühl, daß es ohne eine geſchloſſene Weltanſchauung
in Welt und Leben nicht geht, iſt wieder erwacht; man ſucht
ſie bei uns und fordert ſie von uns. Solche ſich uns ent=
gegenſtreckende Hände müſſen wir ergreifen; die Fühlung
der Philoſophie mit dem Leben iſt kein Schaden, ſondern
ein Gewinn. Und wir ſind ja auch ſchon mitten drin in dieſer
Arbeit. Eine beſondere Zeitſchrift iſt gegründet, die eine
einheitliche, allgemeine, den Fortſchritten der modernen Kultur
angepaßte Weltanſchauung finden möchte; eine Anzahl
namhafter Autoren hat ſich vereinigt, um in einem großen
Sammelband¹) die Probleme der Weltanſchauung von den
verſchiedenſten, philoſophiſchen und religiöſen, Geſichts=
punkten aus zu beleuchten. Die Moralphiloſophie hat in den
letzten Jahrzehnten eine ſtattliche Anzahl von Bearbeitern
gefunden, Sozialismus und Individualismus liegen hier in
hartem Streit; der Verſuch, ſie zu verſöhnen und zu ver=
einigen, wird im 20. Jahrhundert die Hauptaufgabe der
Ethik ſein. Und ebenſo dürfen religionsphiloſophiſche
Unterſuchungen wieder auf lebhafte Teilnahme rechnen.
Die klägliche Hilfloſigkeit, die ſich bei den Debatten über
das Verhältnis von Sittlichkeit und Religion, Religion und
Politik, Religion und Schule immer wieder zeigt, gibt hier
direkt aus der Praxis heraus mächtige Impulſe. Dazu
kommt eine wachſende religiöſe Strömung in weiten Kreiſen,
die ſich einer ebenſo wachſenden Ablehnung alles Religiöſen
gegenüber ſieht; und in den Kirchen ſelbſt weiſen Erſchei=
nungen wie die des Modernismus in der katholiſchen oder

---

¹) Weltanſchauung. Philoſophie und Religion in Dar=
ſtellungen von . . . Max Friſcheiſen=Köhler. 1911.

wie der Fall Jatho in der protestantischen Kirche auf Pro=
bleme, Schwierigkeiten und Risse hin, die nur durch ein
Eindringen in das Wesen der Religion verstanden und gelöst,
beseitigt oder ertragen werden können.

Wie aber Ethik und Religionsphilosophie in unserem
sich immer zuerst historisch orientierenden Jahrhundert Stoff
und Stütze suchen müssen bei der Geschichte und ihren
Ergebnissen, so bedürfen sie auf der anderen Seite noch
einer zweiten Anlehnung — bei der Psychologie. Und auch
dabei kommt ihnen ein Zeitinteresse zustatten, das natur=
wissenschaftliche. Da, wo das Psychologische mit dem
Physiologischen zusammenhängt, auf dem Grenzgebiet der
„Psychophysik“, ist man lange schon in gedeihlichster Arbeit
begriffen: mit naturwissenschaftlichen Methoden so weit als
möglich vor und so tief als möglich einzudringen in das
menschliche Seelenleben, ist hier Aufgabe und Bemühen;
und angesichts der Schwierigkeiten der Sache ist jedes
kleinste Ergebnis ein Gewinn und ein Triumph.

Allein so hoch ich den Wert jener Experimentalpsychologie
anschlage, wie sie von Wundt und seinen zahlreichen jüngeren
Mitarbeitern und Nachfahren betrieben wird, und so
sympathisch mir Fechners Versuch ist, selbst in dem Gebiet
der Ästhetik mit Experiment und empirischer Beobachtung
festen Fuß zu fassen, so kann ich doch nicht verkennen, daß
bis jetzt weder die Ästhetik noch die Ethik und Religions=
philosophie durch diesen naturwissenschaftlichen Betrieb der
Psychologie erhebliche Förderung erfahren haben oder sich
für absehbare Zeit solche von ihm versprechen dürfen. Vor
allem deshalb nicht, weil der wichtigste Faktor des Seelen=
lebens auf allen diesen Gebieten einer solchen Art der For=
schung gegenüber sich am sprödesten und am wenigsten
zugänglich erweist — d a s   G e f ü h l.

Woher das kommt, werden wir sehen. Hier gilt es nur
die Tatsache festzustellen und zugleich ein Weiteres hinzu=

zufügen. Lange Zeit hat es an pfychologifchen Unter=
fuchungen über das Gefühl ganz gefehlt, und allzu zahlreich
und mannigfaltig find fie noch immer nicht. Und ebenfo
fpärlich find rein pfychologifche Befchreibungen, an eine
Analyfe, Interpretation und Theorie des Gefühlslebens im
ganzen haben fich nur wenige gewagt. Das hat feine guten
Gründe. Das Gefühl ift das dunkelfte und unklarfte, das
verborgenfte und tieffte Element des Seelenlebens. Daher
dauerte es lange, bis es überhaupt in feiner relativen Selb=
ftändigkeit und Bedeutung erkannt, bis es auch nur benannt
wurde. Rouffeau mußte erft die Sprache des Gefühls
geredet haben, ehe Tetens[1]) es wagen konnte, das Gefühl
dem Denken und dem Wollen zu koordinieren. Und dann
kam Kant, deffen einfeitiges Vernunftintereffe alsbald
wieder für das Gefühl und für das Recht desfelben verhäng=
nisvoll wurde: in den Adern des erkennenden Subjekts,
fo wie er es konftruiert hat, rinnt, wie Dilthey[2]) hübfch fagt,
nicht wirkliches Blut, fondern der verdünnte Saft von
Vernunft als bloßer Denktätigkeit. Und auf praktifchem
Gebiet fchlug fein antieudämoniftifcher Pflichtbegriff auch
die berechtigtften Anfprüche des Gefühls erbarmungslos
danieder und verwies es als unebenbürtig aus der an=
ftändigen Gefellfchaft der Vernunft hinweg in die niedere
Region der Sinnlichkeit[3]). Wohl kamen nach Kant beffere
Zeiten für das Gefühlsleben, die Poefie wurde eine Macht

---

[1]) T e t e n s , Philofophifche Verfuche über die menfchliche Natur und
ihre Entwicklung 1776, Bd. I, S. 166: „Nächft dem Verftellungsvermögen
gehört auch das Gefühl, u n d v i e l l e i c h t d a s l e tz t e r e n o ch
m e h r a l s j e n e s , zu den einfachften Grundäußerungen der Seele.“
Es ift übrigens auch kulturhiftorifch intereffant, zu fehen, wie unter dem
Einfluß Rouffeaus die deutfche Verftandesaufklärung — fentimental ge=
worden ift.
[2]) W. D i l t h e y , Einleitung in die Geifteswiffenfchaften, Vorrede,
S. XVII.
[3]) Alfred H e g l e r , Die Pfychologie in Kants Ethik, z. B.
S. 57. 229.

im Leben unseres Volkes, der Zauber der Romantik erfüllte die Geister und umnebelte die Sinne. Allein gerade diese Art der Gefühlspflege mit ihren für das deutsche Geistes= leben so verhängnisvollen Wirkungen brachte das Gefühl aufs neue in Verruf. Den einzigen wirklichen Gewinn zog Schleiermacher für die Erkenntnis der Religion und ihres Wesens; die Psychologie dagegen wurde wenig davon berührt, und im ganzen siegte der Panlogismus Hegels, der bei tiefstem und feinstem Verständnis gerade auch für religiöse und ästhetische Fragen in bewußtem Gegensatz zu Schleiermacher ihrer gefühlsmäßigen Seite doch nie ganz gerecht geworden ist. Diejenige Philosophie aber, die wirklich in der Psychologie ihre Stärke suchte, die Herbartsche, konnte mit ihrem Vorstellungsmechanismus, in den sie das ganze Seelenleben auflöste, dem Gefühl am allerwenigsten bei= kommen; darüber täuscht auch das liebenswürdige Büchlein von Nahlowsky[1]) nicht hinweg. Wenn man endlich von Schopenhauer Hilfe erwartete, dessen Pessimismus ja freilich einen stark gefühlsmäßigen Hintergrund hatte, so ging angesichts seiner Willensmetaphysik schließlich doch auch bei ihm wieder das Gefühl leer aus. Und ebenso zeigte sich jedenfalls zu Anfang auch bei Wundt, wie unter dem Einfluß einer metaphysischen Willenslehre gerade das Gefühl verkürzt werden mußte[2]), selbst wenn das Gegen= gewicht scharfer psychologischer Beobachtung vorhanden ist.

---

[1]) Joseph W. Nahlowsky, Das Gefühlsleben in seinen wesent= lichsten Erscheinungen und Bezügen, 2. Aufl. 1884. In der dritten Auf= lage hat das Büchlein durch die Vorrede des Herausgebers Ufer leider auch noch den Anspruch auf das Prädikat der Liebenswürdigkeit eingebüßt. Und sein sprachreinigender Eifer hat demselben nur geschadet.

[2]) Ich habe darauf in einer Besprechung von Wundts System der Philosophie in den Gött. Gel. Anzeigen 1890 Nr. 11 hingewiesen. Inzwischen hat Wundt dem Gefühl in immer steigendem Maße Recht widerfahren lassen; seine Gefühlslehre hat, wie Joh. Orth, Gefühl und Bewußtseinslage 1903, S. 21 richtig sagt, inzwischen „einen bedeu= tenden Wandlungsprozeß" durchlaufen.

Allein wenn wir auch verstehen, wie es so gekommen ist,
so muß es darum doch nicht so bleiben. Und auch dafür,
daß wir auf dem besten Wege sind, dieses Unrecht gutzu=
machen und diese Lücke auszufüllen, liegen Anzeichen vor,
und sie mehren sich zusehends. Schon 1883 hat Dilthey[1])
von der erkenntnistheoretischen Seite aus die Forderung
aufgestellt, Erfahrung und Erkenntnis nicht länger mehr
nur aus einem dem einzigen Vorstellen angehörigen Tat=
bestand zu erklären, sondern den ganzen Menschen in der
Mannigfaltigkeit seiner Kräfte, als wollendes, f ü h l e n d e s,
vorstellendes Wesen auch der Erklärung der Erkenntnis und
ihrer Begriffe zugrunde zu legen. Von ethischer Seite
habe neben anderen ich[2]) auf die Bedeutung und Wichtigkeit
der gefühlsmäßigen Grundlage des Sittlichen hingewiesen;
und zur Begründung der Ästhetik versuchte M. Diez[3]) eine
„Theorie des Gefühls“ aufzustellen, die freilich in ihrem
psychologischen Teil recht unbefriedigend ausgefallen ist.
Endlich ist auch metaphysisch von F. Ritter v. Feldegg[4]) der
Willensmetaphysik „das Gefühl als Fundament der Welt=
ordnung“ gegenübergestellt worden, leider in durchaus
dilettantenhafter und unklarer Weise, aber vielleicht lag
dem Versuch doch ein richtiges Gefühl zugrunde.

Am frühesten wurde jedoch von psychologischer Seite
selbst und zwar sofort in umfassender und genialer Weise
der Versuch gemacht, das Gefühl in den Mittelpunkt der
Betrachtung zu rücken und ihm im Seelenleben den Primat
einzuräumen. Ich meine die „psychologischen Analysen
auf physiologischer Grundlage“, die ihr Verfasser Adolf

[1]) Dilthey, a. a. O.
[2]) Sittliches Sein und sittliches Werden S. 56.
[3]) Max Diez, Theorie des Gefühls zur Begründung der Ästhetik.
1892.
[4]) Das Gefühl als Fundament der Weltordnung. Von F. Ritter
v. Feldegg. 1890.

Horwicz[1]) selbst als „Versuch zur Neubegründung der Seelen=
lehre" bezeichnet hat. Wie Eugen Kröner[2]) in seinen Unter=
suchungen über „das körperliche Gefühl", so stehe auch ich
im folgenden auf dem Standpunkt von Horwicz und be=
kenne mich gerne als vielfach von ihm abhängig und beein=
flußt. Auf ihn möchte ich daher gleich hier ein für allemal
verwiesen haben. Den Vorwurf der Unselbständigkeit werde
ich daneben doch nicht zu fürchten brauchen. Vielleicht wäre
allein schon das ein Verdienst, seine feinsinnigen psychologischen
Analysen aus der Verschlingung mit bodenlosen, lediglich
in der Luft schwebenden und längst schon veralteten phy=
siologischen Hypothesen befreit zu haben, die auch jenen
von vornherein Wert und Anerkennung rauben mußten.
Allein auch im Psychologischen blieb für Eigenes Raum
genug übrig; denn in der Zwischenzeit haben wir doch alle
recht vieles hinzugelernt; ich vor allem von Wundt, mit
dem Horwicz in scharfer Fehde die Waffen gekreuzt hat[3]),
während ich denke, daß man zwar dem einen im Prinzip
recht geben kann, darum aber doch von den wertvollen Unter=
suchungen des andern Vorteil ziehen und sich belehren lassen
darf. Vor allem hat, wie schon erwähnt, inzwischen Wundt
selber und hat die experimentelle Schule in Anlehnung oder
im Gegensatz zu ihm das Versäumnis, soweit ein solches
vorlag, gutgemacht. Noch vor dem ersten Erscheinen meiner
Schrift hat Lehmann[4]) eine experimentelle und analytische

---

[1]) Psychologische Analysen auf physiologischer Grundlage. Ein
Versuch zur Neubegründung der Seelenlehre von Adolf Horwicz.
I. 1872. II, 1. 1875. II, 2. 1878.

[2]) Dr. Eugen Kröner, Das körperliche Gefühl. Ein Beitrag zur
Entwicklungsgeschichte des Geistes. 1887.

[3]) In dem 3. und 4. Jahrgang der Vierteljahrsschrift für wissen =
schaftliche Psychologie.

[4]) Die Hauptgesetze des menschlichen Gefühlslebens. Eine experi =
mentelle und analytische Untersuchung über die Natur und das Auftreten
der Gefühlszustände, nebst einem Beitrage zu deren Systematik von
Alfr. Lehmann, übers. von F. Bendixen. Leipzig 1892.

Unterſuchung der Gefühlszuſtände in Beantwortung einer
von der däniſchen Akademie der Wiſſenſchaften geſtellten
Preisfrage veröffentlicht. Und ſeither bemerkt man das
ſteigende Intereſſe für die Pſychologie des Gefühls in jeder
Geſamtdarſtellung dieſer Disziplin, ich nenne nur Ebbing=
haus, Jodl, Külpe und Lipps. Aber auch an Einzelunter=
ſuchungen über das Gefühl, experimentellen und anderen,
ſo von Lipps[1]), Rehmke[2]), Orth[3]), Ribot[4]) und in vielen
Abhandlungen der „Pſychologiſchen Studien“ und des
„Archivs für die geſamte Pſychologie“, fehlt es heute nicht
mehr[5]).

Wie nun aber gerade i ch dazu gekommen bin, mich mit
der Lehre vom Gefühl zu beſchäftigen, iſt kurz geſagt und
ſoll geſagt werden, um zu zeigen, daß es eben jene oben=
genannten allgemeinen Intereſſen ſind, die, nur in indi=
vidueller Form, auch mich bewegen. Es waren urſprünglich
ethiſche und ſoziale Fragen, die es mir wünſchenswert er=
ſcheinen ließen, nachdem ich das Motiv aller Motive, den
Beſtimmungsgrund alles menſchlichen Handelns im Gefühl
gefunden zu haben glaubte, dieſes daraufhin einer um=
faſſenden Unterſuchung zu unterziehen, um ſo für die Ethik
einen feſten Grund zu legen. Auch äſthetiſche Probleme haben
mich jederzeit lebhaft angezogen, in Vorleſungen, Vor=

---

[1]) Th. Lipps, Vom Fühlen, Wollen und Denken. 2. Aufl. 1907.
[2]) J. Rehmke, Zur Lehre vom Gemüt. 2. Aufl. 1910.
[3]) Joh. Orth, Gefühl und Bewußtſeinslage. 1903.
[4]) Th. Ribot, La psychologie des sentiments 1896; vgl. auch
von demſelben la Logique des sentiments 1905 und Essai sur les
passions 1907.
[5]) Ein Sammelreferat über den gegenwärtigen Stand der Erörterung
einiger Grundprobleme der Gefühlspſychologie gibt Mathilde
Kelchner im Archiv f. die geſamte Pſychologie, Bd. 18, Lit.=Bericht,
S. 97—164. Dasſelbe bezieht ſich auf die Forſchung der Jahre 1900
bis 1909. Leider iſt es nicht ganz vollſtändig, auch die Gruppierung des
Beſprochenen nicht recht gelungen. Darum iſt es aber doch eine ſehr
verdienſtliche, zur Orientierung über den Stand der Forſchung wohl
geeignete Arbeit.

trägen und in Kritiken bin ich ihnen theoretisch und praktisch
immer wieder nahe getreten. Und wenn ich der Theologie
auch frühe schon untreu geworden bin, so habe ich als
Pantheist, der ich bin[1]), doch zu viel von Schleiermachers
Abhängigkeitsgefühl in mir, um nicht für das religiöse
Leben und Erleben, eigenes und fremdes, wenn auch vielfach
nur in hypothetischem Nachempfinden, Sinn und Auge
geschärft zu haben: bald sind es die großen religiösen Fragen
der Zeit und die darum geführten Kämpfe, bald ist es eine
religiöse Persönlichkeit wie Schrempf oder die Beschäftigung
mit der Biographie von D. Fr. Strauß, bald endlich die
stille Ferienruhe im Schoß einer herrnhutischen Gemeinde,
was mich zum Nachdenken über Religion und religiöses Leben
auffordert[2]). Allein ich würde mir doch selbst unrecht tun,
wenn ich nicht das psychologische Interesse rein als solches
voranstellte. Seit ich bei Sigwart in Tübingen die Psy=
chologie als empirische Wissenschaft kennen gelernt habe,
hat sie mich nicht mehr losgelassen; und seit ich in Straßburg
Philosophie zu lehren anfing, legte ich stets auf meine
psychologischen Vorlesungen das Hauptgewicht: in ihnen
trug ich im wesentlichen die Grundanschauungen vor, die
ich in diesem Buche vor neunzehn Jahren zum erstenmal
ausgeführt und in denen mich das jedesmal wieder sich
erneuernde Durchdenken dieser Probleme und die Be=
schäftigung mit den Ergebnissen der psychologischen Forschung
nur immer mehr befestigt hat. Deshalb bezeichne ich diese

---

[1]) Das Märchen von meinem „Positivismus", das Heinze im Über=
wegschen Grundriß aufgebracht hat, dürfte nun doch endlich aus diesem
verschwinden. Wer von Haus aus Hegelianer, erkenntnistheoretisch
Apriorist und metaphysisch Pantheist ist, wird doch sonst nicht zu den
Positivisten gerechnet. Nur für die Ethik dürfte es stimmen.

[2]) Ziegler, Religion und Religionen, Fünf Vorträge, Stuttgart
1893; verschiedene Aufsätze über Chr. Schrempf in der Beilage zur All=
gemeinen Zeitung 1892 Nr. 182, 228, 299 und 1893 Nr. 25; meine Rek=
toratsrede „Glauben und Wissen", 2. Aufl. Straßburg 1900, endlich mein
Buch über David Friedrich Strauß 2 Bde. 1908.

Unterfuchungen mit Recht als pfychologifche, wenn ich mir auch zum voraus das Recht wahre, in das äfthetifche, ethifche und religionsphilofophifche Gebiet gelegentlich größere Abfchweifungen zu machen.

Wie ich die Pfychologie auffaffe, ift fchon gefagt — lediglich als empirifche Wiffenfchaft, fo entfchieden, daß ich mich geradezu mit Fr. Alb. Lange zu dem Grundfatz einer Pfychologie ohne ψυχή, einer Seelenlehre ohne Seele bekenne, d. h. ich fuche die feelifchen Erfcheinungen zu erkennen und in ihre Elemente aufzulöfen, geftehe aber, nicht zu wiffen, was die Seele ift und ob es eine folche gibt; und über dem Bemühen um die Erforfchung jener fehlt mir ehrlich gefprochen Zeit und Luft zu Hypothefen über diefe[1]). Nicht einmal um die Frage: Wechfelwirkung oder pfychophyfifcher Parallelismus? mache ich mir in diefer Unterfuchung über das Gefühl große Sorge. Weil ich mir aber für fie, fo wie die Dinge heute liegen, außer foweit es fich fpeziell um die finnlich-körperlichen Gefühle im engeren Sinne handelt, nicht allzuviel Erfolg von Anleihen bei der Phyfiologie und von dem experimentellen Verfahren verfprechen kann[2]), deshalb ift meine Unterfuchung — abgefehen von dem Kapitel

---

[1]) C. Gutberlet (Philof. Jahrbuch 1909 Heft 1) herrfcht mich wegen diefer Stelle fehr ungnädig an: „Für diefe Frage muß jeder ernfte Forfcher Luft und Zeit haben!“ Dabei entfchlüpft ihm die Bemerkung, daß „die Frage nach der Urfache der feelifchen Erfcheinungen, nach der Seele nicht rein wiffenfchaftliche, fondern eminent praktifche Bedeutung habe; die Religion könne fie nicht unbeantwortet laffen“. Die Religion! — aber mein Buch ift doch keine religiöfe Erbauungsfchrift, keine Apologetik und keine Verpflichtung auf den Antimodernifteneid.

[2]) In diefer Skepfis beftärken mich Arbeiten wie die von Störring, Experimentelle Beiträge zur Lehre vom Gefühl (Archiv f. gef. Pfych. Bd. VI, S. 316 ff.) oder von Titchener, Ein Verfuch, die Methode der paarweifen Vergleichung auf die verfchiedenen Gefühlsrichtungen anzuwenden (Phil. Studien, Bd. 20, S. 382 ff.) oder von Alechfieff, Die Grundformen der Gefühle (Pfychologifche Studien, Bd. 3, 2/3 Heft, S. 156—271). Der letztere kommt felber zu folgendem Schluß: „Die Methoden, die für die Unterfuchung der Gefühle in der heutigen Pfycho-

über das körperliche Gefühl — eine rein psychologische.
Was ich an mir und an anderen beobachtet und wahrgenommen
habe (ob Beachtung oder Beobachtung[1]), Selbstbeobachtung
oder Selbstwahrnehmung, darüber streite ich nicht), und
was mir als Gefühlsgehalt in den überindividuellen Mächten
und Institutionen der Menschenwelt entgegentritt, das suche
ich zu beschreiben, zu interpretieren und zu analysieren.
Wenn ich dabei auf Gesetze stoße, um so besser. Eine „Psychologie in Umrissen auf Grundlage der Erfahrung"[2] —
das scheint mir jedenfalls nach der Seite des Gefühls hin
noch immer das einzig mögliche und das einzig richtige.
Bleibt aber bei alledem da und dort der Schein des Individuellen, so wäre das auch nicht das Schlimmste: ich
wollte, wir hätten recht viele ganz individuelle Darlegungen
des Gefühlslebens[3]), dann wäre auch die Gefühlslehre als

logie gebraucht werden, sind noch nicht so weit fortgeschritten, daß wir
mit ihrer Anwendung bei der Erforschung des menschlichen Gefühlslebens
zu vollständig eindeutigen und allgemein gültigen Ergebnissen kommen
können .... Es bleiben immer noch viele Gefühlserlebnisse, besonders
die feineren qualitativen Abstufungen einer objektiven Kontrolle entzogen."
Dieser 1907 geschriebene Satz bezeichnet, wie ich glaube, auch jetzt noch den
Stand der experimentellen Gefühlspsychologie ganz richtig. Auch die Arbeit
von Fr. R e h w o l d t über respiratorische Affektsymptome (Psychol. Studien
VII 1911 S. 141 ff), die sich gegen eine zu weit gehende Skepsis wendet,
muß doch selber wieder, und mehr noch als sie Wort haben will, auf die
Sprödigkeit hinweisen, die die Gefühle der Selbstbeobachtung und der
Beobachtung an andern, und die sie ganz besonders dem Experiment so
schwer zugänglich macht.

[1]) M o r i t z G e i g e r , Das Bewußtsein von Gefühlen (Münchn.
philos. Abhandlungen, Th. Lipps gewidmet 1911).

[2]) Das ist der Titel des feinsinnigen Buches von Dr. Harald H ö f f -
d i n g , übers. von Bendixen, 1. Aufl. 1887, dem ich, wie in der Ethik
so auch in der Psychologie zu großem Dank für vielfache Anregung und
Belehrung verpflichtet bin.

[3]) Künstler und religiöse Mystiker liefern dafür in Selbstzeugnissen,
Bekenntnissen und Autobiographien vorläufig fast allein den Stoff.

allgemeingültige weiter, als sie in Wirklichkeit ist[1]). Mehr
fürchte ich den Vorwurf des Hypothetischen; und doch läßt
sich das nur schwer vermeiden bei Erscheinungen, die vielfach
vom Bewußtsein selbst wenig beachtet und kaum ver=
standen, in der Sprache nicht besonders bezeichnet und von=
einander unterschieden, ins Unbewußt=Unbestimmte zu
verschwimmen und sich zu verlieren drohen. Übrigens ist
auch die Chemie, mit der ein solches Verfahren in gewissem
Sinn verglichen werden kann, von hypothetischen Annahmen
durchzogen.

Ganz besondere Schwierigkeiten hat mir die Anordnung
des Stoffes gemacht, und ich wage nicht zu behaupten, daß
ich ihrer völlig Herr geworden sei. Nur das weiß ich, daß
die gewählte Disposition für die Darlegung der Resultate
meiner Untersuchung notwendig war. Freilich ist sie weder
die, in welcher ich selbst zu diesen Ergebnissen geführt worden
bin, noch ist sie eine logisch völlig korrekte und einwandfreie.
Mit einem gewissen Wagemut werfe ich mich zuerst auf die
schwierigste, die Bewußtseinsfrage, indem ich mir von
Lessing[2]) gesagt sein lasse, daß man das Brett immer da
bohren müsse, wo es am dicksten sei: hier finde ich das Problem,
hier ist Rhodus, hier gilt es zu springen. Und zugleich liegt
für mich an diesem Punkt das psychologische Interesse der
ganzen Untersuchung. Was hat das Gefühl mit dem Be=
wußtsein zu schaffen? Sehr viel, meine ich, viel mehr, als
man gewöhnlich sieht und ahnt; das wollte ich zeigen, und
darum galt es hier einzusetzen. Habe ich aber dargelegt,
welche Rolle das Gefühl im Bewußtsein spielt, so folgt

---

[1]) Das gilt trotz Albr. Krause, Die Gesetze des menschlichen
Herzens, wiss. dargestellt als die formale Logik des reinen Gefühls, 1876.
Mit diesem Buch weiß ich für meine Arbeit nichts anzufangen.

[2]) Man hat mich darauf aufmerksam gemacht, daß Lessing ja gerade
im Gegenteil sage, er wolle das Brett nicht bohren, wo es am dicksten
sei. Wie klug doch oft die Kritiker sind!

naturgemäß sofort die Frage: Was ist denn nun Gefühl?
Ehe ich sie aber beantworten kann, muß ich erst Material
dazu haben und gewinne das am besten, wenn ich das Gefühl
sozusagen an seiner Eintritts= und Ursprungsstelle, in seiner
primitivsten Form und Gestalt als körperliches Gefühl
aufsuche und betrachte. Und ich muß um so mehr damit
beginnen, als ja überhaupt die Frage aufgeworfen worden
ist, ob körperliches Gefühl auch wirklich Gefühl sei. So
drängt die Darstellung der körperlichen Gefühle ganz von
selbst zu der Entscheidung, was man unter Gefühl im all=
gemeinen zu verstehen habe. Und nun erst kann eine syste=
matische Übersicht über das Gefühl in seiner Verzweigung
und Verästelung, seinem Verlauf und seinen verschiedenen
Formen folgen. Zugleich ist dies der Ort für jene in Aussicht
genommenen ästhetischen, ethischen und religionsphiloso=
phischen Exkurse, die aber doch auch als Probe für die
Richtigkeit der allgemeinen Aufstellungen über das Wesen
des Gefühls dienen können, und überhaupt nicht bloß
Exkurse sind: hier und bei ähnlichen Erweiterungen in der
Lehre von den Gefühlsäußerungen schwebt mir vielmehr
so etwas wie eine Kulturgeschichte des Gefühlslebens vor.
Nicht als ob ich selbst eine solche hier hätte schreiben wollen.
Nur in leichten Strichen und Zügen wollte ich dem Gefühl
in seinem Einfluß auf das Leben des Menschen und der
Menschheit nachgehen und auf eine umfassende Darstellung
dieses Einflusses als auf ein Desiderat und ein künftig einmal
zu Leistendes hinweisen. Während sich hierbei die Beziehung
des Gefühls zum Vorstellen und Denken sozusagen nebenher
wird feststellen lassen, bleibt dagegen das Verhältnis zum
Wollen im ungewissen und muß darum noch besonders
erwogen werden, um so mehr als der weitverbreitete Glaube
an den Primat des Willens der Zerlegung und Zersetzung
in seine Komponenten überhaupt vielfach hindernd im
Wege steht, und die Willensmetaphysik die Willenspsychologie

eine Zeitlang recht ungünstig beeinflußt hat. Die Kürze
des Schlußkapitels über die Abnormitäten des Gefühls=
lebens mag endlich schon hier darauf hinweisen, daß ich mir
von der Beobachtung des gesunden Gefühlslebens mehr ver=
spreche als von der des kranken, und daß ich der Meinung
bin, man müsse erst einmal das Abnorme aus dem Normalen
heraus zu verstehen und zu deuten suchen, ehe man es
umgekehrt wieder zum ergänzenden Verstehen dieses letzteren
benützt. Wer an Hypnotisierten Psychologie studieren und
treiben will, geht notwendig irre und endigt wahrscheinlich
im Spiritismus und in der vierten Dimension.

Wie weit wir dann am Schluß zu einer Entscheidung
darüber kommen, ob wir im Gefühl etwa das Grundelement
des Seelenlebens entdeckt haben, und wie weit wir uns mit
metaphysischen Vermutungen vorwagen dürfen, das zu
sagen möge dem Schluß selbst vorbehalten bleiben. Hier
hat es sich ja nur darum gehandelt, den Ausgangspunkt
dieser Untersuchung anzugeben und ihren Gang in seinen
mannigfachen Verschlingungen vorausschauend zu skizzieren
und vorläufig zu rechtfertigen. Das Verschlungene unseres
Weges soll, wie ich hoffe, der Übersichtlichkeit doch keinen
Eintrag tun.

Und nun zur Sache!

I. Das Bewußtsein.

Alles Psychische ist Bewußtseinsphänomen; das Bewußt=
sein ist somit das Grundphänomen der Psychologie[1]).
Deswegen hat man, ob man nun die Psychologie als Ganzes
darstellen oder eine psychische Erscheinung für sich heraus=
heben will, mit dem Bewußtsein zu beginnen. Dabei wird
man freilich bald entdecken, wie weit und wie tief das führt,
und daß man hier überhaupt nicht isolieren kann, sondern
das Ganze zusammenfassen und überschauen muß. Wo es
sich aber um ein so Weitschichtiges und Wichtiges handelt,
tut man immer gut, sich erst an der Geschichte zu orien=
tieren, und so schicken auch wir voran:

1. Einige historische Bemerkungen zu der Lehre vom Bewußtsein[2]).

Die Lehre, ja selbst das Problem des Bewußtseins ist
verhältnismäßig neueren Datums. Daß es eine Bewußt=
seinsfrage geben könne, ist dem klassischen Altertum noch
kaum zum Bewußtsein gekommen, selbst der Begriff „Be=

---

[1]) Paul Natorp, Einleitung in die Psychologie nach kritischer
Methode. 1888. S. 11 f.

[2]) Wo in der Psychologie historische Fragen zu beantworten sind,
wendet man sich immer zuerst und am besten an H. Siebeck, Geschichte
der Psychologie, von der leider nur I, 1 u. 2 und später noch einzelne
Abschnitte im Archiv f. Gesch. f. Phil. erschienen sind. Das Jahr 1911
hat uns übrigens auch zwei vollständige, wenngleich nur kurze historische
Darstellungen gebracht, den Abriß einer Geschichte der Psychologie von
M. Dessoir und die Geschichte der Psychologie von O. Klemm.

wußtsein" ist nur langsam und allmählich an dem Horizont
seiner Betrachtung aufgestiegen, spät und mühsam ringt
er sich durch in der griechischen Philosophie. Aber auch
diesen Ansätzen und Vorstufen nachzugehen, ist nicht ohne
Interesse. Sie finden sich bei P l a t o und A r i s t o t e l e s.
Bei jenem, wenn er im Charmides von einem Wissen um
das Wissen redet und im ersten Alkibiades[1]) dafür das Bild
vom Spiegel verwendet, in dem man sich selber sieht; oder
wenn er im Philebus Eindrücke unterscheidet, die durch den
Leib hindurch bis zur Seele gelangen und solche, bei denen
dies nicht der Fall ist, sondern die im Körper erlöschen und
der Seele entgehen. Bei diesem, sofern er in den Begriff
des Geistes entschieden das Moment des Bewußtseins mit
aufnimmt, das ihm mit dem Denken zusammenfällt und
in Gott zum beständigen Denken seiner selbst wird; auch
der Begriff der Erinnerung spielt dabei eine Rolle. Aber
man kann doch mehr nur herauslesen, was wir uns heute
dabei denken, als daß diese Griechen es selbst schon so gesehen
und zum Ausdruck zu bringen vermocht hätten. Gefunden
hat den Begriff erst im 2. Jahrhundert n. Chr. G a l e n,
oder richtiger: er hat durch den Gedanken „einer neben dem
seelischen Inhalt hergehenden geistigen Tätigkeit" (παρακολουθεῖν τῇ διανοίᾳ) einerseits und durch die Unter=
scheidung einer qualitativen Veränderung des Organs durch
äußere Eindrücke und der Erkennung (διάγνωσις) dieser
Veränderung in der Seele auf der andern Seite den Vorgang
des Bewußtwerdens richtig erfaßt und beschrieben, ohne
sich jedoch über die Tragweite dieser Beobachtung klar zu
werden. Noch einen Schritt weiter kamen die N e u p l a =
t o n i k e r, die jenes Begleiten als einen Akt des Reflek=
tierens, eine Art von Gedankenreflex (ἀνακάμπτοντος τοῦ

---

[1]) Ob Plato oder, falls der Alkibiades unecht ist, ein anderer, darauf
kommt hier nichts an.

νοήματος) bezeichneten, von einem Mitempfinden (συναί-
σθησις) in diesem reflexiven Sinne sprachen und das Denken
des Denkens, das sich selbst Begleiten (παρακολουθεῖν
ἑαυτῷ) als das wahre Wesen des Geistes erfaßten. Damit
hat der Neuplatonismus gewisse Elemente und Bedingungen
des Bewußtseins ganz richtig gekennzeichnet und Erklärung
und Ausdruck dafür — mehr freilich tastend gesucht als
wirklich gefunden. Aber es ist doch bedeutsam genug, daß
die letzte Leistung der griechischen Philosophie eben darin
bestand, den Gedanken bis hart an die Schwelle dieses
Begriffes heran, wenn auch nicht über dieselbe zu ihm herein-
geführt zu haben. Indem sie den Blick des Menschen von
der Außenwelt hinweg in das Innere lenkte, war der welt-
frohe Geist des Altertums über sich hinausgetrieben und
seiner selbst, oder vielmehr dieses seines Inhalts, der Welt
überdrüssig geworden und hatte sich, im Zusammenhang
mit andersartigen, religiösen und moralischen Gedanken und
Empfindungen, in den romantischen Geist des christlichen
Mittelalters umgewandelt.

Doch auch das Mittelalter lebte und erlebte dieses
Innerliche mehr, als daß es sich dessen bewußt wurde oder
es psychologisch zu deuten vermochte; und so finden sich
selbst bei Augustin, der in seinen Konfessionen eine so
energische Selbstbeobachtung gezeigt, im Zweifeln und
Denken gar schon das Sein des Ich entdeckt und in diesem
Ich dem philosophischen Skeptizismus gegenüber den Hebel
der Selbstgewißheit erfaßt hat, nur Andeutungen darüber,
die mit seiner Auffassung von der Rolle des Willens im
Erkenntnisakt zusammenhängen; eine psychologische Untersuchung des ihm vorliegenden Tatbestandes fehlt aber auch
bei ihm für diese Frage noch völlig. Dagegen ist allerdings
Thomas von Aquino über das neuplatonische Daß
entschieden hinausgekommen. Er hat in dem zu sich selbst
Zurückkehren und im Erfassen seines eigenen Wesens Be-

wußtfein und Selbftbewußtfein näher charakterifiert und vor
allem erkannt, daß erft in der Erkenntnis feiner auf äußere
Objekte fich richtenden Tätigkeit der Intellekt fich diefer
Tätigkeit und damit feiner felbft bewußt w e r d e , das
Selbftbewußtfein alfo kein Seiendes und fertig Gegebenes
fei. Im allgemeinen aber herrfchte doch auch bei ihm ein
anderes, das religiöfe und das ethifche Intereffe im Begriff
der conscientia vor. Das Selbftbewußtfein ift das Wiffen
um feinen eigenen fittlichen Zuftand, ift das Gewiffen, das
den Scholaftikern als „Synderefis" der letzte Reft des Guten
im Menfchen, das „Fünklein" ift, das gegen das Böfe „auf=
brummt", als conscientia dagegen die Subfumtion der
einzelnen Handlung unter diefes Urteil des Guten bedeutet.
    Erft die moderne Philofophie ift zu einer Philofophie
des Ich geworden. Dabei überwiegt das von der antiken
und fcholaftifchen Philofophie her feftgehaltene intellek=
tuaftifche Vorurteil auch noch bei ihr durchaus: das Bewußt=
fein fällt ihr mit dem Denken zufammen, weil das Wefen
des Geiftes im Denken befteht; und mag D e s c a r t e s
noch fo weitherzig fein in dem, was er alles unter dem
„Denken" verftanden wiffen will (non modo intellegere,
velle, imaginari, sed etiam sentire), es ift doch immer die
Kategorie des Denkens, die er auf das Seelenleben an=
wendet. Heute würden wir ihn freilich dahin interpretieren,
daß fich denkende und ausgedehnte Subftanz zueinander
verhalten wie Bewußtes und Unbewußtes oder Bewußt=
lofes. Das Ich aber als Träger des Denkens erfcheint ihm
ohne weiteres als Subftanz, als ein feft Gegebenes, dem
man nicht weiter nachzudenken Anlaß habe. Demgegenüber
lockert fich bei L o c k e und H u m e diefes fubftantielle Band,
das Ich verflüchtigt fich dem letzteren zu einem Bündel von
Vorftellungen ohne feften Kern. Die Bewußtfeinsfrage felbft
aber wird nicht hier auf der empirifch=fkeptifchen Linie
in Angriff genommen, fondern auf ganz anderem Boden

bemächtigt sich ihrer L e i b n i z: er erfaßt den Begriff in
seiner zentralen Bedeutung und gründet auf ihn die wich=
tigsten Gedanken seiner Monadenlehre.	Die Monaden
stellen vor. Aber während die nackten Monaden nur unklare
und kaum bemerkbare Vorstellungen aus sich erzeugen, mehr
nur darstellen (repraesentant) als vorstellen (percipiunt),
produzieren die eigentlichen Seelen bewußte, vom Ge=
dächtnis festgehaltene Vorstellungen oder Empfindungen,
und erst die höchsten, die Geister, erheben sich zur Vernunft,
zu deutlichen Begriffen und zum Selbstbewußtsein.	Dabei
nimmt aber Leibniz vermöge des von ihm wie überall so
auch hier durchgeführten Prinzips der Stetigkeit unendlich
viele unmerkliche Übergangsstufen von den verworrenen
zu den deutlichen Vorstellungen an, und kommt so zu der
Anschauung, daß auch jene scheinbar unbewußt bleibenden
Vorstellungen der niedrigsten Monaden nicht völlig unbe=
wußt, sondern nur auf ein Minimum von Bewußtsein oder
besser Bewußtheit reduzierte „kleine Vorstellungen" seien
und allmählich zu großen, d. h. bewußten anwachsen.
Umgekehrt gibt es auch noch in der zum Geist entwickelten
Monade bewußtlose oder im Bewußtsein dunkle Vor=
stellungen, ein dunkles, undeutliches Bewußtsein.

Zentraler als bei Leibniz, bei dem überall das meta=
physische Interesse einer Erklärung der Körperwelt im
Vordergrund steht, ist der Begriff des Bewußtseins bei
seinem Schüler W o l f f. Man sieht hier die spezifisch psy=
chologische Wendung, wenn er die Seele geradezu definiert
als das, was seiner selbst und der Dinge bewußt ist; ins
Unterscheiden aber setzt er das eigentliche Wesen des Be=
wußtwerdens.	Dabei nimmt er abweichend von Leibniz
nicht nur verschiedene Grade von Bewußtsein an, sondern
auch seelische Zustände völlig ohne Bewußtsein: so gibt er
einen fruchtbaren Gedanken seines Meisters preis und
verzichtet auf die Beantwortung der Frage nach dem Un=

bewußten im Seelenleben, gerade weil er ausdrücklich und
vorsichtig warnt, auf solche Zustände anders als aus dem
zu schließen, was wir im Bewußtsein vorfinden.

Auffallend kurz wissen sich unsere großen Philosophen
mit der Bewußtseinsfrage abzufinden. Kant, dessen
stärkste Seite die Psychologie überhaupt nicht gewesen ist,
beginnt zwar seine Anthropologie mit dem Paragraphen
„vom Bewußtsein seiner selbst“ und diesen wieder mit den
Worten: „daß der Mensch in seiner Vorstellung das Ich
haben kann, erhebt ihn unendlich über alle andere auf Erden
lebende Wesen. Dadurch ist er eine Person, und, vermöge
der Einheit des Bewußtseins, bei allen Veränderungen, die
ihm zustoßen mögen, eine und dieselbe Person, d. i. ein von
Sachen, dergleichen die vernunftlosen Tiere sind, ...
durch Rang und Würde ganz unterschiedenes Wesen, selbst
wenn er das Ich noch nicht sprechen kann, weil er es doch
in Gedanken hat . . . Dieses Vermögen (nämlich zu denken)
ist der Verstand.“ Und ebenso wirft er (§ 5) die Frage auf,
ob man Vorstellungen haben könne, ohne sich ihrer bewußt
zu werden? Indem er sie bejaht und dergleichen Vor=
stellungen dunkle im Unterschied von den klaren und deut=
lichen nennt, tritt er auf den Leibnizschen Boden zurück,
von dem ihn auch das Bild von den wenigen illuminierten
Stellen auf der großen Karte unseres Gemütes nicht weg=
bringt. Und auch hier wieder ist es der Verstand, dem dieses
Geschäft des Illuminierens und Beleuchtens zugeschrieben
wird. Viel tiefer, bis ins Innerste geistiger Funktionen,
dringt dagegen das, was er über das Bewußtsein seiner
selbst, über die Apperzeption zu sagen hat; doch kommt das
hier noch zu früh, davon haben wir an anderer Stelle
zu reden.

Auch Fichte, der doch auf das Selbstbewußtsein und
das Ich = Ich seine ganze Philosophie gründet, so viel
vom Gegensatz zwischen Ich und Nicht=Ich zu sagen weiß

und in der produktiven Einbildungskraft die dem Bewußtsein vorangehende bewußtlose Tätigkeit, die Bedingung des Bewußtseins entdeckt hat, auch Fichte hat die Frage psychologisch nicht gefördert und diese Seite geradezu ignoriert. Nicht besser ist es bei S ch e l l i n g. Etwas mehr taten dagegen H e g e l und die Seinen. Nach Hegel ist das Bewußtsein oder das Ich die unendliche Beziehung des Geistes auf sich, aber als subjektive, als Gewißheit seiner selbst. Indem aber der (subjektive) Geist diese seine Erscheinung mit seinem Wesen identisch zu machen, die Gewißheit seiner selbst zur Wahrheit zu erheben sucht, durchläuft er drei Stufen: als Bewußtsein überhaupt, welches einen Gegenstand als solchen, ein ihm zunächst als selbständig geltendes Nicht=Ich hat; als Selbstbewußtsein, für welches Ich der Gegenstand ist oder das das Bewußtsein zu seinem Gegenstand hat und sich von sich selbst unterscheidet; und endlich als Vernunft, die theoretisch in der objektiven Welt sich selbst erkennt und wiederfindet, praktisch sich selber eine solche objektive Welt schafft, und endlich als absoluter Geist, als Einheit des Bewußtseins und des Selbstbewußtseins den Inhalt des Gegenstandes als sich selbst anschaut. Entsprechend seinem Panlogismus aber ist auch ihm das Ich als Subjekt des Bewußtseins auf allen diesen Stufen nichts als Denken. Das Wort Hegels, Selbstbewußtsein sei Unterscheiden des Ununterschiedenen, greift Rosenkranz auf, verallgemeinert es und sieht mit Wolff psychologisch in der Funktion des Unterscheidens das Wesen des Bewußtseins überhaupt: als Bewußtsein unterscheide sich der Geist von allem, was er nicht als Ich sei. Aber erst durch H e r = b a r t werden wir auch in dieser Frage auf den rein psychologischen Boden gestellt, der freilich seinerseits doch wieder aus metaphysischem Holze gezimmert ist. Die Bewußtseinslehre fällt für ihn mit seiner Theorie von den Vorstellungen als Kräften zusammen. Das Bewußtsein ist

der Inbegriff und die Gesamtheit alles gleichzeitigen wirk=
lichen Vorstellens; bewußt sind die über die statische Schwelle
emporgestiegenen Vorstellungen, unbewußt die darunter
festgehaltenen oder das Streben vorzustellen. Das Selbst=
bewußtsein dagegen, in dem man sich seiner Vorstellungen
bewußt ist, ist nur das Auseinandertreten und Aufeinander=
wirken verschiedener Vorstellungsmassen, von denen die
eine als Subjekt die andere als Objekt erfaßt und sich an=
eignet. Wie dadurch die Ichvorstellung entsteht, werden
wir später sehen.

Eine andere Seite dessen, was wir im Begriff des Be=
wußtseins denken, greift B e n e k e heraus, wenn er das
Bewußtsein für die Stärke des psychischen Seins erklärt.
Erst sind die einzelnen Empfindungen völlig unbemerkt
und unbewußt; durch häufige Wiederholung werden sie
aber vermöge der zurückgelassenen Spuren und der dadurch
bewirkten Ansammlung von Gleichartigem verstärkt und
damit erst bewußt: das Bewußtsein ist also keine angeborene
Kraft der Seele, sondern es kommt dieser nur eine angeborene
Anlage für das Bewußtsein zu, das erst durch äußere Aktion
Ausbildung und Form gewinnt. Ganz richtig erklärt
Eduard v o n H a r t m a n n in dem posthumen Grundriß
der Psychologie¹), das Bewußtsein sei nicht zu definieren,
es müsse erfahren werden. Und in der „Philosophie des
Unbewußten" hat er das Kapitel über die Entstehung des
Bewußtseins mit der programmatischen Erklärung be=
gonnen, daß dieses kein ruhender Zustand, sondern ein
Prozeß sei. Ebenso richtig war hier die scharfe Unterscheidung
von Bewußtsein und Selbstbewußtsein, welch letzteres
nur ein spezieller Fall der Anwendung des Bewußtseins
auf ein bestimmtes Objekt sei. Auch daß er es als Irrtum

---

¹) Eduard v o n H a r t m a n n, Grundriß der Psychologie (Bd. III
seines Systems der Philosophie im Grundriß, 1908), S. 7.

bezeichnet, daß man an das Bewußtſein meiſtens als an
etwas nur der Vorſtellung Inhärierendes denke und daneben
das Bewußtwerden von Luſt und Unluſt vergeſſe, wollen
wir dankbar akzeptieren und uns auch die Frage merken,
ob das Bewußtſein in der Vorſtellung als ſolcher liege oder
ein Akzidens ſei, das von anderswoher zu ihr hinzukomme.
Wenn er aber poſitiv erklärt — wenigſtens früher erklärt und
nicht zurückgenommen hat —, das Weſen des Bewußtſeins
einer Vorſtellung ſei die Losreißung derſelben von ihrem
Mutterboden, dem Willen, es ſei die Stupefaktion des
Willens über die von ihm nicht gewollte und doch empfindlich
vorhandene Exiſtenz der Vorſtellung, und dies dann weiterhin auch auf das Bewußtwerden der Unluſt und der Luſt
ausdehnt, ſo will ich offen bekennen, daß ich das nicht
verſtehe und in ſolchen Orakelſprüchen keine Förderung
des Problems zu erkennen vermag. Dagegen hat dieſer
Philoſoph des Unbewußten ſicher mehr als alle anderen
dazu beigetragen, durch ſein „die Seele iſt unbewußt, oder
ſie iſt nicht“ die Aufmerkſamkeit mit aller Schärfe der ſchon
von Kant formulierten Frage zuzuwenden, ob es unbewußte
Vorſtellungen und überhaupt ein unbewußtes Seelenleben
gebe. Er ſelbſt hat freilich durch die Eintragung meta-
phyſiſcher Spekulationen die ganze Frage gründlich verwirrt
und durch die Annahme eines dreifachen Unbewußten[1])
ihre Löſung eher erſchwert als gefördert.

Man ſieht, wie langſam der Bewußtſeinsbegriff und
die Bewußtſeinsfrage ins Bewußtſein der pſychologiſchen
Forſchung eingetreten iſt und die feſte Geſtalt eines Problems
mit ſcharf geſtellter und präziſe Antwort heiſchender Frage
angenommen hat. Jetzt dagegen bedeutet es, wie Natorp
richtig gezeigt hat, geradezu das Grundproblem und Grund-

[1]) Das relativ Unbewußte, das phyſiologiſch Unbewußte und das
abſolut Unbewußte, oder wie er es auch nennt: das Unterbewußte, das
Außerbewußte und das Vor- oder Hinterbewußte.

phänomen der Pfychologie[1]): darin stimmen die auf den
verschiedensten Standpunkten stehenden Pfychologen der
Gegenwart durchaus überein.

W u n d t erklärt, da das Bewußtsein selbst die Bedingung
aller Erfahrung sei, so könne sein Wesen aus dieser nicht
unmittelbar erkannt werden: alle Versuche, es zu definieren,
führen entweder zu tautologischen Umschreibungen oder zu
Bestimmungen der im Bewußtsein wahrgenommenen
Tätigkeiten, die eben deshalb nicht das Bewußtsein sind,
sondern es voraussetzen. Und nun geht er, wie mir scheint,
insofern ganz richtig zu Werke, als er sich zunächst nach den
Bedingungen umsieht, unter denen Bewußtsein vorkommt.
Als solche findet er auf psychischer Seite einen nach Gesetzen
geordneten Zusammenhang unmittelbarer psychischer Erleb=
nisse und Erfahrungsinhalte, dem physiologisch der Zu=
sammenhang des ganzen Nervensystems entspricht, wofür
er speziell beim Menschen vor allem die Großhirnrinde in
Anspruch nimmt, die besonders geeignet sei, die Vorgänge
im Körper teils unmittelbar, teils mittelbar einem all=
gemeinen Zusammenhang unterzuordnen. Auch von
verschiedenen Graden des Bewußtseins redet er, wobei
jedoch die untere Grenze unmöglich bestimmt werden
könne. Zur Erklärung der Wiedererneuerung aus dem
Bewußtsein entschwundener Vorstellungen nimmt er psy=
chische Dispositionen an, deren Wesen freilich der inneren
Erfahrung für alle Zeiten verborgen und unzugänglich
bleiben müsse. Endlich gibt er auch eine Entwicklung des
Bewußtseins und Selbstbewußtseins zu, eine allmähliche
Erweiterung und Verengerung dieses letzteren namentlich,
und betont dabei, was vielleicht das Wichtigste ist, den durch=
aus sinnlichen Charakter desselben in den ersten Anfängen
seiner Entwicklung. Dagegen hat er den Begriff der un=

---

[1] Natorp a. a. O. S. 11 f.

bewußten Schlüsse, den er früher mit Helmholtz mehrfach
zur Erklärung von pfychophysischen Vorgängen benützt
hatte, in den späteren Darstellungen seiner Pfychologie
mit Recht fallen lassen. Wie ihm dann der Bewußtseins-
vorgang als Aufmerksamkeit und Apperzeption zu einem
Willensakt wird, darüber werden wir uns später mit ihm
auseinanderzusetzen haben; hier hat es sich mehr nur darum
gehandelt, die verschiedenen Seiten des Problems herauszuarbeiten, als die Versuche einer Lösung desselben im
einzelnen zu verfolgen.

Harald Höffding endlich, um wenigstens ihn
noch zu nennen, glaubt das Bewußtsein durch drei Haupt-
eigenschaften charakterisiert: Veränderung und Gegensatz,
Bewahren oder Wiedererzeugen früher gegebener Elemente
und innere Einheit des Wiedererkennens. Diese letzte Weise
seiner Betätigung führt auf die Unterscheidung einer passiven
und einer aktiven Seite; jene besteht ihm in der Mannigfaltigkeit der Bewußtseinselemente und -inhalte, diese soll in
die Mannigfaltigkeit Einheit und Zusammenhang bringen
und sich so als Synthese für diese Elemente und Inhalte
darstellen.

In diesem Unterschied liegt, könnte man sagen, überhaupt
ein allgemeiner, historisch und national bedingter Gegensatz:
die englische Assoziationspsychologie kennt nur die passive
Seite des Bewußtseins, die Mannigfaltigkeit seiner Inhalte,
und kommt über eine mechanische Wechselwirkung derselben
nicht hinaus; dagegen betont man in Deutschland seit Kant
mehr das Aktive des Bewußtseins, sein Sichbetätigen in
Gestalt einer Synthese; Herbart freilich müßte man dann
auf die Seite der Engländer stellen.

2. Begriff des Bewußtseins.

Die voranstehenden historischen Notizen über die verschiedenen Auffassungen des Bewußtseins geben kein ein-

heitliches Bild. Das verworrene Stimmengewirr belehrt
nicht, gibt nirgends feste und sichere Anhaltspunkte. Aber
es zu hören ist darum doch nicht ganz ohne Wert; denn der
Grund dieser Verschiedenartigkeit der Aussagen tritt gerade
bei einer solchen summarischen Überschau deutlich zutage:
die so Verschiedenes aussagen, reden auch von Verschiedenem,
sie verstehen unter dem Wort Bewußtsein nicht alle dasselbe.
Daher ist es notwendig, uns erst einmal zu verständigen
über das, was wir uns unter „Bewußtsein" zu denken haben;
und wenn alle die Vorgänge und Erscheinungen, von denen
jene reden, wirklich vorhanden sind und eine Erklärung
fordern, so gilt es, verschiedene Bedeutungen anzuerkennen
und diese verschiedenen Bedeutungen zu fixieren.

Auf diese Mehrdeutigkeit haben besonders, zuerst H o r =
w i c z[1]), dann N a t o r p[2]) unsere Aufmerksamkeit gelenkt.
Der letztere unterscheidet in der Tatsache des Bewußtseins
mehrere Momente, die an sich untrennbar in ihr enthalten,
für die Betrachtung doch notwendig auseinanderzuhalten
seien: 1. Den Inhalt, dessen man sich bewußt ist (Bewußt=
seinsinhalt); 2. das Bewußtsein desselben oder seine Be=
ziehung auf das Ich (Bewußtheit); und endlich 3. dieses
letztere (das Ich), das man durch fernere Abstraktion als
drittes Moment der Bewußtseinstatsache von jener Be=
ziehung noch einmal unterscheiden möge. Lassen wir dieses
dritte Moment einstweilen noch außer acht, so können wir
um so dankbarer den Unterschied von Bewußtseinsinhalt
und Bewußtheit akzeptieren, müssen aber noch hinzunehmen,
was Horwicz, dem empirischen Tatbestand nähertretend,
zur Fixierung des Sprachgebrauchs und zu nachheriger
Analyse mehr aufgibt als gibt: Mit dem Wort „Bewußtsein"
werde bezeichnet 1. die allgemeine Eigenschaft der Seele

---

[1]) Psychologische Analysen, 1. Teil, S. 156 f., 210 ff.
[2]) N a t o r p , Einleitung § 4, S. 11.

(beſſer: des Beſeelten), von ſich, ihren Zuſtänden und den
äußeren Dingen zu wiſſen, als das weſentliche Unter=
ſcheidungsmerkmal vom Nichtſeeliſchen — aktives Bewußt=
ſein. Mit ihm hängt, wie man ſieht, das Selbſtbewußtſein
aufs engſte zuſammen, es iſt nur eine beſtimmte Art, eine
ſpezielle Form dieſes aktiven Bewußtſeins überhaupt.
2. Der zeitweilige Zuſtand der Seelenprozeſſe, durch den
ſie der Seele (!) bewußt, ihr gegenwärtig werden, das Hell=
und Klarſein dieſer Prozeſſe — paſſives Bewußtſein oder
Bewußtheit. Und endlich 3. „eine gewiſſe Teilſphäre der
Seele, gleichſam ein ſeeliſcher Ort oder Horizont, ein geiſtiges
Sehfeld, ein gleichſam heller Kreis, in den die dunkeln,
unbewußten Vorſtellungen zeitweilig eintreten, ſich zur
Bewußtheit erhellen und dann daraus wieder in die Nacht
des Unbewußtſeins entſchwinden; wir nennen dies den
Bewußtſeinshorizont". Ganz abgeſehen von dem Operieren
mit der uns zunächſt völlig unbekannten „Seele" leidet die
Beſchreibung dieſer dritten Bedeutung an der Bildlichkeit
und Unbeſtimmtheit des Ausdrucks und erinnert an die
Herbartſche Vorſtellung von dem durch einen Querbalken
getrennten Hohlraum der Seele, in deſſen unterer dunkler
Hälfte die Vorſtellungen unbewußt, in deſſen oberem er=
leuchteten Teil ſie ſelbſt erleuchtet und damit bewußt ſind;
überdies läßt ſich nicht zum voraus ſehen, ob man zur Auf=
ſtellung dieſer dritten Bedeutung überhaupt ein Recht hat,
ob dies nicht vielleicht nur eine Summe oder nur der ab=
ſtrakte Ausdruck für das iſt, was bereits unter Nr. 2 in kon=
kreter Weiſe von der Bewußtheit geſagt wurde.

So werden wir vom empiriſchen Tatbeſtand aus zunächſt
nur ein Zweifaches zu unterſcheiden haben: 1. den Zuſtand
oder die Eigenſchaft des ſeeliſchen Vorgangs, wodurch
derſelbe als bewußter bezeichnet wird — die Bewußtheit,
das Bewußt=ſein, das paſſive, oder wie man nicht übel
geſagt hat, das adjektiviſche Bewußtſein; den Gegenſatz

dazu bildet das Unbewußte als ein nicht zum Bewußtsein kommendes; 2. den Zustand oder die Tätigkeit des Subjekts, wodurch der seelische Vorgang jene Eigenschaft erhält, die das Bewußt=sein hervorrufende Funktion des Subjekts — Bewußtsein im engeren Sinn, aktives Bewußtsein; der Gegensatz dazu ist die Bewußtlosigkeit, sei es als eine all= gemeine Eigenschaft ganzer Klassen von Wesen, denen die Fähigkeit, sich einer Sache bewußt zu werden, überhaupt abgeht, oder als vorübergehender Zustand der mit Bewußt= sein begabten Wesen, in dem jene Fähigkeit latent geworden ist, ihr Funktionieren aussetzt und ruht.

Daran schließen sich allerlei Fragen, die Antwort heischen, an: 1. Welche Subjekte, welche Wesen haben die Fähig= keit, seelischen Vorgängen jene Eigenschaft mitzuteilen, haben aktives Bewußtsein? 2. Womit hängt diese Fähigkeit zusammen? wovon hängt sie ab? ist sie etwa physisch bedingt? 3. Ist diese Fähigkeit etwas Selbständiges und Substantielles, etwa die grundwesentliche Eigenschaft alles Beseelten? oder ist sie akzidentiell, immer nur an bestimmten, einzelnen seelischen Vorgängen haftend? 4. Sind alle psychischen Vorgänge bewußt, oder gibt es auch unbewußt Seelisches? 5. Kann ich die Eigenschaft der Bewußtheit gleichzeitig mehreren seelischen Vorgängen mitteilen oder immer nur einem? und wenn mehreren, wie vielen? 6. Ist das Bewußtsein — hier können wir die aktive und die passive Seite zusammennehmen — ein Letztes und Einfaches, ein Elementarprozeß? oder ein Zusammengesetztes? und wenn dieses letztere, welches wären dann seine Bestandteile?

Diese Fragen müssen wir, wenn auch nicht in dieser Reihenfolge, zu beantworten suchen.

3. Das physiologische non liquet.

Wir beginnen mit den beiden ersten Fragen. Wie gut hatten es da die Kartesianer, wenn es galt, sie zu beant=

worten! Die Seele ist Trägerin des Bewußtseins (res cogitans); die Menschen sind die einzigen uns bekannten
Inhaber einer solchen; die Tiere dagegen sind seelenlose
Automaten, also ohne Bewußtsein. Heute wissen wir nichts
mehr von einer Seele als dem Subjekt des Bewußtsens,
wissen nicht, wer und welche Geschöpfe alle Bewußtsein
haben und welche nicht, und wissen endlich nicht, an was das
Bewußtsein geknüpft, was — um nicht sofort zu sagen:
der Träger, aber doch die leibliche conditio sine qua non
des Bewußtseins ist. Vom Bewußtsein direkt und unmittelbar weiß jeder nur bei sich selbst; auf Bewußtsein bei anderen
können wir nur schließen. Und wenn diese Schlüsse in bezug
auf andere Menschen und auf die höheren Tiere den höchsten
Grad von Wahrscheinlichkeit, für denjenigen, der nicht auf
dem Boden eines ernsthaft überhaupt nicht festzuhaltenden
Solipsismus steht, geradezu Gewißheit haben, so wird diese
Wahrscheinlichkeit immer kleiner und unsere Schlüsse immer
unsicherer, je tiefer wir auf der Stufenleiter der Geschöpfe
herabsteigen, und die untere Grenze ist schlechterdings nicht
anzugeben. Pflanzenbewußtsein? Protoplasmabewußtsein?
— das sind Worte, mit denen sich kein bestimmter Inhalt
und Sinn mehr verbindet; ob ihnen etwas entspricht, läßt
sich nur vag hypothetisch bejahen oder verneinen. Wollte
man etwa von einem traumartigen Zustand des Bewußtseins
niederer Tiere reden, so schiene mir das eine Analogie ohne
alle Gewähr der Übereinstimmung; und ebensowenig
dürfte der Vergleich mit den apathischen Zuständen vor
dem Ausbruch einer schweren Krankheit oder mit dem Stadium der Schläfrigkeit und des Hindämmerns passen angesichts der großen Lebhaftigkeit der Bewegungen bei
manchen dieser niedersten Geschöpfe. So steht an der
untersten Grenze das Daß und das Wie gleich sehr in Frage,
nur daß uns über dieses noch früher die Gedanken ausgehen
als über jenes.

Das deutet auf ein Allgemeines hin, das mir auch aus
anderen Gründen feststeht, daß nämlich die Psychologen gut
tun, sich zunächst auf die psychischen Vorgänge i m M e n -
s ch e n zu beschränken und das tierische Seelenleben nur
da herbeizuziehen, wo es zum Verständnis der ersteren mit
Sicherheit etwas beizutragen vermag; dagegen hat eine
vergleichende Psychologie vorerst noch wenig Aussicht auf
Erfolg, namentlich wo es sich um jene niederen Geschöpfe
handelt; und doch wären just sie die interessantesten.

Nicht einmal das steht fest, ob das Vorhandensein eines
Bewußtseins an dasjenige eines Nervensystems geknüpft
ist. Wir werden nur sagen können: wo wir ein solches
finden, da dürfen wir immer auch Bewußtsein voraussetzen.
Dagegen wäre es gewagt, den Satz umkehren zu wollen
und nur da Bewußtsein anzunehmen, wo ein Nervensystem
darauf hinweist. Doch auch damit ist die Frage nach der
physischen Bedingung und der Basis des Bewußtseins noch
nicht erschöpft und erledigt. Ist bei den höheren Geschöpfen
das gesamte Nervensystem Organ des Bewußtseins oder
haben wir einen speziellen Teil desselben, in diesem Fall
natürlich das Großhirn als solches anzusehen? Ja selbst
dann würde nochmals gefragt werden können, ob das ganze
Großhirn Organ des Bewußtseins sei, oder ob — etwa um
die Einheit und Enge des Bewußtseins zu erklären, wovon
alsbald die Rede sein wird — ein einzelner Punkt als Sitz
desselben gelten solle? Aus diesem Grund hat ja selbst der
Dualist Descartes auf die Zirbeldrüse als den Sitz der Seele
hingewiesen, und Herbart denkt wenigstens an einen be-
schränkten Bezirk im Gehirn. Aber nicht nur diese Art von
Lokalisation erscheint als ausgeschlossen, auch die beiden
ersten Möglichkeiten bleiben physiologisch bestritten und
zweifelhaft[1]. Einzelne Physiologen sind durchaus der

---

[1] Über den augenblicklichen Stand dieses komplizierten und viel-
umstrittenen Problems — oder sagen wir besser im Plural: dieser Pro-

Ansicht, daß die Großhirnrinde als solche die Trägerin der
höheren geistigen Funktionen und speziell auch des Bewußt=
seins, „das Organ der Seele" sei. Nun werden allerdings
durch Hinwegnahme und Zerstörung der beiden Großhirn=
hemisphären alle diejenigen Lebensäußerungen aufgehoben,
die wir beim Menschen vorzugsweise als durch oder mit
Bewußtsein zustande kommend ansehen. Allein darum wäre
es doch ein zu rascher Schluß, anzunehmen, daß somit die
übrigen Teile des Nervensystems beim Zustandekommen des
Bewußtseins überhaupt nicht beteiligt und die übrigge=
gebliebenen Äußerungen lediglich mechanisch zu erklären
seien. Daß das Großhirn die conditio sine qua non des
k l a r e n Bewußtseins ist, zeigen die vivisektorischen Ex=
perimente unwiderleglich. Aber wenn Sinnesempfindungen
bleiben — und sie bleiben[1] —, so bleibt auch etwas von
dem, was wir Bewußtseinsinhalt nennen; und daraus
ergibt sich, daß doch auch den übrigen Teilen des Nerven=
systems (den hinter dem Großhirn gelegenen Hirnteilen
und dem Rückenmark) gewisse, natürlich dunkle Bewußt=
seinsgrade eignen dürften. Im einzelnen läßt sich jedoch
darüber deshalb nichts Bestimmtes sagen, weil weder im
Bau und in der Struktur des Zentralorgans sich physiolo=
gische oder anatomische Kennzeichen des Bewußtseins finden
und angeben lassen, noch da, wo dieses Zentralorgan na=
türlicherweise oder durch Verstümmelung fehlt, Erschei=
nungen zutage treten, die mit Sicherheit auf ein bestimmt
angebbares Maß von Bewußtsein schließen lassen. Auch
sind gerade hier die Schlüsse von niedrigen Geschöpfen auf

bleme — orientiert sehr gut das nützliche Werk von Erich Becher,
Gehirn und Seele 1911.

[1] cfr. Fr. Goltz, Über die moderne Phrenologie, Deutsche Rund=
schau 1885/6, Bd. I; und desselben Verfassers hochinteressanten Bericht
über den 18 Monate von ihm am Leben erhaltenen „Hund ohne Groß=
hirn" in Pflügers Archiv f. d. ges. Physiologie, Bd. 51, 1892, S. 570 ff.

den Menschen durchaus unsicher und am wenigsten zulässig.
Wenn wir sehen, wie bei niederen Tieren Teilung des
Körpers und Fortleben der getrennten Teile für sich möglich
ist, so werden wir vielleicht annehmen dürfen, daß mit der
Vervollkommnung der Organisation die Fähigkeit der
niederen und einfachen Nerventeile, ein selbständiges Bewußtsein (oder vielleicht richtiger: Spuren und Analogien
eines solchen) auszubilden, eher ab- als zunimmt: das,
was Leibniz Verworrenheit des Bewußtseins nennt, beruht
dann wohl auf dem Mangel einer einheitlichen Zusammenfassung durch ein zusammenfassendes Organ. So könnte
sich das Rückenmark eines niederen Tieres, z. B. das eines
Frosches, zur Bewußtseinsfrage anders verhalten als das
des Menschen. Bei diesem hat ja fraglos das Gehirn vermöge seiner feineren Durcharbeitung und weiteren Entwicklung die Selbständigkeit der übrigen Zentralteile am
meisten herabgedrückt, sozusagen verschlungen; und so ist
vielleicht bei ihm das Gehirn wirklich ausschließlich Träger,
Organ, conditio sine qua non wie des Seelischen überhaupt
so speziell auch des Bewußtseins. Das Frontalhirn scheint
als „Sitz" der Intelligenz, der Apperzeption und Aufmerksamkeit insonderheit den Anspruch erheben zu können,
„Organ des Bewußtseins" zu heißen. Im übrigen aber
bleibt, physiologisch betrachtet, nur ein deprimierendes
non liquet oder ein luftiges hypotheses fingere.

4. Die Enge des Bewußtseins.

Die Physiologie gibt uns, wie wir sehen, über das Bewußtsein keinerlei erheblichen oder irgendwie wertvollen
Aufschluß. Es bleibt uns also vorläufig nur die psychologische
Analyse und Interpretation dieser Erscheinung als einer
seelischen übrig. Wenden wir uns ihr zu, so stellt sich uns als
eine verhältnismäßig einfache Tatsache die sogenannte Enge
des Bewußtseins dar, auf die in wissenschaftlicher Weise

zum erstenmal Herbart und seine Schule hingewiesen hat.
Es ergibt sich nämlich bei einiger Aufmerksamkeit auf sich
selbst, daß gleichzeitig immer nur eine sehr beschränkte Anzahl
von Vorstellungen bewußt oder im Bewußtsein anwesend
sein können. Daß sich dieser Umstand unserer inneren Beob=
achtung vielfach entzieht und tatsächlich auch von der Wissen=
schaft lange Zeit übersehen worden ist, daß also die meisten
Menschen von dieser psychologischen Tatsache überhaupt
nichts wissen, kommt daher, daß der Inhalt des Bewußtseins
ein beständig und rasch wechselnder ist und der Übergang
vom einen zum andern sich außerordentlich schnell vollzieht.
Schon die Sprache kennt diese raschen Übergänge, wenn
sie vom Aufblitzen eines Gedankens redet und die Gedanken=
schnelle zu Vergleichen benützt. Auch die Dichter haben von
Homer[1]) an davon Gebrauch gemacht, am direktesten
Lessing in seinem „Faust": der fünfte Geist ist „so schnell
als die Gedanken des Menschen", und — was teilweise
wenigstens auch hierher gehören dürfte — der siebente so
schnell, „als der Übergang vom Guten zum Bösen". Fast
experimentell erleben wir eine Probe von dieser Schnellig=
keit bei jenen scheinbar unendlich langen Träumen, die sich
in Wirklichkeit in den letzten Sekunden vor dem Erwachen
oder in den kurzen Augenblicken eines Haschischschlafes
abspielen. So entsteht leicht und notwendig der Schein
von vielem Gleichzeitigen, wo doch tatsächlich nur ein schnelles
Nacheinander vorhanden ist.

Wenn man nun aber fragt, wie viele Vorstellungen (wie
wir vorläufig für Bewußtseinsinhalte sagen können) gleich=
zeitig im Bewußtsein anwesend, bewußt sein können, so
entstehen Schwierigkeiten. Manche wollen rigoros sein und
meinen: jederzeit nur eine einzige. Aber nicht nur eine

---

[1]) Homer, Odyssee 7, 36: νέες ὠκεῖαι ὡς εἰ πτερὸν ἠὲ
νόημα.

immerhin dem Irrtum und der Täuschung ausgesetzte
Selbstbeobachtung, sondern eine kurze Überlegung über
gewisse, allgemein zugestandene Tatsachen nötigt uns,
diese Strenge abzulehnen. Ein Vergleichen zweier Vorstel=
lungen, ein Zusammenfassen mehrerer, das Auffassen einer
Reihe als Reihe, einer Melodie, eines Versmaßes, alles
das wäre bei dieser Annahme einfach undenkbar; jede Ver=
gleichung hat die gleichzeitige Anwesenheit von mindestens
drei Vorstellungen im Bewußtsein zur Voraussetzung und
Bedingung, wobei wir die Tatsache einer sukzessiven Ver=
gleichung mit Hilfe des Wiedererkennens und des damit
verknüpften Gefühls natürlich nicht übersehen. Dagegen
beweist die Tatsache eines vielfach Zusammengesetzten und
miteinander Verschmolzenen nichts, wenn uns nur dieses
Zusammengesetzte als Einheit und als eins erscheint. So
sind die meisten Empfindungen, die uns als einheitliche
zum Bewußtsein kommen, tatsächlich Empfindungskom=
plexe; aber darauf kommt es hier nicht an, was sie sind und
wie sie entstehen, sondern wie sie im Bewußtsein auftreten
und sich uns darstellen, und da zeigen sie sich einheitlich.

Wenn wir aber auch die Einzigkeit ausschließen, so bleibt
darum doch die Frage nach dem wieviel? Wundt und seine
Schüler haben versucht, auf experimentellem Wege zu
bestimmten Zahlenangaben zu kommen und sind dabei von
der rhythmischen Gliederung gewisser Sinneseindrücke in
Gruppen ausgegangen. Dieses rhythmische Gliedern und
Zerlegen ist eine wichtige psychische Tatsache. Selbst so
regellose und gleichförmige Geräusche wie das Schmettern
und Rasseln eines dahinsausenden Eisenbahnzugs zerlegen
wir, wenn wir unsere Aufmerksamkeit darauf richten,
alsbald in rhythmisch sich folgende Gruppen; und da dieser
Rhythmus jedenfalls nicht immer im Geräusch selber liegt,
so muß es auf einer Einrichtung unserer Auffassung, un=
seres Bewußtseins beruhen und demgemäß ebenso „a priori"

sein wie nach Kant die Anschauungsformen des Raumes und der Zeit; ja wir haben hier ohne Frage ein elementareres und jenen Formen seinerseits zugrunde liegendes Funktionsgesetz des Bewußtseins. Am meisten tritt dieses rhythmische Gliedern bei den Eindrücken des Ohrs in die Erscheinung; allein auch das Auge gliedert so, z. B. wo es sich um das Zusammenfassen und Überschauen von einzelnen unregelmäßig verteilten Punkten handelt; und in unseren Bewegungen, dem Gehen, dem Schlenkern der Arme usw. zeigt sich diese Form des Rhythmisierens ohnedies. Sie ist darum auch eine ästhetische Elementarform und wird uns als solche später noch einmal begegnen.

Diese Tatsache hat nun Wundt[1]) benützt, um den Umfang des Bewußtseins und der Aufmerksamkeit zu messen. Indem man eine Anzahl distinkter Eindrücke simultan und möglichst instantan hervorruft und feststellt, wie viele in einem Akt aufgefaßt werden können, gewinnt man Aufschluß über den Umfang der Aufmerksamkeit; den Maximalumfang des Bewußtseins sucht man zu bestimmen, indem man sukzessive, durch angemessene Pausen gesonderte Eindrücke darbietet und zusieht, wieviel neue Eindrücke zu einem zuerst gegebenen hinzutreten können, bis dieser erste aus dem Bewußtsein verschwindet. Wundt fragt z. B., wieviel Pendelschläge, die man durch regelmäßig aufeinander folgende Glockenschläge einrahmt, auf diese Weise zu einer Gruppe zusammengefaßt werden können, während für unser Bewußtsein die Gleichheit der aufeinander folgenden Gruppen noch deutlich erkennbar bleibt. Er findet, daß bei günstigster Geschwindigkeit der Sukzession von 0,2 bis 0,3 Sekunden noch 16 Einzelschläge im Bewußtsein zu-

---

[1]) Wundt, Physiologische Psychologie, 5. Aufl. III S. 351 ff. Wundt, Philos. Studien VI S. 250 ff., VII S. 222 ff., wo mir besonders der Hinweis auf die „Gefühlswirkung" bei Vergleichung von Zeitreihen willkommen ist.

sammengehalten werden, oder vielmehr, da stets rhythmische
Gliederung stattfindet, 8 Doppeleindrücke, d. h. also 8 Ein=
heiten; gibt man dieser Neigung zum Rhythmisieren noch
mehr nach, so lassen sich die Einheiten vergrößern, und man
gelangt schließlich bis zu 40 Schlägen, die in fünf Gruppen
von je 8 gegliedert und zusammengefaßt werden.   So
würden also 8 einheitliche Vorstellungen als der Maximal=
umfang des Bewußtseins anzusehen sein.   Damit stimmt
zusammen, daß die Zahl der Augen auf einem Würfel,
um bequem konstatiert werden zu können, natürlich unter
diesem Maximalumfang bleiben muß: es pflegen ihrer nicht
mehr als 6 zu sein; ebenso benützt das Blindenalphabet
nicht mehr als 6 Punkte auf einmal.   Voraussetzung ist
dabei die Annahme, daß jene Zusammenfassung dadurch
möglich wird, daß der erste Eindruck eben noch im Bewußt=
sein ist — freilich als ein gerade verschwimmender und ver=
schwindender —, wenn der letzte achte in voller Stärke ins
Bewußtsein eintritt. Und die zweite Voraussetzung ist die,
daß die Taktschläge nicht gezählt werden dürfen, sondern
daß man den Eindruck der Gleichheit von zwei aufeinander
folgenden Gruppen unmittelbar im Gefühl hat.

Gewisse Bedenken kann ich nun freilich diesen Messungs=
versuchen gegenüber nicht ganz unterdrücken — von zwei
Erwägungen aus.   Einmal geben solche relativ einfachen
und gleichförmigen und infolgedessen gleichgültigen Ein=
drücke kein richtiges Bild von dem gewöhnlichen Gang und
Stand eines tatsächlich ganz andersartigen Vorstellungs=
verlaufs und Bewußtseinsinhalts, bei dem der Unterschied
von Höhen und Tiefen, von Interessantem und Gleich=
gültigem vor allem ins Gewicht fällt und eine Rolle spielt.
Und damit hängt ein anderes zusammen: bei dem völlig
irrelevanten Inhalt solcher gleichmäßigen Vorstellungen ist
es durchaus nicht ausgeschlossen, daß in dem Bewußtsein
eines noch so aufmerksamen Beobachters jenem Auf= und

Zusammenfassen doch allerlei zur Seite geht, was als Plus
zu jener Maximalzahl hinzugezählt werden müßte. Gerade
wenn es genügt, die Gleichheit der Gruppen nur „im
Gefühl zu haben", wer bürgt uns dafür, daß wir nicht
gleichzeitig noch anderes nebenher denken oder fühlen?
Und so scheint mir eine b e st i m m t e Zahlangabe für die
Ausmessung des Bewußtseinsumfangs überhaupt nicht
möglich, die gefundenen Zahlen somit nicht exakt zu sein.
Wohl aber geben uns diese interessanten Versuche das volle
Recht, zu sagen: jener Umfang ist verhältnismäßig klein,
aber größer als ι muß er unter allen Umständen sein, weil
sich sonst gewisse psychische Erscheinungen nicht begreiflich
machen ließen; und nach den angestellten Experimenten ist
er erheblich größer als ι, wenn sich auch im einzelnen keine
bestimmten Zahlen dafür angeben lassen.

Wollen wir uns aber eine Vorstellung machen von dem
Umfang des Bewußtseins und zugleich von der Art und
Weise, wie die einzelnen Bestandteile und Inhalte in diesem
erscheinen, kommen und gehen, so bietet sich uns kaum ein
passenderer Vergleich dar, als das von Wundt benützte Bild
des Auges, die Unterscheidung zwischen einem Blickpunkt
und einem Sehfeld desselben. Indem wir eine Vorstellung
in diesen Blickpunkt erheben — wie dies geschieht, darüber
werden wir alsbald Aufschluß zu geben suchen —, verschwindet damit nicht sofort alles andere neben ihr, sondern
ihr gegenüber wird dieses nur unbestimmter und unklarer,
verschwommen und abgeblaßt, wie die sichtbaren Gegenstände rechts und links von dem fixierten Gegenstand gegen
den Rand des Sehfeldes hin. Und auch hier wieder finden
Gradunterschiede und Abstufungen statt. Überdies ist dieses
Verschwimmen und Versinken ein allmähliches: langsam
sinkt rechts und links Vorstellung um Vorstellung in das
Dunkel des Unbewußten hinab. Daraus ergibt sich, was für
eine Beschreibung des Bewußtseins von besonderer Wich-

tigkeit ist, daß es Stufen und Grade der Bewußtheit vom
hellsten Punkt bis zum immer dunkler werdenden Rand des
Bewußtseins hin gibt. Doch hängen diese Gradunterschiede
nicht etwa nur von der Ordnungszahl der Vorstellung ab,
so daß die erste als die von Nr. 8, d. h. von der eben in den
Blickpunkt erhobenen Vorstellung am weitesten abliegende
die dunkelste wäre: darüber täuscht eben die Einfachheit
jener Wundtschen Experimente. Sondern worauf es an=
kommt, das ist einerseits die Intensität, womit die eine
fixiert wird: je intensiver diese eine, desto mehr und desto
rascher verschwinden neben ihr die andern; andererseits ist
der Grad der inneren Verwandtschaft von Einfluß, in der
die übrigen zu dieser einen als der herrschenden Vorstellung
stehen. Endlich ist auch das ganze Bewußtseinsniveau
dieses individuellen Menschen in dem betreffenden Augenblick
nicht ohne Bedeutung, ob er schläfrig ist oder halbwach,
konzentriert ist oder zerstreut, präokkupiert oder aufge=
schlossen und frei. Klar aber ist, daß der bewußte und der
unbewußte Zustand einer Vorstellung — um mich vorläufig
so fehlerhaft auszudrücken — durch zahlreiche Zwischenstufen
unmerklich und allmählich ineinander übergehen, eine Beob=
achtung, die ja auch der Leibnizschen Lehre vom verworrenen
Vorstellen und von den „kleinen Vorstellungen" zugrunde
liegt.

Das würde uns unmittelbar zu der weiteren Frage
führen können, was wir denn unter einer unbewußten
Vorstellung, respektive unter dem Unbewußtwerden einer
Vorstellung zu verstehen haben? ob wirklich ein Werden zu
nichts oder aber ein Positives (die dritte scheinbare Mög=
lichkeit der negativen Größen ist hier natürlich ausgeschlossen:
es g i b t nichts Negatives), eine Größe, die unendlich klein,
aber ebendarum doch nicht ganz nichts wäre und so, zwar
nicht für sich, aber doch in ihren Wirkungen, etwas zu be=
deuten hätte und sichtbar, spürbar werden könnte. Allein

für uns kommt diese Überlegung noch zu früh. Wir müssen
zuvor der Tätigkeit nachgehen, durch die eine Vorstellung
bewußt gemacht, ins Bewußtsein erhoben wird, — dem,
was wir Bewußtsein im aktiven Sinn genannt haben.
Dabei stoßen wir zunächst auf ein Begriffspaar, das irgend=
wie mit dem Bewußtsein verwandt sein muß und dessen
enger Zusammenhang mit ihm auch wohl bekannt und all=
gemein anerkannt ist: ich meine die Begriffe der Apper=
zeption und der Aufmerksamkeit.

5. Apperzeption und Aufmerksamkeit.

Der Begriff der Apperzeption, gegenwärtig einer der
gebrauchtesten, zugleich aber auch einer der häßlichsten und
für Laienohren ganz besonders fremdartig und schulmäßig
klingenden psychologischen Termini, fordert um der Un=
klarheit willen, die ihm als einem doch mehr oder weniger
willkürlich geschaffenen, künstlichen anhaftet, zunächst eine
historische Erklärung[1]), die sich an die im ersten Abschnitt
gegebenen Bemerkungen zur Geschichte der Bewußtseins=
lehre anschließen mag. Er ist von L e i b n i z in die philo=
sophische Sprache eingeführt worden: neben der Perzeption,
als der Fähigkeit der Monade vorzustellen, steht als Höheres
die Funktion des appercipere. Was kommt hierbei zum Vor=
stellen hinzu (ad-percipere)? Ursprünglich bedeutet das Wort
wohl nur ein besonders energisches percipere, ein Erfassen
mit Aufmerksamkeit, wodurch uns die einzelnen Vor=
stellungen deutlicher zum Bewußtsein kommen. Dann aber
wirkt die reflexive Form des französischen Verbs s'apercevoir,
und zugleich tritt auch dieser Begriff in engere Verbindung

---

[1]) O. S t a u d e , Der Begriff der Apperzeption in der neueren
Psychologie (Philos. Studien I, 1883, S. 149 ff.
J. N i e d e n , Kritik der Apperzeptionstheorien von Leibniz, Kant,
Herbart, Steinthal und Wundt. Freiburg 1888.

mit der Monadologie des Philofophen, wenn die Apper=
zeption von ihm definiert wird als la conscience ou la
connaissance réflexive de cet état intérieur, laquelle n'est
point donnée à toutes les âmes ni toujours à la même âme.
Jeder Monade kommt die Fähigkeit der perception zu,
fofern fie représente les choses externes; die höher ftehenden
Monaden oder Seelen haben deutliche, mit Gedächtnis
verbundene Perzeptionen; die Geifter endlich, d. h. die auf
höchfter Stufe ftehenden Monaden find es, welche die Welt
in ihrem Kaufalzufammenhang begreifen und durch den
Akt der Apperzeption als einen acte réflexif zum Selbft=
bewußtfein gelangen.   So ift die Apperzeption einerfeits
eine Umbildung und Erhöhung der Wahrnehmungen und
Erfahrungen zu kaufal geordneten, zufammenhängenden
Erkenntniffen, andererfeits eine fpontane, das Selbft=
bewußtfein konftituierende, reflexive Tätigkeit, wodurch die
Perzeptionen als in mir vorhandene und vorgehende, als
die meinigen erkannt werden.

Mit alle dem war der Pfychologie mehr nur das Problem
der Apperzeption aufgegeben als die Löfung desfelben
bereits auch gegeben.   Die beiden in das Wort gelegten
Gedanken Leibnizens von einer Seelentätigkeit, die einer=
feits Ordnung und Zufammenhang in das verworrene
Spiel der Vorftellungen bringen und andererfeits alles auf
das Jch beziehen und fo das Selbftbewußtfein hervorrufen
foll, hat dann K a n t energifch hervorgehoben.   Jhm ift
die Apperzeption als tranfzendentale das Selbftbewußtfein,
das alle meine Vorftellungen mit der einen „Jch denke"
begleitet oder doch wenigftens begleiten kann.   Sie beherrfcht
mit apriorifcher Notwendigkeit alles Vorftellungsmaterial
der Seele, gibt ihm die Form eines, meines Bewußtfeins
und verknüpft es in demfelben und durch die Gefetze des=
felben zu einer Einheit, zu einem einheitlichen und gefetz=
mäßig geftalteten Weltbild, das diefe feine Einheitlichkeit

und Gesetzmäßigkeit lediglich von ihm zu Lehen trägt. Von
dieser transzendentalen Apperzeption, die für Kant der
bedeutsamste und tiefste Begriff, sozusagen der Quellpunkt
der ganzen ja immer nur subjektiv erscheinenden Welt
geworden ist, unterscheidet er die empirische Apperzeption,
auf der das Jch des inneren Sinns, die Welt der inneren
Erfahrung beruht, die aber als behaftet mit der Form der
Zeit nur einen Ausschnitt und ein Bruchstück der Erscheinungs-
welt im ganzen gibt. Wie überall so hat jedoch auch hier
Kant das Psychologische — und diese empirische Apperzeption ist ein psychologischer Begriff — vernachlässigt,
darum bleibt gegenüber der erkenntnistheoretischen Bedeutung der transzendentalen Apperzeption die empirische
Apperzeption vielfach im Dunkeln und nicht ohne allerlei
Mehrdeutigkeiten. Weil aber aller Nachdruck auf den Er-
kenntniswert gelegt wird und das Psychologische leer ausgeht, so mag das Gesagte hier genügen.

Herbart, der namentlich gegen Kants inneren Sinn
als ein Vermögen der Selbstanschauung polemisiert, geht
wie sonst oft so auch in diesem Punkt direkt auf Leibniz
zurück und nimmt dessen Begriff der Apperzeption in den
Dienst seiner Vorstellungstheorie. Vorstellungen oder genauer Vorstellungsgruppen funktionieren dabei ebenso als
Subjekt wie als Objekt, und das wird für den Vorgang der
Apperzeption wichtig. Ältere, verdichtete, festgewurzelte
Vorstellungsmassen sind die handelnden Subjekte, die
ihren Einfluß auf eine neueintretende Vorstellung ausüben,
sie sich und ihrer Form anpassen, einiges davon sich assimilieren und mit sich verschmelzen, anderes, was sich diesem
Anpassungsprozeß nicht fügen will, hemmen und beseitigen.
Kinder und Ungebildete apperzipieren deshalb wenig, weil
es ihnen an der Fülle solcher älterer apperzipierender Vorstellungsgruppen fehlt; und daher umgekehrt der Wert, den
die Bildung solcher Gruppen für die Erziehung hat. Die

apperzipierende Aufmerksamkeit, die freilich von der Apper=
zeption selbst kaum verschieden ist, besteht darin, daß das
Objekt der Apperzeption, also die neue Vorstellung der
prädisponierten Beschaffenheit des Subjekts, also den alten
Vorstellungen in ganz besonders hohem Grade entspricht
und entgegenkommt. Sind die alten apperzipierenden
Vorstellungsmassen besonders eingewurzelt und verfestigt
und dadurch zugleich auch besonders umfassend und all=
gemein, so haben wir in ihnen die Kategorien zu erkennen,
die also hier nicht irgendwie apriorisch zu denken sind.

Das Wertvolle an dieser Herbartschen Apperzeptions=
theorie liegt auf der Hand: sie begreift die Wichtigkeit des
durch Erfahrung erworbenen Besitzstandes im Seelenleben
des Menschen und zeigt, wie alles Neue sich modeln und
modifizieren lassen muß durch das vorhandene Alte. Dafür
ist zweierlei an ihr um so bedenklicher. Einmal fehlt, wie
überhaupt in der Herbartschen Psychologie so auch hier, alle
Spontaneität. Die älteren Vorstellungsmassen sind die
handelnden Subjekte eben nur im bildlichen Sinn: nichts
handelt, es geschieht nur etwas, alles spielt sich mechanisch
ab; kein Tun, nur ein Prozeß — das zeigt sich ganz besonders
an dem Begriff der Aufmerksamkeit, der aus einer Tätigkeit
und Kraftanstrengung zu einer Disposition und Beschaffen=
heit, zu einem bloßen Entsprechen wird. Und ebenso muß
es, um eine Einzelheit hervorzuheben, Herbart ganz ent=
schieden Mühe machen, die so gedachten Kategorien von der
Fülle der eingewurzelten Vorurteile zu unterscheiden.
Fürs zweite aber: woher die erste Apperzeption? Es müssen
immer erst Vorstellungsmassen da sein, ehe apperzipiert
werden kann. Und wenn man auf den leeren Geist der
Kinder hinweisen und sagen wollte, an ihnen eben zeige
sich, daß, solange es an jenen fehle, noch nicht apper=
zipiert, sondern nur perzipiert werde, so würde diese von
richtiger empirischer Beobachtung ausgehende Verteidigung

der Herbartschen Lehre um deswillen nichts nützen, weil
sie vor dem Verhältnis der ersten zu der zweiten Vorstellung
mit ihrer Erklärung doch ratlos Halt machen muß. Eine
dritte Frage, ob denn immer nur das Neue sich nach dem
Alten richte, das Alte stets das Herrschende sei, braucht
deshalb nicht mehr aufgeworfen zu werden, weil die Her=
bartsche Schule selber schon diesen Fehler erkannt hat und
für Ausnahmefälle auch das umgekehrte Verhältnis als
möglich gelten läßt. Denn die Erfahrung lehrt, daß doch
zuweilen auch das Neue dominiert und das Alte über=
wältigt wird; und überhaupt, indem wir Neues hinzulernen,
wird auch das Alte fortwährend umgestaltet und modifiziert,
und so verwandelt sich jener Herbartsche Kausalprozeß in
ein durchgehendes Wechselverhältnis. Alles das aber weist
doch nur zurück auf den Grundfehler der ganzen Herbartschen
Psychologie, auf das Fehlen der Spontaneität. Deshalb
haben L a z a r u s und S t e i n t h a l den Herbartschen
Begriff der Apperzeption in einer der Erfahrung mehr
entsprechenden Weise umzubilden versucht und ihn überhaupt
mehr selbständig gefaßt und behandelt. Namentlich ist für
uns ihr Hinweis auf den Einfluß des Gefühls und des
Willens und auf den Zusammenhang mit der Sprache wichtig;
und wenn sie von verschiedenen Aufgaben und Arten, einer
identifizierenden, subsumierenden, harmonisierenden und
schöpferischen Apperzeption reden[1]), so sieht man darin das
Bestreben, die mechanische Auffassung des Meisters zu
überwinden und zu verlebendigen und — das „schöpferisch“
weist darauf hin — der Spontaneität mehr Rechnung zu
tragen.

---

[1]) Ähnlich wie sie auch Karl L a n g e , Über Apperzeption, 7. Aufl.
1902 und im Artikel „Apperzeption“ in Reins Enzyklopädischem Hand=
buch der Pädagogik, Bd. I², wo er neben der identifizierenden, subsumie=
renden und schöpferischen auch noch von einer ergänzenden, determinie=
renden und begreifenden Apperzeptionstätigkeit redet.

Eine in vieler Beziehung neue und eigenartige Auffassung
des Apperzeptionsbegriffs finden wir bei Wundt, der
ihm um so mehr Aufmerksamkeit zugewandt hat, als er ihn
geradezu in den Mittelpunkt seiner psychologischen, um
nicht zu sagen: seiner philosophischen Anschauung überhaupt
stellt. Freilich hat auch er im Laufe der Zeit bei ihm allerlei
Wandlungen durchmachen müssen; gerade in den Haupt=
punkten ist er aber doch immer derselbe geblieben. Perzep=
tion — so unterscheidet Wundt bildlich und doch verständlich
— ist der Eintritt einer Vorstellung in das Blickfeld, Apper=
zeption die Erhebung derselben in den Blickpunkt des Be=
wußtseins. Doch ist dieser Blickpunkt eigentlich selbst wieder
ein kleines Sehfeld; denn nur bei ganz heller Beleuchtung
und ganz deutlicher Auffassung beschränkt sich der davor
schwebende Inhalt auf eine einzige (punktuelle) Vorstellung;
sonst kann er sich aus dieser Enge, wie wir uns von Wundt
bereits haben sagen lassen, auf 8 oder 16 Vorstellungen
erweitern. Jene Erhebung in den Blickpunkt ist nun aber
nicht nur durch die größere Deutlichkeit des Vorstellungs=
inhalts erkennbar, sondern sie kündigt sich auch noch durch
ein von der Vorstellung selbst wesentlich Verschiedenes an:
sie offenbart sich uns als Willenstätigkeit, wobei freilich
nicht ganz klar wird, ob Wundt die Apperzeption geradezu
mit dem Willen identifiziert oder ob sie als innere Willens=
handlung eben nur die Betätigung des Willens im Gebiet
der Vorstellungen sein soll; jedenfalls aber ist sie ihm vor=
stellende Tätigkeit, wobei er den Ton auf das Wort „Tätig=
keit" gelegt wissen will. Anders ausgedrückt ist die Apper=
zeption das Erfassen einer Vorstellung durch Aufmerksam=
keit und fällt so mit der Aufmerksamkeit zusammen. Doch
wählt man diesen Ausdruck vorzugsweise, um die subjektive
Seite des Vorgangs, die ihn begleitenden Gefühle und
Empfindungen zu bezeichnen; unter „Apperzeption" dagegen
versteht man die objektiven Erfolge der Aufmerksamkeit,

die Veränderungen in der Beschaffenheit der Bewußtseins=
inhalte. Wesentlich für jeden Apperzeptionsvorgang ist
dabei 1. die Klarheitszunahme der apperzipierten Vor=
stellung, weshalb Wundt auch von einer Klarheitsschwelle
der Vorstellungen redet und sie mit der Aufmerksamkeits=
oder Apperzeptionsschwelle identifiziert; 2. die Hemmung
anderer disponibler Eindrücke oder Erinnerungsbilder. Bei
dieser Auffassung ist natürlich die Spontaneität im Akt
das Apperzipierens gewahrt, sofern er Sache des Willens,
der primitive Willensakt selber ist; und darin liegt dann
auch seine Beziehung zum Selbstbewußtsein: der Willensakt
ist eben das Band, das die Vorstellungen alle zu einer
Einheit zusammenbindet und zusammenhält.

Auch die Rolle, die das Gefühl bei dem Apperzeptions=
vorgang spielt, hat Wundt nicht übersehen und sie namentlich
mit der Zeit mehr und mehr anerkannt[1]. Für den ganzen
Prozeß charakteristisch ist das ihn begleitende Tätigkeitsgefühl.
Geht dieses der Veränderung der Bewußtseinsinhalte voran,
so stellt sich der Vorgang als ein aktiv gewollter dar; hier
entspricht der äußere Eindruck oder das Erinnerungsbild der
vorhandenen Disposition der Aufmerksamkeit, seine Apper=
zeption ist durch die Gesamtlage des Bewußtseins vor=
bereitet, — a k t i v e Apperzeption. Fehlt dagegen eine
solche Vorbereitung, zwingt vielmehr der Eindruck oder das
Erinnerungsbild die Aufmerksamkeit plötzlich eine ihrer bis=
herigen Tätigkeit entgegengesetzte Richtung einzuschlagen,
so reden wir von p a s s i v e r Apperzeption. Doch darf
auch in diesem zweiten Fall, wenn die Apperzeption Willens=
handlung bleiben soll, das Gefühl der Tätigkeit nicht fehlen;
nur soll es dann erst aus dem ursprünglich vorhandenen

---

[1] J. O r t h a. a. O. hat, wie schon erwähnt, auf diesen Wandlungs=
prozeß in der Wundtschen Gefühlslehre hingewiesen und ihn an einer
Reihe von Punkten aufgezeigt.

entgegengeſetzten Gefühl des Erleidens hervorgehen. Darauf
beruht auch ein wichtiger Unterſchied in den Formen der
pſychiſchen Verbindungen: beim Überwiegen der paſſiven
Apperzeption haben wir die ſcheinbar unwillkürliche und
mechaniſche Aſſoziation der Vorſtellungen, wogegen bei
vorwiegend aktiver Apperzeption von apperzeptiver Vor=
ſtellungsverbindung im engeren Sinn zu reden iſt. Und
noch in einer anderen Weiſe kommen die Gefühle bei den
Apperzeptionsvorgängen in Betracht. Die paſſive Apper=
zeption iſt als einfache Triebhandlung anzuſehen, bei der
ſich der unvorbereitet ſich darbietende pſychiſche Inhalt als
Motiv ohne Kampf mit anderen Motiven ins Bewußtſein
drängt. Bei der aktiven Apperzeption dagegen bieten ſich
daneben und gleichzeitig noch andere pſychiſche Inhalte
mit ihrer Gefühlsbetonung der Aufmerkſamkeit an, ſo daß
die ſchließlich eintretende Apperzeption als eine Willkür=
und Wahlhandlung erſcheint. Wenn wir endlich hinzufügen,
daß Wundt auch phyſiologiſch ein beſonderes Organ für
den apperzeptiven Prozeß annimmt und dieſes Apper=
zeptionszentrum in die Stirnregion des Großhirns verlegt,
ſo haben wir die Grundzüge dieſer intereſſanten Theorie
kennen gelernt.

Das Neue an ihr iſt fraglos die zentrale Stellung, die
dabei dem Willen eingeräumt wird. Im Willen laufen alle
Perzeptionen mit ihren verſchiedenen Motivwerten zu=
ſammen, und von ihm als Kraftmittelpunkt gehen die
Aktionen aus, welche die bevorzugten Vorſtellungen ins helle
Licht des Bewußtſeins überführen und aus dem Blickfeld
in den Blickpunkt erheben. Dabei iſt freilich gerade dieſe
Unterſcheidung von Blickfeld und Blickpunkt eine wenig
ſcharfe, und ſo bleibt auch der Unterſchied zwiſchen Per=
zeption und Apperzeption ein ſchwankender und unklarer.
Was aber Wundt mit ſeiner Willenstheorie erreicht, das
iſt vor allem der Gewinn eines Einheitsbandes für die ver=

schiedenen und mannigfaltigen Inhalte unseres Bewußt=
seins: all dem Vielen und Wechselnden gegenüber steht der
eine Wille, und weil wir in allem Apperzipieren diese Einheit
(des Willens) spüren, so ist die Apperzeption die Grundlage
des einheitlichen und einigen Selbstbewußtseins. In dieser
Beziehung wird man fraglos der Wundtschen Theorie den
Vorzug vor der Herbartschen einräumen müssen; und es
ist höchst bezeichnend, daß deshalb unklare Herbartianer[1])
den Versuch machen zu dürfen meinten, die beiden Theorien
zu vereinigen.

Allein auch Wundts Lehre scheint mir gewisser Ergän=
zungen und Umbildungen zu bedürfen, um den Tatsachen
gerecht zu werden; wie er das ja selbst auch durch die be=
ständig zunehmende Anerkennung des Gefühls und seiner
psychologischen Bedeutung in den neueren Auflagen seiner
Werke anerkannt hat. Doch wenn es selbst prinzipielle
Änderungen sein sollten, die ich im folgenden an seiner
Lehre vornehme, so bleibe ich mir immer bewußt, daß ich
hier auf seinen Spuren wandle und nur von ihm aus zu
diesen anderen Ergebnissen gekommen bin und kommen konnte.
Wundt hat im Akt des Apperzipierens dem Willen zuviel
und dem Gefühl zu wenig zugeschrieben. Auf das erstere
kommen wir später noch zurück und fragen hier nur: ist
denn wirklich bei jedem Bewußtwerden der Wille dabei?
zeigt uns innere Erfahrung und Selbstbeobachtung bei den
Vorgängen der von ihm so genannten passiven Apperzeption
irgendwelche Spur von Willen? Für meine Person muß
ich das schlechterdings verneinen, und die Ausdrücke „passiv"
und „erleiden" zeigen, daß es anderen ebenso geht. Was
aber das andere anlangt, so hat Wundt allerdings die Be=

---

[1]) K. Lange, a. a. O., der z. B. den Unterschied einer aktiven
und passiven Apperzeption von Wundt übernimmt, und in ganz naiver
Weise H. Schiller, Handbuch der praktischen Pädagogik für höhere
Lehranstalten, 1886 (z. B. S. 89).

deutung des Gefühls im Prozeß der Apperzeption immer
weniger übersehen. Sowohl unter den Motiven für das
Inslebentreten der Willenshandlung als unter den Folgen
der Apperzeption als Tätigkeits= und Spannungsgefühlen
des wollenden Subjekts tritt es hervor. Aber eben doch
nur als Voraussetzung oder richtiger als Gelegenheits=
ursache einerseits, und andererseits als eine, wenn auch
charakteristische, doch mehr oder weniger zufällige Folge
und Begleiterscheinung, somit weder dort noch hier in der
zentralen Stellung, die ihm in Wirklichkeit gebührt. Es
hängt das mit dem unklaren Verhältnis zusammen, in dem
bei Wundt nicht nur Gefühl und Apperzeption, sondern
auch Gefühl und Wille zueinander stehen, was freilich noch
deutlicher als in der Psychologie im System der Philosophie
zutage tritt[1]). Wir aber müssen hier, wo es uns nicht um Kritik,
sondern um Weiterbildung und positive Ergebnisse zu tun
ist, eben von jenem Verhältnis des Gefühls zur Apper=
zeption ausgehen.

Seine zentrale Stellung im Akt der Apperzeption dürfte
am klarsten in die Erscheinung treten, wenn wir das Wort
I n t e r e s s e [2]) mit dem Begriff der Aufmerksamkeit

[1]) W u n d t , System der Philosophie und m e i n e oben S. 6
zitierte Besprechung der ersten Auflage desselben in den Gött. Gel. An=
zeigen 1890 Nr. 11, S. 458 f. In der dritten Auflage von 1907 klingt es
nun freilich ganz anders; I, 403 heißt es da: „Die Gefühle, die in ihrem voll=
ständigen Ablauf den Willensvorgang zusammensetzen", und ähnlich schon
S. 371. Das wäre identisch mit der von mir in diesem Buche vorgetragenen
Auffassung des Willens (s. Abschn. VI). Wie dann aber dazu noch die Lehre
Wundts von der metaphysischen Bedeutung des Willens und den meta=
physischen Willenseinheiten oder Monaden stimmen soll (I, 402 ff.),
wüßte ich nicht zu sagen. Übrigens hat auch L e h m a n n a. a. O. das Ver=
hältnis von Gefühl und Wille rein psychologisch nicht aufzuklären vermocht.

[2]) Ich freue mich, daß E b b i n g h a u s im Abriß der Psychologie 1908,
S. 76 Interesse und Aufmerksamkeit ebenso zusammenrückt, wie ich es
hier von Anfang an getan habe. Auch die Ausführungen von E u g e n i o
R i g n a n o , von der Aufmerksamkeit (Archiv f. d. ges. Psychol. XXII.
S. 267 ff.) als dem Widerstreit zweier entgegengesetzter Affekte münden
schließlich in diesem Begriff.

zusammenstellen und in Verbindung setzen. Was unser
Interesse erregt, dafür zeigen wir Aufmerksamkeit; ja,
Interesse scheint oft geradezu identisch mit Aufmerksamkeit.
Und doch ist das nicht ganz genau, wie auch die Sprache
zuweilen deutlich und scharf unterscheidet. Ein junger
Mann, der „Interesse" für ein Mädchen hat, wird diesem
„Aufmerksamkeiten" erweisen; aber er kann ihr solche Auf=
merksamkeiten auch zuwenden, ohne „Interesse" an ihr zu
nehmen. Und doch ist selbst in diesem Fall ein Interesse das
zugrunde Liegende, nur nicht das Interesse an ihrer Person,
sondern Interesse im niederen Sinne des Worts, Geld=
interesse vielleicht oder das Interesse des Strebers, der durch
eine kluge Heirat Karriere machen will oder was sonst immer.
Jedenfalls zeigt sich, daß die Aufmerksamkeit dem Interesse
folgt: sie ist ein mehr Äußerliches, das Interesse dagegen ein
Innerliches und Tieferes, das von Herzen Kommende und
zu Herzen Gehende. Interesse aber wird erregt und rege
durch Gefühl, oder ist vielmehr selbst Gefühl. Wenn ich
nun Aufmerksamkeit zeige und aufmerksam werde überall
da und nur da, wo ein Interesse in mir erregt ist und nur
so lange, als es rege ist, so folgt demnach die Aufmerksamkeit
dem Gefühl, und wir haben das Gefühl nicht nur als Vor=
aussetzung oder als Folge anzusehen, sondern als Interesse
steckt es in der Aufmerksamkeit, und wenn diese identisch
ist mit der Apperzeption, so steckt auch in dieser das Gefühls=
mäßige als das Zentrale und Führende. Das Gefühl ist
der tragende Hintergrund, aus dem die Vorstellung in das
helle Licht des Bewußtseins tritt, der Hebel, der sie in dieses
Licht, d. h. eben in den Blickpunkt des Bewußtseins empor=
steigen läßt, und die Erscheinungsweise, in der sie jedenfalls
zunächst im Bewußtsein auftritt.

Allein noch fehlt uns, um die Bewußtseinsfrage über=
haupt und speziell die nach dem Verhältnis des Bewußten
und Unbewußten entscheiden zu können, ein weiterer Begriff,

zu deſſen Betrachtung wir daher erſt noch übergehen
müſſen: es iſt, ſo überraſchend das im erſten Augenblick
klingen mag, der Begriff der Gewohnheit.

6. Die Gewohnheit und das Unbewußte.

Was wir gewohnheitsmäßig tun, wie Gehen, Schreiben
u. dgl., das tun wir mechaniſch, d. h. wir richten unſere Auf=
merkſamkeit ſo wenig mehr darauf, daß dieſe den gewohnheits=
mäßig=mechaniſchen Ablauf jener Tätigkeiten geradezu ſtört,
wir tun es ohne ſie, ohne uns unſeres Tuns im ganzen oder doch
in ſeinen einzelnen Akten irgendwie bewußt zu werden. So
hängt die Bewußtſeinsfrage mit dem Begriff der Gewohn=
heit aufs engſte zuſammen: beides ſind zunächſt Gegenſätze.

Macht und Einfluß der Gewohnheit auf den Menſchen
und ſein ganzes Geiſtesleben iſt bekannt. Seit Hume ſie als
die große Führerin des menſchlichen Lebens gekennzeichnet
und Schiller im Wallenſtein ſie unſere „Amme“ genannt
und ihre ſtillwirkende Gewalt uns vor Augen geſtellt hat,
iſt ſie von Philoſophen und Pſychologen vielfach erörtert
worden[1]). Weniger häufig aber denkt man daran, daß ihre
Wirkung eine doppelte, ſcheinbar ſich ſelbſt widerſprechende
und entgegengeſetzte iſt. Das öftere Wiederholen eines
und desſelben Tuns wirkt einerſeits ermüdend und ab=
ſtumpfend, andererſeits einübend und fördernd. Man
könnte jenes die paſſive, dieſes die aktive Wirkung der Ge=
wohnheit nennen[2]). Bleiben wir zunächſt bei der erſteren,

---

[1]) J. E. Erdmann, Ernſte Spiele, 4. Aufl. 1890. Nr. XI.
du Bois=Reymond, Über die Übung, Reden, 2te Folge 1887.
S. 404—447.

A. Moſſo, Die Ermüdung. Überſ. von Glinzer. 1892.

Horwicz, Pſychologiſche Analyſen auf phyſiologiſcher Grund=
lage, 1. Teil, S. 357 ff.

Hermann Ebbinghaus, Grundzüge der Pſychologie. Erſter
Band, 2. Aufl. 1905, S. 574 ff. 707 ff.

[2]) Höffding, Pſychologie S. 355: „Nur ſofern das Gefühl als
rein paſſiver Zuſtand betrachtet wird, kann es durch Wiederholung und

4*

so scheint physiologisch festzustehen, daß wir es hier mit den
Wirkungen von sich entwickelnden Giftstoffen in den Muskeln
zu tun haben, durch welche Schmerz und Lähmung hervor=
gerufen wird. Aber es ist auch ein Psychologisches dabei.
Die öftere Wiederholung stumpft auch geistig ab —: wen
oder was? Man könnte sagen, das Interesse, man sagt
zunächst wohl richtiger allgemein: das Gefühl der Lust und
Unlust, das ursprünglich mit dem Tun verknüpft war. Jeder
Genuß verliert bei häufiger Wiederholung schließlich seinen
Reiz, und ebenso wird dadurch jedenfalls gewissen, nicht
allzu starken Schmerzen ihr Stachel genommen. Nur das
Neue interessiert uns, reizt und erzwingt sich unsere Auf=
merksamkeit; das ewig Wiederkehrende verliert nach und
nach alles Interesse, allen Reiz, es wird gleichgültig und
langweilig. Auch auf Sinneswahrnehmungen erstreckt sich
diese Ermüdungserscheinung, die Wirkung der Kontrast=
farben hängt irgendwie mit einer Ermüdung der Retina für
bestimmte Farbeneindrücke zusammen. Am deutlichsten
aber sieht man diesen Prozeß beim Einschlafen: das Interesse
an dem, was um uns her vorgeht, hört auf, die Aufmerk=
samkeit für das, was geschieht oder was wir selber tun, läßt
sich nicht mehr konzentrieren und fixieren, wir apperzipieren
nicht mehr, verstehen z. B. Gelesenes nicht mehr, und all=
mählich hört das Bewußtsein ganz auf oder wird doch auf
ein Minimum herabgesetzt.

Allein die Ermüdung und Abstumpfung ist nur die eine
Seite. Wo von Gewohnheit und Angewöhnung gesprochen
wird, denken wir ebensooft oder noch häufiger an die andere
Wirkung, an die Adaptation, d. h. die Einübung oder An=
passung an immer wiederkehrende Reize von außen. Solche
Anpassung zeigt uns in primitivster Form die Abhärtung

Gewohnheit abgestumpft werden; aktive Bewegungen und Geschicklichkeiten
dagegen werden durch Wiederholung vervollkomint; hier wird die Gewohn=
heit zur Übung."

der Haut gegen Hitze bei Köchinnen und Heizern, gegen
Kälte bei Wäscherinnen und Fuhrleuten. Auch die allmähliche
Steigerung der Dosen Gift, welche Arsenikesser oder Mor-
phiumsüchtige ihrem Körper zuführen können, ist Folge
solcher Anpassung: was aufs erstemal unfehlbar töten müßte,
wird allmählich anstandslos und scheinbar ohne Schaden
eingenommen. Worauf diese Anpassung und Einstellung
physiologisch beruht, scheint sich kaum mit Sicherheit angeben
zu lassen: man denkt an eine Umlagerung der Atome oder
Moleküle der Nervensubstanz oder an eine, sei es nun qualitative oder quantitative Veränderung in den Ernährungsverhältnissen derselben.

Aus dieser Anpassung folgt nun aber gerade das, was
wir aktive Gewohnheit oder Übung nennen. Anpassung
ist eine Reaktion, die allmählich die Abstumpfung des Gefühls
bei gewissen häufig wiederkehrenden Reizen herbeiführt;
zugleich aber sind — sagen wir vorläufig: jedenfalls alle
starken Gefühle von Bewegungen begleitet, einerseits als
unmittelbarer Ausdruck des Gefühls selbst, das sich in diesen
Bewegungen Luft machen muß, andererseits als das pas-
sendste und geeignetste Mittel, um dem Gefühl der Lust
fernere Befriedigung, dem der Unlust Abhilfe zu schaffen.
Diese Bewegungen verlaufen anfangs meist resultatlos,
bis endlich die richtige, zum Ziele führende gefunden ist;
sie wird dann festgehalten, und weil sie mit dem besonderen
Gefühlswert der Befriedigung ausgezeichnet ist, künftighin
jedesmal bevorzugt; je häufiger das geschieht und geschehen
ist, desto sicherer wird sie wiederholt: auf diese Weise wird
sie eingeübt und erlernt.

Setzen wir nun diesen Vorgang in Beziehung zur Bewußtseinsfrage, so ergibt sich ein merkwürdiges Ineinander-
spielen. Jede Empfindung — wir müssen das hier voraus-
nehmen — von genügender Stärke tritt mit einem gewissen
Gefühlston auf, der unter normalen Verhältnissen um so

intensiver sein wird, je stärker der Reiz ist, bis er sich schließlich
zum Schmerz steigert. Durch diesen Gefühlston erzwingt
sich die Empfindung die Aufmerksamkeit, mit diesem Ton
tritt sie in das Bewußtsein ein, er ist geradezu das, was
an der Erscheinung zunächst bewußt wird. Zugleich sucht er
sich in Bewegung umzusetzen: wird die richtige gefunden, so
wird auch diese wieder mit dem Gefühlswert des Gelingens
ausgezeichnet und darum künftig bevorzugt, jedesmal
wieder hervorgeholt und wiederholt, so oft jener Reiz auf=
tritt. Je häufiger sich aber der Vorgang abspielt, desto mehr
stumpft sich durch Anpassung an den Reiz das Gefühl ab,
und andererseits erfolgt die dazugehörige Bewegung immer
leichter und sicherer und verliert infolge davon nun auch
ihrerseits Gefühlswert und Gefühlsbetonung; damit aber
hört sie auf, zum Bewußtsein zu dringen, sie wird unbewußt
vollzogen; und so wird, was ursprünglich mit Bewußtsein
ausgeführt wurde, mechanisch, wird geradezu Reflexbe=
wegung. Ob die Reflexbewegungen überhaupt auf diesem
Wege entstehen und entstanden sind, bleibe einstweilen noch
dahingestellt; ich brauche das Wort hier zunächst im populären
Sinn, wie man sich die Sache etwa am Unterschreiben seines
Namens vorstellig machen mag; immerhin wollen wir uns
die Tatsache merken, daß aus bewußten Handlungen all=
mählich unbewußte, reflexartige Bewegungen werden.

Mit dem Gesagten haben wir den Schlüssel zu der Be=
antwortung zweier schwieriger Fragen gewonnen: der Frage
nach dem Verhältnis des Bewußten zum U n b e w u ß t e n
und der nach dem Vorhandensein der sogenannten ange=
borenen Vorstellungen.

Durch die Beziehung des Bewußtseins zum Gefühl und
zu den damit zusammenhängenden Vorgängen der Ab=
stumpfung und Einübung verschwindet die kindische Vor=
stellung Herbarts, als ob die Seele gewissermaßen ein Hohl=
raum wäre, der in zwei Abteilungen zerfiele — eine obere

Hälfte, erleuchtet und erfüllt mit sichtbaren, d. h. bewußten
Vorstellungen und Bildern; und eine andere, untere in
Dunkel gehüllt und angefüllt mit dunkeln, in dieser Nacht
unsichtbar bleibenden Bildern, den tatsächlich vorhandenen,
aber unbewußten Vorstellungen. Auch die populäre Ansicht,
daß Vorstellungen als solche im Geiste aufgespeichert und
aufbewahrt bleiben, um im Fall der Erneuerung als fertige
hervorgeholt zu werden, fällt damit von selber dahin. Viel=
mehr werden wir uns die Sache so zu denken haben. Durch
ihren Gefühlston hat die Empfindung den Anspruch, bewußt
zu werden, und zugleich durch denselben Gefühlston die
Tendenz, Bewegungen auszulösen. Jede wirklich ausgelöste
Bewegung verändert, und um so mehr, je häufiger sie sich
wiederholt, die Nerventeile, von denen sie ausgelöst wird,
zu ungunsten jenes Gefühlstons, den die Wiederholung ab=
schwächt, aber zu ihren eigenen Gunsten, indem sie eine
körperliche Disposition des leichteren Ablaufens hinterläßt,
die Muskelbahnen dafür ausschleift. Daraus folgt: keine
Empfindung oder Vorstellung ist von Haus aus ganz un=
bewußt, sofern sie eben vermöge ihres Gefühlstons sich
bemerkbar zu machen sucht; aber sie bleibt an der Grenze
des geistigen Blickfelds, wenn sie mit einem absolut oder
relativ schwachen Gefühlston herankommt, bleibt fast völlig
unbemerkt — Leibnizens petites perceptions. Und auch
das Bewußte wird allmählich wieder zu einem solchen fast
Unbewußten dadurch, daß es jenen Gefühlston verliert,
durch den es sich den Eintritt in das Bewußtsein erzwungen
hatte; dagegen tritt an seine Stelle die größere Leichtigkeit
der Wiederholung und Reproduktion. So gibt es keine
völlig unbewußten Vorstellungen, sondern was wir so
nennen, sind ganz schwache, dunkle, eben jene „kleinen Vor=
stellungen", die aber in Wahrheit keine Vorstellungen,
sondern Gefühle sind; und andererseits liegen hier körper=
liche Bewegungsdispositionen in Ganglien und Nerven=

faſern zugrunde, die ſich bei jeder Gelegenheit geltend
machen, alſo keine fertigen und aufgeſpeicherten, für kürzere
oder längere Zeit unſichtbaren Bilder, ſondern nur Dis=
poſitionen zu leichterer Wiederholung des früher Getanen
oder, wie Ebbinghaus[1]) ſagt, die Fähigkeit „der nervöſen
Elemente, ſpäter in eben den Gruppierungen immer leichter
wieder erregt zu werden, in denen ſie vorher bereits erregt
wurden, und ſich auch wechſelſeitig ihre Erregungen zu=
zuſtrahlen, wenn dieſe einmal nur bei einem Teil eines
funktionell zuſammengehörigen Komplexes von der Peri=
pherie her veranlaßt ſind".

So gibt es ein ſ e e l i ſ ch U n b e w u ß t e s , das freilich
kein ganz Unbewußtes iſt, die petites perceptions, etwas
wie eine ſeeliſche Neuroglia, in die die bewußten Vorgänge
eingebettet ſind, und nicht ohne Einfluß auf dieſe: ob wir
zerſtreut oder geſammelt, lebhaft und angeregt oder ſtumpf
und verſchleiert ſind, hängt von dieſem chaotiſchen Hinter=
grund ab, der eine Art „Gemeingefühl" des Bewußtſeins
zuſtande bringt und bildet. Wenn man das „Unterbewußtſein"
nennen will im Unterſchied vom „Oberbewußtſein", ſo
habe ich nichts dagegen; für ſonderlich glücklich halte
ich dieſen Ausdruck freilich nicht, wie er ja auch tatſächlich
zu allerlei unklar myſtiſchen und okkultiſtiſchen Anſchauungen
geführt und verführt hat. Dagegen iſt das e i g e n t l i ch
U n b e w u ß t e überhaupt nichts Seeliſches, ſondern da=
bei handelt es ſich lediglich um leibliche Diſpoſitionen
der Muskeln und der nervöſen Elemente, die die
Vorgänge in ihnen modifizieren und erleichtern und
zunächſt unſere Körperbewegungen beeinfluſſen. Solche
Diſpoſitionen zu Bewegungen können — als Bewegungs=
mechanismus — auch angeboren ſein. Die Anpaſſung, die
ſich im individuellen Leben vollzieht, kann ſich namentlich

---

[1]) Ebbinghaus a. a. O. I², S. 706.

bei einförmiger Lebensweise und bei elementaren Bewe=
gungen verfestigen und vererben; darauf beruht dann
der Schein angeborener Vorstellungen.
Solche gibt es nicht, weder für den einzelnen noch für die
Gattung, das Unpsychologische dieses Gedankens hat Locke
für alle Zeiten siegreich erwiesen. Wohl aber kann die
Gattung erworbene Dispositionen — sei es als Molekular=
umlagerung im Nervensystem oder sonstwie physiologisch
bedingt — vererben, die im Individuum erstmals auf dem
Wege der Erfahrung in Funktion treten, dann aber alsbald
und hinfort wie gewohnte ohne sonderlichen Gefühlston
weiter funktionieren. Wo wir vom Instinkt zu reden haben,
kommen wir auf diese vererbten Dispositionen noch einmal
zurück.

Der Einfluß der Übung auf das Bewußtsein zeigt sich
aber noch an einem anderen ganz besonders wichtigen
Punkt. Was das Gefühl im Wiederholungsfalle durch Ab=
stumpfung verliert, das kann (ich sage nicht: muß) die denkende
Betrachtung gewinnen. Wir wissen aus vielfacher Er=
fahrung, wie das Gefühl das Denken und seine ruhige,
objektive Betätigung erheblich beeinträchtigt und trübt.
Wobei wir gefühlsmäßig lebhaft beteiligt sind, das betrachten
wir nicht objektiv, nicht sachlich und gegenständlich, das In=
teresse fälscht Wahrnehmen und Denken. So können wir
geradezu sagen: je objektiver und theoretischer eine Wahr=
nehmung oder Vorstellung, desto gleichgültiger und gefühls=
freier; und umgekehrt: je gefühlsmäßiger, desto weniger
theoretisch und sachlich. Wenn eine Empfindung, namentlich
eine starke, zum erstenmal an uns herantritt, so wirkt sie
zunächst durch und auf das Gefühl, geradezu als Gefühl:
wir urteilen auf den ersten Eindruck hin, daß uns ein Mensch
„Sympathie“ oder „Antipathie“ eingeflößt habe, und ver=
mögen doch nicht zu sagen, worauf dies beruht, wissen es
auch nicht und können den Grund davon so wenig angeben,

daß wir uns noch nicht einmal ein klares Bild von seiner
Persönlichkeit gemacht haben. So ist Gefallen oder Mißfallen, Lust oder Unlust, Angenehm oder Unangenehm der
erste Eindruck, die erste Wirkung j e d e s Eindrucks. Und
dies ganz natürlich: durch dieses Gefühl zieht der Gegenstand unsere Aufmerksamkeit auf sich, darin besteht das Interesse, das wir an ihm nehmen, dadurch wird er apperzipiert, in dieser gefühlsmäßigen Form gelangt er allererst
in unser Bewußtsein. Bei jeder Wiederkehr dagegen stumpft
sich das Gefühlsmäßige an ihm ab, es bleibt immer mehr nur
das Gegenständliche davon erhalten. Dieses übrig Bleibende wird uns nicht bewußter, aber es wird gewußter; es
wird uns nicht interessanter, aber es wird bekannter; wir
merken nicht mehr darauf, aber wir bemerken es noch; wir
nehmen kein Interesse mehr daran, wir behalten nur noch
ein Wort dafür in dem gefühlsarmen und mechanisch tätigen
Gedächtnis. Nach Maßgabe der Häufigkeit ihrer Wiederkehr
verliert die Empfindung ihre Gefühlsempfindlichkeit und
wird nun erst befähigt, in einem Wahrnehmungskomplex
Gegenstand einer objektiven Erkenntnis zu werden. Daher
sind denn auch diejenigen Sinnesorgane, die besonders
häufig von Reizen getroffen werden, das Auge und das Ohr,
die objektivsten Sinne; diejenigen, bei denen das Gereizt-
werden verhältnismäßig seltener vorkommt, Nase und Zunge,
sind und bleiben gefühlsmäßig subjektiv; und einen von
ihnen, der den Gefühlston am schwersten ablegt, den Tastsinn, nennt man daher in populärer Redeweise oft geradezu
„Gefühl". Und doch verlieren wir auch hier für das, was
uns beständig reizt, wie Luft und Kleider, das Gefühl, wir
achten nicht mehr auf solche Reize, ihre Einwirkung kommt
uns nicht mehr zum Bewußtsein.

Daraus ließe sich vielleicht der Schluß ziehen, daß die
Komponenten der jederzeit zusammengesetzten Wahrnehmung und letztlich somit diese selbst nichts anderes als Gefühle

und daß das Ursprüngliche der Empfindung Gefühl sei,
Wahrnehmung und Vorstellung aber gewissermaßen nur
erkaltete und abgestumpfte Gefühlskomplexe[1]). Allein eine
solche Behauptung käme unter allen Umständen hier, wo
es sich lediglich um die Bewußtseinsfrage handelt, zu früh.
Wir können nur sagen, daß für das Bewußtsein Gefühl und
Vorstellung sehr nahe beisammen liegen, und daß dabei dem
Gefühl unbedingt die Priorität zugeschrieben werden muß.
Auch eine Beziehung zum Wollen ergibt sich — in den an
das Gefühl sich anschließenden Bewegungen; allein ehe wir
den Begriff des Triebes näher erörtert haben, läßt sich hier
nur gegen Wundt die Tatsache konstatieren, daß Wille und
Wollen, zumal wenn dabei von Wahl die Rede sein soll,
sich uns in dem, was wir gewöhnlich Bewußtsein und
Bewußtwerden nennen, erfahrungsmäßig in keiner Weise
bemerkbar macht.

Was aber für das Seelenleben noch von Wichtigkeit ist,
ist das, daß der erwachsene und gebildete Mensch sich immer
mehr in ausgeschliffenen Bahnen und ausgefahrenen Gleisen
bewegt, d. h. ein immer mehr mit gewußtem Inhalt er-
fülltes Bewußtsein haben muß, während das Kind und der
Naturmensch vor allem Gefühlen zugänglich sein und von
ihnen bewegt werden wird. Dort das nil admirari, das bei
Greisen so weit gehen kann, daß sie selbst die sie treffenden
Schicksalsschläge ohne wesentliche Gefühlsemotion hin-
nehmen: Alles schon dagewesen! Hier ein sich über alles
Wundern, jähe Übergänge von Freude und Lust in Schmerz
und Unbehagen, eine gefühlsmäßige Empfänglichkeit für
alles Neue. Und zwar wirkt hier fast alles als ein Neues,
noch Unbekanntes direkt und ausschließlich auf das Gefühl;
bei Vielerfahrenen dagegen wird jeder Reiz als alter Be-

---

[1]) Novalis sagt in den Lehrlingen zu Sais: „Das Denken ist
nur ein Traum des Fühlens, ein erstorbenes Fühlen, ein blaßgraues,
schwaches Leben."

kannter kühl und gleichgültig hingenommen, weil ihm alsbald
die gewohnten Dispositionen entgegenkommen und antworten. Zugleich liegt hierin eine Anerkennung dessen, was
an Herbarts Apperzeptionstheorie richtig und fein beobachtet
ist: das Alte bestimmt das Neue nach sich; wo viel Inhalt
von früher her da ist, ein reicher und mannigfaltiger Bewußtseinsinhalt, da wird das Neue einfach ohne viel Auf-
regung als ein irgendwie schon Bekanntes und Gekanntes
bemerkt, registriert und dem vorhandenen Inhalt einverleibt;
wo wenig Altes vorhanden, der Geist noch leer ist, da herrscht
das Neue auf Augenblicke mit aller Gewalt und löst starke
Gefühle aus, um bald darauf — denn es fehlt die Resonanz
und der Halt dafür — einem anderen Neuen Platz zu machen.

Wir haben das Bewußtsein auf gewisse Elementar-
vorgänge zurückzuführen gesucht und gesehen: das, was einer
Vorstellung den Eintritt in das Bewußtsein erzwingt und
was das Bewußtsein zunächst konstituiert, was als bewußt
empfunden wird, ist nicht Wille, sondern Gefühl, es ist das
Gefühlsmäßige an der Empfindung oder die Empfindung
als Gefühl. Das würde uns alsbald zu der Frage nach der
Natur und dem Wesen des Gefühls weiterführen können.
Allein wir sind mit der Bewußtseinslehre noch nicht zu Ende.
Fehlt uns doch noch das Wichtigste daran, sozusagen Kern
und Stern der ganzen Bewußtseinsfrage, das, wovon man
auch wohl versucht sein könnte auszugehen: die Lehre vom
Selbstbewußtsein, vom Ich.

7. Das Selbstbewußtsein[1]).

Wir haben schon gehört, daß K a n t in der Deduktion der
reinen Verstandesbegriffe von einer transzendentalen Apper-

---

[1]) E. D ü r r in Ebbinghaus, Grundzüge der Psychologie II, S. 224
nennt die ganze Literatur über die Frage: Was ist das Ich oder das Selbst?
eine „wenig fruchtbare“. Armer Descartes! armer Kant! armer Fichte!
armer Locke und armer Hume! Und doch ist das, was er selbst in § 83 über
das Wesen des Ich sagt, wenn auch unvollständig, gar nicht unfruchtbar.

zeption redet, wonach das „Ich denke" alle meine Vor=
stellungen begleitet oder doch begleiten können muß. Nur
in einem identischen Subjekt können mannigfaltige Vor=
stellungen wirklich zu einer Einheit, einem Ganzen verknüpft
werden; jenes, die Identität des Bewußtseins, ist also die
Voraussetzung und Bedingung aller Erkenntnis, und die
Kategorien sind nichts anderes als die verschiedenen Formen
und Funktionsweisen, durch die und nach denen das Mannig=
faltige des Bewußtseinsinhalts zu einer Einheit zusammen=
gefaßt und verknüpft wird. Kant hat somit als tragenden
Hintergrund alles Vorstellens und Denkens eine apriorische
— Vorstellung, wie er selbst sagt; aber in seinem eigenen
Sinn sagen wir wohl besser: eine apriorische Denkfunktion
angenommen, die Funktion der Synthesis, die allem Denk=
inhalt erst seine Einheit und damit dem Denken zugleich
auch die Allgemeingültigkeit und Notwendigkeit gibt,
welche — darin ist Kant mit Platon eins — das Denken erst
zu wirklichem Denken, zum Erkennen und Wissen macht.
Daß hier die Philosophie F i c h t e s einsetzt und weiterführt
und, von dem Ich = Ich anhebend, recht eigentlich zu einer
Philosophie des Bewußtseins und Selbstbewußtseins wird,
soll wenigstens mit einem Worte gesagt sein.

Ganz anders H e r b a r t und die Seinen. Für Herbart
ist die Ichvorstellung, das Ich einer jener widerspruchsvollen
Begriffe, die durch Bearbeitung wegzuschaffen eben die
Aufgabe seiner Metaphysik ist. Nach Fichtes Bestimmung
sollte das Ich die Identität von Subjekt und Objekt, von
Vorstellendem und Vorgestelltem sein. Das würde einen
Regressus in infinitum ergeben: das Ich stellt sich selber
vor; wer ist dieses „sich selber"? das sich Vorstellende, also
stellt das Ich das sich selber Vorstellende vor; das führt
aufs neue zu der Frage nach dem „sich selber", und darauf
erfolgt in infinitum immer wieder dieselbe Antwort; es
ist also zugleich völlig inhaltsleer. Ein solcher regressus

ift aber für Herbart ftets das Zeichen eines vorhandenen
Widerfpruchs. Diefer muß befeitigt werden: das Vorftellende
und das Vorgeftellte, das wiffende und das gewußte Ich
müffen zweierlei, es müffen zwei voneinander verfchiedene
Dinge fein, von denen das erfte — wir kennen das fchon —
aktiv gedacht das zweite paffive apperzipiert. Somit ift
das Ich nichts Einheitliches und Einmaliges, fondern es
wechfelt beftändig den Ort, ift jetzt (als apperzipierendes)
in diefer, bald darauf in einer anderen Vorftellungsgruppe;
denn es ift nichts als die Durchkreuzungsftelle unzähliger
Vorftellungsreihen, ift jedesmal da, wo eine ältere Vor-
ftellungsmaffe eine neue Vorftellung apperzipiert. Weil wir
nun von jeder einzelnen diefer Maffen und ihren Inhalten
abftrahieren können, bilden wir uns ein, man könne von
allem Inhalt überhaupt abftrahieren, und fo entfteht der
Schein, als fei das Ich etwas rein für fich, ein über jenen
einzelnen Apperzeptionsakten Schwebendes, während es
in Wahrheit nicht Quelle und Vorausfetzung diefer Akte,
kein erftes, fondern Refultat, ein letztes Abftraktionsergebnis
aus der vielfach geübten Verbindung von Vorftellungen
und alfo reine Form ift.

An diefer Erklärung Herbarts ift gegenüber derjenigen
von Kant, der übrigens auch ein empirifches Bewußtfein
feiner felbft gekannt und diefes ausdrücklich als „jederzeit
wandelbar", nicht als ein „ftehendes oder bleibendes Selbft
im Fluffe innerer Erfcheinungen" bezeichnet hat, das Sym-
pathifche und Wertvolle fraglos das, daß das Selbftbewußtfein oder, wie er es nennt, die Ichvorftellung von ihm nicht
als eine aller Erfahrung vorangehende tranfzendentale Vorausfetzung und Quelle, fondern als Refultat und Ergebnis
gedacht wird. Dagegen hat er fich nach zwei Seiten hin die
Sache doch zu einfach vorgeftellt. Einmal find es nicht bloß
Vorftellungen und nicht in erfter Linie Vorftellungen, die
das Selbftbewußtfein ausmachen und konftituieren, fondern

auch hier sind, wie wir sehen werden, Gefühle der Ausgangs=
punkt. Und fürs zweite kann jener Mechanismus, durch den
Herbart alles Psychische erklären will und durch den alles
entstehen soll, eines nicht erklären, was doch gerade im
Mittelpunkt steht und recht eigentlich das Wesen der Sache
ausmacht: die Spontaneität und Aktivität, die sich uns im
Selbstbewußtsein ankündigt und die eben deshalb erklärt
oder doch anerkannt sein will. Auch die Identität unseres
Seelenlebens ist für ihn nur eine sozusagen lokale: in dem
einen Hohlraum der Seele sind die vielen Vorstellungen
beisammen.

Dagegen haben wir vom Tatbestand auszugehen.
Zunächst erscheint uns unser Seelenleben nur als ein ewiger
Wechsel von Vorstellungen, Gedanken, Gefühlen, Stim=
mungen, Trieben, Begierden usw., als ein beständiges
Kommen und Gehen ohne alle Festigkeit und Einheit, als
ein Fließen und Werden, nicht als ein Stillstehen und Sein,
wirklich, wie Hume sagt, als ein bloßes Büschel von Vor=
stellungen. Aber bald tritt mir bei aufmerksamem Zusehen
in all dieser bunten Mannigfaltigkeit, in diesem Hin= und
Herwogen doch etwas wie ein Einheitsband entgegen:
alles, was da kommt und geht, sind m e i n e Vorstellungen,
m e i n e Gefühle, m e i n e Willensakte; ich bin es, der
vorstellt, fühlt, will, der affiziert wird oder tätig ist. Der
Inhalt ist bei dieser Betrachtung gleichgültig; jeder beliebige
Inhalt ist der m e i n i g e; nur die Form, daß alles m e i n
Bewußtseinsinhalt ist, bleibt unter den ewig wechselnden
Gestalten, Zuständen und Vorgängen immer dieselbe.
Unter den Inhalten sind nun aber auch immer schon solche,
die bereits früher einmal in ähnlicher Weise dagewesen sind
und als ähnliche oder gar als dieselben[1]) wiedererkannt und

---

[1]) Das gilt allerdings nur von den isolierten Elementen dieses Inhalts;
ihr Zusammen mit anderen wird niemals genau dasselbe sein, und dadurch
werden auch sie selber immer etwas abgeändert erscheinen.

angesprochen werden. Dagewesen — wo? in mir; wieder=
erkannt — von wem? von mir; als was? als früher von
mir schon gehabte. Das ist unsere Beziehung zur Zeit oder
genauer zu der Vergangenheit, speziell zu unserer eigenen
Vergangenheit. Auf ihr beruht die Kontinuität des Be=
wußtseins als Erinnerung, die eine Vorstellung als eine
schon einmal dagewesene wiedererkennt, das Gefühl der
Verantwortlichkeit und die Reue. Ebenso ist aber auch eine
Beziehung zu der Zukunft damit ermöglicht: ich kann mich
entwickeln, kann etwas werden, was ich jetzt noch nicht bin,
kann ein anderer werden, und dieser andere bin doch wieder
ich selbst. Hierher gehört auch noch einmal die schon bespro=
chene Enge des Bewußtseins, wonach im Blickpunkt des=
selben immer nur einige wenige Inhalte, bei ganz gespannter
Aufmerksamkeit vielleicht zeitweise nur ein einziger, gleich=
zeitig vorhanden sein können. Diese monarchische Einrichtung
des Bewußtseins, wie man[1] es nicht übel genannt hat, ist
eine Tatsache, die ebenfalls auf eine gewisse Einheitlichkeit
hinweist: soviel als ich in jedem Augenblick zu übersehen,
zu beherrschen und geistig zu umspannen vermag, ist wirklich
mein und konstituiert in diesem Moment mich und mein
Ich; jene einheitliche Form ist kein fertiges Gefäß von un=
endlichem oder beliebig großem Umfang für eine unendliche
Mannigfaltigkeit des Inhalts, sondern sie ist der Akt des
einheitlichen Zusammenfassens (Synthesis), der sich als
diskursiver nicht gleichzeitig an beliebig vielen und nicht
immer an gleich vielen vollziehen läßt, so wenig, als ich in
meiner umspannenden oder sich schließenden Hand beliebig
vieles zusammenfassen und halten kann.

Stehen nun aber den Tatsachen, die auf eine Einheit
und Kontinuität hinweisen, nicht auch andere gegenüber, die
diese Einheit und Kontinuität in Frage stellen? Zunächst

---

[1] Karl Groos, Einleitung in die Ästhetik 1892.

könnte man daran erinnern, daß Kinder erst von einem ge=
wissen vorgeschrittenen Alter an von sich in der ersten Person
zu reden beginnen. Allein wenn man genauer zusieht, hat
das Kind doch längst, ehe es „ich" sagt, ein Bewußtsein von
sich selbst in der Form, daß es alles auf sich bezieht, ein großer
Egoist und Ichmensch ist. Ihm fehlt somit längst schon nicht
das Bewußtsein, das Gefühl und die Vorstellung seines Ich,
sondern nur — das Wort dafür. Und das ist ganz natürlich;
mit ihm reden alle anderen in der zweiten oder, wie es in
der Kinderstube üblich ist, in der dritten Person, mit dem
Namen, und so knüpft auch das Kind seine Ichvorstellung,
sein Ichbewußtsein zunächst an diesen seinen gelernten
Namen an und redet in Verbindung mit demselben wie die,
von denen es sprechen lernt, v o n s i ch in der dritten Person:
Karl will. Das beweist also an und für sich gar nichts.

Schwerer wiegt der folgende Einwand gegen die Kon=
tinuität und Einheitlichkeit, gegen die sich erhaltende Iden=
tität unseres geistigen Seins. Nach Jahren sind wir doch
nicht mehr dieselben, die wir waren. Angesichts der Ver=
gilbten Blätter unserer längst erstorbenen und nur gelegent=
lich wieder auftauchenden Jugenderinnerungen fragen wir
uns oft erstaunt: warst du das wirklich? Wir erkennen uns
in dem, was wir damals getan, gesprochen, gefühlt, emp=
funden haben, selbst nicht wieder. Und vollends wo uns
von jenen plötzlichen Umwandlungen erzählt wird, deren
eklatantestes Beispiel immer die Bekehrung des christen=
verfolgenden Saulus in den christuseifrigen Paulus bleibt,
wie steht es da mit jener Kontinuität des Bewußtseins?
ist hier nicht doch ein wirkliches Abbrechen, ein Durchbrechen
der zusammenhängenden Reihe tatsächlich gegeben? Allein
auch dieser Einwand verschwindet bei genauerem Zusehen
durchaus. Freilich kommen wir uns — und ein je reicheres
Innenleben wir führen, um so mehr — heute so viel anders
vor als früher, weil unser Lebensinhalt tatsächlich ein anderer

und reicherer geworden ist, und weil sich so vieles, was dieses
Anderswerden vermittelt und die Änderung herbeigeführt
hat, aus unserem Gedächtnis verloren hat und wir sozusagen
nur noch die Gipfel der Gebirgskette aus dem Nebelmeer
unserer Vergangenheit herausragen sehen; die Kette selbst,
die Zwischen= und Mittelglieder, die den Zusammenhang
herstellen würden, bleiben unsichtbar. Jene einsam ragenden
isolierten Ereignisse aber haben dann freilich scheinbar
keinen Zusammenhang mehr weder unter sich noch mit uns,
so wie wir jetzt sind, und so ist das eigene Lebensbild voll
von Sprüngen und Lücken, voll übergangsloser und leerer
Stellen, und darum ist uns selbst vieles aus unserem eigenen
Leben unbegreiflich und fast unglaublich. In Wahrheit aber
war es doch eine lückenlose Entwicklungskette, die alles
einzelne unter sich verband, der Eindruck des Unverbundenen
und Unvermittelten ist bloßer Schein. Natürlich wundern
wir uns über das, was wir früher taten, weil wir es nach
unserem jetzigen Sein und Stand beurteilen und daran
messen, und vergessen haben, wie wir gewesen sind, als wir
es taten, welches die inneren und äußeren Verhält=
nisse waren, in denen wir uns befanden, die Voraussetzungen
und Motive, aus denen heraus wir so handelten und handeln
mußten. Wenn wir näher zusehen und uns auf Einzelnes
besinnen, so erkennen wir häufig noch die Beziehung und
Bedeutung des Erlebten innerhalb unserer damaligen
Entwicklung und für diese. Und daß es m e i n e Erlebnisse,
m e i n e Gedanken, m e i n e Taten gewesen sind, das
weiß ich schließlich doch.

So sind denn auch jene plötzlichen Bekehrungen nicht so
plötzlich und unvermittelt, wie sie auf den ersten Anblick aus=
sehen. Gerade die Bekehrung des Apostels Paulus kann uns
das lehren, von der Holsten[1]) gezeigt hat, wie es sich doch

---

[1]) K a r l H o l s t e n , Zum Evangelium des Paulus und des Petrus
1868, S. 65—114. Vgl. auch den Vortrag über Paulus in der zweiten

auch bei ihr um kein Abbrechen und kein völlig Neues,
sondern in der Tat nur um ein Werden und sich Entwickeln
handelte. In dem Geistesleben des Paulus lassen sich die
Anknüpfungspunkte des Neuen an das Alte nachweisen;
und daß der bekehrte und Christ gewordene Paulus in seinem
ganzen Denken und Handeln und in der Art und Weise
desselben noch durchaus die Züge des alten pharisäischen
Eiferers zeigt, in denen sich die Einheit der geistigen Individualität und die Kontinuität seiner Entwicklung erhalten
hat, ist leicht ersichtlich; neu ist durch den Bruch mit dem
Gesetz nur die Richtung und der Inhalt seines Denkens,
Fühlens und Handelns geworden, aber geblieben ist die
Art, diesen neuen Inhalt zu verarbeiten, und geblieben ist
derselbe leidenschaftliche Mensch und Dialektiker im ganzen,
der auf der neuen Bahn weiterwandelt.

Doch nicht nur die Kontinuität des Ich im Laufe der
Zeit, auch seine Einheit im selben Augenblick scheint durch
gewisse Tatsachen gefährdet und in Frage gestellt. Es ist
die Möglichkeit eines inneren Konflikts und Zwiespalts,
wovon uns namentlich Dramatiker eine so anschauliche Vorstellung zu geben vermögen: Zwei Seelen wohnen ach! in
meiner Brust! Erkläret mir, Graf Örindur, diesen Zwiespalt
der Natur! Auch Kant kennt ihn, wenn er den Gegensatz
zwischen Vernunft und Sinnlichkeit, zwischen Pflicht und
Neigung so energisch betont und spannt, und aus den Briefen
des Paulus ist er uns als Kampf zwischen Fleisch und Geist
ohnedies von frühe an bekannt und geläufig. Dieser Gegensatz, den in irgend einer Form jeder von uns erlebt und der
sich im Gewissen und als Gewissen oft genug unangenehm
bemerkbar macht, soll nun ein Beweis sein für die Zweiheit
unseres Wesens und gegen die Einheit unseres Selbst.

Reihe der „Charakterköpfe aus der antiken Literatur" von Ed. Schwartz,
2. Aufl. 1911.

5*

Allein das wäre doch von vornherein eine ganz unberechtigte Überspannung eines tatsächlichen Verhältnisses. Gerade bei jenen Vorkommnissen innerer Zwiespältigkeit wissen wir von den beiden streitenden Parteien in uns ganz genau — darin liegt ja eben das Peinliche des Zustandes —, daß es auf beiden Seiten u n s e r e Gedanken, Gefühle, Begierden sind, die sich untereinander bekämpfen, verklagen, überwältigen und besiegen; es sind nicht zwei verschiedene Subjekte, von denen sich das eine freut und das andere trauert, sich das eine besiegt fühlt und das andere trium= phiert, sondern dasselbe Subjekt ist Überwinder und Über= wundener zugleich, es ist ein und dasselbe Ich, das jetzt den Becher der Lust mit gierigen Zügen schlürft und gleich darauf von den Furien der Reue gepeitscht bitteren Schmerz empfindet: ein Nacheinander, ein Oszillieren vielleicht, aber alles in demselben Subjekt und von ihm als ein in ihm Vor= gehendes und ihm Zugehöriges empfunden.

Allein erleben wir nicht dennoch täglich etwas, was gegen die Kontinuität und Einheit unseres Bewußtseins Zeugnis ablegt — den Schlaf? Darauf ist zunächst zu sagen, daß es sich beim Schlaf nicht eigentlich um eine Unterbrechung, sondern nur um eine Herabsetzung des Bewußtseins handelt; es bleibt etwas vom Blickfeld übrig, und es verschwindet nur die Fähigkeit des Fixierens in einen Blickpunkt. Aber auch wenn das Bewußtsein völlig aufhörte, wie es im Tief= schlaf schwerlich, wohl aber in Ohnmachtzuständen der Fall ist, sind wir denn blind, weil wir die Augen schließen können und wenn wir sie zeitweise wirklich schließen? hören wir auf ein Ich zu sein, weil wir eine Zeitlang sei es nun das Be= wußtsein ganz verlieren oder eine starke Herabsetzung des= selben erleben? Auch der Traum bestätigt das. Es sind m e i n e Träume, die ich träume; ich bin stets dabei, i c h bin der Held des Dramas, das sich während des Schlafes in meinem Bewußtsein abspielt; m e i n e Gefühle und

Wünsche geben ihnen Gestalt und Farbe. Und dasselbe
zeigt das Erwachen am andern Morgen: neugestärkt fühlen
wir uns doch als dieselben, die wir uns am Abend zuvor
ermattet zum Schlafe niedergelegt und während der Nacht
vielleicht allerhand tolles Zeug geträumt haben; kein anderes
Bewußtsein ist in der Zwischenzeit an die Stelle des wachen
Ich getreten, wir knüpfen vielmehr genau da wieder an,
wo wir am Abend zuvor aufgehört haben, wissen uns als
dieselben heute wie gestern und reihen auch die dazwischen
inneliegenden Träume, soweit wir uns ihrer erinnern, ein
in das einheitliche Ganze unseres Bewußtseins.

Schwieriger liegt die Sache bei gewissen Geisteskranken
und bei Hypnotisierten. Eine Reihe von Tatsachen machen
allerdings auch hier nur oberflächlich angesehen Schwierigkeiten. Daß der Kranke etwa von sich als dem früher Gesunden in der dritten Person redet oder daß er in sich fremde
Stimmen vernimmt, denen er antwortet, und was dergleichen mehr ist, das beweist doch zunächst einmal, daß er
von seinen inneren Zuständen eine Empfindung, ein Bewußtsein hat. Gerade indem er die Stimme Gottes i n
s i ch zu vernehmen glaubt oder den Teufel i n s i ch lästern
hört, gibt er zu erkennen, daß es Vorgänge i n i h m sind;
und bei den eigentlichen Halluzinationen liegt die Sache
nicht anders. Aber freilich, diese Zustände und Vorgänge
sind abnorm; und weil sie so ganz anders sind als alles in
früheren gesunden Tagen Erlebte, weil sich der Kranke verändert f ü h l t, weiß er sie nicht anders zu deuten, als daß es
f r e m d e Stimmen sein müssen, oder daß e r jetzt e i n
a n d e r e r sei als der früher Gesunde, er deutet sie falsch.
A u f g e h o b e n ist damit n i c h t d i e E i n h e i t d e s
B e w u ß t s e i n s; diese ist tatsächlich da und zeigt sich als
daseiend; sondern a u f g e h o b e n i s t n u r d a s B e -
w u ß t s e i n d i e s e r E i n h e i t. Wir haben hier sozusagen eine Bewußtseinsillusion, eine Illusion des inneren

Sinns, eine Täuschung über unsere eigenen tatsächlich vor=
handenen inneren Zustände und eine irrtümliche Deutung
derselben.

Daher dann auch jene lustigen Geschichten, wie einer
im Schlaf durch irgend einen Harun al Raschid anderswohin,
in eine ganz andere Umgebung und Situation versetzt und
als ein anderer behandelt wird: der Schusterjunge wird
zum Prinzen. Man denke an das bekannte Lustspiel vom
verwunschenen Prinzen oder an „Schluck und Jau" von
Gerhart Hauptmann. Hier ist es der Kampf zwischen der
tatsächlich vorhandenen Einheit des Bewußtseins — ich,
heute Prinz, bin derselbe, der gestern Schusterjunge war —
und dem durch das Abnorme und Neue der Lage allmählich
unsicher werdenden und schwindenden Bewußtsein dieser
Einheit; darin eben besteht das Ergötzliche und Komische,
vielleicht nachträglich auch das Tragische einer solchen Situ=
ation.

Dagegen bleiben schwer zu erklären und bilden allerdings
eine Instanz gegen die Einheit selbst jene pathologischen
Fälle, in denen es sich um eine scheinbare Spaltung des Ich,
ein alternierendes Bewußtsein, kurz gesagt um eine Art
von Doppelleben handelt, wie wir es bei Irren, bei Hyste=
rischen und auch bei gewissen Formen der Hypnose finden;
ebenso die Amnesiezustände, in denen Stücke aus dem Be=
wußtsein herausgebrochen zu sein scheinen; oder endlich das
Vorkommen völliger Aufhebung und Annihilation des Be=
wußtseins, wie es bei Anästhetischwerden des ganzen
Körpers zuweilen beobachtet wird[1]). Daß wir in diesen
Fällen mit falschen Deutungen und dem Verlust des Bewußt=
seins der Einheit bei erhaltener Einheit selbst vollständig

[1]) Th. Kirchhoff, Lehrbuch der Psychiatrie 1892, S. 100 f.
Schmidkunz, Psychologie der Suggestion 1892, S. 80. M. Dessoir,
Das Doppel-Ich 1890. G. Störring, Vorlesungen über Psychopatho=
logie 1900. Konst. Österreich, Die Entfremdung der Wahrnehmungs=

auskommen, wage ich nicht zu behaupten. Immerhin, wenn
das Selbstbewußtsein ein Akt der Synthese, das Zusammen=
fassen zur Einheit ist, so kann es nicht wundernehmen, daß
wie alle anderen geistigen Funktionen so endlich auch die
Fähigkeit des Zusammenfassens überhaupt verloren gehen
kann und schließlich nur noch die Vielheit übrigbleibt.
Dagegen ist freilich merkwürdig genug, daß das Zusammen=
fassen — sei es nur zeitlich oder für verschiedene Inhalte —
gespalten oder alternierend in zwei oder mehr Reihen ver=
laufen und sich so eine Mehrheit von Zentren und Ichen
bilden kann; der Mensch wird hier geradezu ein geistiges
Aggregat, eine Zweiheit oder Mehrheit, er zerfällt in eine
Vielheit ohne Einheit.

Was sich aus dem allem ergibt, ist, denke ich, das, daß
es zunächst gilt, schärfer als dies gewöhnlich geschieht,
zwischen der Einheit des Bewußtseins und dem Bewußtsein
der Einheit zu unterscheiden. Dieses letztere kann leicht
verloren gehen, normal bleibt dagegen jene bestehen; wo
auch sie sich verliert, da findet doch meist noch eine Reihen=
bildung statt, nur daß statt e i n e s Zentrums mehrere vor=
handen sind; auch in diesem Fall kann übrigens der Mensch
in jedem Augenblick von sich sagen: ich bin ich. Ein Zeichen
völligen geistigen Untergangs ist dagegen das absolute
Zerfallen des Bewußtseins in Nichts, die Vorstellung des
Kranken, daß er nicht mehr da sei. Wo auf diese Weise die
Funktion des Zusammenfassens selber zugrunde geht, da
bleibt nur eine zusammenhangslose Mannigfaltigkeit des
Erlebens übrig, da fällt die Ichvorstellung und das Ich=
bewußtsein schließlich ganz aus. Alles das widerspricht
keinesfalls dem Gedanken, daß das Ich Ergebnis und Resultat

welt und die Depersonalisation in der Psychasthenie (Journ. f. Psych. u. Neu=
rologie, Bd. 7—9) und d e r s e l b e, Die Phänomenologie des Ich in
ihren Grundproblemen 1910. Auch der neueste Roman F r e n s s e n s
„Der Untergang der Anna Hollmann" gehört hierher.

sei, das sich bei gesunden Menschen immer einstellt. Die andere Frage, ob über und hinter diesem empirischen Ich ein transzendentaler, ein metaphysischer Kern sich finde, ist keine psychologische Frage mehr; die eben berührten krankhaften Erscheinungen erschweren die Annahme eines solchen substantiellen Kernes, schließen sie aber allerdings auch nicht schlechthin aus. Unter keinen Umständen jedoch, daran ist festzuhalten, dürfen die beiden Sätze als identisch betrachtet werden, daß der Mensch e i n I ch s e i und daß er ein Selbstbewußtsein oder die Ichvorstellung h a b e.

Um nun aber der Erklärung dieses empirischen Ich näher zu kommen, versuchen wir uns seine G e n e s i s vorstellig zu machen und wenden uns zu diesem Behuf zunächst einmal an den ersten besten ungeschulten oder unentwickelten Menschen mit der Frage, wer und was und wo denn sein Ich, d. h. er selber eigentlich sei? Daraufhin wird er sicherlich zuerst auf sich, d. h. auf seine leibliche Erscheinung deuten; erst der Gereiftere und sich weiter Besinnende wird uns auf sein Inneres verweisen und von sich als denkendem, fühlendem, wollendem Wesen reden. Auch in älteren und naiveren Sprachen finden wir noch, daß das Ich mit der leiblichen Erscheinung identifiziert wird, so im Mittelhochdeutschen, z. B. Nibelungenlied XX, 1230, wo Hagen sagt: ez geraetet nimmer mîn lîp=dazu kann i ch nimmermehr raten. Und in etwas anderer Wendung schreibt selbst Wieland einmal: „als er seinem Leibe keinen Rat wußte", und reden wir nicht nur von einer „Leib"speise, sondern auch von einem „Leib"lied, das doch nur ein ganz persönliches Lieblingslied sein soll. Welche von diesen beiden Anschauungen ist nun die richtigere, die leiblich=äußerliche oder die innerlich=geistige? Verhalten sie sich wirklich so zueinander, daß die eine falsch, die andere wahr sein müßte? Oder sind es nicht vielmehr nur Stufen fortschreitender Erkenntnis über unser eigenes Ich? Das letztere wird wohl der Wahrheit näher kommen.

Gehen wir auf die körperliche Empfindung zurück,
worin steckt denn bei ihr das Ich, wodurch wird sie m e i n e
Empfindung? Wodurch anders als durch das Gefühlsmäßige
daran, durch ihren sogenannten Gefühlston? Dieser besteht
eben darin, wie ich von dem Reiz affiziert werde, in der Lust,
die derselbe in m i r hervorruft, in der Unlust oder dem
Schmerz, den er m i r verursacht, in dem Wert, den er für
m i ch hat. Darauf beruht aber, wie wir gesehen haben,
zugleich auch die Erhebung in den Blickpunkt des Bewußtseins, die Apperzeption. A l s o m a ch t d a s s e l b e , w a s
d i e E m p f i n d u n g z u e i n e r b e w u ß t e n
w e r d e n l ä ß t o d e r i h r e A p p e r z e p t i o n b e =
w i r k t , d a s G e f ü h l a l s k ö r p e r l i ch e s , d i e E m =
p f i n d u n g a u ch z u m e i n e r Empfindung.

Weiter gilt, wie wir noch hören werden, der Satz: keine
Empfindung ohne Bewegung. Auch diese Bewegung wird
von mir nur dadurch als die meinige bemerkt und erkannt,
daß sie und wenn sie von Gefühlen begleitet ist. Das Tätig-
keits= und das Ermüdungsgefühl sagen mir, daß sie von
mir ausgeht, daß ich für sie die Ursache bin; indem ich diese
Gefühle an gewisse Stellen meines Leibes projiziere, komme
ich dazu, diesen Leib als m e i n e n Leib anzusehen und
mein Ich mit diesem meinem Leib zu identifizieren. Auch
das geschieht nur allmählich. Das Kind muß seinen Leib
erst nach und nach als sein Eigentum kennen lernen und anerkennen, muß erst von ihm Besitz ergreifen und ihn in seine
Gewalt bekommen; aber daß ihm sein Leib als der seinige,
als sein Ich erscheint, das beruht doch darauf, daß das
Affiziertwerden dieses Leibes ihm gefühlsmäßig zum Bewußtsein kommt, s e i n Affiziertwerden ist. In diesem
körperlichen Selbstgefühl geht zunächst das Ich und die
ganze Welt für uns auf, wie sie nach dem eben Gehörten
bei Kranken auch mit ihm wieder zugrunde gehen kann.
Also nicht, wie Kant meint, in der Vorstellung „ich denke“,

nicht, wie Herbart will, als spätere apperzipierende Vor=
stellungsmasse, sondern durchaus als Gefühl und in der Form
des Gefühls ist das Selbstbewußtsein zuerst da. Das körper=
liche Gemeingefühl ist geradezu seine erste Form. Dazu kommt
dann weiter die Beziehung aller meiner Empfindungen
und aller meiner Bewegungen auf meine Lust oder Unlust,
das Innewerden derselben in Form von Lust und Unlust,
womit sich alsbald die Projektion dieser Gefühle auf die
Peripherie meines Leibes als ihres Trägers und Em=
fängers verbindet. Und rasch genug verlängert sich diese
Projektion sogar über meinen Körper hinaus, zunächst in
der Weise, daß z. B. die Berührung eines Gegenstands mit
einem Stock, den ich in der Hand halte, als eine Berührung
von mir und am Ende desselben so gefühlt wird, als ob der
Stock ein Stück von mir selber wäre. Auch die Kleider ge=
hören in dieser Weise zu mir und mit mir zusammen, deshalb
kann sich der Kulturmensch sein körperliches Ich nur als ein
bekleidetes Ich denken, er hat sich mit seinen Kleidern längst
schon in eins zusammengefühlt. So ist das Sprichwort:
„Kleider machen Leute" auch psychologisch wohl begründet.
Umgekehrt lösen sich die Empfindungen in dem Maße, wie
sie ihren Gefühlston verlieren, eben auf Grund jener Pro=
jektion auch wieder von uns ab und werden als Eigenschaften
der Dinge außer uns, als gegenständlich von uns angesehen.
So bekommen wir infolge des Wiederkehrens derselben Emp=
findungen und des mit Hilfe der Erinnerung sich voll=
ziehenden Wiedererkennens derselben die theoretische Vor=
stellung von Dingen mit ihren Eigenschaften, die von uns
verschieden sind, während diese Eigenschaften ursprünglich
u n s e r e Empfindungen waren, und so gewinnen wir all=
mählich den Unterschied des Ich vom Nicht=Ich.

Ich brauche absichtlich die Bezeichnung „N i c h t = I ch",
weil die erste Stufe dieser Unterscheidung über das Ich doch
nicht hinwegzukommen vermag. Das Nicht=Ich des Kindes

ift ein A u dₑ = J dₑ. Das Kind hält alles, auch das Unbelebte
für ebenso fühlend und handelnd, wie es dies an sich selbst
wahrnimmt; es schlägt daher den Tisch, der es stößt, es
tröstet die Puppe, die es zerbricht, weil es allen diesen Dingen
sein eigenes Empfinden zuschreibt, dieses also auf jene
hinausprojiziert, in die Außenwelt einträgt und daher in
ihr wiederfindet. So geht der Weg von Innen nach Außen,
die Welt ist dem Kind zuerst mit dem Ich zur ununter=
scheidbaren Einheit verschmolzen und löst sich erst allmählich
davon los, namentlich mit Hilfe des Auges, dessen Emp=
findungen schon durch Vererbung weniger gefühlsmäßig
sind und eine angeborene Tendenz zur Objektivierung an
sich haben[1]).

Daher jener weitverbreitete Prozeß der Einfühlung, der
uns als wichtigster ästhetischer Begriff später noch begegnen
wird; und daher die durchaus gefühlsmäßige Seite der kind=
lichen und aller kindlich bleibenden Weltauffassung und
Weltanschauung, die die Außenwelt als ein Auch=Ich belebt
und mehr oder weniger ausgesprochen anthropomorphisiert
und personifiziert. Ihr begegnen wir ganz anders noch als
auf ästhetischem auf religiösem Gebiet, in der Mythologie
kindlicher und phantasievoller Völker und überhaupt in
aller religiösen Vorstellung. Aber auch in den Mythus von
„Stoff und Kraft" und in das Weltprinzip der „Energie"
ragt sie noch deutlich genug herein.

Je theoretischer nun aber unser Vorstellen wird, desto
gegenständlicher wird uns die Welt draußen, und allmählich
wird sogar die Peripherie unseres Ichs, der eigene Leib ein

---

[1]) So glaube ich auch zum Teil den Einwendungen von M. D e s s o i r,
Über den Hautsinn (Archiv f. Anat. und Physiologie 1892) gerecht zu
werden, der freilich „das Nachaußensetzen für das Primitive und die Be=
schränkung auf ein Ich für das Abgeleitete" erklärt. Namentlich
bin ich mit ihm einverstanden, daß es „kein Zufall ist, daß Licht=
und Berührungsempfindungen sofort nach der Geburt perzipiert
werden" (S. 225).

Stück diefer Außenwelt, wir ziehen das Ich mehr und mehr
in denfelben zurück und herein und verlegen es in unfer
Inneres. So löft fich das Ich von der Außenwelt ab und
unterfcheidet fich von ihr, diefe wird rein gegenftändlich,
wird ein Nicht = Ich im vollen Sinn des Wortes, nicht
mehr in der früheren Bedeutung eines Auch=Ich. Unfer
Ich aber wird dadurch immer zentraler und innerlicher;
und weil es uns immer bekannter wird, wird es felbft auch
immer weniger gefühlsmäßig, wird nachgerade felbft ein
Gegenftändliches und als folches ein Bekanntes und Ge=
wußtes. So entfteht neben dem Gefühl von unferem Ich
die Vorftellung davon, neben dem Selbftbewußtfein als
Selbftgefühl das Selbftbewußtfein als Ichvorftellung und
Ichbegriff.

Daß diefe Rolle des Gefühls bei der Bildung des Selbft=
bewußtfeins auch der Sprache nicht entgangen ift, zeigt
das Wort „Selbftgefühl“. Wenn diefes jetzt nur noch in
dem emphatifchen Sinn des Wertlegens auf fich felber ge=
braucht wird, fo ift das kein Zufall: indem man fich fühlt,
erfaßt man fich in feinem Ureigenften und eben darum mit
dem ganzen Stolz des menfchlichen Egoismus in feinem
vollen Wert. Und umgekehrt: das Gefühl ift Bewußtfein
des Wertes, auf fich felber aber legt man den größten Wert,
deshalb ift Selbftgefühl und Stolz dasfelbe. So tritt die
urfprüngliche und tiefe Bedeutung des Gefühls für die Ent=
wicklung des „Selbft“ auch im Sprachgebrauch deutlich
zutage[1]).

Indem ich aber auf jene Tatfache, auf die Form meines
Bewußtfeins, daß aller fein Inhalt mein Inhalt ift, meine
Aufmerkfamkeit richte, fo entfteht das, was man Selbft=
bewußtfein im engeren Sinn nennt, jene fcheinbare Zerlegung
unferes Selbft in Subjekt und Objekt, und das Wiffen darum,

---

[1]) cfr. Elfe Voigtländer, Vom Selbftgefühl 1910.

daß Subjekt und Objekt in diesem Falle eins sind, das Wissen,
daß wir selbst es sind, die so fühlen und denken, empfinden
und begehren; wie ja auch der Körper aktiv und passiv,
berührend und berührt zugleich ist. So wird das Selbst=
bewußtsein eine Art Verdoppelung unseres Selbst, Bild
und Spiegelbild, ein reflexiver Akt. Allein in Wirklichkeit
ist das doch nur eine Abstraktion: — darin hat Herbart ganz
recht, weil dabei von allem Inhalt abstrahiert und nur darauf
reflektiert wird, daß jeder Bewußtseinsinhalt die Form von
mir trägt, der meinige ist. Weil diese Form und der Akt des
Bewußtwerdens für unser Seelenleben unerläßlich, die
schlechthin allgemeine und notwendige Form alles Seelen=
inhalts ist, so knüpfen wir das Ich an diesen Akt des Bewußt=
werdens, an diese Form des Bewußtseins an. Und so ist
es ganz selbstverständlich, daß nicht dieser oder jener Inhalt,
sondern daß nur die Form des seelischen Erlebens, der Akt
des Apperzipierens selbst als der jedesmal dabei seiende, das
Bewußtsein als Bewußtwerden mit der Vorstellung des
Ich verschmilzt: das Bewußtsein wird zum Ich und das Ich
zum Selbstbewußtsein. Ein wirkliches Bewußtsein unserer
selbst ohne Inhalt gibt es aber darum doch nicht, sondern
nur einen Begriff davon und ein Wort dafür. Das Selbst=
bewußtsein ist für die Psychologie eine philosophische Ab=
straktion. In Wahrheit ist alles Selbstbewußtsein Bewußtsein
v o n   e t w a s , aber von etwas in mir, und alles Bewußt=
sein ist Selbstbewußtsein, weil aller Bewußtseinsinhalt
m e i n Inhalt ist. Wenn ich aber darauf, auf diese einheit=
liche Form des Bewußtseins acht gebe, wenn sie mir an
einem bestimmten Inhalt auffällt und zum Bewußtsein kommt,
dann rede ich von innerem Sinn und von Selbstbewußtsein.
So wechselt naturgemäß Selbstbewußtsein beständig mit
Weltbewußtsein ab, je nachdem ich meinen Blick auf den
Inhalt oder auf die Form fallen lasse; da aber Form und
Inhalt stets beisammen sind und beisammen sein müssen,

so ist tatsächlich kein Moment ohne Weltbewußtsein und keiner ohne Ichbewußtsein.

Zugleich kommt aber auch der Charakter des Werdens und der Entwicklung in diesen Erscheinungen zur Geltung. Vom Leib und seiner Peripherie ins Innere, also von außen nach innen, vom Inhalt zur Form, vom Gefühl zur Vorstellung und zum Begriff, vom Ich zum Auch-Ich, vom Auch-Ich zum Nicht-Ich: das sind lauter Entwicklungsstufen und Prozesse. Jeder von uns ist von allem Anfang an ein Ich oder wenigstens auf das Ich-werden angelegt; denn das Fühlen und Apperzipieren gehört zu der Einrichtung unseres seelischen Lebens und Wesens. Aber erst durch die Betätigung dieser seiner Funktionen bereichert sich das Ich mit Inhalt, mit der ganzen Fülle einer Welt des Nicht-Ich; daher zugleich auch die Notwendigkeit, daß das Nicht-Ich stets ein Auch-Ich ist und es auch dann noch bleibt, wenn es wirklich zum N i ch t = I ch geworden ist; denn die Farbe und Livree des Ich wird es niemals los. Und daher endlich der Wechsel von immer Wiederkehrendem in der Form des Vorstellens und Denkens und von mich immer neu Affizierendem in der Form des Gefühls. In dieser Form des Gefühls ist das Ich da, lange ehe es zur Ichvorstellung kommt; und auch da erhält sich der Unterschied des Selbstbewußtseins als eines abstrakten Gedankens von dem Selbstgefühl als dem individuellen Erleben und sich Haben.

So hat Herbart recht: die Ichvorstellung ist kein Ursprüngliches, sondern ist Ergebnis und Resultat; aber ebenso hat Kant recht: diese Ichvorstellung als Abstraktion ist die allerärmste und leerste. Wertvoll ist, daß ich als Ich funktioniere, und um so wertvoller, je weniger abstrakt und leer dieses mein Ich ist, je reicher und voller sein Leben dahinflutet, je mehr Inhalt und Mannigfaltigkeit dieser Einheitsreif zusammenzuhalten hat. Vorstellen aber können wir uns das Ich nur, indem wir von allen einzelnen Inhalten

abstrahieren und es von ihnen sozusagen entleeren. Und
darum ist es so bezeichnend, daß wir für dieses Jch kein Wort
(nomen) haben, sondern nur ein — Pronomen!

Hieran lassen sich einige weitere Folgerungen an=
knüpfen, die zwar in diesem Zusammenhang nicht unum=
gänglich notwendig wären, aber doch nicht ohne Wert sein
dürften, weil sie vielleicht dazu beitragen, das Gesagte in
ein noch helleres Licht zu setzen. Zunächst: das Jch ist nichts
neben seinem Fühlen, Vorstellen oder Wollen, sondern ist
dieses Fühlen, Wollen und Vorstellen selbst als das meinige;
ich fühle mich darin irgendwie affiziert und bemerke es, daß
ich es bin, den es angeht oder von dem es ausgeht. Dabei
ist aber merkwürdig, daß Wollen und Denken um so wert=
voller und schätzbarer werden, je mehr sie sich vom Jch ab=
lösen und entfernen. Das unegoistische Wollen ist das beste
— das sittliche Wollen; das nicht am Jch kleben bleibende,
sondern rein gegenständliche Vorstellen oder Denken ist als
das der Wahrheit am nächsten kommende das erkenntnis=
theoretisch vorzüglichere; und ein Ähnliches ließe sich sogar
vom Fühlen selbst sagen, wo ja das ästhetische Gefühl des
Schönen geradezu als ein interesseloses und uninteressiertes
Wohlgefallen bezeichnet worden ist: in diesem Sinn tritt
das Schöne als das Jdeal des Fühlens neben das Wahre
und das Gute als die Jdeale des Erkennens und des Wollens.

Auf der andern Seite aber gilt doch auch hier für diese
scheinbar ganz interesselosen, subjektfreien Formen des
geistigen Lebens, daß man nie und nirgends vom Jch und
von der Lust am Jch und für das Jch loskommt. Die Mo=
mente, in denen man sich ganz vergißt, ästhetisch ganz Auge
oder Ohr ist, denkend ganz in seinem Gegenstand aufgeht,
sittlich begeistert sich in den freiwilligen Opfertod fürs
Vaterland stürzt und somit sein Jch dahingibt, sind das nicht
doch die wertvollsten und beseligendsten Augenblicke des
Daseins, in denen man erst die reinste und vollste Befriedi=

gung für sich selber findet? Und zeigt nicht gerade der
Umstand, daß das Ichgefühl, das gefühlte und das fühlende
Ich nie ganz eliminiert werden kann, deutlich, daß das
Fühlen dem Ausgangspunkt und der Quelle des Seelen=
lebens doch am nächsten steht und immer am nächsten bleibt?

Wenn aber dem so ist, wird damit nicht just das gefährdet
und in Frage gestellt, was Kant durch seinen Begriff der
transzendentalen Apperzeption gewinnen wollte, die All=
gemeingültigkeit und die Notwendigkeit unserer Erkenntnis?
wenn alles ein Auch=Ich ist und der Mensch vom Ichstand=
punkt überhaupt nicht loskommen kann, wo bleibt dann die
Objektivität und die Wahrheit? Das Ich ist von Haus aus
fühlend, ist leidend, weil es affiziert wird; es ist aber gerade
als fühlendes, d. h. reagierendes immer auch bewegt und
sich bewegend, und weil es diese Bewegung wiederum als
die seinige und von sich ausgehende fühlt, ist es daneben
aktiv und so betrachtet causa. Nun haben wir gesehen,
daß die Welt des Nicht=Ich außer uns selbstverständlich und
mit Notwendigkeit anthropomorphisiert wird, also müssen
auch diese Kategorien des Leidens und des Handelns auf
sie übertragen werden. Selbst die sich gern für völlig ob=
jektiv ausgebende Weltanschauung des Materialismus wird
nicht fertig ohne Anleihen beim Subjekt, kann sich nicht
losmachen von Anthropomorphismen und vom Ichstand=
punkt: der Begriff der Kraft ist ja nichts anderes als die
Übertragung unserer eigenen, in allerlei Gefühlen sich uns
offenbarenden und uns zum Bewußtsein kommenden Ak=
tivität und Kausalität auf das Verhalten der Dinge in der
Außenwelt zueinander und auf die Art, wie wir uns dieses
vorstellen. Und ebenso hängt von dem Reichtum des Ich
der Reichtum unseres Weltwissens ab: darin liegt das Wahre
der Herbartschen Anschauung, daß apperzipierende Vor=
stellungen in uns dasein müssen, um die Welt außer uns
aufzufassen und uns erkennend anzueignen.

In all dem ist psychologisch das Recht zugleich und die
Beschränkung des Kantischen a priori zu suchen, das trotz
alles Vornehmtuns doch auch eine psychologisch denkbare
und zugängliche Seite haben muß, selbst dann, wenn es
erkenntnistheoretisch dekretiert wird, oder gerade und vor
allem dann.   Fertig angeboren ist uns keine Vorstellung;
aber nach einem bekannten Ausspruch von Leibniz sind wir
uns selbst angeboren, d. h. das Ich als ein mit sich Iden-
tisches und Kontinuierliches und das Ich als aktives, als
causa; auch Kant selbst redet in diesem Zusammenhang
von animi leges naturales und von leges menti insitae.
So sind Identität, Kontinuität und Kausalität die drei
Kategorien, die der eigenen inneren Erfahrung entnommen
sind und ebendarum aller Erfahrung zugrunde gelegt
werden müssen: 1. ein Beharrliches mitten im Wechsel,
eine Einheit in der Mannigfaltigkeit seines Inhalts, 2. ein
ewiges Werden und Fließen, und endlich 3. ein Bewegen
und Bewegtwerden, ein Handeln und Leiden, ein Wirken
und Bewirktwerden, wie das Ich sich aktiv und passiv zugleich
in seinen Bewegungen — wenn auch nicht weiß, so doch
fühlt. Angeboren ist somit die ganze Art des Fühlens und
Affiziertwerdens, des Reagierens und des Wollens und die
Art und die Form, in der uns alles das zum Bewußtsein
kommt und von uns apperzipiert wird. Weil uns aber nie
etwas auf anderem Weg als durch die Sinne und durch die
enge Pforte des Bewußtseins zukommen kann, so muß
auch alles in die Farbe des Ich getaucht und mit dem Zeichen
des Ich gestempelt sein, so muß alles, auch das rein gegenständliche Nicht-Ich nach Analogie des Ich und seiner Wir-
kungsart als beharrend, als fließend und als wirkend von
uns vorgestellt und gedacht werden.   Deshalb ist das
N i c h t = I ch für uns nur ein Grenzbegriff, ein völlig unbekanntes und unerkennbares X, soweit es nicht ein A u ch =
I ch ist. So ist in der Tat das Ich die Quelle alles Erkennens

und aller Gewißheit des Erkennens; auf mein Ich berufe
ich mich als auf den letzten Maßstab aller Gewißheit: so
wahr ich lebe und da bin! ist die stärkste Versicherung für
die Wahrheit einer Aussage. Darum hat auch Descartes
mit Recht aus dem „Ich denke" als dem archimedischen
Punkt das Sein einer Außenwelt und die Gewißheit dieses
Seins dem Zweifel gegenüber abgeleitet und festgestellt.
Und wie die Quelle der Gewißheit überhaupt, so ist im Ich
auch die Allgemeingültigkeit des Denkens und die Objek=
tivität und Gegenständlichkeit unseres Erkennens begründet.
Denn gerade in jener Nötigung, a l l e s in die Uniform des
Ich zu kleiden, liegt die Erweiterung desselben über sich
selbst hinaus und die Garantie seines Einklangs mit dem
Nicht=Ich, sofern dieses immer auch ein Auch=Ich ist.

Das führt noch einen Schritt weiter. Wir kennen nur
uns; alles ist u n s e r Fühlen, Wollen und Vorstellen; und
so stellt das Kind notwendigerweise alles nach Analogie
seines Ich, geradezu alles als ein Ich (A u ch = J ch) vor.
Allmählich aber zeigen sich doch Unterschiede innerhalb dieses
Auch=Ich; wir erkennen, daß nur ein Teil davon auf Reize
ähnlich reagiert, wie wir selber, also leidet und handelt wie
wir und sich damit wirklich als Auch=Ich zu erkennen gibt,
während dies bei anderem nicht in dieser Weise der Fall ist.
So kommt der Mensch bald dahin, nur noch lebende Wesen
für ein Auch=Ich zu halten. Aber auch da wird noch einmal
differenziert: den stummen Fisch glauben wir beim Fang
mit der Angel oder beim Kochen ganz anders quälen zu
dürfen, weil er nicht schreien, auf unsere Grausamkeit nicht
in der uns zugänglichen und bekannten Sprache reagieren,
seine Gefühle nicht so äußern kann wie wir; daher behandeln
wir ihn, als ob er keine hätte, tatsächlich nicht fühlen könnte,
und sind gegen ihn mitleidsloser als gegen die stimm=
begabten Tiere. Und daß wir schließlich noch einmal unter=
scheiden, den Menschen eine besondere Stellung in dieser

Welt des Nicht=Ich anweisen und unter ihnen wieder nur
unsere Bildungs= und Standesgenossen ganz für unseres=
gleichen halten, selbst auf die Gefahr hin, allen anderen
damit bitteres Unrecht zu tun, das alles ist ja bekannt genug.
Aber trotz aller solcher feineren Unterscheidungen — vom
Ichstandpunkt kommen wir doch nirgends los, weil eben
alles Äußere, auch das uns ganz fernstehende zunächst das
unserige ist („die Welt ist meine Vorstellung") und das in
uns Vorgefundene, d. h. das Empfundene, von uns erst
hinausprojiziert werden muß auf eine Außenwelt.

Endlich zeigt uns das Gesagte, wie von diesem Ichstand=
punkt aus auch der soziale Gedanke des „W i r" zu seinem
Rechte kommt. Dieser Wirstandpunkt, zu dem sich das Ich
erweitert, ist ein mehrfacher Fortschritt. Es tritt darin
zunächst eben jene schärfere Differenzierung und Unter=
scheidung von Ich und Nicht=Ich in die Erscheinung, die
Ausscheidung eines uns besonders nahestehenden engeren
Kreises als eines bleibenden Auch=Ich und die Verbindung
meines Ich mit diesem Auch=Ich zu einem Ganzen, der
Zusammenschluß zu einer Gemeinschaft von gleich fühlenden,
gleich wollenden, gleich denkenden Menschen. Daher dieses
„Wir" vom Ich geradezu für sich allein bald als pluralis
majestaticus usurpiert wird: ich für viele, für alle; bald das
Ich wieder in die Wir zurücktritt und hinter ihnen ver=
schwindet als pluralis modestiae: ich kein selbständiger
Einzelner mehr, sondern etwas nur zusammen mit diesen
vielen oder allen. Auch in der Höflichkeitsanrede vieler
Sprachen wird ähnlich so das einzelne Ich zu einer Vielheit
erweitert. Besonders wichtig ist das alles für das praktische
Gebiet, auf dem sich der Übergang des Egoismus in den
Altruismus hier anschließt. Aber wie wir gefunden haben,
daß Selbstbewußtsein und Weltbewußtsein beständig mit=
einander abwechseln und nie eines ganz ohne das andere
ist, so oszilliert auch im Praktischen unser Leben zwischen

6*

Egoismus und Altruismus und im weiteren zwischen In=
dividualismus und Sozialismus hin und her: den einen zu=
gunsten des anderen ganz verdrängen zu wollen, wäre
Torheit, weil unmöglich und unmenschlich. Für unser Leben
ist beides notwendig.

Was aber nun dem Ich als Letztes zugrunde liegt, ob
eine einheitliche Substanz als Seele oder Kraftzentrum oder
wie man es sonst heißen mag (Substantialitätshypothese),
oder ob es nur ein Geschehnis ist, der jedesmalige Akt des
Beziehens und Zusammenfassens meiner gesamten seelischen
Tätigkeit zu einer einheitlichen Totalität und die Form
dieses Beziehens, wobei die Frage nach dem Träger min=
destens dahingestellt bleibt (Aktualitätshypothese), das ist
eine metaphysische Frage, die uns hier nicht beschäftigt.
Für uns existiert in der Tat nur empirisch der Akt und seine
Form, wobei nicht nur die einheitliche Substanz und die
Substantialität überhaupt in Frage bleibt, sondern der
ganze Hergang als unser Erlebnis nur nominalistisch be=
schrieben, nicht weiter erklärt und abgeleitet werden kann.
Unser Seelenleben ist Bewußtseinsinhalt, und Selbstbewußt=
sein ist nur die Form des Bewußtseins, von Haus aus
Selbstgefühl; erst allmählich entsteht dann auch ein Wissen
um diese oberste und höchste Synthese, eine Beschreibung
derselben, eine Abstraktion; man abstrahiert von allem
Inhalt, faßt nur noch die Form ins Auge, in Wirklichkeit
aber gibt es keine solche reine Form ohne Inhalt, keine
Synthese ohne ein zu verknüpfendes Mannigfaltiges, kein
Selbstbewußtsein ohne Weltbewußtsein, kein Ich ohne ein
Nicht=Ich, kein Subjekt ohne Objekt.

II. Die körperlichen Gefühle.

Die Analyse des Bewußtseins hat uns an allen Ecken und Enden auf das Gefühl hingewiesen, recht eigentlich als auf den Ausgangs= und Zentralpunkt unseres ganzen Seelenlebens. Es ist daher Zeit, daß wir uns nach den Er= scheinungen des Gefühlslebens selbst umsehen und fragen, was denn nun in Wirklichkeit Gefühl und das Wesentliche am Gefühl sei. Dabei gehen wir aber besser nicht von all= gemeinen Wesensbestimmungen und Definitionen aus, sondern von der Erfahrung, und wenden uns demgemäß zuerst derjenigen Erscheinungsform des Gefühls zu, die uns die Möglichkeit gibt, ihm uns von zwei Seiten her, durch eine psychologische und eine physiologische Interpretation, zu nähern, — dem körperlichen Gefühl[1]). Doch bleibe ich mir des p s y c h o l o g i s c h e n Charakters meiner Unter= suchung auch in diesem Abschnitt durchaus bewußt, um so mehr als die physiologische Seite des Gefühlslebens ja doch zum größten Teil noch ein unbekanntes Land ist[2]).

1. Das körperliche Gefühl im allgemeinen.

Damit, daß wir von „körperlichen Gefühlen" reden, nehmen wir sofort Stellung gegen die Annahme der Her= bartschen Schule, wie sie u. a. auch Nahlowsky[3]) vertritt,

---

[1]) E. K r ö n e r, Das körperliche Gefühl. Ein Beitrag zur Ent= wicklungsgeschichte des Geistes. 1887.

[2]) Das ist auch das Ergebnis der kurzen vier Seiten, auf denen E. B e c h e r a. a. O. S. 304—308 die „physiologischen Hypothesen des Gefühls" bespricht.

[3]) N a h l o w s k y, Das Gefühlsleben. 2. Aufl. 1884. S. 9 ff. 18 ff.

daß von solchen überhaupt nicht gesprochen werden dürfe,
sondern der Name „Gefühl" den höheren, durch Vorgänge
in unserm Vorstellungskreis entstandenen, der Seele selbst
angehörigen Zuständen vorzubehalten und das Gefühl von
der Empfindung und dem Ton der Empfindung durchaus
zu unterscheiden und zu sondern sei. Mit Recht sieht darin
Höffding[1]) ein Beispiel dafür, „wie eine spiritualistische
Theorie vom Verhältnis zwischen Seele und Körper in eine
speziell psychologische Frage eingreifen" und zwar störend
und verwirrend eingreifen kann; denn diese ganze Unterscheidung beruht bei den Herbartianern offenbar nur wieder
auf ihrer metaphysischen Voraussetzung von dem Seelenreal
als einem rein vorstellenden Wesen und ihrer dualistischen
Vorstellung von dem Verhältnis zwischen Seele und Leib,
und erweist sich überdies der Selbstwahrnehmung wie dem
Sprachgebrauch gegenüber als durchaus willkürlich und
gewaltsam.

Freilich müssen auch wir von der Empfindung ausgehen,
„als dem ersten Funkenschlag des eben erst aufdämmernden
Bewußtseins, als dem Urphänomen, als dem Ansatz zu jeder
weiteren psychischen Entwicklung"[2]). Allein so „primitiv"
und „einfach" ist diese doch nicht, daß wir nicht auch an ihr,
so wie sie uns zum Bewußtsein kommt, verschiedene Seiten
unterscheiden könnten; und zwar sind es deren drei: Qualität, Stärke und Ton. Uns interessiert hier eben dieser letztere;
denn er ist nichts anderes als die subjektive Bedeutung,
welche die Empfindung für uns hat, mit der sie sich in unser
Bewußtsein eindrängt und die sich zwischen den beiden
entgegengesetzten Zuständen der Lust und der Unlust bewegt
und uns in dieser Form, s o m i t a l s G e f ü h l, zum Bewußtsein kommt. Beschreiben läßt sich hier nichts, sondern

---

[1]) Harald Höffding, Psychologie in Umrissen auf Grundlage der Erfahrung, übers. von Bendixen 1887, S. 279.
[2]) Nahlowsky a. a. O. S. 19.

nur erleben, jeder muß daher auf seine persönliche Erfahrung verwiesen werden: das und das erlebt man und so nimmt man es in sich wahr.

Dagegen erhebt sich sofort eine Frage, die schwer zu entscheiden ist: ob j e d e Empfindung betont, mit einem solchen Gefühlston versehen sei, oder ob es auch indifferente, unbetonte Empfindungen gebe? Zunächst wird man geneigt sein, das letztere anzunehmen, und wird sich dafür namentlich auf Gesichtsempfindungen berufen, die völlig irrelevant, also unbetont und weder von Luft noch von Unluft in uns begleitet zu sein scheinen. Aber auf der anderen Seite läßt sich doch fragen, ob sich hierin nicht jene Wirkung der Gewohnheit geltend mache, die wir als abstumpfende, das Gefühl abtötende kennen gelernt haben. Und wenn wir bedenken, daß gerade im Gebiet des Gesichts als des am häufigsten funktionierenden Sinnes der Gefühlston am meisten zurücktritt, daß sich aber die Betonung auch hier alsbald wieder einstellt, wenn wir hyperästhanisch sind oder auch nur eine Zeitlang z. B. Farben bestimmter Art nicht mehr gesehen haben (womit die Freude des Städters am Grün der Natur zusammenhämgt), so ließe sich daraus doch wohl schließen, daß ursprünglich j e d e Empfindung ihren Ton hatte und ihn nur durch häufige Wiederholung, sei es nun im individuellen Leben oder zum Teil auch wie beim Auge durch Vererbung, eingebüßt oder richtiger wohl: auf ein Minimum sich habe reduzieren lassen müssen. So meint denn auch Lotze[1]), daß „weder im körperlichen noch im geistigen Leben die Gefühle vereinzelte Erscheinungen sind, sondern daß in mannigfach abgestuften Graden und wechselnden Formen Gefühle ganz allgemein j e d e n E r r e g u n g s p r o z e ß b e g l e i t e n; wir pflegen allerdings auf sie nur aufmerk-

---

[1]) L o t z e , Medizinische Psychologie oder Physiologie der Seele 1852, S. 254.

fam zu sein, wo sie in besonderer Stärke oder unter auf=
fallenden Gestalten sich geltend machen, dennoch finden
wir bei näherem Zusehen jede Wahrnehmung, z. B. von
Farben, selbst von einfachen, mit einem leisen Gefühl ver=
bunden". Und was vom Auge gilt, gilt von den anderen
Sinnen noch viel mehr. Freilich wird dieses jeden Erregungs=
prozeß begleitende Gefühl in seiner Intensität bedingt sein
durch die sonstige Bewußtseinslage des Menschen, und so
wird der Gefühlston häufig nicht stark genug sein, um apper=
zipiert zu werden und zum Bewußtsein durchzudringen.
Daher wird der Erwachsene allerdings zwischen Empfin=
dungen unterscheiden können, bei denen dieser Ton un=
merklich ist und kaum oder auch gar nicht mehr zum Bewußt=
sein kommt, und solchen, die stark betont und akzentuiert
sind und eben darum auch in dieser ihrer Betonung auf=
gefaßt werden. Wenn man dann schließlich a parte potiore
jenes „Empfindungen", dieses „Gefühle" schlechtweg nennt,
so habe ich dagegen nichts einzuwenden, wenn man sich nur
bewußt bleibt, daß der Unterschied ein fließender ist: die
Empfindung ist durch die Betonung und so weit sie betont
ist, Gefühl, daher gibt es körperliche Gefühle, weil es stark
betonte Empfindungen gibt.

Diese enge Zusammengehörigkeit von Empfindung und
Gefühl, wie wir sie im Vorangehenden angenommen haben,
wird nun freilich nicht von allen Psychologen anerkannt,
neuerdings sogar von den meisten entschieden bestritten.
Und was das Schlimmste ist, es ist nicht bloß ein Gegensatz
der Theorie, die Zwiespältigkeit liegt in den Tatsachen
selber.

Hören wir zuerst, was gegen die Zusammengehörigkeit
spricht. Es ist zweierlei. 1. Nicht überall, wo empfunden
wird, wird auch Schmerz gefühlt. Wie es auf der Oberfläche
des Körpers für Druck, Wärme und Kälte bestimmte Maxi=
malpunkte der Reizbarkeit gibt, so gibt es auch für den Schmerz

neben den fogenannten Druck=, Wärme= und Kältepunkten
befondere Schmerzpunkte. Trifft eine Nadelspitze einen
folchen Schmerzpunkt, fo erregt der Stich Schmerz; dagegen
find die benachbarten Hautstellen gegen ihn mehr oder
weniger unempfindlich. Der Stich bleibt fchmerzlos. Dies
würde darauf hinweisen, daß der Schmerz etwas von Druck=
und Temperaturempfindung fpezififch Verfchiedenes,
eine befondere Empfindungsform oder Empfindungsklasse
fei, für die es vielleicht fogar befondere Nerven — mit oder
ohne eigene Endorgane — gebe, die allein fchmerzhafte
Erregungen zu einem Schmerzzentrum hinleiten können.

2. Wie Empfindung und Schmerzgefühl nach diefer
Beobachtung verfchieden lokalifiert find, fo treten fie als
pfychifche Antworten auf einen und denfelben Reiz auch
nicht gleichzeitig ein: die Empfindung eines Schlages z. B.
geht voran, der Schmerz folgt erft 1—2 Sekunden fpäter
nach und hält länger an; und bei Narkotifierten oder an
Bleivergiftung Leidenden kommt es häufig vor, daß der
Patient fich deffen bewußt wird, was mit ihm vorgeht, es
empfindet, aber keine Schmerzen leidet, es alfo nicht fühlt
(Analgie oder Analgefie bei fehlender Anäfthefie). Auch
darin fcheint eine entfchiedene Hindeutung auf einen prin=
zipiellen Unterfchied zwifchen Empfindung und Gefühl zu
liegen.

Dem ftehen nun aber andere Tatfachen gegenüber, vor
allem 1. die, daß der Gefühlston der Empfindung in Beziehung
und direkter Abhängigkeit fteht zu der Intenfität der Emp=
findung. Bei ftarker Zunahme der Intenfität einer Emp=
findung verwandelt fich diefe — jede ohne Ausnahme —
in Schmerz. Dies gilt auch von den fcheinbar objektiven
Sinnen des Gefichts und des Gehörs: ftarke Lichtreize, ein
greller Blitz z. B., und ftarke Töne, wie der Knall einer
Kanone, tun pofitiv weh, während mäßige Empfindungen,
wenigftens in der Regel, angenehm betont find. Auf der

anderen Seite werden ganz schwache Empfindungen wieder unangenehm.

Dieser Prozeß ist auch noch nach einer anderen Richtung hin interessant: wie findet in jenem Fall der Stärkezunahme der Übergang vom Angenehmen zum Unangenehmen und Schmerzlichen statt? Man[1]) hat gemeint, es müsse ein Durch= gangsstadium der Indifferenz bei wachsender Stärke an= genommen werden. Schon Horwicz[2]) hat dem wider= sprochen, ebenso später Lehmann[3]): und ich finde durch eigene Beobachtung an mir und anderen diesen Widerspruch durchaus bestätigt. Wenn ich an einem kalten Tage beim Nachhausekommen die Hände am Ofen wärme, so ist das Gefühl zunächst das der behaglichen Wärme, also ein durchaus angenehmes, ein Lustgefühl; wenn aber die Wärme zunimmt dadurch, daß ich die Hand am Ofen lasse, so schießen zunächst zwischen dem Gefühl der Lust allmählich einzelne Unlustmomente durch, es zuckt da und dort ein momentaner Stich und Schmerz auf, verschwindet wieder und macht dem Lustgefühl Platz; diese Unlustmomente werden aber rasch zahlreicher und übertäuben und ver=

---

[1]) So früher W u n d t, Physiol. Psychologie I³, S. 510 ff., und so noch neuestens W. J a m e s , Psychologie, übers. von Dürr 1909 S. 67. Dagegen gibt jetzt auch W u n d t in der fünften Aufl. II, S. 315 zu: „Nirgends sind die entgegengesetzten Gefühlsrichtungen bestimmten Intensitätsunterschieden derart zugeordnet, daß ein bestimmtes Gefühl bei Zunahme der Empfindungsstärke eindeutig und stetig durch einen Indifferenzpunkt hindurch in sein Kontrastgefühl übergeht; sondern überall, wo sich solche Übergänge zu vollziehen scheinen, da handelt es sich in Wahr= heit um Mischgefühle." Statt Mischgefühle würde ich nur sagen: um ein Oszillieren.

[2]) H o r w i c z, Psychologische Analysen, II, 2, Seite 26.

[3]) Alfr. L e h m a n n , Die Hauptgesetze des menschlichen Gefühls= lebens, übers. von Bendixen 1892, § 237—239, wo zu der von mir unab= hängig von Lehmann angestellten und oben mitgeteilten Selbstbeobach= tung genauere Angaben auf Grund von verschiedenen Versuchen gemacht werden. Auch E. D ü r r in einer Anmerkung zu der in [1]) zitierten Stelle aus James erklärt sich dagegen.

drängen die Luft, bis sie schließlich allein dominieren und
Schmerz an Stelle der Luft getreten ist. Also kein Augenblick
der Indifferenz und Gefühllosigkeit, sondern ein Zustand
des anfangs spärlichen, dann rascheren Oszillierens ist das
Übergangs= und Zwischenstadium.

Aber nicht nur mit der Stärke, sondern ebenso 2. auch
mit der Dauer der Empfindung wechselt der Gefühlston.
Dabei ist freilich zweierlei möglich. Längere Dauer stumpft
den Empfindungston ab; das trifft bei mäßig starker Luft,
aber auch bei schwachen Unlustgefühlen zu; sie werden all=
mählich unbetont, er wird also nicht mehr gefühlt, kaum
noch bemerkt und empfunden. Daß dies wirklich auch von
Unlustgefühlen gilt, habe ich bei schwachen Kopfschmerzen
häufig zu konstatieren Gelegenheit gehabt. Dagegen wächst
bei andauernden starkbetonten Unlustgefühlen (Schmerzen)
Unlust und Schmerz bis zur Unerträglichkeit, und umgekehrt
schlagen selbst starkbetonte Lustgefühle bei längerer Dauer
in Unlust und Ekel um[1]). Auch das gehört hierher, daß alle
intermittierenden Empfindungen von Unlust begleitet,
negativ betont sind.

Schwieriger zu beantworten ist die Frage, ob der Ge=
fühlston 3. auch von der Qualität der Empfindung abhänge?
Das Beispiel des Geschmacks dürfte dafür sprechen, da ja,
wie es scheint, von Anfang an[2]) das Bittere als ein Unan=
genehmes, das Süße als angenehm empfunden wird.
Freilich nicht ausschließlich. Immer wird dabei auch die
Stärke mit in Betracht gezogen werden müssen: eine zu

---

[1]) L e h m a n n, a. a. O. § 242—256. Daß diese Abstumpfung
„ein rein scheinbares Phänomen“ sei, kann ich ihm nach dem früher Ge=
sagten freilich nicht zugeben; und ebenso kommt er zu einem, wie ich glaube,
nicht ganz richtigen Resultat, weil er in seinem Gesetz „von der Abhängig=
keit des Gefühls von der Zeitdauer einer kontinuirlichen Vorstellung“
(250) zwischen mäßiger und starker Betonung nicht unterscheidet.

[2]) K u ß m a u l, Untersuchungen über das Seelenleben des neu=
geborenen Menschen. 2. Aufl. 1884. S. 13 ff.

starke Dosis Zucker, etwa in Wasser genommen, wirkt unangenehm und ekelerregend, wie ganz wenig gesüßtes Wasser
fade schmeckt; und umgekehrt bewirkt z. B. im Bier die
richtige Menge des bitteren Beigeschmacks Lust, während
allerdings ein zu bitteres Bier alsbald sehr unangenehm uns
den Mund verziehen läßt. Also nicht unabhängig für sich,
wohl aber so gewinnt die Qualität der Empfindung Einfluß
auf den Gefühlston, daß von ihr das Lust bezw. Unlust
erregende Maß abhängt: ein kleines Plus von Bitterem
wirkt unangenehm, das Süße erst bei sehr starken Dosen,
das Licht erst bei ganz besonderer Intensität; doch ist der
Lichtscheue auch hier schon gegen ein kleines Plus empfindlich. Kompliziert aber wird die ganze Frage dadurch,
daß namentlich bei den Empfindungsqualitäten der höheren
Sinne rasch Vorstellungsassoziationen mit ins Spiel kommen.
Das Wohltuende der grünen Farbe, wovon oben die Rede
war, hängt zugleich ab von der Erinnerung an Wald und
Wiesen, an Ferien und Freiheit. Natürlich wirkt das nur
verstärkend mit; aber eben das Maß dieser Verstärkung ist
schwer zu bestimmen und darum dieser rein geistige Faktor
nie ganz zu eliminieren.

Überblicken wir die beiden Tatsachenreihen, so scheinen
sie mir nicht ganz gleichwertig. Das Gewicht der ersten
Reihe ist leichter als das der zweiten. Die Frage nach den
Schmerzpunkten ist überhaupt noch nicht in der gleichen
Weise geklärt und entschieden, wie das bei den Wärme- und
Kältepunkten der Fall ist. Und was das zeitliche Auseinanderfallen von Empfindung und Schmerz bei demselben Reiz
anlangt, so beweist das vollends nicht, was es beweisen
soll. Ein Schnitt als solcher ergibt nur eine schwach betonte
Empfindung, er tut nur ganz wenig weh; der einige Zeit darnach sich einstellende größere Schmerz aber ist nicht das unmittelbare Resultat des Schnitts, sondern seiner erst allmählich
auftretenden Folgen in den verletzten Teilen. Daher zuerst

die schwachbetonte (NB. nicht ganz unbetonte) Empfindung und erst etliche Zeit darnach das eigentliche Schmerzgefühl. Analgesie und Anästhesie aber scheinen mir sehr relative Begriffe: bei Zahnausziehen unter Kokain- oder Alypinbenützung z. B. fühle ich keinen Schmerz; aber was ich dabei empfinde, ist nicht völlig unbetont, sondern entschieden unangenehm, nur nicht direkt schmerzhaft, sei es nun, daß jene Folgeerscheinungen der Verletzung durch das angewandte Mittel beseitigt oder hintangehalten werden (der Schmerz kommt ja oft nach), oder daß die Beteiligung der grauen Nervensubstanz verhindert wird, von der der Schmerz als Summationserscheinung[1]) abhängt. Das Umgekehrte aber, Anästhesie mit erhaltener Schmerzempfindlichkeit ist nie, auch in den Versuchen von Schiff jedenfalls nicht mit Sicherheit beobachtet worden: eine Täuschung hierüber ist deshalb leicht möglich, weil bei starker Gefühlsbetonung das theoretische Auffassen Not leidet und verhindert wird; denn das Gefühl ist eben das Tieferliegende und Intensivere an der Empfindung und überschattet bei einer gewissen Stärke, wie alles andere, so auch sie selber als solche.

Angesichts dessen glaube ich nicht, daß man berechtigt oder gar genötigt ist, auf Grund der Tatsachen die Frage nach dem Verhältnis von Gefühl und Empfindung unentschieden zu lassen[2]). Mir scheint — darin schließe ich mich

---

[1]) So Naunyn, Rosenbach, Goldscheider, Lehmann u. a.

[2]) Wundt, Physiol. Psychol. II⁵ stellt die beiden Beobachtungen — das Vorhandensein besonderer Schmerzpunkte (S. 8 ff.) und das Übergehen jeder allzustarken Sinnesempfindung in Schmerz (S. 43 ff.) — in dem Kapitel von der Qualität der Empfindung einfach nebeneinander, ohne sie gegen einander abzuwägen oder auszugleichen. Auch der Widerspruch, den E. Dürr gegen die Darstellung des Verhältnisses von Gefühl und Empfindung in der Psychologie von W. James (Anmerkungen zu S. 67 u. 68.) erhebt, ist in seiner Unmittelbarkeit für den Gegensatz der Anschauungen charakteristisch.

Lehmann[1]) an, freilich ohne ihm in seiner physiologischen
Interpretation der dagegen sprechenden Tatsachen zu
folgen — die Abhängigkeit des Gefühlstons und seiner
Steigerung zum Schmerz von der Stärke der Empfindung bei
allen Gemein= und Sinnesempfindungen, mag es sich mit
allem anderen verhalten, wie es will, unwiderleglich darzutun,
daß Gefühl und Empfindung aufs engste zusammengehören
und sich jenes nie von dieser trennen läßt. Oder genauer
gesprochen: Gefühl ist nicht etwas an der Empfindung,
diese nicht das Prius des Gefühls, sondern Empfindung und
Gefühl sind ursprünglich und von Haus aus identisch, und
bei übermäßiger Stärke der Reize sind sie es noch immer oder
werden es wieder. In einer mittleren Stärkelage dagegen
hat sich, sei es nun individuell oder im Laufe der Stammes=
geschichte durch Vererbung, das Gefühl abgestumpft, ist erkaltet[2]),
und als Residuum ist dann die Empfindung übrig geblieben.
Ihre Herkunft aus dem Gefühl aber erkennt man bleibend
an dem Gefühlston, der allen Empfindungen in verschiedener
Stärke anhaftet, und an der Möglichkeit, daß dieser Gefühls=
ton wieder übermächtig wird und die Empfindung in Gefühl
zurückverwandelt. So sind die beiden wesenseins und doch
meist deutlich zu unterscheiden, gewöhnlich beisammen als
Empfindung mit Gefühlston, doch zuweilen eines vom
andern ganz verdrängt, zuerst und zuletzt nur Gefühl, in
der Mitte bei den objektiven Sinnen nur Empfindung ohne
Gefühlston, der freilich auch hier rasch und leicht wieder
zurückgewonnen werden kann[3]).

---

[1]) Lehmann, a. a. O. § 52—63; übrigens auch schon Lotze,
med. Psychologie S. 248 ff. u. Kröner, Das körp. Gefühl S. 189 ff.
[2]) S. oben S. 59.
[3]) Auch Mathilde Kelchner in dem schon erwähnten Sammelreferat (Archiv f. d. ges. Psych. Bd. 18) hat die Frage nach dem Verhältnis von Empfindung und Gefühl zum Einteilungsprinzip für die
von ihr aufgestellten Gruppen gemacht. Sie unterscheidet darnach
„vier gangbare Auffassungsweisen vom Wesen des Gefühls; man faßt

Übrigens ist für den Gefühlston der Empfindungen, von dem wir ausgegangen sind, noch ein Moment von Wichtigkeit, die gesamte Bewußtseinslage, der augenblick= liche, natürlich immer physisch bedingte, aber doch in erster Linie als geistig anzusprechende Gesamtzustand des Bewußt= seins, in den die einzelne Empfindung (oder der Empfindungs= komplex) eintritt. Indem sie zu ihm paßt oder nicht paßt, störend oder fördernd auf ihn einwirkt, wird sie von ihm bald freundlich begrüßt, bald mit Widerstreben aufgenommen, angenehm oder unangenehm, als Lust oder Unlust empfunden.

Von diesem vorhandenen Bewußtseinszustand kann der einzelne Gefühlston geradezu verschlungen werden: so haben gewiß manche christliche Märtyrer im Überschwang ihrer mystischen Empfindungen und ihrer Seligkeitsschwärmerei die physischen Qualen des Feuers oder der Folter tatsächlich kaum gefühlt. Ebendarum sind die experimentellen Ver= suche über Erscheinungen des Gefühlslebens, auch die aller= einfachsten immer so anfechtbar, weil diese allgemeine Be= wußtseinslage bei ihnen nicht berücksichtigt wird und werden kann; nur der Umstand, daß meist ganz junge Männer dazu verwendet werden, bei denen studentische Sorglosigkeit,

_____

nämlich das Gefühl auf 1.) als Eigenschaft der Empfindungen, 2.) als ein von Empfindung wohl zu unterscheidendes Phänomen, 3.) als eine besondere Klasse von Empfindungen und 4.) als ein Verschmelzungs= produkt von Empfindungen". Da sie aber Gefühl und Affekt, Gefühl und Gefühlsäußerung untereinander wirft, so schafft diese Gruppierung, wie schon angedeutet, keine volle Klarheit. So weiß ich z. B. nicht, zu welcher dieser 4 Gruppen sie meine Gefühlstheorie rechnen würde, wenn sie sie überhaupt erwähnt hätte. — Wie schwierig die Bestim= mung des Verhältnisses von Gefühl und Empfindung ist, zeigt übrigens auch die Unsicherheit eines so sorgfältigen Beobachters wie Ebbing= haus, der in den „Grundzügen" I, S. 565 f. leugnet, daß die Gefühls= betonung mit Qualität und Stärke der Empfindung auf gleicher Stufe stehe; die Zusammengehörigkeit sei lockerer. Wenn er aber die Gefühle als „Folgeerscheinung" der Empfindungen und Vorstellungen auffaßt, so sehe ich nicht ein, wie er sie auf S. 182 f. doch wieder diesen als dritte Art einfachster Gebilde koordinieren konnte.

jugendlich frische Empfänglichkeit und relative Unbefangen=
heit zu finden ist, läßt diese Lücke und Schranke der Beob=
achtung vielleicht keinen allzu großen Einfluß gewinnen:
ein Mann mit Sorgen wird sich zu solchen Experimenten
jedenfalls nicht eignen.

Ehe wir aber diesem Gedanken, der uns nicht nur auf
das Subjektive und Individuelle der Gefühlsbetonung hin=
weist, sondern der für die Bedeutung des Gefühlslebens
überhaupt von Wichtigkeit ist, weiter nachgehen, haben wir
erst einen kurzen Überblick über die einzelnen Sinne und
Sinnesempfindungen zu geben, um daraus Aufschlüsse
über das Wesen des Gefühls im allgemeinen zu gewinnen.

2. Die körperlichen Gefühle im einzelnen.

Wir folgen der gewöhnlichen Einteilung der Sinnes=
empfindungen und beginnen 1. mit dem Hautsinn.
Für eine Untersuchung über das Gefühl ist er der wichtigste,
da die durch ihn sich auslösenden Empfindungen stark betont
sind, die Identität von Gefühl und Empfindung also noch
deutlich erkennbar ist, wie ja auch die Sprache hier promiscue
von Gefühlen und von Empfindungen redet. Und fürs
zweite ist er derjenige, aus dem sich anatomisch, physiologisch
und psychologisch die übrigen Sinne erst entwickelt haben,
so daß auf ihn in gewissem Sinn die anderen immer noch
zurückzuführen sind. Am deutlichsten ist dies beim Gehör
nachzuweisen und zu erkennen, sofern manchen niederen
Tieren an seiner Statt offenbar nur ein Erschütterungssinn
(sens de trépidation) zukommt, durch den ihnen auch die
schwächsten Erschütterungen und Schwankungen des sie
umgebenden Milieus, der Luft oder des Wassers, zum Be=
wußtsein gebracht werden. Dazu dienen besondere Vor=
richtungen, wie Borsten, Haare, Wimpern, womit einzelne
dieser Tiere an den Tastorganen ausgestattet sind. Aber
auch beim Auge ist der Zusammenhang zwischen Lichtsinn

und Temperaturempfindung schon aus physikalischen Grün=
den unschwer ersichtlich.

In dem Haut= oder Tastsinn sind nun aber eigentlich drei
Sinne vereinigt, wobei wir das physiologische Problem der
Gemeinsamkeit oder Verschiedenheit der dabei funktionie=
renden Leitungsfasern ganz beiseite lassen können: nämlich
Druscksinn, Temperatursinn und Gemeingefühl[1]).

Verhältnismäßig einfach liegen die Dinge bei den beiden
ersten. Die Druckempfindung zeichnet sich durch starke lokale
Nuancierung aus, wodurch der Tastsinn recht eigentlich zum
ursprünglichen Organ für die Raumauffassung geworden
ist (Lokalzeichen). Qualitativ unterscheidet man an den be=
tasteten Gegenständen das Glatte und das Rauhe, das
Stumpfe und das Spitzige, das Harte und das Weiche,
Unterschiede, die aber nicht schon bei bloßer Berührung,
sondern erst bei tastendem sich darüber Hinbewegen zum Be=
wußtsein kommen. Dabei steht das Spitze, Harte und Rauhe
dem Pol der Unlust, das Weiche und Glatte dem der Lust
näher, obgleich das Allzuweiche und Allzuglatte, namentlich
aber das Schlüpfrige auch wieder unangenehm wirkt. Die
Unlust am Rauhen beruht, wie wir uns vorläufig merken
wollen, auf dem Intermittierenden dieser Empfindung. Für
uns aber ist vor allem wichtig die starke Betonung der

---

[1]) Wer Schmerzempfindung und Gefühl trennt, muß daneben als
vierte Reizform noch den Schmerz stellen. So möchte Ebbinghaus
a. a. O. 2. Aufl. I, S. 354 Druck= und Stichempfindungen unterscheiden,
welch' letztere er auch Schmerzempfindungen nennt; als Schmerz=
empfindungen soll bei ihnen von allem Gefühl abstrahiert werden.
Aber ob das möglich ist? Auch Wundt a. a. O. II⁵, S. 2 führt sie
als unterschieden ein: „Der Schmerz ist Empfindung und heftiges Un=
lustgefühl zugleich." Dem könnte ich nur zustimmen, wenn aller Nach=
druck auf das „zugleich" gelegt wird; aber offenbar meint es Wundt
nicht so. Endlich erklärt auch Dürr in der Anmerkung zu James'
Psychologie S. 68 gegen diesen, er verwechsle die Schmerzem=
pfindungen und die Unlustgefühle, „zwischen denen die neuere
Psychologie sorgfältig unterscheide."

durch diesen Sinn vermittelten Empfindungen, die hier
bei der geringsten Steigerung über eine gewisse Intensitäts-
stufe hinaus in Schmerz übergehen. Eben wegen dieser
Eigenschaft heißt der Sinn auch Gefühlsſinn. Daß trotzdem
gerade hier die Neigung sich besonders schnell und energisch
geltend macht, die Empfindung auf den betasteten Gegenstand als dessen Qualität zu übertragen und von ihm zu sagen:
er sei hart, spitzig, glatt, hängt ohne Zweifel mit der raschen
und feinen Lokalisationsfähigkeit dieses Sinnes zusammen.

Während diese Feinheit des Lokalisierens dem Tem-
peraturſinn abgeht, teilt dieser dagegen mit dem vorangehenden die Feinfühligkeit für jedes Zuviel oder Zuwenig.
Sein durchaus ſubjektiver Charakter zeigt sich darin, daß die
beiden Qualitäten des Warmen und des Kalten in ihrer Ab-
grenzung gegeneinander lediglich von der Eigenwärme
der Haut (+ 32 — 35° C)[1] abhängen: eine Temperatur,
die mit ihr übereinſtimmt, wird überhaupt nicht empfunden,
übt keinen Reiz aus, weil sich die Nerven ihr akkommodiert
haben; was darüber ist, ist warm, was darunter ist, kalt.
Der physiologische Nullpunkt ist übrigens durchaus veränder-
lich und adaptiert sich sehr rasch der Außentemperatur, so
daß, was uns erst warm oder kalt erschien, bald indifferent
wird. Überdies zeigt sich auch hier eine starke Subjektivität:
nicht nur daß ein schnelles Übergehen aus Empfindung in
Schmerz stattfindet und daß dieser Schmerz bei starker Kälte
dem bei großer Hitze zwar nicht ganz gleich, aber doch sehr
ähnlich ist; sondern die Temperaturempfindung an und für
sich ist durch einen deutlich ins Bewußtsein tretenden Gefühlston ausgezeichnet, der wesentlich von der Gesamtlage
des Individuums abhängt: ob mir jetzt eine starke Wärme
zuſagt, mollig und behaglich ist oder ein andermal die
frische Kälte besser behagt, als stärkend und stählend emp-

---

[1] Diese Temperatur erscheint freilich der Hand bad „warm", da
diese an eine weit niedrigere Temperatur (+ 18° C.) adaptiert ist.

funden wird, das hängt von mancherlei bleibenden und
zufälligen Verhältnissen meines Gesamtorganismus ab.

Wie sich physiologisch der Temperatur= zum Tastsinn
verhält, gehört nicht hierher. Doch sei wenigstens darauf
hingewiesen, daß sich auch hier wieder zwei Reihen von
Beobachtungen gegenüberstehen. Auf der einen Seite
lassen sich die beiden Empfindungen sozusagen addieren:
schwerere Körper, die auf die Haut drücken, erscheinen uns
kälter als leichtere von derselben Temperatur, und um=
gekehrt erscheint das Kalte schwerer als das Warme von
demselben Gewicht. Auf der anderen Seite geht die Vertei=
lung des Temperatursinnes auf der Haut dem Druckgefühl
nicht parallel; es gibt, wie schon erwähnt, Stellen, wo man
Berührung und Druck spürt, aber für Temperatureindrücke
unempfindlich ist; die Stellen größter und geringster Tem=
peraturempfindlichkeit sind nicht dieselben wie beim Druck=
sinn; die sogenannten Temperaturpunkte scheinen „gerade
da, wo die Druckpunkte am dichtesten sind, sparsamer und
dagegen an den weniger druckempfindlichen Körperflächen
reichlicher vorzukommen" (Wundt). Selbst innerhalb des
Temperatursinns verhalten sich verschiedene Stellen der Haut
verschieden, so daß man noch einmal besondere Kälte= und
Wärmepunkte unterscheiden zu müssen glaubte. So ist die
ältere Anschauung, die den Temperatursinn auf den Druck=
sinn reduzieren wollte — etwa durch Volumänderung der
Haut bei Temperaturänderung —, aufzugeben, wiewohl
auch hier wieder manches unsicher ist. Aber uns ist es ja
nicht um das Physiologische, sondern nur um das Psycho=
logische zu tun, und so brauchen wir auf diese Fragen nicht
weiter einzugehen.

Tastsinn und Temperaturempfindung beruhen auf äuße=
ren Reizen und werden auf solche bezogen. Anders ist es
mit einer Reihe von Empfindungen, die vom Körper selbst
ausgehen und ganz nur im Körper verlaufen, und die wir hier

7*

unter dem Namen des Gemeingefühls zusammenfassen
wollen. Wenn man freilich darunter nur diejenigen Gefühle
begreift, „welche nicht einem Punkt des Körpers, einem
Organ oder einer Gruppe von Organen angehören, sondern
welche als den ganzen Körper betreffend empfunden wer=
den"[1], so müßten wir eine große Anzahl von meist dazu ge=
rechneten Gefühlen ausschließen und einer besonderen
vierten Klasse zuweisen, was sich für eine Sinnesphysiologie
vielleicht empfehlen mag, uns aber hier zu weit führen würde.
Wir fassen also die Total= und die Organempfindungen zu=
sammen und nehmen zu den letzteren auch den sogenannten
Muskelsinn hinzu, der allerdings in etwas selbständigerer
Weise hervortritt und überdies auch teilweise auf Tast=
empfindungen zurückzuführen ist.

Auch bei diesen Muskelempfindungen ist noch einmal
allerlei zu unterscheiden: die Kraftempfindung, wie sie z. B.
durch das Gewicht eines zu hebenden Objekts bedingt wird,
und die Kontraktionsempfindung, die von der Höhe der He=
bung abhängig und jedenfalls ein sehr kompliziertes, mannig=
fach zusammengesetztes ist. Auch die Ermüdungsempfin=
dung ist hierher zu rechnen: sie beruht auf der Entwicklung
von Giftstoffen in den Muskeln und ruft schließlich starke
Schmerzen in diesen hervor, zieht auch rasch den ganzen
Körper in Mitleidenschaft[2]. Bei der Kraftempfindung ist
endlich noch auf einen Unterschied zu achten — zwischen der
peripher ausgelösten Empfindung bei wirklich ausgeführten
Bewegungen und den zentralen Bewegungsempfindungen,
früher Innervationsempfindungen genannt, die z. B. beim
Paralytiker auftreten, während er trotz aller Anstrengung
die Bewegung doch nicht wirklich auszuführen vermag.
Die Unlust, die sich hieran anschließt, ist aber natürlich keine

[1]) So E. Kröner, Das körperliche Gefühl S. 28, wo überhaupt
sehr ausführlich über das Gemeingefühl gehandelt wird, S. 18—138.
[2]) Mosso, Die Ermüdung, übers. von Glinzer 1892.

körperliche, sondern eine geistige Pein, wie es denn auch bezeichnend ist, daß diese zentralen Komponenten der inneren Tastempfindungen niemals bis zum Schmerzlichen an= wachsen können, fast als ob wir hier eine Naturparallele hätten zu dem Satze: volenti non fit iniuria!

Weiter gehören hierher die Organempfindungen wie Hunger, Ekel, Wollust, die alle, namentlich aber die letztere, außerordentlich stark betont sind; und ebenso sind Irradiations= empfindungen wie Schauder, Kribbeln, Kitzel usw. dazu zu zählen. Der letztere scheint mir übrigens zugleich eine Er= wartungserscheinung zu sein: weil ich nicht weiß, wo im nächsten Augenblick der Finger des Kitzelnden sein wird und dieses Irrationale und Unbestimmte jede Erwartung über die Richtung desselben täuscht, wirkt er — als getäuschte Erwartung komisch, erregt Lachen (darüber s. später). Daher ist es auch natürlich, daß ich mich nicht selbst kitzeln kann, weil ich immer einen Augenblick zuvor die demnächst erfolgende Bewegung kenne; und ebenso bestätigte sich mir an einer Reihe von Beobachtungen die a priori daraus erschlossene Folgerung, daß das Kitzeln auf der gespannten bloßen Haut weit weniger wirksam ist als auf den jede Voraussicht und Vorausberechnung vollends unmöglich machenden (natürlich nicht allzu dicken) Kleidern.

Wichtiger jedoch als diese verhältnismäßig klaren, mehr oder weniger lokalisierten Empfindungen sind die völlig unbestimmten Totalempfindungen, ein Konglomerat von betonten, aber meist nicht sehr starken Gefühlen, die ihren Ur= sprung in inneren Veränderungen unserer Organe haben. Auch aus ihnen heben sich bei zunehmender Stärke einzelne hervor wie Atemnot, Unbehagen bei Verdauungsstörungen u. dgl., und umgekehrt liefern auch Hunger und Ermüdung ihren Beitrag dazu, während für gewöhnlich alle diese schwachen Empfindungen und Gefühle (petites perceptions!) als einzelne nicht zum Bewußtsein durchzudringen vermögen.

Wohl aber trägt jedes von ihnen etwas bei zu dem Gemeingefühl in toto als der Summe aller dieser kleinen Gefühle,
das als Gesundheitsgefühl normaler Weise der tragende
Untergrund unseres ganzen Gefühlslebens ist, dagegen
als normales und gewöhnlich empfundenes von uns übersehen wird, wie vom Müller das Klappern seiner Mühle,
das sich aber nach einer Krankheit dem Rekonvaleszenten
im Gegensatz zu dem vorangehenden Krankheitsgefühl doch
in aller Stärke der Lustbetonung aufdrängt. Umgekehrt
spielt es im Leben des Hypochonders als Krankheitsgefühl
eine ganz besonders intensive Rolle; und ebenso macht es
sich bei nervösen Menschen unter dem Einfluß der Witterung,
z. B. vor dem Ausbruch eines Gewitters, bei großer Schwüle
oder bei starkem Föhn, sehr deutlich als Unbehagen im allgemeinen spürbar. Auch können, z. B. bei Schwangeren
und natürlich noch mehr bei Geisteskranken, eigentümliche
Störungen und Perversionen dieses Totalgefühls eintreten.

Übrigens sieht man deutlich, wie wir, da auch jene lokalisierten Gefühle des Muskelsinns, Hunger usw. ihren Beitrag dazu liefern, doch Recht getan haben, sie alle unter
der Gesamtbezeichnung „Gemeingefühl" zusammenzufassen. In diesem Gemeingefühl darf man überdies,
gewiß mit gutem Grund, Ausgangspunkt und Proto-
typ aller einzelnen Gefühle suchen, die sich erst allmählich —
phylogenetisch und ontogenetisch — differenziert und aus
jener sich zu einer Gesamtheit zusammenfassenden Vielheit
ausgesondert haben[1]).

Viel wichtiger aber ist die Bedeutung dieses Gemeingefühls für das ganze geistige Leben. Wie es auf die Stimmung
wirkt, werden wir noch sehen. Als Lebensgefühl ist es zu-

---

[1]) Die Entwicklung des Gemeingefühls als der Grundlage alles
geistigen Lebens hat K r ö n e r a. a. O. C. 7 und 8 eingehend nachzuweisen und zu beschreiben versucht; cfr. auch Th. W a i t z, Grundlegung
der Psychologie 1846, S. 79 f.

gleich die Basis des Selbstgefühls, in ihm kommt mir mein Ich
als körperliches immer wieder zuerst zum Bewußtsein; und
so könnte man dieses körperliche Gemeingefühl geradezu
als die primäre oder auch als die psychophysische Form des
Selbstbewußtseins bezeichnen, was mit früheren Ausfüh=
rungen durchaus zusammenstimmen würde und in der Lehre
vom Charakter und von den Temperamenten uns noch einmal
begegnen wird.

2. Noch immer stark betont, wenn auch nicht mehr in
dem Maße wie das Gemeingefühl sind die Empfindungen
der beiden chemischen Sinne, des G e r u c h s und des G e =
s c h m a c k s. Deutlich erkennt man bei diesem letzteren,
wie es hinsichtlich des Unterschieds von Angenehm und
Unangenehm vor allem auf ein Zuviel oder ein Zuwenig
ankommt. Davon war ja schon die Rede, daß ein zu süß
ebenso unangenehm wirkt wie ein zu bitter, wenn auch zu=
zugeben war, daß im Gegensatz zum Bittern die Qualität
des Süßen von Haus aus den Lustcharakter an sich trage, —
vermutlich infolge von Vererbung als der Geschmack der
normalen Kindernahrung, der süßen Muttermilch. Und
daher auch die Übertragung dieser Qualitäten auf höhere
Gefühle (süßes Hoffen — bitteres Leid!) und ebenso, wie
wir sehen werden, die tatsächliche und die sprachliche Über=
tragung der dazugehörigen Gefühlsäußerungen und Aus=
drucksbewegungen auf höhere Gefühle (süßes Lächeln —
sauer sehen — bitterlich weinen!); namentlich die ästhetischen
Gefühle stehen ganz unter der Analogie des „Geschmacks“.
Stark konzentrierte bittere oder salzige Lösungen erzeugen
überdies leicht ein Gefühl des Ekels und führen so die Ge=
schmacksempfindung wieder auf das Gemeingefühl zurück.

Während sich die Geschmacksempfindungen klassifizieren
und so der Qualität nach bestimmen lassen, ist dies bei den
Gerüchen nicht der Fall: nur nach den Objekten, von denen
die Reize ausgehen, werden ihre Modalitäten benannt.

Die wichtigste Unterscheidung bleibt die nach der Betonung
in Wohlgerüche, die uns angenehm sind, und in stinkende
Gerüche, die bei hoher Intensität ebenfalls leicht Ekel
hervorrufen können. Auf eine Eigentümlichkeit des Geruchs=
sinns ist dabei hier schon hinzuweisen. Gerüche haben eine
starke Erinnerungsfähigkeit, oder vielleicht richtiger, sie
wirken sehr stark auf die Ideenassoziation, so daß uns nach vielen
Jahren bei einem bestimmten Geruch eine bestimmte Person
oder Lokalität oder Situation einfällt. Ich meine, es sei
Guy de Maupassant, der eine seiner pikantesten Ge=
schichten auf die Anziehungskraft eines bestimmten Par=
füms gegründet hat. Spricht das für die starke Gefühls=
betonung der Gerüche, so liegt hierin auch der berechtigte
Kern von G. Jägers „Seelenriecherei"[1]. Wie die Affekte
unter anderen körperlichen Außerungen auch Gerüche er=
zeugen, so wirken diese auf die Affektbildung zurück und be=
stimmen gewiß mehr, als wir meist meinen, unsere Anti=
oder Sympathien. Was sich bei manchen Tieren in aus=
geprägtem Maße findet, das fehlt auch bei dem Menschen
nicht ganz, wenn es auch bei ihm wenig ausgebildet oder
stark verkümmert erscheint.

3. G e h ö r   u n d   G e s i c h t. a) Auch das Gehör be=
tont noch intensiv. Schon die Stärke des Tons wird hier
von Einfluß; übermäßig laute Töne tun weh. Doch macht
sich hierbei die Kultur geltend. Kinder und Wilde lieben
lärmendes Getöse und Geschrei, wogegen dem Gebildeten
das allzu Laute und Lärmende widerwärtig ist, er erschrickt
und hält sich die Ohren zu, er gebietet Stille und gründet
Antilärmvereine, die nur leider nichts helfen. Deshalb
hält es der Überbildete für ein Zeichen von Feinheit, zu
lispeln, und bedenkt nicht, daß auch zu schwache Töne un=

---

[1]) G. J ä g e r , Lehrbuch der allgemeinen Zoologie. III. Psycho=
logie. Entdeckung der Seele. 3. Aufl. 1884/85.

angenehm wirken: das Unbestimmte, Unverständliche, Müh=
same derselben erregt unsere Unlust, wir können das zu
leise Gesprochene nicht apperzipieren. Wer anfängt schwer=
hörig zu werden, scheidet die Menschen in deutlich und un=
deutlich redende: jene sind ihm sympathischer als diese.
Auch bei der Tonhöhe ist die Mittellage die bevorzugte,
was deutlich daraus hervorgeht, daß an der oberen Grenze
(etwa bei 40 000 Schwingungen) der Ton in Schmerz über=
geht, und die tiefsten Töne (16 Schwingungen) intermittie=
rend unangenehm und auf die Dauer ebenfalls schmerzhaft
empfunden werden. Umgekehrt haben die lärmliebenden
Kinder für höhere, schrillere Töne eine entschiedene
Vorliebe. Ebenso ist die Klangfarbe von Wichtigkeit.
Freilich, vieles beruht hier auf Assoziationen und gehört
dadurch in das Gebiet des Ästhetischen; allein wie das
Ästhetische überhaupt vom Sinnlichen nicht getrennt werden
darf, so ist doch auch die Freude an der Violine oder
das Unbehagen am Trompetengeschmetter und an dem fast
obertonfreien Flötengezirpe zunächst rein sinnlich bedingt.
Dagegen werden wir das Gefühl für Rhythmus besser
später dort besprechen, wie wir es ja umgekehrt schon in dem
Kapitel vom Bewußtsein erwähnen mußten. Um so mehr ge=
hört dagegen schon hierher der Unterschied zwischen Geräuschen
und Klängen: jene durch unregelmäßig periodische Luft=
bewegung erzeugt, diese die Wirkung von regelmäßig perio=
dischen Schwingungen. Beruht bereits die Klangfarbe auf
dem Zusammen eines Grundtons mit seinen schwächeren
Obertönen, so kommt doch erst bei den Zusammenklängen
Harmonie oder Disharmonie in Betracht. Hier erhebt sich
darum die wichtige und viel ventilierte Frage, wie es komme,
daß wir gewisse Kombinationen von Tönen als harmonisch
und deshalb als angenehm, andere als disharmonisch und
unangenehm empfinden. Bekanntlich meinte man früher,
dafür direkt auf die Beziehungen der Schwingungszahlen

rekurrieren zu dürfen. Namentlich Mathematiker betraten
diesen Weg, so in maßgebender Weise Euler[1]), der annahm,
daß Zusammenklänge, deren Schwingungszahlen im Verhältnis einfacher ganzer Zahlen zueinander stehen, uns
eben deswegen harmonisch vorkommen, weil uns diese
Einfachheit des Verhältnisses direkt wohlgefällig ist. Damit
würde die Freude an der Harmonie alsbald ausscheiden aus
der Zahl der körperlichen und einzureihen sein unter die
intellektuellen Gefühle. Allein diese Erklärung leidet an
zwei Fehlern: einmal erklärt sie nicht alles, schon nicht,
warum uns die Quint (2:3) besser gefällt als die Oktav (1:2)
und die große Terz (4:5) besser als die Quint; ganz besonders
verhängnisvoll aber wird für diese Theorie der Umstand,
daß eine schwach verstimmte Konsonanz beinahe ebensogut
klingt wie eine reine und jedenfalls besser als eine stärker verstimmte, während doch die Zahlenverhältnisse gerade bei
jener schwach verstimmten die allerkompliziertesten und
irrationalsten zu sein pflegen. Und fürs zweite: haben wir
denn von diesen Schwingungszahlen und ihrem Verhältnis
zueinander irgendwelches Bewußtsein, so daß sich unser
Sinn für Ordnung und Einfachheit daran erfreuen könnte?
oder findet gar ein u n b e w u ß t e s Zählen statt? Das
ist jedenfalls bei allen höheren Tönen, trotz der Feinheit
des Ohres im Analysieren, gar nicht möglich; und überdies
wissen die meisten, die sich an Harmonie erfreuen, überhaupt
nichts von den Schwingungszahlen und deren Verhältnissen. Daher ist dieser mathematisch-metrischen Theorie
die von Helmholtz[2]) bei weitem vorzuziehen. Er leitet
die harmonischen oder nichtharmonischen Beziehungen der

---

[1]) E u l e r, Tentamen Novae theoriae musicae, Kap. 2, S. 26 ff;
cfr. W u n d t, Physiol. Psychol. II⁵, S. 433 ff.

[2]) H e l m h o l t z, Die Lehre von den Tonempfindungen als physiologische Grundlage für die Theorie der Musik. 4. Ausgabe 1877. S. 250 ff.

Töne von dem Fehlen oder dem Vorhandensein der Schwebungen ab. Läßt man zu gleicher Zeit zwei Töne von gleicher
Höhe und gleicher Stärke erklingen, so entsteht ein Ton von
gleicher Höhe und doppelter Stärke, da in diesem Fall
Berge und Täler der Wellenbewegung beider Töne zusammenfallen und sich addieren. Treffen dagegen bei ungleichem
Anfang je Berg und Tal zusammen, so heben sich diese —
nach der Interferenz der Wellen — auf und es entsteht
überhaupt keine Tonempfindung. Klingen endlich Töne zusammen, deren Schwingungszahlen voneinander diffe-
rieren, so werden bald Berge und Berge, Täler und Täler
zusammentreffen, bald nicht, und so die Töne sich bald verstärken, bald schwächen. Ein solch abwechselndes Anschwellen
und Abschwächen des Tons nennt man Schwebungen.
Dieses Intermittieren gibt nun, wenn es spürbar und hörbar
wird, den Tönen etwas Stoßartiges und macht daher den
Eindruck des Rauhen und Knarrenden, des Wirren und
Flimmernden. Das Maximum der Störung liegt etwa bei
30 Schwebungen in der Sekunde, während vielleicht mehr
als 60 schon nicht mehr als solche empfunden werden.
Auf diesen Schwebungen und Rauhigkeiten beruht nun
nach Helmholtz die Dissonanz und Disharmonie im Gegensatz
zu der Konsonanz und Harmonie derjenigen Zusammenklänge, bei denen für unser Ohr keine Schwebungen wahr-
zunehmen sind. So heißen wir Instrumente verstimmt,
wenn die Grundtöne mit den Obertönen derartig störende
Schwebungen bilden, sie also rauh und knarrend klingen,
und ebenso einen Zusammenklang disharmonisch, wenn er
sich durch solche Schwebungen intermittierend gestaltet.
Neben anderen Einwendungen hat nun freilich Wundt[1])
gegen diese Helmholtzsche Theorie bemerkt, durch sie werde
das Harmoniegefühl nur negativ, aus dem Fehlen der stö-

---

[1]) Wundt a. a. O. II⁵, S. 434; zum Folgenden S. 392 ff., 421 ff.

rend empfundenen Tonstöße oder Schwebungen erklärt;
diese wirken zwar störend, aber der Mangel an solchen Schwe=
bungen sei darum noch nicht positiv lusterregend und könne
somit nicht als positive Ursache des Harmoniegefühls
gelten. Deshalb greift er zu dem positiven Prinzip der di=
rekten und indirekten Klangverwandtschaft, wonach zwei
Klänge einander um so näher verwandt sind, je größer die
Zahl und Stärke der Partialtöne ist, die sie mit einander ge=
mein haben; und je einfacher das Verhältnis der Schwin=
gungszahlen der Grundtöne, desto zahlreicher diese über=
einstimmenden Bestandteile zweier Klänge. Einen allzu=
großen Gewinn vermag ich in dieser „positiven" Fassung
nicht zu erkennen: sie reduziert die ganze Annehmlichkeit
und das Wohlgefallen am Harmonischen auf die Stärke und
sagt uns nicht, warum uns dieses gegenseitige sich Verstärken
in einer Tonverbindung als harmonisch erscheine, während
Helmholtz wenigstens das Fehlen der Unlust positiv erklärt.
Was aber Wundt an seiner Theorie vermißt, das müssen
wir allerdings ergänzen. In jeder Sekunde treffen unend=
lich viele Geräusche an unser Ohr, die eben jene Empfindung
des Knarrenden und Wirren in reichlichem Maße hervor=
rufen und uns z. B. im Lärm der Großstadt so unerträglich
wehe tun. Um so mehr begreifen wir, wie i m G e g e n =
s a tz zu solcher Unlust und Pein die nicht intermittierenden
Töne, die unserem Nervensystem das Analysieren zum
erfreulichen Spiel machen, positiv angenehm, d. h. har=
monisch empfunden werden. Es ist dies nur ein Spezial=
fall des das ganze Gefühlsleben — um nicht mehr zu sagen —
durchziehenden Kontrastgesetzes, wonach Lust im Gegensatz
zu Unlust, Unlust im Gegensatz zu Lust erst recht intensiv
empfunden wird, oder noch allgemeiner, ein Spezialfall
der oben konstatierten Abhängigkeit des Gefühlstons von
der gesammten Bewußtseinslage des Menschen. Durch
diesen Zusatz wird, wie mir scheint, jene von Wundt ver=

mißte pofitive Seite zu der Helmholtzfchen Theorie hinzu=
gefügt[1]).

Ob dagegen mit Horwicz[2]) auch noch die allgemeine Freude
an Abwechslung und das Gefühl des Könnens, die Leichtigkeit,
das Mannigfaltige zur Einheit zufammenzufaffen, zur Erklä=
rung herbeizurufen ift, fcheint mir hier, wo es fich um das rein
förperliche Harmoniegefühl handelt, zweifelhaft; äfthetifch
fommt diefes Gefühl des Könnens freilich gar fehr in Betracht.

b) Die Freude an Abwechslung würde überdies nur die
Freude an verfchiedenen Tönen überhaupt, nicht an einer be=
fonderen Tonverbindung und =form erflären können; und frei=
lich ift das, wie wir noch fehen werden, ein richtig beobachtetes
Allgemeines, das ebenfo vom Auge und vom Licht gilt.
Licht und bunte Farben find uns lieber als Finfternis und Ein=
tönigfeit, weil das Licht das Auge befchäftigt, ihm zu tun gibt,
überdies ganz phyfiologifch den Stoffwechfel fördert, fomit
auf das Lebensgefühl im allgemeinen Einfluß hat[3]). Im übrigen
aber find, wie fchon erwähnt, Gefichtsempfindungen die am
wenigften betonten. Zweierlei ift daran fchuld. Einmal ift
das Auge der befchäftigtfte Sinn, Gefichtseindrücke find von
allen die häufigften, infolgedeffen ftumpft fich der Gefühlston

---

[1]) Ich befenne mich alfo im wefentlichen zu der Helmholtzfchen
Theorie, die viel angefochten, aber in Felix K r u e g e r s tiefdringenden
Unterfuchungen über Konfonanz und Diffonanz, im Gegenfatz zu K.
Stumpf und Th. Lipps, die die Bedeutung der Obertöne für die Sonanz
in Abrede ftellen, (Pfychol. Studien, Bd. 1—5) auch neueftens noch Zu=
ftimmung und Beftätigung erfahren hat. Sie fcheint mir die einfachfte,
die freilich bei weitem nicht alles, aber die Grundtatfache doch ge=
nügend erflärt; und auf diefe kommt es mir hier allein an. Über das
Durcheinanderwogen der Meinungen über diefen Punkt f. die mehr voll=
ftändige, als überfichtlich geordnete Zufammenftellung bei Konft. G u t =
b e r l e t , Pfychophyfif 1905, S. 449 ff.

[2]) H o r w i c z , Pfychol. Analyfen II, 2, S. 124 ff.

[3]) Woher kommt es z. B., daß das Befinden eines Schwerkranken
gerade mit Anbruch des Tages eine Veränderung (Beruhigung, Bef=
ferung) erfährt? und wir nach jeder fchlechten Nacht den Anbruch des
Tages begrüßen wie Fauft des Ofterfeftes erfte Feierftunde?

am raſcheſten und entſchiedenſten ab; und zwar gilt dies nicht
bloß vom Individuum und im Einzelleben, ſondern auch phylo=
genetiſch durch Vererbung von der Gattung als ſolcher: von
Haus aus, ſchon von Geburt an iſt das Auge der objektivſte
Sinn. Fürs zweite verknüpfen ſich bei der Klarheit der Ge=
ſichtseindrücke mit dieſen alsbald Gedanken= und Vorſtellungs=
aſſoziationen aller Art; deshalb iſt es hier ſehr ſchwer, die rein
ſinnlichen Gefühle, die doch nicht ganz fehlen und für die äſthe=
tiſchen auch in dieſem Fall den Ausgangspunkt bilden, heraus=
zuſchälen und für ſich darzuſtellen. In der alten „Aſthetik von
oben" iſt auf dieſe ſinnliche Seite überhaupt viel zu wenig
Gewicht gelegt und geachtet und dieſelbe daher bis jetzt wenig=
ſtens noch nirgends erſchöpfend behandelt worden. Ich werde
im Zuſammenhang mit dem Aſthetiſchen darauf zurückkommen
und will deshalb hier nur vorläufig auf einige Punkte hin=
weiſen.

Daß der Gegenſatz von Licht und Finſternis im allgemeinen
wirkt wie angenehm und unangenehm, iſt ſchon erwähnt wor=
den; auch zeugt dafür als für eine ganz allgemeine Beobachtung
die Bilderſprache mit ihrer vielfachen Verwendung des Lichts
für Heil und Freude und Troſt; ſchon bei Homer wird Tele=
machos zweimal[1]) mit „ſüßes Licht" angeredet. Mit der Licht=
freude Hand in Hand geht die Farbenfreude. Sie iſt uns
freilich unter dem Einfluß der Kultur in hohem Grade ab=
handen gekommen; das Bunte erſcheint uns leicht als ge=
ſchmacklos und grell, wir Männer erſchrecken ordentlich bei
dem Gedanken, uns bunt kleiden zu ſollen[2]), bis vor kurzem
fanden wir ein bunt bemaltes Haus contra bonos mores,
unvornehm. Auch die Freilichtmalerei hatte vor allem mit
der Gewohnheit unſeres auf gedämpfte Farben (braune

---

[1]) Odyſſee, 16, 23; 17, 41: γλυκερὸν φάος.
[2]) Übrigens kleiden ſich auch im Tierreich vielfach die Männchen
einfacher als die Weibchen; zuweilen freilich iſt es auch umgekehrt.

Sauce!) eingestellten Auges den Kampf zu bestehen. Nicht
ohne Interesse ist es, daß in unserem Verhältnis zur Farbe
und Farbigkeit konfessionelle Gegensätze eine Rolle spielen und
sich daran auch hier die Macht der Gewohnheit deutlich zeigt.
Die katholische Bevölkerung ist unter dem Einfluß ihrer bunt=
bemalten Kirchen und ihres ganzen farbenreichen Kultus weit
farbenlustiger als die Protestanten, deren Kirchen vielfach alles
Schmuckes bar sind und deren Kultus ernst und nüchtern und
kahl sich abspielt. Und doch erwacht diese Farbenfreudigkeit
z. B. bei dem Großstädter rasch wieder, wenn er nach längerer
Zeit Wald und Wiesen wiedersieht. Auch die Blumen sind uns
nicht nur um ihres Geruchs, sondern in erster Linie um ihrer
bunten Pracht willen so lieb und so erfreulich. Für die Ur=
sprünglichkeit dieser Farbenlust spricht übrigens auch hier wieder
die auf natürlichere Zustände zurückgehende Sprache und Sitte:
das Helle und Weiße, das Bunte und Farbenreiche ist Symbol
der Lust und Freude; das Schwarze und Farblose, das Dunkle
und Eintönige Zeichen der Trauer und des Ernstes.

Auch die Sättigung der Farben ist von Einfluß auf den
Gefühlston. Zunächst werden gesättigte Farben uns als voller
und klarer mehr zusagen als diejenigen, denen farbloses Licht
beigemischt ist. Namentlich mißfällig sind uns die unreinen,
d. h. die mit dunklem Zusatz vermischten Farben; ein schmutziges
Gelb (d. h. Gelb mit Schwarz) ist geradezu widerlich, das
Reine erscheint hier verunreinigt, und so wirkt es ähnlich inter=
mittierend, wie das Intermittierende bei Tönen und Ton=
verbindungen. Daß zartes Rosa (Rot mit Weiß) gefällt, be=
ruht wohl mehr auf Ideenassoziation: es erscheint durch=
geistigter oder bescheidener als das satte Rot.

Weiter läßt sich eigentlich für jede Farbe ein besonderer
Gefühlston feststellen. In besonders geistvoller Weise hat dies
Goethe in der Farbenlehre getan, wo er bekanntlich eine Plus=
und eine Minusseite unterscheidet[1]). Zu jener rechnet er Gelb,

---

[1]) G o e t h e , Zur Farbenlehre. Didaktischer Teil. VI. Abteilung:

Orange und Gelbrot: sie stimmen regsam, lebhaft, strebend;
das Gelbe macht einen durchaus warmen und behaglichen
Eindruck, das Rotgelbe gibt dem Auge das Gefühl von Wärme
und Wonne, ist die Farbe der höheren Glut, das Gelbrote
endlich steigert diese bis zum unerträglich Gewaltsamen. Die
Farben der Minusseite sind Blau, Rotblau und Blaurot; sie
stimmen zu einer unruhigen, weichen und sehnenden Empfindung; und zwar ist das Blau ein reizendes Nichts, ein Wider-
sprechendes von Reiz und Ruhe, ergibt ein Gefühl der Kälte
und zeigt die Gegenstände in traurigem Licht; Rotblau belebt
nicht sowohl, als daß es unruhig macht, als Lila hat es etwas
Lebhaftes ohne Fröhlichkeit; diese Unruhe nimmt beim Blau-
roten zu, eine immer vordringende Steigerung, die unauf-
haltsam zu dem Purpur hinaufstrebt. Dieser, der Purpur,
gibt den Eindruck von Ernst und Würde — „so müßte der Farbenton über Erd' und Himmel am Tage des Gerichts ausgebreitet
sein" —, aber auch in verdünntem Zustand den Eindruck von
Huld und Anmut. Im Grün endlich als der Mischung von
Gelb und Blau findet das Auge seine reale Befriedigung:
auf ihm ruht daher Auge und Gemüt wie auf einem Einfachen
aus.

Daß man aber nicht etwa meine, alles das sei Sache der
Bildung und hänge schließlich nur von Assoziationen ab, die sich
allerdings gerade hier leicht und zahlreich einstellen, so darf
man ja nur an die heftig wirkende Erregung des Rot auf gewisse Tiere — Truthähne und Bullen — und auf Wilde[1])

Sinnlich-sittliche Wirkung der Farbe. Vgl. dazu J. Stilling, Über
Goethes Farbenlehre, in den Straßburger Goethevorträgen 1899. Fechner, Vorschule der Ästhetik 1876 unterscheidet II, S. 215 aktive und
rezeptive oder auch warme und kalte Farben, betont aber neben dem
direkten mit Nachdruck auch den assoziativen Charakter der Farbenwir-
kung I, S. 100 ff.

[1]) Herm. von Wissmann, Meine zweite Durchquerung Äqua-
torial-Afrikas, erzählt S. 34:
„Ich erinnere mich hier eines bemerkenswerten Falles, der mir
im Handel mit den Bakuba aufstieß. Ich kaufte einst einen Elefantenzahn

erinnern, um die rein sinnliche Ursache solcher Gefühlsein=
drücke und Gefühlserregungen zu konstatieren. Und wenn wir
jetzt bei Schwarz sofort an Trauer und Tod, bei Purpur
an Herrlichkeit und Macht denken, so muß doch erst der sinn=
liche Eindruck dieser Farben dagewesen sein und so ihre Ver=
wendung als Zeichen und Symbole jener höheren Eindrücke
hervorgerufen und bewirkt haben. Natürlich sind hierbei
individuelle Momente des Alters, des Geschlechts, der Bildung
sehr stark beteiligt, auch Idiosynkrasien für oder gegen gewisse
Farben fehlen nicht. Eine Geschichte des Farbengefühls,
zu der wir nur Ansätze haben, wäre psychologisch, ästhetisch und
kulturhistorisch nicht ohne Wert und Interesse.

Für den rein sinnlichen Eindruck der Farbe spricht auch die
Möglichkeit einer in ihrer Ausführung freilich oft spielerischen
Parallele zwischen bestimmten Farben und Klängen: schon die
Namen Farbenton und Klangfarbe weisen auf solche nahe Be=
ziehungen hin. Niemand wird die Ähnlichkeit des Trompeten=
geschmetters mit dem überwältigenden und aufdringlichen Hoch=
rot, des Posaunentons mit der majestätischen Glut des Purpurs
(vgl. was Goethe über die Verwendung desselben am Jüngsten
Gericht sagt, das ja mit Posaunen eingeleitet werden soll!), des
Flötenblasens mit dem sehnsüchtig=schwärmerischen Himmelblau
verkennen. Hierher gehört auch die „audition colorée". Daß
dem Maler bei Tönen Farben einfallen, dem malerischen
Musiker die Klänge des Konzerts zu „Tonvisionen"[1] werden, ist

und wollte, da die Händler Zeuge forderten, dadurch imponieren, daß
ich ein Stück intensiv roten Tuches, vor ihren Augen im Wurf aufrollend,
entfaltete. Der Erfolg war ein überraschend anderer, als ich annahm.
Mit einem Schrei des Entsetzens sprangen die Bakuba auf, hielten sich die
Augen zu und flohen eine Strecke weit; ich meine, es war die Wirkung
dieselbe, wie die eines Schusses: wie bei diesem plötzlichen, nie gehörten
Knall das Gehör, so wird bei jenem durch die plötzliche Entwicklung der
nie gesehenen Farbe das Gesicht in überhohem Grade überrascht." Die
Deutung ist offenbar nicht ganz vollständig und genügend, die Tatsache
aber um so interessanter.

[1] Ausdruck von A. Schweitzer, J. S. Bach 1908, S. 411.

selbstverständlich; und auch die Konstanz solcher Assoziationen
und Analogien hat nichts auffallendes. Dagegen ist das neur-
asthenische Getue, das sich Wichtigmachen unserer jungen
Dichter und Ästheten mit dieser Erscheinung, als wäre sie
Zeichen und Vorrecht des Genies, ein albernes Kokettieren
ohne Wahrheit und Wert.

Was von den einzelnen Farben gilt, läßt sich natürlich
ebenso auch von Farbenzusammenstellungen sagen, bei denen
Goethe charakteristische und charakterlose unterscheidet. Doch
dürfte das Gefühl hierfür nicht mehr als rein sinnliches, sondern
vielmehr als ästhetisches anzusprechen sein — freilich auf der
sinnlichen Basis der Komplementär- oder Kontrastfarben und
der komplementären Nachbilder. Nur über die Zusammenstellung von Schwarz und Weiß ein Wort. Ohne Farbenreiz
erscheint jedes für sich in größerer Ausdehnung kahl und öde, und
doch jedes ganz anders, da das Weiße den größten, Schwarz gar
keinen Lichtreiz gewährt; eben darum bilden sie zusammen den
stärksten Kontrast und wirken dann energisch, schneidig, kräftig
(„Ich bin ein Preuße, kennt ihr meine Farben!“); glän-
zendes Weiß auf glänzendem Schwarz (schwarzer Samt mit
silbernen Sternen) hat geradezu etwas Blendendes und Faszin-
nierendes und ist darum für die Kleidung der Zauberer und
Wahrsagerinnen vornehmen Schlages beliebt.

Auch das Wohlgefallen oder Mißfallen an gewissen Richtungen, Umrissen und Gestalten von Linien und Dingen ist sinnlichen Ursprungs. Dem Vertikalen nachzugehen ist für das Auge
mühsamer als dem Horizontalen, und bei diesem wiederum
zieht das Auge die leicht geschwungene Linie vor (vgl. Hogarths
Wellen- und Schlangenlinie), was mit den Bewegungsgesetzen
des Auges und seiner Muskulatur zusammenhängt. Dieses folgt
mit Vorliebe solchen Linien und Umrissen, die ihm keine allzu
ungewohnten und unbequemen Bewegungen zumuten: Zick-
zack ist fürs Auge beschwerlich und mißfällt; daher mißfällt uns
auch bei der Behandlung eines Volkes oder in der Richtung der

Politik der Zickzackkurs (man denke z. B. an Tanger, Algeciras, Agadir, Marokkovertrag in der kurzen Zeit von 1905 bis 1911). So ist auch hier wieder das sinnliche Gefühl die Basis des ästhetischen, und die Grenze zwischen beiden dürfte schwer zu finden oder besser: überhaupt nicht zu suchen sein. Doch davon werden wir später zu reden haben. Dagegen sei hier noch auf die Lokalzeichentheorie Lotzes zur Erklärung des räumlichen Sehens hingewiesen; und ebenso auf den Einfluß der Gefühle zum Verständnis gewisser geometrisch=optischer Normaltäuschungen und Größenschätzungen. Sie zeigen, wie das Gefühlsmäßige selbst in die tote Form des Raumes und in die starre Gesetzmäßigkeit der Geometrie sich Eingang zu erzwingen weiß.

Wir haben die sinnlich körperlichen Gefühle in dieser Überschau vorangestellt, um an der Hand von Tatsachen nun der Frage näher treten zu können, was denn eigentlich das Gefühl sei? Die Gefahr, daß wir auf diese Weise eben nur das Wesen der k ö r p e r l i c h e n Gefühle erfassen und unsere Bestimmung dadurch zu eng werden könnte, ist deshalb nicht sehr groß, weil uns die höheren Gefühle im gewissen Sinne bekannter und deutlicher im Bewußtsein sind, also auch vor ihrer Besprechung im einzelnen leicht zur Ergänzung herangezogen werden können; und andererseits bin ich mir des durchgängigen Zusammenhangs alles Psychischen mit dem Leib allzusehr bewußt, um zu erwarten, daß sich die sogenannten höheren Gefühle in ihrem Wesen und in ihren gesetzmäßigen Äußerungen von den körperlichen Gefühlen im engeren Sinn spezifisch unterscheiden werden. An einem gründlich untersuchten Teil werden wir uns also ohne Gefahr das Ganze klarmachen dürfen. Und auch die Lehre vom Bewußtsein werden wir nicht ohne Frucht für das folgende an die Spitze gestellt haben.

———

III. Das Wesen des Gefühls.

1. Das Problem und seine verschiedenen Lösungen.

Wir sprachen bisher vom Gefühl wie von einem Selbst=
verständlichen und Wohlbekannten. Fragen wir aber, was es
denn nun sei, dieses alle Empfindungen Begleitende, sie Akzen=
tuierende, ihnen ihren Ton gebende, und suchen dafür nach
Worten oder nach einer Definition, so geraten wir alsbald ins
Stocken. Freilich teilt es damit nur das Schicksal aller psychischen
Erscheinungen und Erlebnisse einfacher Art: man muß es eben
erleben, und da es jeder erlebt, so darf man ihn auf seine sub=
jektive Erfahrung verweisen; denn es ist ja jedenfalls eine erste
und unmittelbare Regung des Seelenlebens, eines seiner
Grundelemente, um nicht nach allem Bisherigen schon hier zu
sagen: das Grundelement selber.

Klarer scheint die Bedeutung des Gefühls für mein see=
lisches Leben und in diesem zu sein. Es zeigt mir den Wert an,
den ein Reiz für mich hat, und es erzwingt ihm durch diese Wer=
tung und Wertschätzung den Eintritt in mein Bewußtsein[1]).
So hängt es zugleich mit dem Wert meiner ganzen Persön=
lichkeit und mit allem Tiefsten des Seelenlebens überhaupt
zusammen, vor allem mit dem, was wir als Bewußtsein
und Selbstbewußtsein, als Interesse und Apperzeption kennen
gelernt haben.

Fraglos ist weiter der polare Charakter des Gefühls, der

---

[1]) Ganz ungeschickt ist der Ausdruck: die Eigentümlichkeit des Ge=
fühls sei die „gesteigerte Subjektivität". Subjektiv ist es freilich.

Gegenſatz von Luſt und Unluſt, von angenehm und unange=
nehm in ſeinem innerſten Weſen begründet und deshalb ein
durchaus urſprünglicher, wenn er auch, wie wir alsbald ſehen
werden, verſchiedene Deutungen zuläßt. Dabei erhebt ſich nur die
Frage, die aber von großer und prinzipieller Bedeutung iſt,
ob es nicht daneben auch von dieſem Gegenſatz freie, indifferente
Gefühle gebe? Das Wort „gleichgültig“ ſcheint darauf ſofort
die bejahende Antwort bereitzuhalten. Aber ob das nicht
bloß Schein iſt? Ob nicht die Gleichgültigkeit vielmehr ein
gefühlfreier Zuſtand iſt, ein rein negatives, das die Abweſenheit
von allem Gefühl und aller Wertung bedeutet? Ob mir nicht
eben das gleichgültig iſt, was überhaupt kein Gefühl in mir
hervorruft? Soweit aber ein poſitives und wirkliches Gefühl
dabei im Spiel iſt, hat das Gleichgültige vielmehr ſtets etwas
vom Unangenehmen an ſich, Gleichgültigkeit iſt leicht die Vor=
ſtufe und der Übergang zum Überdruß und Ekel, zur Verachtung
und Feindſchaft, die Stimmung völliger Gleichgültigkeit aber,
die Apathie und Intereſſeloſigkeit iſt häufig ſchon krankhaft
und dann durchaus unangenehm, faſt peinlich und peinigend.
Wenn Höffding[1]) meint, die Ablehnung eines ſolchen Null=
punktes als eine einfache Konſequenz des Geſetzes der Be=
ziehung bezeichnen zu dürfen, ſo ſcheint mir das freilich nicht
ganz richtig; denn wenn er ſagt: „erreichen wir denſelben
von der Seite des Schmerzes, ſo wird er als Luſt erſcheinen,
von der Seite der Luſt dagegen als Unluſt,“ ſo verwechſelt er
offenbar den in Frage ſtehenden Nullpunkt des Bewußtſeins
mit einem theoretiſch angenommenen Mittelpunkt, wo jener
liegen müßte, aber auch nach ihm nicht liegen kann.
Tatſächlich bin ich jedoch mit ihm einverſtanden und ſage noch
entſchiedener als er, daß es einen ſolchen abſoluten Nullpunkt
als Zwiſchenſtadium und Durchgangspunkt zwiſchen Luſt und
Unluſt nach meiner Selbſtbeobachtung überhaupt nicht gibt[2]).

---

[1]) Höffding, Pſychologie in Umriſſen S. 364.
[2]) Auch E. Dürr in der ſchon zitierten Anm. zu James' Pſychologie

Ganz leise Empfindungen, wie z. B. leichtes Kitzeln oder Laufen
von Fliegen auf der Haut, wirken stets unangenehm, Empfin=
dungen aller Art bei mittlerer Stärke fast durchweg angenehm,
beim Übermaß dagegen schließlich wieder unangenehm, meist
schmerzhaft. Diesen Einfluß der Intensität auf den Gefühls=
ton kennen wir bereits; und ebenso habe ich dabei ausdrück=
lich konstatiert[1]), daß der Übergang von Lust zu Unlust, z. B.
bei allmählich sich verstärkenden Temperatureindrücken, nicht
durch einen Nullpunkt hindurchgehe, sondern ein Oszillieren
von Lust und Unlust mit allmählichem Überwiegen der Un=
lust deutlich zu bemerken sei: eines kommt sozusagen in, mit
und neben dem anderen auf, bis es das zuerst Dagewesene
überwuchert und nun seinerseits die Alleinherrschaft an sich
reißt.

Das entscheidet auch die immer wieder aufgeworfene
Frage, ob es gemischte Gefühle gebe, im negativen Sinn[2]).
Sooft uns auch scheidende Freunde versichern, „mit gemischten
Gefühlen von uns zu gehen", — wenn sie genau reden,
täuschen sie sich dabei doch. Ganz abgesehen davon, daß
sie aus vorangegangenen sich kreuzenden Erwägungen Ge=
fühle machen: das, was ihnen und uns als Gefühlsmischung er=
scheint, sind in Wahrheit nur Gefühlsoszillationen, aber mit
so raschem Wechsel von einem hinüber zum anderen, daß das
sukzessive Nacheinander sich in ein scheinbar Gleichzeitiges ver=
wandelt; nur natürlich daß dabei jedes dieser Gefühle durch
die Beziehung auf das andere und den Gegensatz dazu selbst
auch in seinem Wesen beeinflußt und modifiziert wird und auf
diese Weise so eigenartige Gefühle wie das der Wehmut ent=
stehen. Niemand wird je das „freudvoll und leidvoll", das

S. 67 bestreitet gegen diesen ein solches Indifferentwerden der „Empfin=
dung", ich würde sagen: des Gefühls.
   [1]) s. oben S. 90.
   [2]) Ebenso J. Rehmke a. a. O., der aber diese Frage in unnötiger
Breite behandelt.

„himmelhoch jauchzend, zu Tode betrübt" für gleichzeitige Gefühle des Liebenden gehalten haben; wohl aber sind es Gefühle, die abwechslungsweise in der Verliebheit sich finden und
diese Stimmung eigenartig beherrschen und beeinflussen.
Da, wo wir von Stimmung und namentlich da, wo wir vom
Humor reden, werden wir zusehen müssen, was es mit diesem
„unter Tränen lächeln" auf sich habe. Nimmt man aber das
gemischte Gefühl in diesem größere Zeiträume umfassenden
Sinn, dann würde man vielleicht nicht mit Unrecht sagen
können, daß jedes Gefühlsganze nur scheinbar einfach, in
Wahrheit immer ein gemischtes sei.

Worauf beruht nun aber der Gegensatz von Lust und Unlust, den wir als einen ursprünglichen und durchgängigen anerkennen müssen? Und was erregt die eine, was die andere?
Die Antworten, die man darauf zu geben versucht hat, lauten
recht verschieden. Die rein physiologische Theorie meint, daß
das Gefühl von den Ernährungsverhältnissen unserer Organe
abhänge, sei es nun, daß die Lust als Folge eines Verlustes an
Spannkräften des Organismus angesehen wird, oder umgekehrt als Folge einer Vermehrung seiner Energie, wobei dann
ein Zuviel des Verlustes dort oder der Vermehrung hier, überhaupt ein starkes Abweichen von der molekularen Gleichgewichts-
lage der Nervensubstanz speziell auch in der Hirnrinde die Ursache
der Unlust wäre[1]. Eine andere Anschauung will aus rein
theoretischen Erwägungen heraus Lust und Unlust aufeinander
beziehen und eines von dem anderen abhängig machen und

---

[1] Léon Dumont, mir zufällig in der deutschen Übersetzung zur Hand,
„Vergnügen und Schmerz". Zur Lehre von den Gefühlen. Leipzig 1876
S. 78 ff. Alex. Bain, Mental and moral science 1875, S. 75:
„States of pleasure are concomitant with an increase, and states
of pain with an abatement, of some, or all, of the vital functions."
Dazu vgl. Lehmann a. a. O. § 204—215 und Ernst Weber, Der Einfluß der psychischen Vorgänge auf den Körper, 1910, der speziell an Gefäß-
erweiterung und vermehrte Sauerstoffzufuhr zu den Endigungen der
sensibeln Nerven denkt.

durch das andere erklären. Dabei handelt es sich entweder um
den Kontrast von Gefühl zu Gefühl, oder um den Gegensatz
des einzelnen Gefühls zu dem im Hintergrund stehenden Total=
gefühl, von dem sich jenes abhebt, zu dem Ganzen des all=
gemeinen Lebensgefühls. Natürlich könnte man dafür an sich
ebensogut von dem einen wie von dem anderen ausgehen;
doch ist tatsächlich nur die eine Seite entwickelt worden: man
beginnt mit der Unlust und sieht sie als das einzig positive
und wirkliche Gefühl an, während die Lust nur indirekt und
negativ in der Aufhebung oder Verminderung der Unlust bestehen
soll, so daß lediglich die Unlust etwas Reelles, die Lust dagegen
eine Illusion wäre. Man sieht, daß dies die Ansicht des Pes=
simismus ist, wie ihn Schopenhauer entwickelt hat[1]); doch kön=
nen auch gewisse Beobachtungen aus dem Seelenleben des
Kindes dafür herangezogen werden[2]): dadurch ist der ursprüng=
lich a priori aufgestellten Theorie nachträglich ein empi=
rischer Halt gegeben worden. Endlich denken viele an eine
teleologische Lösung, indem sie das Angenehme objektiv mit
dem Vollkommenen und Nützlichen identifizieren und es als
das den Organismus Fördernde bestimmen, während das
Unangenehme das Unvollkommene und Schädliche sein und
mit dem den Organismus Schädigenden zusammenfallen
soll[3]).

---

[1]) Schopenhauer, Die Welt als Wille und Vorstellung Bd. 1,
§ 58; Bd. 2, § 46; dazu Ed. von Hartmanns abweisende Kritik dieser
Anschauung, Philosophie des Unbewußten 10. Aufl. 2. Teil S. 295 ff.

[2]) W. Preyer, Die Seele des Kindes, 2. Aufl. 1884, S. 105:
„Im ganzen zeigt sich für alle Kinder in der ersten Zeit ihres Lebens,
daß viel mehr Heiterkeit durch Beseitigung von Zuständen der Unlust
als durch Schaffung von positiven Lustzuständen entsteht."

[3]) Diese teleologische Auffassung ist im wesentlichen die der Leibniz=
Wolffschen Schule, in der der Begriff der Vollkommenheit und Un=
vollkommenheit die Hauptrolle spielt und das Gefühl in ein Urteil ver=
wandelt wird. Ganz intellektualistisch lautet die Definition Wolffs
in seinen „Vernünftigen Gedanken von Gott, der Welt und der mensch=
lichen Seele" (1733) S. 247: „Die Lust ist nichts anderes als das An=
schauen der Vollkommenheit", und S. 255: „Die Unlust nichts anderes

Jede dieser drei Theorien schließt gewiß ein oder mehrere
richtige Momente in sich; aber für sich allein dürfte doch keine
ausreichen, um eine genügende und nach allen Seiten hin be=
friedigende Erklärung zu geben. Beginnen wir mit der letzten,
so erhebt sich ähnlich, wie bei der metrischen Theorie über den
Grund der Harmonie und Konsonanz die Frage, ob denn und
woher das Gefühl wisse, was dem Organismus nützlich oder
schädlich sei? und naheliegend genug sind ja die tatsächlichen
Einwendungen daraus, daß vielfach Schädliches als angenehm,
Nützliches als unangenehm empfunden wird: „das süße Gift"
ist keine bloße Redensart, sondern eine Tatsache. Jedenfalls
müßte man den Begriff des Nützlichen und Schädlichen erst
ganz genau umgrenzen und ihm so enge Schranken ziehen, daß
das Angenehme sich als das nur partiell und im Augenblick des
Genusses Nützliche, das Unangenehme als das momentan
Schädliche darstellte; denn, sagt man, das Gefühl sei natürlich
kein Prophet und sehe nicht in die Zukunft. Allein man sieht,
wie damit die Kategorien des Nutzens und des Schadens über=
haupt zu entschwinden drohen und sich schließlich einfach in die
der Lust und Unlust zurückverwandeln; denn nützlich heißen
wir dann eben das, was, wie z. B. das Süße, dem Organismus
augenblicklich angenehm ist.

Umgekehrt ist der Kontrast sicherlich wirksam in der Weise,
daß alles Neue im Gegensatz zum lange Bestehenden und Da=
seienden erfreulich ist (Reiz der Neuheit); und ebenso verstärkt
sich durch den Kontrast Lust nach Unlust, Unlust nach Lust,
wie sich ja auch Komplementärfarben gegenseitig heben.
Allein andererseits ist das Ungewohnte auch wieder ein Unheim=
liches und Beängstigendes, man nimmt das Neue schwer und
fürchtet sich davor; und ebenso zieht man ein ruhiges und stetes

---

als eine anschauende Erkänntnis der Unvollkommenheit". Von phy=
siologischer Seite betont man mehr das dem Körper Nützliche oder Schäd=
liche, das uns durch Lust oder Unlust zum Bewußtsein gebracht wird oder
werden soll.

Behagen den jähen Abwechslungen, die stillen Freuden dem
Himmelhoch-Jauchzen vor. So sieht man zunächst gegenüber
der Schopenhauerschen Auffassung von der Lust, daß jenes Gesetz des Kontrastes nach beiden Seiten hin wirksam ist; fürs
zweite bleibt aber hier völlig unentschieden und unerklärt,
warum im einen Fall die eine, im anderen die entgegengesetzte
Wirkung des Neuen oder des Altgewohnten eintritt. Damit
fällt der Wert dieses Erklärungsversuches dahin: nicht alle
Gefühle gehen durch Abstumpfung in Widerwillen über, und
ebenso wirkt nicht jeder neue Reiz angenehm.

Ganz ähnlich lautet unsere Einwendung gegen die erste,
die physiologische Erklärung. Soll die Aufhebung des Gleichgewichts unangenehm empfunden werden, weil dabei Kraft
verbraucht wird, so wäre die Wiederherstellung, der Ersatz
hierfür angenehm. Allein andererseits empfinden wir solche
Störungen und solchen Kraftverbrauch auch wieder als angenehm, und bei dem stärksten aller körperlichen Lustgefühle,
der sexuellen Wollust, handelt es sich sicher weder um Gleich-
gewichtslage noch um Kraftzufuhr, sondern um einen ganz
energischen Kräfteverbrauch. Auch sind bekanntlich die Stunden
der Kräfteerneuerung durch Verdauung nicht gerade die an-
genehmsten am Tage. So haben wir auch hier den doppelten
Pol, wie oben bei der pessimistischen Anschauung, wodurch eben
ein Erklärungsprinzip gefordert, nicht schon gefunden ist.
Überdies mag die gelegentliche Erwähnung der Wollust den
Pessimisten daran mahnen, daß es mit dem bloßen Kontrast gegen
vorangehende Unlust jedenfalls nicht getan ist: sie ist ein sehr
energisches Positives, ein über den Durchschnitt weit hinaus-
liegendes Plus. Überhaupt aber, Gleichgewicht im strengsten
Sinne des Worts gibt es im Organismus eines lebenden Wesens nicht; wo Leben ist, da ist Entwicklung, Werden, Veränderung, Wechsel.

Das führt weiter. Jeder Reiz regt den Organismus
dazu an, sich ihn zu assimilieren und anzupassen, sich gegen

ihn zu behaupten, sich an ihn zu akkommodieren und zu gewöhnen. Das hat eo ipso ein Belebendes, Erfrischendes an sich. Die Frage ist nun aber jedesmal die, ob der Organismus dem Reiz gewachsen ist und ihn sich zu assimilieren vermag. Und daher nun die Grenze nach oben zunächst, aber auch nach unten. Ist der Reiz zu stark, als daß ich mich gegen ihn behaupten und mit ihm fertig werden, mich an ihn gewöhnen und mich ihm adaptieren kann, so empfinde ich das als einen Eingriff in mein Dasein und Leben, als Störung und Hemmung des Lebensprozesses, als Bedrohung meines Selbst; das wirkt unangenehm oder darin besteht vielmehr das Unangenehmsein. Ist auf der anderen Seite der Reiz zu schwach, um mich zum Reagieren zu veranlassen oder, genauer gesprochen, zu unbestimmt, um einer etwaigen Reaktion dagegen die Richtung geben zu können, so ist zweierlei denkbar: entweder ist diese Schwäche des Reizes Folge von Abstumpfung, dann wirkt er als reizlos nicht etwa nichts und = 0, sondern ist unangenehm; ich bin der Sache überdrüssig, sie ist mir verleidet. Oder aber, der Reiz ist als schwacher so unbestimmt, daß wie beim Kitzel ein Oszillieren eintritt: man weiß nicht, ob und namentlich nicht, wohin man die Reaktion, die Abhilfebewegungen lenken soll; der Reiz in seiner Unbestimmtheit gibt dafür keine Anhaltspunkte (man sieht dies eben bei diesen Abwehrversuchen an dem Ungeschick und der Unbeholfenheit der Bewegung), man wird nicht mit ihm fertig, weil man nichts Bestimmtes mit ihm anzufangen, ihn nicht durch eine bestimmte Assimilation unschädlich zu machen weiß; so wirkt Kitzel als belebender Reiz angenehm (er macht lachen), als unbestimmter Reiz dagegen mehr und mehr unangenehm, es ist ein Oszillieren mit sich steigernder Unlust.

Faßt man das alles ins Auge, so wird man das Richtige aus allen jenen Theorien heraushebend sagen können: Lust ist die psychische Seite, die Innenseite oder Begleiterin des Lebens, d. h. der Betätigung des Vermögens, jedem als neu,

als Kontraſt auftretenden Reiz gegenüber durch Gewöhnung und
Aſſimilation ſich ſelbſt zu behaupten; Unluſt dagegen entſpricht
pſychiſch dem Mangel an ſolcher Betätigung, ſei es, weil der
Anlaß hierzu überhaupt fehlt oder weil der Reiz jenes Vermögen
ſoweit überſteigt oder ſoweit unter der Grenze bleibt, daß
von einer Aſſimilation keine Rede ſein kann[1]). Wie hierbei
die Theorie von Luſt und Unluſt als Zeichen des Nützlichen und
Schädlichen ebenfalls zu ihrem Recht kommt, liegt auf der
Hand, ohne daß doch irgendwelches teleologiſche Moment ein-
getragen werden müßte.

Bei dieſer Auffaſſung erklärt ſich zugleich auch die nahe
Beziehung des Gefühls zum Selbſtbewußtſein, deſſen Kern wir
ja oben als Gefühl erkannt haben. Alles, was an das Bewußtſein herantritt, findet nur als Gefühl Aufnahme v o n u n s
und erzwingt ſich als ſolches den Zugang zu u n ſ e r e m Bewußtſein[2]); denn alles, was an uns herankommt, wird auf
ſeine Beziehung zu uns hin angeſehen: was u n s reizt (daher
der Begriff des äſthetiſch Reizenden) und v o n u n s aſſimi-
liert wird oder werden kann, nennen wir angenehm; un-

---

[1]) Ähnlich D e m e t r i u s C. N á d e j d e, Die biologiſche Theorie
der Luſt und Unluſt, H. I, 1908 S. 98: „Die Luſt iſt der Ausdruck, das Zeichen,
daß ein ſeeliſcher Vorgang zur ſeeliſchen Aſſimilation geneigt iſt, die Unluſt dagegen, daß ein ſeeliſcher Vorgang zur ſeeliſchen Aſſimilation nicht
geneigt iſt." Ich freue mich dieſer Beſtätigung meiner ſchon vor 19 Jahren
zum erſten Mal in dieſem Buche vorgetragenen Aufſtellung; Nádejde
freilich ſcheint ſich dieſer Übereinſtimmung mit mir nicht bewußt geweſen
zu ſein. Auch M. K e l c h n e r a. a. O. S. 111 ff. führt für dieſe Auffaſſung
Gründe von N. an, die ſie ebenſo ſchon in meinem Buche hätte finden
können.

[2]) Damit werde ich der W u n d t ſchen (a. a. O. II⁵, S. 357) Theorie
des Gefühls gerecht, wonach es eine „Reaktion der Apperzeption auf das
einzelne Bewußtſeinserlebnis" ſein ſoll. Aber was iſt Apperzeption im Verhältnis zum Gefühl? Vorausſetzung oder Ergebnis? Weil ich hierüber
anders denke als Wundt, ſtehe ich der von ihm abgewieſenen dritten
Hypotheſe (S. 365 f.: „das Gefühl der Zuſtand, in den die Seele durch
ihre Empfindungen und Vorſtellungen verſetzt wird") näher als der ſei-
nigen, nur freilich ohne Zurückgreifen auf eine metaphyſiſche Seelen-
ſubſtanz; auch mir iſt das Gefühl pſychophyſiſch.

angenehm dagegen, wenn entweder der Reiz fehlt (das Reiz=
lose) oder der eintretende Reiz für das Ich zu stark ist, um assi=
miliert werden zu können, oder zu schwach, um dem Ich für
den Reaktions= und Assimilationsprozeß Anhaltspunkte zu
geben. Gefühl ist somit die psychische Betätigungsweise des
Menschen gegenüber allen von außen oder von innen an ihn
herantretenden Reizen, der psychische Akt der Selbstbehauptung
oder das psychische Zeichen für diesen Akt, das Bewußtsein des
Fertig= oder Nicht=Fertigwerdenkönnens mit einem Reiz,
das psychische Erleben von Kraft oder Ohnmacht. Das alles
liegt freilich auch im Wort „Subjektivität", mit dem viele
das Wesen des Gefühls kurzer Hand abtun möchten, aber so un=
bestimmt und abstrakt, daß mit diesem Ausdruck allein gar
nichts gesagt ist.

Ganz verständlich werden diese Bestimmungen übrigens
erst werden, wenn wir auch den zweiten Teil dieser Selbst=
behauptung, den weiteren Verlauf derselben, wie er sich in
den Gefühlsäußerungen vollzieht, näher bestimmt haben werden:
da erst kann die Lehre vom Wesen des Gefühls zum Abschluß
kommen. Doch ehe wir daran gehen können, müssen wir zuvor
die Ausbreitung des Gefühlslebens und die einzelnen Gefühle
näher kennen lernen und zu diesem Behuf uns vor allem
nach einer Gliederung und Einteilung umsehen, die uns, da
sich eine solche stets an w e s e n t l i c h e Eigenschaften zu halten
hat, Natur und Wesen des Gefühls noch deutlicher machen
und namentlich auch für die später aufzuwerfende Frage nach
seinem Verhältnis zu anderen psychischen Betätigungsweisen
das Material zubereiten wird.

2. Einteilung der Gefühle.

Die Einteilung der Gefühle hat stets zu den schwierigsten
Aufgaben der Psychologie gehört, eine in allen Teilen be=
friedigende Klassifizierung ist, wie mir scheint, noch nicht
gefunden und auch im folgenden nicht zu erwarten. Ich würde

das vielleicht schwerer nehmen und mich von diesem Mangel
mehr bedrückt fühlen, wenn ich solchen Klassifikationsversuchen
überhaupt mehr Wert beizulegen vermöchte. Seitdem wir
aber den Begriff nicht mehr als das ideale Gegenbild des realen
Gegenstandes, sondern nur noch als die i m W o r t sich zu=
sammenfassende Summe unseres Wissens von ihm an=
sehen, müssen wir auch anerkennen, daß die Gesichtspunkte,
nach denen wir die Begriffe einteilen, von dem Stand unseres
jeweiligen Wissens abhängen, somit wechseln müssen und nie
frei von Subjektivität und Willkürlichkeit sein können; damit
wird auch die Klassifikation stets eine willkürliche und künst=
liche sein und bleiben müssen und dies zu sein auch das Recht
haben. Vollends aber psychischen Vorgängen und Zuständen
gegenüber haben wir das Gefühl, daß hier bei jeder Klassi=
fikation nicht bloß willkürlich, sondern auch gewaltsam getrennt
und auseinandergerissen werde, wo doch ein stetes In= und
Miteinander gegeben sei; und bei dem Tiefsten und Fein=
sten in uns, dem Gefühlsleben, für dessen Nuancen und
Unterschiede uns tausendmal selbst schon die Worte fehlen,
ist jeder Einteilungsversuch nichts anderes als das Herein=
greifen einer plumpen Hand in ein subtiles Spinngewebe,
wobei mehr zerrissen als gesondert wird. Deswegen hat Laube
so unrecht nicht, wenn er im „Jungen Europa" einmal sagt:
„Wer klassifiziert die Gefühle, ohne zu lügen?" Und so kann
es sich auch hier doch nur darum handeln, ich möchte sagen:
möglichst anspruchslos und harmlos so zu gruppieren, daß in
die gebildeten Klassen alles untergebracht werden kann; und
das wird gelingen, wenn man nicht von vornherein zu tief
ins einzelne geht, sondern die Klassen möglichst umfangreich
macht. Die Selbstbeobachtung im Bund mit der Sprache mag
dann dafür sorgen, daß auch wirklich alles Greifbare und
Erreichbare in sie eingereiht wird.

Suchen wir nach einem geeigneten Gesichtspunkt und
Einteilungsgrund für das Gefühl, so bieten sich dafür, wenn

man nicht aus dem Psychologischen hinausgehen will, was
weder logisch berechtigt noch sachlich ersprießlich wäre, im
Wesen und in der Natur des Gefühls selbst drei Möglichkeiten
dar — Intensität, Dauer und Qualität. Die beiden ersten
scheinen zur Gewinnung einer Klassifikation wenig geeignet,
da die Intensität natürlich unendlich viele Stufen und Grade
annehmen kann, die sich überdies von Gefühl zu Gefühl nur
schwer feststellen und vergleichen lassen; und ebenso ist die
Dauer eine unendlich mannigfache. Dennoch hat man beiden je
eine wichtige Unterscheidung abgewonnen. Der Stärke nach unter=
scheidet man Gefühl und Affekt, wobei wir vorläufig von der
Beantwortung der Frage absehen können, ob sich diese beiden
Zustände n u r durch ihre Intensität voneinander sondern.
Der Dauer nach zerfallen die Gefühle in solche, die isoliert,
in Kürze verlaufen, — die Gefühle im engeren Sinn, wozu
hier auch die Affekte zu rechnen sind, und in Zustände von
längerer Dauer (und zugleich von größerer Ausbreitung),
die sogenannten Stimmungen.

Viel größere Schwirigkeiten bietet nun aber der dritte der
möglichen Gesichtspunkte — die Qualität. Denn hier erhebt
sich die für das Wesen der Gefühle so wichtige, von uns bisher
vernachlässigte Frage, ob Gefühle überhaupt eine Qualität
haben, oder ob diese nicht ausschließlich darin besteht, daß sie
angenehm oder unangenehm, Lust= oder Unlustgefühle sind?[1]
Müßte man sich aber damit begnügen, so würde man über die
Sechszahl nicht hinauskommen: Lustgefühle, Lustaffekte, Lust=
stimmungen; Unlustgefühle, Unlustaffekte, Unluststimmungen.
Dabei sieht man jedoch sofort, wie Verschiedenes hier zusammen=
genommen werden und wie unbefriedigend infolgedessen die

---

[1] So z. B. Ed. v o n H a r t m a n n , Philosophie des Unbewußten,
10. Aufl., erster Teil, S. 210 ff. und H. E b b i n g h a u s im ersten Band
seiner „Grundzüge der Psychologie" 2. Aufl. 1905, S. 577 f. Doch kommt
der letztere daneben auch zu einer Vierteilung: sinnliche und Vorstellungs=
gefühle, material bedingte und formal bedingte Gefühle.

Einteilung ausfallen müßte; dabei würde Dumonts[1]) Kon=
zeffion und Unterscheidung einer positiven und negativen
Luft oder Unluft zwar die Glieder verdoppeln, aber sachlich
nichts helfen. Freilich könnte man auf die Beantwortung der
prinzipiellen Frage hier, wo eben nur die Einteilung zur Dis=
kuffion steht, auch ganz verzichten aus der Erwägung heraus:
selbst wenn die Qualitätsverschiedenheit eine nur scheinbare
sein und es sich dabei vielmehr um ein von außen und anders=
woher Kommendes, um die Frage nach dem Woher und nach
der Entstehungsursache handeln sollte, wonach die Gefühle
verschieden benannt werden, so könnten wir für unseren Zweck
dennoch ohne weiteres davon Gebrauch machen. Allein in dieser
Weise dürfen wir die Einteilungsfrage nicht isolieren, wir wollen
ja gerade an ihr vollends über Wesen und Natur des Gefühls
ins Klare kommen, also auch darüber, ob die Gefühle selbst und
an und für sich, ihrem Inhalt nach, verschieden sind oder nicht?
Nun meine ich, die Ansicht, die jede über den polaren
Gegensatz von Luft und Unluft hinausgehende Inhaltsver=
schiedenheit der Gefühle in Abrede stellt, beruhe schließlich
doch wieder nur auf der alten Vermögenstheorie. Solange
man das Fühlen vom Wollen und Vorstellen trennte und auf
ein selbständiges Vermögen zurückführte, konnte man natürlich
keinen anderen Inhalt als den der Luft oder der Unluft darin
finden. Wenn man aber jene veraltete Lehre, wenigstens in ihrem
eigentlichen und ursprünglichen Sinn, fallen läßt (und wer
täte das heute nicht?) und an das Zusammen aller psychischen
Zustände und Vorgänge denkt, wie es uns im Bewußtsein
entgegentritt, so stellt sich die Sache doch erheblich anders.
Die Wolluft ist nicht bloß graduell verschieden von der Farben=
freude am Grün der Wiesen und des Waldes, die ästhetische
Freude über ein schönes Gedicht ist inhaltlich eine andere
und andersartige als die sinnliche über ein Glas guten Weines

---

[1]) Dumont, a. a. O. S. 141 ff.

oder die intellektuelle über eine gelöste Preisaufgabe; und
zwar sind nicht nur die Ursachen, das a quo, dasjenige, an
dem sich die Luft und die Freude hier und dort aufrankt, ver=
schieden, sondern auch ihr Inhalt, die Wirkung, der ganze
Verlauf, die Art und Weise dieser Freude im ganzen stellt
sich uns als von jeder anderen spezifisch verschieden dar: darüber
glaube ich mich in meiner Selbstwahrnehmung nicht zu täu=
schen. Dabei kommen in erster Linie Vorstellungen aller Art,
Erkenntniselemente in Betracht, aber nicht so, als ob sie das
Beherrschende und Bedingende, die Gefühle nur das Ab=
geleitete und durch sie Bedingte, nur Folgeerscheinung wären[1]);
im Gegenteil, das Gefühl ist das Primäre, und die gefühls=
freien Empfindungen und Vorstellungen sind erst durch
Wiederholung und Abstumpfung daraus entstanden, wenn
auch im individuellen Dasein von Anfang an mit und neben
den Gefühlen vorhanden und als solche immer weniger davon
zu trennen; und da beides Produkte eines und desselben
Subjektes sind, so ist es nur natürlich, daß sie einander gegen=
seitig beeinflussen, hemmen, hervorrufen und vor allem auch

---

[1]) Es gilt dies nicht bloß gegen die Herbartsche Auffassung dieses
Verhältnisses, sondern auch noch gegen die Art, wie L e h m a n n a. a. O.
§ 14 ff. sich zu der „Kantschen" Theorie bekennt. Den Satz, „ein rein
emotioneller Bewußtseinszustand kommt nicht vor; Lust und Unlust sind
stets an Erkenntniselemente gebunden" (§ 69), kann ich in dieser Fassung
und Formulierung nicht zugeben; und so denke ich wohl auch bei den im
ganzen richtigen Worten: „unter Gefühlen verstehen wir die reellen
psychischen Zustände, welche sowohl intellektuelle als emotionelle Ele=
mente enthalten" (§ 21), schwerlich ganz dasselbe wie er. Umgekehrt bei
W i t a s e k , Grundlinien der Psychologie 1908, wo es erst so aussieht,
als ob auch er wie Lehmann die Unerläßlichkeit intellektueller Grundgebilde
für das Zustandekommen der Gefühle in den Vordergrund stelle. Wenn er
aber dann zugibt, daß diese „Gefühlsvoraussetzung" nur „zusammen mit dem
eigentlichen Gefühlsmoment" das Gefühl im gewöhnlichen Sinne des
Wortes ausmache und die verschiedenen Formen und Arten dieser Voraus=
setzung eine Handhabe geben, die Mannigfaltigkeit der Gefühle in natür=
lichen (?) Klassen zu ordnen, so dürfte das von meiner Auffassung der Ein=
teilungsfrage doch nicht allzuweit abliegen.

modifizieren. Doch werden wir darüber und des weiteren auch über das Verhältnis des Gefühls zum Willen später noch zu reden haben. Hier sollte uns diese prinzipielle Erörterung nur das Recht erkämpfen, die Gefühle qualitativ zu gliedern[1]).

Wie wird nun aber gewöhnlich eingeteilt? Einen Einteilungsgrund haben wir bereits vorweggenommen, man könnte ihn den dualistischen heißen, wonach körperliche und psychische Gefühle unterschieden werden. Wir wissen, daß die Herbartsche Schule diesen Gesichtspunkt so sehr überspannt hat, daß sie die ersteren vom Gefühlsleben vollständig ausschließen will[2]) und sie als Empfindungen von den Gefühlen trennt. Zu dem, was wir früher dagegen gesagt haben[3]), füge ich hier noch hinzu, daß eine solche schroffe Scheidung eben als dualistische auch deshalb verfehlt ist, weil sie das psycho-physische Wesen des Menschen verkennt: es gibt kein Psychisches, das nicht zugleich ein Physisches wäre und nicht irgendwie auf sinnlich-körperlicher Grundlage ruhte; daher sind auch die geistigsten Gefühle physisch bedingt, wenn wir gleich die zugehörigen körperlichen Vorgänge nicht kennen; und umgekehrt — sind denn die körperlichen Gefühle eben als Gefühle nicht auch psychische Zustände, so daß von einer solchen Scheidung wirklich keine Rede sein kann? Körperliche Gefühle sind also nur a parte potiore körperlich, sofern wir sie auf b e s t i m m t e körperliche Reize zu beziehen imstande sind; seelische Gefühle nur a parte potiore psychisch, sofern uns die physiologische Interpretation abgesehen von dem Daß im allgemeinen unmöglich ist.

---

[1]) Ich freue mich, daß hierin auch L i p p s in seinem Leitfaden der Psychologie 2. A. 1906 und in seiner Schrift vom „Fühlen, Wollen und Denken" 1907 mit mir übereinstimmt.
[2]) N a h l o w s k y a. a. O. S. 45 kennt übrigens auch sinnliche Gefühle im Unterschied von dem Gefühlston der Empfindungen. Was soll das bei ihm heißen? Daß sie „dem niederen Geistesleben" angehören, macht auf seinem Standpunkt weder den Namen noch die Sache verständlicher.
[3]) s. oben S. 86 f.

Eine andere Einteilung ist die in niedere und höhere Ge=
fühle[1]). Daß auch sie auf dualiftifchen Vorausfetzungen ruht
und auf eine nicht aus der Sache gewonnene, fomit falfche
Schätzung zurückgeht, ift ebenfo klar, wie das logifche Bedenken
gerechtfertigt, daß diefer Unterfchied ein ganz fließender und
unbeftimmter bleiben müßte.

Beachtenswert ift dagegen die in der Herbartfchen Schule
übliche Zerlegung der Gefühle in vage und fixe[2]), die mit
derjenigen von Nahlowsky[3]) in formelle und qualitative im
wefentlichen zufammenfällt. Hört man aber die nähere Begrün=
dung diefer Unterfcheidung, wonach die Unbeftimmtheit der
vagen Gefühle aus der urfprünglichen Schwäche der Vorftel=
lungen oder auch daraus fich erklären foll, daß fie an keiner
ihnen beftimmt vorgezeichneten Qualität des Vorftellens haf=
ten, fo wird man gegen diefe nicht von der Befchaffenheit des
Gefühls felbft hergenommene Einteilung mißtrauifch werden.
Und dasfelbe gilt auch von der nur dem Namen nach davon
verfchiedenen Einteilung Lehmanns[4]), der im Anfchluß an fei=
nen Landsmann Sibbern zwei Hauptgruppen aufftellt — In=
halts= und Beziehungsgefühle. Jene find folche, deren Qualitäts=
eigentümlichkeiten auf dem Vorftellungsinhalt allein beruhen,
diefe die, bei denen diefelben von dem Vorftellungsverhältnis,
z.B. dem des Phantafiebildes zu dem finnlich Wahrgenommenen
abhängen. Und auch hierfür gewinnt er die Unterabteilungen
noch einmal aus verfchiedenen Arten diefer Vorftellungs=
verhälniffe, während er für die Subdivifion der erfteren die
Grundverhältniffe zwifchen dem Ich und der Außenwelt als

---

[1]) Diefe Einteilung ftammt von Wolff, ift alfo doch nicht nur
und nicht erft, wie Euden, Die Grundbegriffe der Gegenwart, 2. Aufl. 1893
S. 64 meint, das Lieblingswort der deutfch=klaffifchen Zeit gewefen.
[2]) W. Volkmann, Ritter von Volkmar, Lehrbuch der Pfycho=
logie 2², § 132.
[3]) Nahlowsky a. a. O. § 3. Ähnlich Ebbinghaus, f. oben
S. 127, Anm. 1.
[4]) Lehmann a. a. O. § 410 ff.

9*

Einteilungsprinzip benützt; wenn er aber dabei u. a. Tätigkeits=
und religiöse Gefühle koordiniert, so sieht man leicht, wie hier
ganz verschiedene Gesichtspunkte maßgebend sind.

In Anlehnung an die Herbartsche Unterscheidung, aber ganz
frei von ihrer schiefen Begründung, faßt endlich Wundt[1]) das
gesamte System der Gefühle als eine dreidimensionale Mannig=
faltigkeit, bei der jede Dimension je zwei entgegengesetzte Rich=
tungen enthält, die sich ausschließen, während jede der so ent=
stehenden sechs Grundrichtungen mit Gefühlen der beiden an=
deren Dimensionen zusammen bestehen kann. Die drei Gegen=
satzpaare sind Lust und Unlust, Erregung und Beruhigung,
Spannung und Lösung.

Vielleicht ist die ganze große Verschiedenheit der Gesichts=
punkte, zu denen auch noch Störrings Einteilung in Empfin=
dungs= und Stimmungsgefühle gehört, gar nicht so sehr vom

---

[1]) Wundt a. a. O. II⁵, S. 284 ff. und in dem Aufsatz der philo=
sophischen Studien Bd. 15, S. 149—182 „Bemerkungen zur Theorie
der Gefühle", worin er seine Auffassung gegen Titchener verteidigt, der
die Drei=Dimensionenlehre ausdrücklich bekämpft. An Wundt schließen
sich viele experimentelle Psychologen an, wie mir scheint, so, daß sie in
ihren Experimenten, namentlich auch in den gefundenen oder gesuchten
Puls= und Atmungskurven eine Bestätigung und objektive Stütze für die
von ihnen einfach übernommene und zum voraus feststehende Drei=
dimensinonalität zu gewinnen suchen, freilich bis jetzt noch ohne
rechtes Gelingen. Vgl. z. B. M. Brahn, Experimentelle Beiträge
zur Gefühlslehre (Philos. Studien, Bd. 18 S. 127 ff.); Alechsieff
in der schon erwähnten Arbeit über „die Grundformen der Gefühle"
(Psychol. Studien, Bd. 3. H. 2/3); P. Salow, Der Gefühlscharakter
einiger rhythmischer Schallformen in seiner respiratorischen Äußerung
(ebend. Bd. 4, S. 1 ff.) und L. Drozynski, Atmungs= und Puls=
symptome rhythmischer Gefühle (ebend. Bd. 7, H. 1/2). Übrigens kon=
statiert Alechsieff, daß „nie reine einfache Gefühlsvorgänge vorkommen,
sondern daß man fortwährend auf gemischte Formen stoße"; damit
verwischt er die Grenzlinien wieder und nähert sich der Auffassung der
Gefühle als Kollektiverlebnisse, wozu er meine oben vorgetragene Ansicht
rechnet (a. a. O S. 157). Statt drei Gegensatzpaare nimmt Ribot
deren nur zwei an: Lust und Unlust, Erregung und Beruhigung. Meine
Gründe gegen die Wundtsche Einteilung folgen später in dem Abschnitt
über den Gefühlsverlauf.

Übel, wenn sie nur nicht zu einer Vermischung führt, sondern
wenn man mit Absicht und Bewußtsein kombiniert und dabei
meinetwegen auch etwas eklektisch zu Werke geht. Und
so scheide ich 1. die Gefühle nach ihrer qualitativen Ver=
schiedenheit, und 2. den Gefühlsverlauf nach Dauer und In=
tensität. Bei dem letzteren liegt die Sache einfach: hier handelt
es sich a) um Gefühle im engeren Sinne (isolierte Gefühle),
b) um Affekte und c) um Stimmungen. Viel schwieriger ist die
Gliederung nach der qualitativen Seite. Daß hierbei die
körperlichen oder sinnlichen Gefühle in dem oben festgestellten
Sinn als Gefühlston der Empfindungen und in dem von uns
bereits beschriebenen Umfang den ersten Platz einnehmen
müssen, liegt auf der Hand. Streng logisch müßten ihnen die
seelischen Gefühle, wie jene a parte potiore sogenannt, gegen=
übertreten; aber wir dürfen diese schablonenhafte Stufe wohl
sofort überspringen, wie ja die Logik auch gestattet, die Dreiecke
in spitz=, recht= und stumpfwinklige einzuteilen. Für sie bleibt
aber dann nur die Dreiteilung: der Mensch verhält sich —
natürlich der Welt gegenüber —entweder genießend oder
erkennend oder handelnd, und alle Inhalte kommen, um mich
so ungenau auszudrücken, seinem Gefühl nur durch Vorstellen,
Denken und Wollen zu, wie umgekehrt alle einzelnen Vor=
stellungen, Denk= und Willensakte nur durch das Gefühl
die seinigen werden. Dabei schließen sich an die sinnlichen
Gefühle zuerst und direkt die ästhetischen an, welche also die
zweite Stelle einzunehmen haben; und wenn wir hier im Ge=
biet des Vorstellens sind, so folgen ihnen weiterhin die mit
den Denkakten zusammenhängenden intellektuellen und darauf
zuletzt die sittlichen Gefühle, eine Bezeichnung, die ich aber
schon hier im weitesten Sinne des Wortes verstanden haben
möchte. Ob neben diesen drei Klassen die religiösen Gefühle
einen besonderen Platz für sich beanspruchen dürfen, bleibt
vorläufig zweifelhaft; jedenfalls müssen sie, sei es als die tiefsten
oder als die zentralsten und universalsten, an den Schluß

gestellt werden; denn wie auch das Ergebnis ausfalle, zu untersuchen haben wir sie unter allen Umständen. Endlich muß für die formellen oder vagen Gefühle der Herbartianer, für Wundts zweites und drittes Gegensatzpaar auch noch Raum geschafft werden: dies kann in dem Abschnitt, der vom Gefühlsverlauf handelt, geschehen.

So ergibt sich mir folgendes Schema:

I. Die Gefühle nach ihrer qualitativen Verschiedenheit:

   a) körperlich-sinnliche; b) ästhetische; c) intellektuelle; d) sittliche; e) religiöse.

II. Der Gefühlsverlauf:

   a) isolierte Gefühle nach ihrem Verlauf betrachtet, wobei jene „formellen" oder „vagen" Gefühle zur Sprache kommen sollen; b) Affekte; c) Stimmungen.

Natürlich könnte man gleich hier auch diese beiden letzten Klassen noch einmal und zwar qualitativ einteilen. Aber das vermögen wir doch erst, wenn wir Natur und Wesen namentlich des Affekts uns verständlich gemacht haben; und wenn es dann auch an einem Einteilungsgrund dafür nicht fehlt, so werden wir doch rasch genug bei der einfachen Aufzählung der Affekte und ihrer Beschreibung im einzelnen angelangt sein. Dagegen haftet der Unterschied von Lust oder Unlust a l l e n Gefühlen an, in welcher Form sie sonst auftreten mögen, als Gefühle, Stimmungen oder Affekte, als qualitativ bestimmte oder als formell vage: er kann also, weil er ein durchgehender ist, nicht zum Einteilungsgrund für die Klassifikation der Gefühle gemacht werden.

Der vorstehende Versuch macht keinen Anspruch weder auf besondere Originalität noch auf logische Strenge und Genauigkeit, die von mir gewählte Klassifikation hat, wie schon gesagt, etwas Eklektisches und Willkürliches an sich. Allein ich meine, daß das ganze Gefühlsleben sich auf diese Weise wird ü b e r - s c h a u e n lassen, und darauf kommt es mir allein an. An

Überſichtlichkeit und Durchſichtigkeit aber ſcheint mir das Syſtem vor allen mir bekannt gewordenen deshalb den Vorzug
zu verdienen, weil es in einfachſter Weiſe ſich an übliche und
allen geläufige Kategorien anſchließt. Im übrigen halte ich
eine „natürliche" Einteilung der Gefühle um deswillen für
unmöglich, weil uns, wie ſchon angedeutet, für die feinſten
und vielfach recht individuellen Unterſchiede und Nüancen nicht
einmal die nötigen Worte zur Verfügung ſtehen; wo aber
Worte fehlen, wie will man da Klaſſen bilden und Begriffe
einteilen? Um ſo mehr iſt es angezeigt, einfach und beſcheiden
beim Nächſtliegenden ſtehen zu bleiben und nicht zu künſteln, wo
alle Kunſt und alle Mühe doch vergebens wäre. Einteilungen
ſind ja gottlob in der Wiſſenſchaft nicht die Hauptſache.

IV. Das Gefühlsleben im einzelnen.

1. Die Gefühle nach ihrer qualitativen Verschiedenheit.

Die Meinung ist also die, daß die Gefühle als lust= oder unlustbetont, angenehme oder unangenehme zugleich auch und daneben noch qualitativ verschieden seien, wobei das Woher und Wohin eine Rolle spielt; aber nicht so, als ob nur darin der Unterschied läge; Ausgangspunkt und Richtung geben viel= mehr dem Gefühl selbst einen eigenartigen Inhalt, eine be= sondere Farbe, die wir freilich immer wieder nur fühlen, nicht beschreiben können. Eben deswegen müssen wir die Namen dafür häufig genug von jenem Woher und Wohin nehmen und so, gegen die eigentliche Absicht, viel mehr davon, reden, als von der Farbe und dem Inhalt der Gefühle selbst, die wir eben immer wieder nur jeden nachzufühlen ersuchen können[1]). Wir beginnen also mit

a) d e n k ö r p e r l i c h = s i n n l i c h e n G e f ü h l e n.

Oder vielmehr, wir hätten damit zu beginnen, wenn wir dieselben nicht im zweiten Abschnitt (II) bereits eingehend be= sprochen hätten. Das ist für die Komposition des Ganzen ein Nachteil und Fehler, wirklich „eine Tonne für unsere kri= tischen Walfische", und nicht „einzig und allein für sie aus= geworfen", sondern — ich will es nur gestehen: wirklicher Not=

---

[1]) Die billigen Witze, mit denen R e h m k e a. a. O. S. 47 ff. dieses „Privilegium des Unsagbaren" bekämpft, fallen angesichts dessen, was er S. 52 f. über die Schwierigkeit des Beschreibens der „begleitenden un= klaren Körperempfindung" sagt, in sich selber zusammen.

behelf. Warum es dazu kam, ist bereits dargelegt worden:
ich mußte mir den Zugang zum Gefühlsleben durch irgend
ein Tor bahnen; das Sinnlich-Körperliche war dieses Tor,
das nächstliegende und das am weitesten offene, wissenschaftlich
am besten bekannte. Aber eine Vorwegnahme war es eben doch;
und nun bleibt hier, wo im System der Gefühle die richtige
Stelle für diese körperlich-sinnlichen Gefühle gekommen wäre,
eine Lücke und eine Verweisung auf schon Behandeltes. Wenn
ich hinzufüge, daß es vielleicht keiner allzugroßen schriftstelle-
rischen Kunst bedurft hätte, um diesen Kompositionsfehler
meiner Arbeit zu verschleiern, daß ich es aber vorgezogen
habe, ihn offen einzugestehen und recht deutlich zu markieren,
um der Durchsichtigkeit des Ganzen willen und aus Furcht vor
sonst möglichen sachlichen Mißverständnissen, so weiß ich nicht,
ob ich durch diese Ehrlichkeit meine Sache verbessert oder nicht
vielmehr verschlimmert habe. Nun, dann ist die Tonne ja
nur um so erfreulicher für das Spiel der Walfische[1]), an dem
sie es bei dieser eingestandenen „schwachen Seite" denn auch
in aller wünschenswerten Strenge schon bisher nicht haben
fehlen lassen.

b) Die ästhetischen Gefühle.

Wir müssen und können auch hier auf die sinnlichen Gefühle und auf das über sie Bemerkte zurückgreifen, nicht um uns
damit zu begnügen, wohl aber um von da aus und daran an-
knüpfend weiterzukommen. Denn daran ist kein Zweifel,
daß das sinnliche Lustgefühl vom ästhetischen nicht rigoros auszuscheiden und abzusondern, sondern durchaus als Ausgangspunkt nicht nur, sondern auch als bleibendes Ingrediens
darin zu betrachten ist. Das zeigt sich schon in der Tierwelt:

---

[1]) Daß das Bild von der Tonne und den Walfischen von Lessing
stammt und von diesem einmal so ähnlich verwendet worden ist, scheint
einer meiner Kritiker nicht gewußt zu haben; darum sei es in usum
Delphini hier ausdrücklich vermerkt.

die freude an bunten farben, an lustig schmetterndem oder
süß flötendem Gesang, an zierlich anmutigen Bewegungen,
das kokette Sichputzen und Herrichten bei manchen Vögeln ist
doch ein entschieden Ästhetisches, wenn auch auf der Basis an=
geborener Triebe und im Dienst geschlechtlicher Auslese. Und
noch viel mehr finden wir dieses Aufkeimen des Ästhetischen
in und aus dem Sinnlichen heraus beim Menschen. Von Har=
monie und Konsonanz war schon die Rede. Wir schlossen uns
dabei im ganzen an die Helmholtzsche Theorie an, wonach der
Mangel an deutlich wahrnehmbaren Schwebungen sinnlich an=
genehm wirkt, glaubten sie aber ergänzen zu sollen durch den
Hinweis auf die Kontrastwirkung gegenüber den unzählig vielen
disharmonischen Geräuschen, die uns beständig martern. Dabei
ist auch noch einmal des Rhythmischen und des Gefühls für
Rhythmus zu gedenken, das wir wohl besser hierher stellen,
weil es ohne Zweifel tiefer begründet und als ein Apriorisches
erster Ordnung auf unsere geistige Organisation selbst zurück=
zuführen ist, auf die Tatsache der Enge des Bewußtseins, wo=
durch die für das Ästhetische so wichtige Zusammenfassung einer
Mannigfaltigkeit von Eindrücken zu einer Einheit und weiter=
hin die sonst ausgeschlossene Auffassung einer Vielheit von Zu=
sammengehörigem erst ermöglicht und wesentlich erleichtert
wird. Mit diesem in unserem innersten Wesen zu suchenden Ur=
sprung des Gefühls für das Rhythmische hängt die weite Ver=
breitung des Rhythmisierens zusammen. Unsere eigenen
Körperbewegungen, willkürliche wie unwillkürliche, Gehen wie
Atmen, verlaufen vielfach rhythmisch. Nicht nur auf dem
Gebiete der Kunst, in Musik und Poesie spielt der Rhythmus
eine große Rolle, sondern, wie schon gesagt, selbst so irra=
tionale Geräusche wie das Rasseln eines dahinsausenden Eisen=
bahnzuges zerlegen wir uns in rhythmisch regelmäßige Glieder
und Gruppen, wir artikulieren sie, weil wir auf diese Weise
etwas wie Ordnung und Zusammenhang in sie hineinbringen
und so allein damit fertig werden, sie bewältigen können.

Und wir tun das nicht willkürlich oder absichtlich, dieses Rhyth=
misieren ist vielmehr etwas Notwendiges und All=
gemeingültiges, die erste Betätigungsweise der synthetischen
Natur unseres Geistes einer Vielheit von Sinneseindrücken
gegenüber.

Auch an die Raumvorstellung haben wir hier beim Über=
gang vom sinnlichen zum ästhetischen Gefühl noch einmal zu er=
innern. Ein Haupterfordernis für ihre Entstehung und Bildung
ist die Beweglichkeit des Auges, wodurch ebenfalls erst das
Zusammenfassen des lokal Auseinanderliegenden zur Einheit
und Kontinuität möglich und die Assimilation der unendlich
vielen gleichzeitigen Reize erleichtert wird. Und auch das Wohl=
gefallen oder Mißfallen an bestimmten Raumgebilden, Ge=
stalten, Umrissen, Linien beruht auf Bewegungen des Auges und
deren leichter und bequemer oder schwieriger und mühsamer
Ausführung. Mühelos folgt das Auge in weite Entfernungen
hinaus einer geraden und draußen am Horizont einer geschwun=
genen Linie: das entspricht seinem Bau und seiner natürlichen
Art, sich zu bewegen; wogegen das Hinaufklettern des Blicks an
einer vertikalen Linie dem Auge unbequem ist, das be=
ständige Abbrechen bei Zickzacklinien vollends stört und hemmt
und das Gefühl des Mühevollen, dessen, womit man
nicht recht fertig werden kann, hervorruft und hervorrufen
muß.

Wenn aber so das Ästhetische in gewissen letzten Elementen
auf das Sinnliche zurückgeht, auf rein körperlicher, physiolo=
gischer Basis sich aufbaut und selbst die Bequemlichkeit des
Funktionierens der Sinne zu Hilfe ruft, gerät es damit nicht
in eine verhängnisvolle und ungehörige Abhängigkeit vom Sinn=
lich=Angenehmen, von dem es doch Kant so sorgfältig und so
rigoros losgelöst hat? Allein die Frage ist ja eben die, ob eine
solche dualistische Scheidung berechtigt war. Und das bestreite
ich: den Sinnenreiz vom ästhetisch Wirkenden ausschließen zu
wollen, ist eitel Prüderie und widerspricht aller Erfahrung. Im

Schönen, in dem, was äfthetifch gefällt, fteckt immer auch finnlich
Angenehmes, im Häßlichen und dem, was äfthetifch mißfällt,
finnlich Unangenehmes. Zur Schönheit der Rofe gehört
ihr Duft mit; nimmt man ihr den, fo büßt fie mit dem finn=
lich Angenehmen des Geruchs auch an rein äfthetifcher Wohl=
gefälligkeit ein; und zwar gilt dies nicht nur von der direkten,
fondern ebenfo auch von der affoziativen Wirkung: felbft wenn
ich eine Rofe nur von ferne fehe, denke ich fogleich auch an ihren
Duft. Der Sinnenreiz ift fozufagen der Köder, den der Gegen=
ftand auswirft, um daran eine höhere äfthetifche Wirkung an=
zufügen. Das kann nur Sinnenfeindfchaft leugnen, wie fie Kant
auf Grund von Jugendeindrücken feiner pietiftifchen Erziehung
nie los geworden ift: der finnliche Reiz gehört zu den
Elementen des äfthetifchen Wohlgefallens notwendig mit.

Ebenfowenig können wir Kants Lehre von dem rein un=
intereffierten oder intereffelofen Wohlgefallen akzeptieren.
Nach unferer Auffaffung kann es nicht nur kein Wohlgefallen,
fondern überhaupt kein Bewußtwerden und nichts Bewußtes
geben ohne Intereffe. Im Intereffe befteht vielmehr der Ge=
fühlswert, mit dem fich alles, alfo auch die Gegenftände des
äfthetifchen Gefallens oder Mißfallens unferem Bewußtfein
aufdrängen. Und es fragt fich deshalb nicht: Intereffe oder nicht?
fondern welche Art von Intereffe das fpezififch äfthetifche fei
und auf diefem Gebiete den Eintritt und die Aufnahme in
das Bewußtfein herbeiführe?

Daß es das finnlich Angenehme nicht allein ift, das frei=
lich ift richtig. Wir können das äfthetifche Wohlgefallen ihm
gegenüber als ein — ich möchte fagen: theoretifcheres bezeich=
nen, weshalb es auch wefentlich (nicht ausfchließlich) an den
höheren Sinnen des Auges und des Ohres haftet und mit ihnen
fich verbindet. Ja, man könnte fagen, bei Auge und Ohr habe
fchon der Sinnenreiz felber etwas vom Sinnlichen abgeftreift
und wirke als folcher äfthetifch: je höher der Sinn, defto äftheti=
fcher das ihm Angenehme! Da lag nun die Lehre nahe, daß wir

es beim Schönen und Häßlichen im Unterschied vom Sinnlich-
Stofflichen mit einem wesentlich Formalen zu tun haben. Und
das hat denn auch, nicht ohne sich auch hierfür teilweise auf Kant
berufen zu können[1]), die Herbartsche Schule[2]) in der Weise auf-
gegriffen und auf die Spitze getrieben, daß sie erklärt, das
Schöne sei ausschließlich und wesentlich in der Form des Sichtbaren und Hörbaren begründet, von allem Inhalt sei dabei
völlig abzusehen. Das Richtige hieran ist sicherlich, daß beim
Schönen von der Form auszugehen ist: Konsonanz, Harmonie,
Rhythmus sind zunächst rein formale Eigenschaften, und ebenso
fällt uns beim Sichtbaren neben der sinnlich anregenden Farbe
zuerst und oft vor dieser die räumliche Konfiguration, Gestalt,
Umriß und Linienführung ins Auge. Und wenn wir fragen,
welche Formen uns gefallen, so weist man mit Recht hin auf
die Regelmäßigkeit und Symmetrie gegenüber dem Regellosen
und Unsymmetrischen, auf das Begrenzte und Bestimmte
gegenüber dem Unbegrenzten und Unbestimmten, auf das in
weichen Bogenlinien fließende gegenüber dem scharfkantig
Gebrochenen und Gezackten. Allein ähnlich wie bei der Erklärung des Gegensatzes von Lust und Unlust aus dem wechsel-
seitigen Kontrast, tritt uns auch hier die Tatsache entgegen, daß
doch zuweilen auch das Regellose gefällt gegenüber dem allzu
Eintönigen und Einförmigen, das in der Regel und Ordnung
liegt, das Unsymmetrische gegenüber einer pedantischen und eben
darum ermüdenden Symmetrie, das Eckige und Kantige, das
Knorrige und Körnige gegenüber dem allzu Glatten und
Weichen und ewig Runden. Wenn ich auch als der letzte der
Formlosigkeit der Romantik das Wort reden möchte, das ist

---

[1]) Über Kant als ästhetischen Formalisten s. Ed. v. Hartmann,
Die deutsche Ästhetik seit Kant, S. 14 ff. und Fr. Blencke, Die Trennung des Schönen vom Angenehmen in Kants Kritik d. ästh. Urteils-
kraft 1889.
[2]) Der Hauptvertreter dieser Formalästhetik ist R. Zimmer-
mann, Ästhetik, 2 Bände 1858 und 1865.

doch unbestreitbar, daß in der Unbestimmtheit und Unklarheit
ihrer Formen und Gestalten, in dem Nebelhaften, Dämme=
rungsvollen und Verschwebenden der Reiz und Zauber
ihrer Märchenpoesie besteht.

Der Grund dieser Doppelseitigkeit liegt nun freilich auf
der Hand. Dort gefällt Regel und Symmetrie, weil sie die
Auffassung des zu Betrachtenden erleichtert und ermöglicht, hier
mißfällt sie, wenn sie in ewiger Wiederholung dem Auge schließ=
lich nichts mehr zu tun, zu assimilieren darbietet, wenn so=
zusagen alles fertig und wohlassortiert ist; daher das Reizlose
einer zu weit getriebenen Regelmäßigkeit: sie ist leer, nüchtern,
schal, philisterhaft.

So können uns jene Beispiele freilich zeigen, daß und in
gewissem Sinn auch warum uns die einen Formen gefallen,
die anderen entschieden mißfallen. Allein sobald man darüber
Gesetze aufstellen will, findet man nichts anderes, als
daß immer auch das Gegenteil gelten kann, daß also, wenn
wir bei diesem Formalismus stehen blieben, die Ästhethik in der
Tat die widerspruchsvollste Wissenschaft wäre, die, wo sie a
sagt, immer auch non-a sagen könnte. Und wenn wir dann
fragen: wann gefällt uns denn nun das Einheitliche und Be=
stimmte, wann das Mannigfaltige und Unbestimmte? wann das
Gerade und wann das Geschwungene? wann das Große und
wann das Kleine? so würde uns auf alle diese Fragen eine
abstrakt formalistische Ästhetik mit Notwendigkeit ohne Ant=
wort lassen müssen. Der Formalismus ist nur sozusagen Topik
und Vorschule der Ästhetik, nicht diese selbst: er kann uns nur
die Bedeutung der Form für die Erfassung des Schönen im
allgemeinen klarmachen, nur eine Kategorientafel von schönen
Formen entwerfen[1]), sobald es aber an das Konkrete und Ein=
zelne geht, läßt er uns völlig im Stich; welche Form für welchen
Inhalt passe und welcher Inhalt diese und nicht jene From

---

[1]) C. Köstlin, Ästhetik 1869.

fordere, das, d. h. also eben die Hauptsache, weiß er uns nicht
zu sagen, so steht er der Welt des Schönen ratlos, macht=
los, rechtlos gegenüber. Freilich kann man ihm auch wieder
recht geben und sagen: ästhetisch betrachtet ist die Form alles und
alles kommt auf sie an, — aber die Form als Form, d. h. nicht
bloß von außen, sondern auch von innen gesehen, die Form
g a n z begriffen, nicht losgelöst von dem, an dem sie haftet, von
dem Inhalt, dessen Form sie ist. Auch hier gilt: keine Form ohne
Inhalt. Dabei braucht es gar keiner besonders tiefsinnigen
Untersuchungen über das Verhältnis von Inhalt und Form,
um sich sofort darüber klar zu werden, daß nicht jede Form
für jeden Inhalt paßt, oder noch genauer, daß Inhalt und
Form aufs engste zusammengehören und ein untrennbares
Ganzes bilden. Warum gefällt uns z. B. der geschwungene
Fuß eines Tisches und erscheint uns die gewundene Säule eines
hohen Saales ästhetisch unerträglich? Offenbar würde in die=
sem letzteren Fall die Abweichung von der geraden Linie die
Vorstellung erwecken, als sei die betreffende Last für den Träger
zu schwer, dieser für jene zu schwach, während beim Tisch mit
seiner leichten Platte eine solche Befürchtung nicht aufkommen
kann, vielmehr dieses scheinbare Sichbiegen unter einer doch
so leichten Last den Eindruck der Leichtigkeit verstärkt. Dort ist
es also die Vorstellung des Unvermögens und der Zweckwidrig=
keit, die unser Mißfallen erregt, hier das gertenartig Biegsame,
das den Eindruck der Schwere und der Plumpheit nicht auf=
kommen läßt.

Aber nicht nur die Angemessenheit der Form an den Zweck,
noch ein anderes kommt dabei in Betracht. Wir tragen von
den uns bekannten Dingen je länger je mehr auf Grund viel=
facher Erfahrungen sozusagen ein Normalmaß und eine Normal=
gestalt mit uns herum, ein Gattungsmäßig=Typisches, und ver=
langen nun von allen Exemplaren der betreffenden Gattung
oder Art, daß sie sich diesem Typus fügen und an diesem Normal=
maß messen lassen sollen: entspricht ihm der einzelne Gegen=

stand im allgemeinen, so wirkt er gefällig, andernfalls miß=
fällt er uns als ein Abnormes und Monströses, ein Ungeheuer=
liches oder Minutiöses. So gefällt uns am Mann das Männ=
liche, d. h. das Entschiedene und in sich Geschlossene, das Starke
und Fertige, das Kräftige und Stramme; beim Kind das Kind=
liche, d. h. das Knospenartig=Unreife, das Hilflose und Hilfs=
bedürftige, das unbestimmt Spielende; beim Weib das Weib=
liche, d. h. das Weiche und Rundliche, das Zarte und Feine, das
Hingebende und sich Anschmiegende. Dasselbe Formale kann
also hier gefallen und dort mißfallen; und auch der Geschmack
kann sich je nach der Auffassung ändern, der Normaltypus ein
anderer werden — z. B. der Typus des Weibes, wenn wir
an die virago als Ideal der Weiblichkeit in gewissen Kreisen
der italienischen Renaissance oder an die männlicher Art sich
nähernde Energie in Arbeit und Charakterbildung bei unseren
modernen Frauen und Mädchen denken. So kommt schließlich
alles auf die Bestimmung, auf die Bedeutung, d. h. eben auf
den Inhalt an. Eine rein formale oder „freie" Schönheit wie
die von Arabesken läßt uns als bedeutungslos und gleichgültig
kalt: sie sagt uns nichts, sie ist öde und leer, bedeutungslos
und unbedeutend. Und auch da, wo wir vom Inhalt scheinbar
nichts wissen oder wo gar keiner da ist, wirkt der Gedanke an
einen solchen doch mit, d. h. allerlei Assoziationen stellen sich
ein, z. B. bei einem uns sympathischen, schön erscheinen=
den Namen neben dem bloßen Klang die Erinnerung
an eine erfreuliche Trägerin dieses Namens, an blaue Augen
und blonde Locken, an rosige Wangen und schwellende Lippen.
Und ähnlich gefällt bei der vertikalen Linie die Teilung nach dem
goldenen Schnitt nur dann, wenn das obere Stück das kleinere
ist. Warum? weil wir uns das Tragen vorstellen und daher
der unteren Abteilung mehr Kraft und Stärke zugewiesen
sehen, sie länger haben wollen. Dagegen ist bei der Horizontalen
die Halbierung die wohlgefälligere Teilung, weil uns hier etwa
die Wage einfällt und wir daher bei ungleicher Teilung eine

Störung des Gleichgewichts, das Umkippen nach der längeren
Seite hin fürchten zu müssen glauben.

Was ästhetisch wirken soll, darf also nicht nur auf seine
Form hin angesehen, sondern muß als E r s c h e i n u n g betrachtet werden. In diesem Wort liegt dreierlei: die Bildlichkeit
und Anschaulichkeit des ästhetisch Wohlgefälligen fürs erste; die
Loslösung vom bloß Stofflichen fürs zweite: es ist ein Ätherisch-
Luftiges, Durchsichtiges und Durchscheinendes; und zum dritten
hängt damit zusammen, daß es als Erscheinung Erscheinung
ist von etwas, daß es etwas bedeutet, einen Inhalt und Sinn
hat. Hierdurch wird das Schöne zum S y m b o l i s c h e n , in
jenem Sinn, wie es Vischer¹) so meisterhaft entwickelt hat.

Der Symbolbegriff führt uns wieder zurück zu dem, wovon
wir ausgegangen sind, zum Gefühl als dem eigentlichen Organ
für das Schöne. Er scheint ja auf den ersten Blick etwas Bedenkliches zu haben, da wir gewohnt sind, in der Poesie oder
Malerei das Symbolische zu perhorreszieren und wie die Allego-
risterei als ein zopfig Veraltetes abzulehnen. Offenbar liegt
also im Wort eine gewisse Zweideutigkeit. Zunächst ist das
Symbol einfach so viel als Bild und muß dann natürlich immer
Bild von etwas, Sinnbild sein, und so gewinnt es rasch die
engere Bedeutung des Zeichens: ein Bildliches, das einen Inhalt, einen Gedanken ausdrücken soll. In diesem Sinn kann
es nun geschehen, daß das Zeichen als solches zur wertlos
gleichgültigen Nebensache wird, aller Nachdruck auf das fällt,
was es bezeichnet, und daß so die Bildlichkeit unter der Hand
entschwindet und nur noch der bezeichnete Inhalt, die Idee übrig

---

¹) Der Symbol- und der damit zusammenhängende Einfühlungsbegriff hat eine lange Geschichte, die von Rousseau und Herder über
Schiller und Novalis zu Hegel und den Seinigen führt; heute wird er besonders von Volkelt und Lipps vertreten. Aber der, der der Einfühlungs-
ästhetik den Sieg verschafft hat, ist doch unstreitig Fr. Th. V i s c h e r mit
seiner starken Stimme — durch seinen Aufsatz über das Symbol in d.
philos. Aufsätzen zu Ed. Zellers 50 jährigem Doktorjubiläum 1887,
S. 151—193.

und in Geltung bleibt. Hier hebt sich das Ästhetische auf in ein Gedankending, in Begriff und Idee, es wird kalt und steif, leblos und schemenhaft. Aber man sieht auch sofort, daß dies geradezu im Widerspruch steht mit dem Wesen des Ästhetischen, in dem die Erscheinung und der Sinnenschein, das Bildliche und Anschauliche immer bleiben und das Erste bleiben muß. Es liegt darin aber auch deswegen ein Widerspruch, weil hier Form und Inhalt aufhören zusammenzufallen und sich zu decken, die Form vielmehr als ein durchaus Unangemessenes und Abzu= streifendes sich darstellt, zur „bloßen Form" wird.

Das ist das Schlecht=Symbolische, wie es Vischer genannt hat; und doch ist davon der Ausgangspunkt zu nehmen auch für das Symbolische, um das es sich hier handelt. Bild und Sache, Zeichen und Bezeichnetes fallen nie völlig zusammen: das Bild kann die Sache nie ganz und nach allen Seiten hin erschöpfen; und umgekehrt behält das Bild doch eine gewisse Selbständigkeit, bleibt etwas für sich und gibt uns somit immer etwas zu raten auf, das Bild hat stets etwas Inadäquates und Unangemessenes. Es ist so, wie Carlyle einmal gesagt hat: in jedem Symbol liegt Geheimnis und Offenbarung zugleich. Zwischen Bild und Sache muß daher immer erst das richtige Verhältnis hergestellt, ein Band zwischen beiden muß geschlun= gen werden; und dieses Band zu knüpfen ist Sache des Subjekts. Freilich geschieht dies vielfach ganz unbewußt so, daß das Sub= jekt selbst nichts davon weiß, weil es seinerseits Bild und Sache verwechselt und mit dem Bild die Sache selbst zu haben glaubt: das sehen wir z. B. in der Mythologie, wo und solange an ihre Gebilde geglaubt wird; im Christentum sind die ver= schiedenen Auffassungen vom Verhältnis des Brots und Weins zum Leib und Blut Christi in der Abendmahlslehre dafür besonders charakteristisch. Es findet sich aber ebenso auch in der Sprache mit ihren Wortsymbolen und Wort= metaphern. Umgekehrt kann es ein bloßes Vergleichen werden, wobei man sich des Unangemessenen und Diffe=

renten voll bewußt ist — jenes schlecht Symbolische, von dem
oben die Rede war. In der Mitte aber zwischen jenem un=
bewußten Verwechseln und diesem willkürlichen Ver=
gleichen liegt das ästhetisch wichtigste und umfassendste Ge=
biet des Symbolischen im guten Sinn. Das ist das Werk des
von Vischer treffend als „Einfühlung" bezeichneten Aktes,
durch den wir uns, unsere Seele, unser Eigenstes in die
äußere Erscheinung hineinlegen, sie beleben und beseelen,
wie Schiller, der diesen Prozeß von Anfang an erkannte
und ganz richtig beschrieb, es poetisch formuliert hat:

> „Da lebte mir der Baum, die Rose . . .
> Es fühlte selbst das Seelenlose
> Von meines Lebens Widerhall."

Es ist eine Vergleichung, aber von einem „Gleichwie" ist
darum doch nicht die Rede. Natürlich glauben wir nicht, daß
in dem Objekt Seele, unsere Seele und unser Leben wirklich
sei, wir könnten uns sagen, es ist ja nur so „als ob", aber wir
sagen es uns nicht, wir geben uns dem Schein der Täuschung
völlig hin; daher das tiefe, sichere, innige Zusammenfühlen
von Bild und Inhalt.

Aber das Ich begnügt sich nicht, auf diese Weise sich in die
objektive Welt einzuleben und einzufühlen: das Ich erwei=
tert und potenziert sich dabei, löst sich von der Wirklichkeit
und den ihm durch sie gesetzten Schranken los und ab; es
leiht den Objekten sein Bestes, eine Seele, aber es entnimmt
auch seinerseits den Objekten ihr Bestes, ihre Kräfte, ihre
Formen, ihre Bewegungen: mit den Wolken kann es ziehen,
mit dem Vogel kann es fliegen, mit dem Feuer lodern, mit
dem Schiff übers Wasser jagen, mit Tanne und Fels sich
aufwärts strecken und recken. Diese Einfühlung ist bald
mehr äußerlich, indem wir den Objekten unsere Gefühle
und Stimmungen, die sie uns erregen, beilegen, eine Be=
leuchtung ahnungsvoll, eine Landschaft melancholisch nennen;

bald ganz innerlich, wenn ich mich sozusagen ins Zentrum
der Dinge selbst hineinversetze und von innen heraus mit
ihnen bin und tue, was sie sind und tun. Hier kommt dann
noch eines, was Späteres vorausnimmt. Jede Bewegung
eines Menschen ist oder kann doch angesehen werden als
Ausdruck oder Symbol eines Innern, seine Gebärden ent=
sprechen inneren Vorgängen, angenehmen oder unangeneh=
men Empfindungen und Vorstellungen: ich glätte die
Stirne, wenn ich zufrieden, runzle sie, wenn ich zornig
bin, ich lache aus Fröhlichkeit oder weine in Trauer und
Schmerz. Und auch das lege ich in die Dinge außer mir
hinein: der sich bewölkende Himmel erinnert mich an das
Stirnrunzeln, der helle Sonnenschein an Lachen, Regen an
Tränen usf. Und nun sieht es ästhetisch so aus, als blicke
mir umgekehrt eine heitere, traurige, zornige Seele aus den
Zuständen des Himmels, aus den Bewegungen des Meeres
entgegen. Hier ist der Vorgang ein höchst komplizierter:
erst meine Bewegungen als Symbol meiner Gefühle und
Affekte; dann ein Ich in die Außenwelt hineingelegt und auf
dieses analoge Gefühle übertragen, und endlich die Natur
so angesehen, als ob diese Stimmungen und Gefühle in ihr
ähnlich wie bei uns Menschen zum Ausdruck kämen und auf
ihrem Gesicht zu lesen wären. Übrigens unterliegt nicht
bloß der dem Auge sich darbietende Teil der Welt dieser Ein=
fühlung, sondern ebenso auch das Reich der Töne. Auch
der Ton ist ein Ausdrucksvolles, das sehen wir schon an
den Tieren mit ihren Lockrufen und Warnpfiffen, die sie
gegenseitig verstehen. So wird der Tierseele der Ton Bild
eines bestimmten Inneren und Seelischen: wie viel mehr
der Menschenseele die Welt der harmonischen oder dishar=
monischen Töne, um vom Wort garnicht zu reden. Darauf
beruht die Wirkung der Musik, die die akustische Symbolik
des Gefühls, recht eigentlich seine Sprache ist. Aber auch
sie ist nur ein Gleichnis, dem immer etwas von der Un=

angemeſſenheit des Symboliſchen anhaftet, was gegen die
Überſchwenglichkeit der Schopenhauerſchen Muſiktheorie
ſchon hier ausdrücklich betont werden mag.

Noch könnte man fragen, ob das alles nicht identiſch ſei
mit dem, was Fechner[1]) den aſſoziativen Faktor der Äſthetik
und des Schönen genannt hat? Daß und wie dieſer mit=
ſpricht, iſt oben gezeigt worden. Allein aus der Art,
wie das Symboliſieren beſchrieben wurde, geht doch deut=
lich hervor, daß wir es dabei mit einem viel Intimeren,
Innerlicheren, Tieferen zu tun haben. In der Aſſoziation
kommt eines zu, n e b e n das andere hin (ad-sociare), beim
Symboliſieren eins i n das andere herein (E i n=fühlen);
dort iſt beides ein für mich anderes, hier bin das Eine der
beiden ich ſelber. Viſcher ſagt deshalb, die Aſſoziation ſei
ſekundär. Das iſt höchſtens dann richtig, wenn man an
den Wert denkt; faktiſch iſt ſie vielmehr ein der Einfühlung
Vorangehendes, Primäres und ſie Vorbereitendes: ſie ſtellt
ihr den Stoff für ihr Tun zur Verfügung. Allein die Vor=
bedingung iſt nicht die Sache ſelbſt, und das Erſte iſt nicht
auch das Letzte, und das Höchſte ohnedies nicht. Gerade das
Gefühlsmäßige, das Myſtiſche ſozuſagen im Weſen des
Äſthetiſchen (Naturmyſtik) und damit ſein Beſtes und
Weſentliches würde fehlen, wenn wir uns mit der Aſſo=
ziation begnügen müßten; die Vermittlung durch das Ich,
das eigene Lebensgefühl, das perſönliche Mitdabeiſein, das
von innerſtem Herzensgrunde aus Intereſſiertſein gibt nicht
die Aſſoziation, ſondern erſt der Akt des Einfühlens. Was ſich
alſo bei Betrachtung eines Gegenſtandes aſſoziativ in meiner
Erinnerung zuſammengefunden und um ihn her gruppiert
hat, das muß nun mit ihm eins, muß erſt ſozuſagen intuitiv
in ihn hineingelegt, intim in ihn hineingefühlt werden, ſo

---

[1]) G. Th. Fechner, Vorſchule der Äſthetik 1876.

daß er damit von innen heraus durchleuchtet sei wie ein
Stück glühenden Eisens. Hier ist Einheit und Innerlichkeit,
während die Assoziation in Zweiheit und Außerlichkeit stecken
bleibt.

Vielleicht könnte man noch einen Schritt weitergehen und
diese Art des symbolisierenden Einfühlens auch zur Erklärung
unserer Lust an bestimmten Formen verwenden. Das Verhältnis des goldenen Schnittes ist ein wohlgefälliges: darin
zeigt sich ein das Ästhetische vielfach beherrschendes Prinzip
— das der Einheit in der Mannigfaltigkeit. Eine solche Einheit in der Mannigfaltigkeit sind auch wir, das ist ja eben das
Wesentliche an uns und unserem Geistesleben, es ist die Form
des Psychologischen überhaupt: das Ich als Einheitsband
des mannigfaltigsten Bewußtseinsinhalts (Synthesis). Damit wäre mit einem Schlag unsere Freude an der Form erklärt, weil auch darin der Mensch sozusagen nur sich selbst,
nur das Wesen seines Wesens, die Seele seiner Seele, nur
deren eigenste Grundfunktion wiederfände. Damit wäre
das ästhetische Werten an das Apriori herangerückt, selber
zu einer apriorischen Funktion geworden, wie wir dies
beim Rhythmisieren bereits gesehen haben. Vor allen aber,
der ästhetische Formalismus wäre dadurch definitiv aus dem
Feld geschlagen, die Form selbst wäre ästhetisch in ein In-
haltliches verwandelt und als solches begriffen. Aber eben
weil dadurch mit einem Schlag alles erklärt und so einfach
erklärt wäre, trägt man fast Scheu, diesem Funde ganz
zu trauen oder ihm nun gleich alles aufzubürden; und so
bleiben wir der Form gegenüber vorsichtig bei dem Tri-
vialeren stehen, daß durch jenes Prinzip der Einheit in der
Mannigfaltigkeit zunächst rein sinnlich das Anschauen ermöglicht, erleichtert, bequemer gemacht werde, wenn auch
im letzten Ende sich noch Tieferes darin verbergen und offenbaren mag.

Dagegen muß noch auf den pantheistischen Hintergrund

des Symbolbegriffs hingewiesen werden[1]). Wenn die Natur
schön ist — und sie ist es —, so steckt doch wohl hinter und
in ihrer unendlichen Fülle von Mannigfaltigkeit ein Ich= und
Geistartiges, dessen Symbol und lebendiges Kleid sie in aller
ihrer Schönheit ist; und so führt wie die Geschichte, so auch
die Natur einen fortgehenden Beweis für das Dasein eines
göttlichen Weltgrundes: nur deshalb, weil die Natur selber
geistartig, weil sie uns wesensverwandt ist, können wir
unseren ihr verwandten Geist, unsere Seele, unser Leben
in sie als Gott=Natur hineinfühlen. Wie das gemeint ist,
lassen wir uns aber besser von Schelling ausdeuten, wenn
er[2]) von der Natur sagt, sie sei

> Ein offen Geheimnis, ein unsterblich Gedicht,
> Das zu allen Sinnen spricht,

und dann fortfährt:

> Durch Form und Bild sie zu uns spricht
> Und verhehlet selbst das Innere nicht,
> Daß wir aus den bleibenden Chiffern
> Mögen auch das Geheime entziffern,
> Und hinwiederum nichts mögen begreifen,
> Was sie uns nicht gibt mit Händen zu greifen . . .
> Wüßt' auch nicht, wie mir vor der Welt sollt grausen,
> Da ich sie kenne von innen und außen . . .
> Steckt zwar ein Riesengeist darinnen,
> Ist aber versteinert mit seinen Sinnen,
> Kann nicht aus dem engen Panzer heraus,
> Noch sprengen das eiserne Kerkerhaus,
> Obgleich er oft die Flügel regt,

---

[1]) S. was i ch darüber in meinen Vorträgen über „Religion und
Religionen" S. 64 f. und S. 88 gesagt habe.

[2]) In dem grandiosen Gedicht „Epikurisch Glaubensbekenntnis
Heinz Widerporstens" aus dem Jahre 1799; s. meine „geistigen und
sozialen Strömungen" 5. (Volks=)Ausgabe 1911, S. 66 f. Auch H e g e l hat
im Grunde nicht anders gedacht, wenn er z. B. in der Phänomenologie
sagt: „Die Vernunft hat ein allgemeines Interesse an der Welt, weil sie die
Gewißheit ist, Gegenwart in ihr zu haben oder daß die Gegenwart vernünftig ist."

Sich gewaltig dehnt und bewegt,
In toten und lebend'gen Dingen
Tut nach Bewußtsein mächtig ringen ...
In einen Zwergen eingeschlossen
Von schöner Gestalt und starken Sprossen,
Heißt in der Sprache: Menschenkind,
Der Riese sich selber find't.
Vom langen Schlaf, vom eisernen Traum
Erwacht, sich selber erkennet kaum,
Über sich gar sehr verwundert ist,
Mit großen Augen sich prüft und mißt;
Möcht' alsbald wieder mit allen Sinnen
In die große Natur zerrinnen;
Ist aber einmal losgerissen,
Kann nicht wieder zurückfließen,
Und steht zeitlebens eng und klein
In der eignen großen Welt allein.
Fürchtet wohl in bangen Träumen,
Der Riese könnt' sich ermannen und bäumen ...
Denkt nicht, daß er es selber ist,
Seiner Abkunft ganz vergißt,
Tut sich mit Gespenstern plagen,
Könnt' also zu sich selber sagen:
Ich bin der Gott, der sie im Busen hegt,
Der Geist, der sich in allem bewegt.

Man sieht, wie die Einfühlung vor allem der Natur und ihrer ästhetischen Auffassung zugekehrt ist. Daher ist auf der primärsten Stufe unseres Naturgefühls[1]), wo wir der Natur noch rein naiv gegenüberstehen, von ihr auch kaum oder jedenfalls in ganz anderer Weise die Rede. Erst wenn sich der Mensch sentimentalisch zu der Natur verhält, sei es nun sympathetisch oder elegisch, beginnt die Beseelung und Einfühlung: Rousseau ist nicht der erste, der so empfand und nicht ohne viel Einseitigkeit und Überschwang so empfand, aber er mag hier doch genant werden. Ihren Höhepunkt aber erreicht die Einfühlung immer erst da, wo sie sich auf

---

[1]) Darüber s. das verdienstliche Werk von Alfr. Biese, Die Entwicklung des Naturgefühls I bei den Griechen 1882, II bei den Römern 1884, III im Mittelalter und in der Neuzeit 1888.

pantheiſtiſchem Hintergrund aufbaut, wie wir es ſoeben bei
Schelling ſahen und wie es im eminenteſten Sinn bei Goethe
und in anderer Weiſe in der Äſthetik der Hegelſchen Schule
der Fall iſt. Ganz eigenartige Formen einer beſonders
innigen Naturmyſtik nahm ſie in der Romantik an, bei
Tieck etwa und neuerdings in den aus ſolcher Naturmyſtik
heraus eine neue Naturmythologie ſchaffenden Bildern
Böcklins.

Denn es wäre nun doch falſch, zu meinen, daß die Ein=
fühlung nur auf dem Gebiete des Naturſchönen zur Anwen=
dung komme. Sie gilt ebenſo auch von der Kunſt, wenn wir
z. B. mit dem Turm des Straßburger Münſters himmelan
ſtreben und „im Staube bleibt die Schwere mit dem Stoff,
den ſie beherrſcht, zurück“, oder wenn wir ein Landſchaftsbild
ſtimmungsvoll finden und mit dem Künſtler uns in dieſe
Naturſtimmung hineinverſetzen. Allein ein Unterſchied iſt
doch da: was wir beim Naturſchönen von uns aus machen
müſſen, das hat uns beim Genießen von Kunſtwerken der
Künſtler zuerſt vorgemacht: er hat ſein menſchliches Ich, ſein
Gefühl in das Kunſtwerk hineingelegt und wir haben ſomit
nur herauszunehmen, was abſichtlich in dieſes hineingelegt
worden iſt. Freilich iſt das Herausnehmen auch ein Nach=
ſchaffen (wer den Künſtler will verſtehen, muß in Künſtlers
Lande gehen); aber der Nachdruck liegt auf der erſten Silbe:
das Nachſchaffen iſt ein inneres Nachahmen[1]), und das
Können des Künſtlers beſteht nicht nur darin, daß er mit
Leichtigkeit Herr wird über den ſpröden Stoff, aus dem er
ſein Werk ſchafft und in den er ſein Ich hineinlegt, ſondern
daß er es auch uns leicht macht, ſ p i e l e n d ſozuſagen ihm
nachzufühlen, was er zuerſt vorgefühlt und vorempfunden

---

[1]) So K a r l G r o o s , Einleitung in die Äſthetik 1892, der dieſen
Begriff der inneren Nachahmung zum Eckſtein und Ausgangspunkt des
Äſthetiſchen überhaupt macht und darin beſonders die Aktivität des Be=
wußtſeins betont.

hat. Insofern „steht die Kunst dem Menschen näher als die Natur".

Damit macht sich aber unter den einzelnen schönen oder häßlichen Gegenständen noch eine andere Verschiedenheit bemerkbar. Der Frage Form oder Inhalt? gegenüber verhalten sie sich nicht alle gleich, bald tritt der Eindruck des Formalen voran, bald der des Inhaltes, bald auch das sinnlich Angenehme. Namentlich gilt dies von den einzelnen Künsten. Fraglos das stärkste sinnliche Ingrediens hat neben intensiver Lust am Formalen die Musik; in der Architektur überwiegt das Formale durchaus, wiewohl hier auch die Angemessenheit an Inhalt und Zweck, an die Bestimmung des Bauwerks, die Übereinstimmung von Schmuckformen und Werkformen wichtig wird, so wichtig, daß diese Kunst dadurch zum Kunsthandwerk zu stellen ist: eine Kirche muß andere Formen haben als ein Börsengebäude, ein Landhaus andere als ein Königsschloß; in den einzelnen Gliedern aber wird bald mehr die Last, bald mehr die Kraft sie zu tragen zum Ausdruck kommen. An dem anderen, entschieden obersten Ende steht die Poesie, in der der Inhalt so sehr vorschlägt, daß er sogar die scheinbar dafür unumgänglich notwendige Kunstform sprengen kann, wobei ich übrigens weniger an den Prosaroman als an Dichterwerke wie Goethes Faust oder Lessings Nathan denke. Genauer noch stellt sich das Verhältnis so, daß uns ein formvollendetes Gedicht, z. B. von Platen kalt läßt, wenn keine Seele darin zu spüren ist und es als seelenlos nicht zum Herzen spricht, oder wenn ihm wie bei Stefan George der geistige Inhalt überhaupt fehlt und es nur bei Worten, freilich klingenden und leuchtenden Worten bleibt. Umgekehrt, wo sich Verstöße gegen die elementarsten Gesetze der Form finden, da bleibt auch beim bedeutendsten Inhalt der unerfreuliche Eindruck des Stümperhaften und des Nichtkönnens; und zugleich fehlt die Harmonie: man ist beständig gehemmt

und gestört in der Auffassung und im Genießen des In=
haltes durch das Bemerken der Formfehler, und so wirkt
ein solches Gedicht gewissermaßen intermittierend und wie
alles Intermittierende rauh und knarrend, peinlich und
peinigend, d. h. ästhetisch mißfällig.

Bemerkenswert ist hierbei auch noch der Wechsel unseres
Geschmackes, also unserer Lust und Freude am Schönen, der
auf Früheres zurückgreift[1]). Die Gewohnheit wirkt auch
hier einerseits abstumpfend: man gewöhnt sich an bestimmte
Formen so sehr, daß sie keinen Eindruck mehr machen, uns
nicht mehr gefallen, daß wir sie nicht mehr schön finden;
daher müssen sie zuerst, um überhaupt noch zu wirken,
gesteigert, übertrieben werden; wenn das aber nicht
weiter geht oder schon zu weit gegangen ist, so kommt
ein Stimmungsumschlag und damit der Rückschlag vom
Übertriebenen ins Nüchterne und Alltägliche. In der Kunst
geht das langsamer, in der Mode, dieser „Hetzjagd der
Standeseitelkeit", im Schnellzugstempo. Aber auch der
andere Pol der Gewöhnung macht sich geltend: man ge=
wöhnt sich an bestimmte Formen, vielleicht selbst an solche,
die uns zuerst als unschön mißfallen haben, z. B. eben auf
dem Gebiete der Mode, und vermißt sie nun, wenn sie fehlen,
so sehr, daß das neue Gebilde um deswillen nicht gefällt, weil
es als ein allzufremdartiges und ungewöhnliches nicht assi=
miliert werden kann und uns fehlerhaft erscheint. Nur ein
großer und origineller Geist kann in der Kunst den Kampf
mit dem Gewohnten aufnehmen und siegreich bestehen.

Neben allem Sichändern des Geschmackes gilt aber im
Reich des Ästhetischen doch nicht unbedingt das Wort: de
gustibus non est disputandum; auch hier wie auf intellek-

---

[1]) A. Göller, Zur Ästhetik der Architektur 1887. I: Was ist die
Ursache der immerwährenden Stilveränderung in der Architektur? Da=
zu vgl. die tief in Stimmung und Seele einer Zeit dringenden Aus=
führungen H. Wölfflins, Renaissance und Barock, 3. Aufl. 1908.

tuellem Gebiet erhebt sich der Anspruch der Gesetzmäßigkeit und Allgemeingültigkeit. Was sinnlich angenehm oder
unangenehm ist, ist vielfach individuell, obgleich wir uns
durch Kant haben verleiten lassen, das Allgemeingiltige und
Gesetzmäßige, das doch auch hier sich findet, viel zu sehr zu
ignorieren und zu unterschätzen. Der Kreis des Apriorischen
ist weiter, auch für das sinnlich Angenehme gibt es etwas wie
Anschauungsformen und Kategorien[1]); man denke noch einmal an das Gefühl für den Rhythmus. Daneben freilich,
wer wollte hier den starken Bodensatz des Individuellen bestreiten? Und ein solcher bleibt auch beim Ästhetischen,
er stammt hier aus zwei Quellen: einmal ist er wirklich ein
nicht weiter abzuleitender irrationeller Individualismus,
der teils auf angeborene Idiosynkrasien, Anti- und Sympathien, teils auf ganz persönliche und individuelle Assoziationen, Jugendeindrücke, Gewöhnungen u. dgl. zurückgeht; sodann aber wirkt, mit dem letzteren zusammenhän-
gend, gerade hier der ganze Bewußtseinszustand besonders
stark mit, wie er nicht bloß von der Stimmung des Augenblicks,
sondern weit darüber hinaus von dem Bildungsstand des einzelnen und dem Bildungsniveau ganzer Zeiten, Völker
und Bevölkerungsschichten abhängt und dadurch bedingt
ist. Allein trotzdem kann hier das Gefühl doch ganz anders
als beim sinnlich Angenehmen (darin liegt wohl die Bedeutung
und das Recht der Kantischen Anschauung) analysiert und
Urteilen zugrunde gelegt, in Urteilen dargelegt und durch
solche sogar begründet werden: aus dem Liebhaber wird
hier der Kenner und Sachverständige, aus dem Geschmacks-
urteil das Kunstgesetz, aus der Kunstform der Kunststil.
Und daher gibt es geradezu eine Wissenschaft des Schönen,
die Ästhetik. Ihr müssen auch wir hier das meiste überlassen.

---

[1]) Darüber s. J. Stilling, Die Psychologie der Gesichtsempfin-
dung 1897.

Damit wäre zugleich der passende Übergang vom ästhe=
tischen zum intellektuellen Gebiet gefunden, und es könnte
scheinen, als ob wir jenes nun verlassen könnten, da wir
zwei weitere Kapitel der Ästhetik an anderer Stelle, die
Phantasietätigkeit bei den intellektuellen Gefühlen, die
Kunst bei der Darstellung der Gefühlsäußerungen, noch zu
besprechen Gelegenheit finden werden.

Allein es fehlt noch etwas. Ein ästhetisches Paradoxon
liegt vor, daß uns Dinge, die an sich Unlust erregen und also
mißfällig sein sollten, ästhetisch Lust erregen und gefallen,
— Dummheit und Verkehrtheit im Komischen, Leiden und
Schmerz im Tragischen, zu Großes im Erhabenen. Von
diesen Begriffen, den sogenannten Modifikationen des
Schönen (oder wie Groos mit Recht lieber will: des Ästhe=
tischen), haben wir hier noch zu reden[1]).

Der Begriff des E r h a b e n e n hat schon im Altertum
die Ästhetik beschäftigt, in der neueren Zeit ist er von Burke
in den Vordergrund gestellt und in der deutschen Ästhetik
von Anfang an durch Kant und Schiller besonders fruchtbar
und erschöpfend behandelt worden[2]), so ist man über ihn
wie kaum **über** einen anderen ästhetischen Begriff im wesent=
lichen einig und klar. Was nennen wir erhaben? Bei=
spiele mögen es uns sagen: das unendliche Meer in seiner
erhabenen Ruhe, die grandiose Stille der hoch oben in der
tiefen Einsamkeit des ewigen Schnees gelegenen Alpenland=
schaft, den unendlich über uns sich wölbenden Sternen=
himmel; das brüllende, tobende Meer, wenn es Dämme
durchbricht und Schiffskolosse wie Nußschalen umherwirbelt,
das mutige Ringen des Menschen mit dem Schicksal sei es

---

[1]) Vgl. zum folgenden u. a. Th. L i p p s , Ästhetik, Erster Teil:
Grundlegung der Ästhetik 1903, S. 505 ff.

[2]) Eine Geschichte dieses Begriffes in Ästhetik u n d K u n s t ist durch
das schlechte Buch von S e i d l , Zur Geschichte des Erhabenheitsbegriffs
seit Kant 1889, erst recht zum Desiderat geworden.

in gigantischem Trotz oder in stiller Ergebung und Resigna=
tion, den Verzweiflungskampf einer untergehenden Nation,
die sittliche Höhe eines Menschen, der auf eine Krone ver=
zichtet, um sich selber treu zu bleiben und seine Pflicht treu
und einfach zu erfüllen; und in der Kunst die Darstellung
aller dieser Dinge, oder den himmelaufragenden, hoch sich
wölbenden Dom, die Majestät des olympischen Zeus, die
Erscheinung des Erdgeistes in Goethes Faust. Ohne Zweifel
ist allen diesen Beispielen eines gemeinsam, — eine das
gewöhnliche und normale Maß weit überragende Größe.
In diesem Sinne redet Kant von einem mathematisch Er=
habenen, dem er dann das dynamisch Erhabene als koor=
diniert zur Seite stellt, das nicht auf der Größe, sondern auf
der Kraft, auf einer das gewöhnliche Maß übersteigenden
Kraft beruhen soll, — jenes Sache des Erkenntnisvermögens,
dieses sich beziehend auf das Begehrungsvermögen, den
Willen. Doch glaube ich mit Ed. von Hartmann[1]) nicht, daß
sich dieser Unterschied festhalten läßt, wenn damit eine Art=
differenz bezeichnet werden soll: ein lediglich mathematisch
Erhabenes gibt es nicht; sofort assoziiert sich damit der Ge=
danke an eine Übermacht, an das unsere Kraft Übersteigende
und Überwältigende. Gerade darin sehen wir nun aber
nochmals das Mangelhafte der Formalästhetik, die ja ein
zu Groß wie ein zu Klein ohne weiteres perhorreszieren
müßte und darum ratlos vor dem Eindruck des Er=
habenen steht, das zunächst einmal ein Übergroßes, also
ein dieser formalen Betrachtungsweise Zuwiderlaufendes
und gegen sie Verstoßendes ist. Wie kann ein solches Über=
maß von Größe und Kraft trotzdem gefallen?

Wir nannten es ein Überwältigendes; überwältigt wer=
den aber ist stets unangenehm, peinlich, deprimierend.
Und so ist denn auch das erste im Gefühl des Erhabenen —

---

[1]) Ed. v. Hartmann, Die deutsche Ästhetik seit Kant, S. 381.

daran kann nicht gerüttelt werden — Unluft: nicht Furcht,
wie man schon gemeint hat, sondern ein Gefühl der Depression, des Überwältigtwerdens und nicht bewältigen Könnens,
das sinnlich begründet psychophysisch auf Spannungsge-
fühle zurückgeht. Bliebe man nun darin stecken, so würde der
Gegenstand nicht erhaben, sondern dann müßte sich die Unluft zum Eindruck des Grausigen, Entsetzlichen und Fürchter-
lichen steigern, und Abscheu, Furcht, Entsetzen nähmen unsern
Geist gefangen. Das kann bei Kunstwerken und Naturer-
scheinungen auch wirklich geschehen; bei Richard III. z. B.
fällt es nicht leicht, zum Gefühl des Erhabenen durchzudringen und den Eindruck des Entsetzlichen fernzuhalten;
und ebenso läßt auf der Höhe der Alpen inmitten der öden,
schweigenden Natur das bange Gefühl der unendlichen
Einsamkeit und Verlassenheit, der Angst und Beklemmung
nicht in jedem und nicht bei jeder Besteigung die Freude
an der Großartigkeit dieser Natur aufkommen, sie bleibt
uns zu groß.

Wodurch wird nun aber doch meist dieses Unluftgefühl
überwunden und wie kann ein ästhetisch Wohlgefälliges
daraus entstehen? Nur dadurch, daß jener ersten eine
zweite höhere Kraft gegenübertritt, die das Übermächtige
meistert, das Übergewaltige bewältigt, das Übermaß zum
Maß zurückführt. Und zwar muß diese siegreiche Macht
Fleisch von unserem Fleisch, Geist von unserem Geist sein;
denn nur so kann uns das Überwältigen des ersten Eindrucks
durch diese neu einsetzende Kraft Luft erregen. Daß wir den
Gedanken des Unendlichen fassen, uns der gewaltigen
Naturkraft gegenüber behaupten, mit dem Meer ins Unendliche hinaus uns weiten, mit dem Sturm um die Wette
fliegen und rasen können, daß wir als sittliche Menschen
doch noch stärker sind als das Schicksal, selbst da, wo es uns zer-
malmt, daß wir allen Versuchungen trotzen, daß wir auf
alles Glück verzichten können, — dieses Gefühl einer in

ihrer Endlichkeit doch unendlichen oder wenigstens als un=
endlich vorgestellten Kraft in uns, die dadurch doch fertig
wird mit jenem Übermaß von Größe und Kraft, erhebt
uns nicht nur über eine ganze Welt, sondern sozusagen über
uns selbst, d. h. eben über jene unsere eigene Endlichkeit,
imponiert uns und nötigt uns Achtung und Bewunderung ab.
Auch das ist ein Spiel, nur nicht das Spiel des tändelnden
Knaben, der Sandhäufchen schichtet, sondern das Kraft=
spiel des Athleten, das furchtbare Spiel dessen, der sein
Leben einsetzt („laßt, Vater, genug sein d a s g r a u s a m e
S p i e l !"). Dabei handelt es sich um Überwindung un=
überwindlich scheinender Schwierigkeiten, um die einheit=
liche Zusammenfassung dessen, was sich einer solchen Zu=
sammenfassung zuerst auf das allerheftigste zu widersetzen
schien: es ist der Triumph des Geistes über die Natur, über die
physische, aber rohe Kraft, über blindwirkendes Unvernünf=
tiges, über unsittlich Widervernünftiges, ist so recht ein
Schauspiel für Götter[1]), und daher eben das sich Hinausheben
und sich Hinausgehoben fühlen über das menschlich End=
liche zum göttlich Unendlichen.

Darum ist es aber doch wieder — damit muß ein nahe=
liegender Einwand abgewiesen werden — Nebensache, ob
ich selbst das Subjekt dieses Triumphes oder nur der Zu=
schauer desselben bin. Weil es Geist ist von meinem Geist
und Geist wie ich, der auch in dem anderen über jene Macht
siegt, deshalb fühle ich mich phantasiemäßig in das fremde
Erhabene hinein und freue mich an dem anderen und für
das andere, und damit doch zugleich für mich, indem ich
mein Ich um dieses fremde Ich und zu diesem fremden Ich

---

[1]) cfr. Seneca, dial. I, 2, 9: ecce spectaculum dignum ad
quod respiciat intentus operi suo deus, ecce par deo dignum,
vir fortis cum fortuna mala compositus, utique si et provocavit.
Non video, inquam, quid habeat in terris Jupiter pulchrius, si
convertere animum velit, quam ut spectet Catonem.

erweitere und feine Größe in mich auf= und hereinnehme.
Die Geistesmacht hat sich geoffenbart, und Geist bin auch
ich; der endliche Mensch hat schier unendliche Kraft ge=
zeigt, und ein solcher Mensch bin auch ich. Deshalb ist das
Erhabene dasjenige Ästhetische, welches am meisten geistig,
am wenigsten sinnlich ist: erhaben ist, wenn man tief unter
sich in wesenlosem Scheine läßt, was uns alle bändigt, das
Gemeine.

Ist es aber dann kein Widerspruch, z. B. von einer Land=
schaft zu sagen, sie selber sei erhaben? Ist das Erhabene
nicht vielmehr ein durchaus Subjektives, wie auch Kant
behauptet, „die wahre Erhabenheit sei nur im Gemüt des
Urteilenden, nicht in dem Naturobjekt?" Natürlich ist das
richtig; auch das Schöne ist nur in mir, durch meine innere
Nachahmung schön. Auf der anderen Seite aber haben wir
zu erkennen geglaubt, daß die Natur nicht notwendig als ein
Ungeistiges und Geistloses gedacht werden müsse, daß sie
vielmehr selbst Symbol eines hinter ihr liegenden „Riesen=
geistes", eines ihr innewohnenden Geistesmächtigen und
Unendlichen sei. So beruht auch das Erhabene, speziell
das Erhabene der Natur, auf jenem Prozeß der Einfühlung,
durch den die Zwiespältigkeit dieses Gefühls schließlich doch
überwunden und dasselbe zur Einheit zusammengeschlossen
wird; gerade in ihm offenbart sich das Göttliche in der Natur,
das doch nur als ein Erhabenes, als ein „Riesengeist"
gedacht werden kann.

Es wäre nicht uninteressant, den Begriff des Erhabenen
an seinen Gegensätzen noch deutlicher zu machen und ihm
innerhalb des Schönen das in seiner Kleinheit doch gefallende
Niedliche, innerhalb des Häßlichen das Gemeine in allen
den verschiedenen Bedeutungen dieses Wortes vom trivial
Alltäglichen bis zum brutal Niedrigen und ganz Abscheu=
lichen gegenüber zu stellen. Aber wir müssen uns begnügen,
dieses Gegensätzliche wenigstens genannt zu haben, und

gehen weiter zu dem zweiten der unſer Bedenken wach=
rufenden Begriffe, zu dem des T r a g i ſ ch e n.

Wir reden hier vom Tragiſchen als einer allgemein
äſthetiſchen Kategorie, nicht nur von ihrer ſpeziellen Anwen=
dung in der poetiſchen Gattung der Tragödie. Dieſe iſt ja
freilich das augenfälligſte und häufigſte Beiſpiel des Tra=
giſchen, auch hier für uns; aber ſie iſt doch nicht ſein einziges
Gebiet und ſeine einzige Erſcheinungsform. Niobe z. B.
— ich meine ihre Figur, wie ſie die griechiſche Plaſtik
dargeſtellt hat, iſt tragiſch, Laokoon iſt es nicht; die Nibe=
lungen ſind, obgleich ein Epos, tragiſch, und der Tod
Rüdigers iſt es in ganz hervorragendem Maß; auch in der
Geſchichte gibt es tragiſche Vorgänge, wie den Untergang
der Oſtgoten oder den der Staufer in ihrem letzten Vertreter
Konradin; ebenſo fehlt es im Leben der einzelnen, im
engen Kreis der Familie nicht an tragiſchem Geſchick,
Karl Stauffer[1]) endigte tragiſch; und ſelbſt in der Natur
kann man den Untergang einer ganzen Erdperiode tragiſch
nennen, wenn blühendes, kraftvolles Leben ein jähes
Ende findet.

Worin beſteht nun das Weſen des Tragiſchen?[2]) Was
ſonſt als Untergang und Tod, als Leiden und Schmerz Un=
luſt erregt, ſoll äſthetiſch wirken und Luſt ſchaffen: wie kann
es das? Hier liegt ein Problem. Zunächſt mag die Bezie=
hung zum Erhabenen erwähnt werden: das Tragiſche be=
darf, wie das auch Ariſtoteles[3]) für die Tragödie erkannt und

---

[1]) Vgl. das Buch von O. B r a h m , Karl Stauffer=Bern. 6. Aufl.
1907.

[2]) Vgl. Th. L i p p s , Der Streit über die Tragödie 1892, und
ſeinen Streit mit D. V a l e n t i n in d. Ztſchr. f. vergl. Literaturgeſch.
Bd. V; jetzt auch ſeine Grundlegung der Äſthetik; vor allem aber
J. V o l k e l t , Äſthetik des Tragiſchen 2. Aufl. 1906 und ſein Syſtem der
Äſthetik, 2. Bd. 1910 S. 293 ff.

[3]) Ariſtoteles, περὶ ποιητικῆς 1449 b 24: μίμησις πράξεως
σπουδαίας καὶ τελείας μέγεθος ἐχούσης.

anerkannt hat, einer gewissen Größe, die das Mittel= und
Durchschnittsmaß übersteigt, und schon insofern könnte man
von allem Tragischen sagen, es müsse etwas von Erhaben=
heit an sich haben, während natürlich nicht umgekehrt alles
Erhabene tragisch zu sein hätte. Worin liegt dann aber das
Spezifische der Tragik? Zunächst wird man es am kürzesten
und einfachsten in der Lösung eines Konflikts durch Unter=
gang suchen dürfen. Aber nicht jeder Konflikt eignet sich
zur Hervorrufung eines Tragischen, und nicht jede Form des
Untergangs bringt es zur Wirklichkeit. Wie muß also zu=
nächst einmal der Konflikt beschaffen sein? Es ist ein
Großes und Kraftvolles, das in Konflikt gerät, also, da es
sich in der überwiegenden Zahl der Fälle um Menschen
handelt, können wir a parte potiore sagen: es ist ein
Held, ein Mensch in all seiner Dynamis, mit seiner Kraft, mit
seinem Wollen und Streben, und es ist das volle Einsetzen
dieser seiner Kraft, das nur möglich ist, wo Glauben an das
eigene Recht, wo Pathos vorhanden ist. Wo ich aber so
kraftvoll mich rege und meinen Willen so energisch durchzu=
setzen suche, da treffe ich notwendig zusammen und gerate in
Konflikt mit anderen Willen, mit anderen Mächten, und im
Kampf gegen diese mich behauptend werde ich im Glauben
an das Recht meines Kämpfens und Strebens leidenschaft=
lich. Darin besteht die Schwierigkeit, ja Unmöglichkeit, den
Konflikt friedlich zu lösen.

Hier setzt die Frage der tragischen Schuld ein: Muß der
Held schuldig sein oder werden? Die Beantwortung dieser
Frage hat stets die größten Schwierigkeiten geschaffen, ins=
besondere bei der Beurteilung der Tragödie. Man darf ja
nur spezialisieren und fragen: War Antigone, war Emilia
Galotti, war Ödipus schuldig? Denken wir an das,
was die Griechen Hybris nannten, so liegt, könnte man mei=
nen, in diesem Worte schon und in seiner Anwendung auf
tragische Helden die Bejahung der Frage. Allein Hybris ist

11*

Überhebung unter anderem auch eines Glückes, das auf ethisch rechtmäßigem Wege zustande gekommen ist und dennoch „den Neid der Götter" herausfordert und den Untergang der allzu Glücklichen herbeiführt. Oder aber man erinnere sich an alles das, was wir unter dem Namen „Schicksalstragödie" zusammenzufassen pflegen, um zu erkennen, wie schwer es ist, die Forderung einer vorhandenen Schuld festzuhalten. Warum eine solche für den Eindruck des Tragischen notwendig erscheint, liegt auf der Hand: der Untergang des Helden hat etwas Drückendes, Betrübendes, Peinigendes, daher muß er motiviert sein, damit er erträglich und damit er lustvoll werde. Ethisch scheint er aber nur dann motiviert, wenn er als Strafe für eine begangene Schuld aufgefaßt werden kann und dadurch mein Gerechtigkeitsgefühl befriedigt wird.

Nun darf eine Motivierung des Unterganges freilich nicht fehlen. Nur daß man sie im Begriff von Schuld und Strafe viel zu äußerlich-juristisch und viel zu einseitig moralisch faßt. Vielmehr handelt es sich auch hier um jenen Glauben an das unbedingte und absolute Recht eines Willens und Strebens, der stets ein Zuviel ist; denn im Endlichen ist alles relativ, also auch das Recht des Willens; wer das verkennt oder es auch nur durch sein Schicksal, seine Art zu existieren zu verkennen scheint, setzt sich damit in Widerspruch mit der Vernünftigkeit des Endlichen, die eben in der Anerkennung dieses seines Charakters als eines bloß Relativen besteht; das scheinbare Übermaß des Glückes, das die Höhe eines Unendlichen anzunehmen droht, die Sicherheit der Existenz, die eine absolute zu sein sich den Anschein gibt, das Pochen auf sein Recht, das den anderen als ein uneingeschränktes entgegentritt, wird objektiv betrachtet zu einer Schuld, zu einem unberechtigten Hinausstreben des Endlichen über die ihm gesetzten notwendigen Schranken. Das ist objektive Schuld, die somit allerdings im Tragischen un-

entbehrlich ist. Aber auf der anderen Seite — wer Großes
in der Welt durchsetzen, groß sein und Großes erreichen
will, der kann in diesem Augenblick und in dieser Beziehung
jedenfalls nicht an jenes Moment der Relativität denken,
er handelt mit und heraus aus dem Pathos eines unbedingten
Glaubens an sich und seine Sache, er läßt die Schranken des
Endlichen hinter sich, fühlt unendliche Kraft in sich und hält
sich für den Träger der Weltgeschichte, für das Organ des
Weltgeistes selbst. In diesem Glauben an sein absolutes
Recht handelt er, und handelt er subjektiv völlig unschuldig.
So steht der Held schuldig-unschuldig in einem unvermeid-
lichen und unlöslichen Konflikt; und wenn es kein Held,
sondern etwa ein Stück Natur ist, dessen Untergang wir
tragisch nennen, so ist es nur wieder jener Akt der Einfühlung,
der die Anwendung des Begriffs auch auf dieses scheinbar
Tote und Unlebendige ermöglicht.

Nun aber der unvermeidliche Untergang, weil der Konflikt unlöslich ist und der Sieg natürlich nicht tragisch wäre.
Dieser Untergang ist meist der physische Tod; meist, doch
nicht ausnahmslos. Eine der großartigsten Tragödien
Grillparzers, Medea, endigt ohne einen solchen: „Trage!"
sagt Medea zu Jason, „dulde! büße! Ich geh',
und niemals sieht dein Aug' mich wieder." Man kann an
Selbstmord denken, man muß es nicht, die Charaktere sprechen sogar dagegen: Jason ist zu feig, Medea zu starr
dazu. Aber vernichtet sind sie doch beide, nicht physisch, aber
moralisch, ihr Glück, ihr Dasein, das Menschenwürdige
ihrer Existenz — mit alle dem ist es aus für immer. Not-
wendiger als der physische Untergang oder der Tod ist für
den Eindruck der Zusammenhang des Untergangs mit dem
Konflikt: er darf kein zufälliger sein, wie der Tod des Pyrrhus in Argos, kein anders motivierter, wie der an Maria
Stuart vollzogene Justizmord. Im übrigen aber kann er
recht verschiedenartig gestaltet, kann ebensogut wirklich oder

nur vorgestellt sein. Wo das Zufällige nicht so direkt auf der Hand liegt, wie bei dem auf Pyrrhus herabfallenden Ziegel= stein, kann ich mir im Hintergrund eine dunkel wirkende Schicksalsmacht oder einen vergeltenden und gerecht abwä= genden Gott denken, der den Blitzstrahl lenkt und als deux ex machina selbst in die Aktion tritt. Oder aber — und das wirkt am gewaltigsten — wir sehen, wie die Überhebung und Leidenschaft des in gutem Glauben handelnden Subjekts direkt Folgen nach sich zieht, die es fällen und zu Fall bringen müssen, so bei Wallenstein[1]) in der Schicksals=, bei Egmont in der Charaktertragödie.

Und nun ist die Hauptfrage zur Beantwortung reif: wie wirkt das Tragische ästhetisch? Konflikt ist Widerspruch, Untergang ist Tod oder Vernichtung, und beide, vollends nicht an dem nächsten Besten, sondern an einem kraftvollen Helden in der Fülle seines Daseins anschaulich sich voll= ziehend, sind Momente, die Unlust erregen müssen; und denn= noch, das Tragische gefällt, es erregt Lust, nicht Unlust. Warum? Zunächst, es ist kein Einfaches und Einheitliches, sondern es schließt mit Notwendigkeit eine Reihe von Mo= menten in sich: es gibt komische Anekdoten, komische Epi= gramme, aber keine tragischen Anekdoten oder tragischen Epigramme; das Tragische braucht Zeit zur Entwicklung und Entfaltung, es ist ein reiches Mannigfaltiges; daher stellt sich mit Notwendigkeit ein Wechsel der Stimmungen und Gefühle dabei ein. Der Beginn ist lusterregend: das kraftvolle sich Regen, das machtvolle Aufstreben; weswegen selbst energische und kühne Verbrecher auf Augen=

---

[1]) Darüber vgl. m e i n e n Aufsatz „Freiheit und Notwendigkeit in Schillers Dramen", im Marbacher Schillerbuch von 1905, S. 32—41. Da ich von einem „intelligibeln" Selbst und einem „überindividuellen Bewußt= sein des Helden" nichts weiß, so konnten mich die Gegenbemerkungen von R. P e t s c h in seinem gleichnamigen Buch (1905) natürlich nicht überzeugen.

blicke einen luftvollen Eindruck machen können. Kraft aber
zeigt sich am schönsten und großartigsten im Kampf, also
bedarf es auch darum des Konfliktes. Doch der Knoten schürzt
sich, der Konflikt erweist sich als unlösbar, ein Teil muß
untergehen; und zwar geht — nicht notwendig, aber fast
immer — derjenige Teil unter, dem wir unsere Sympathie
zugewendet haben, dem wir den Sieg wünschen. Erregt
der Konflikt unsere Spannung, die jedenfalls Unluft in sich
schließt (Angst und Furcht für den Helden), so löst das Ende
diese Spannung, darin liegt unter allen Umständen etwas
Lösendes, Befreiendes, also ein Moment der Luft. Aber
nun die neue und — sollte man denken — weit heftigere
Unluft über den Untergang des von uns Bevorzugten
(Schmerz und Mitleid). Hiergegen fällt nun aber dreierlei
kompensatorisch in die Wagschale. Einmal: der Untergang
erscheint uns zwar t r a u r i g, aber als eine traurige
N o t w e n d i g k e i t, als ein Akt der immanenten, vor
allem der sittlichen Weltordnung, daher das Gefühl der
Befriedigung und Erhebung: so wie es gekommen ist, ist
es zwar namenlos traurig, aber doch recht und gut, vernünf=
tig und wohlmotiviert; es ging, wie es gehen m u ß t e.
Und das befriedigt nicht nur unseren Verstand, sondern
auch unser Gerechtigkeitsgefühl. Fürs zweite aber, wie ver=
hält sich d e r H e l d selbst in und zu seinem Untergang?
Auch er erkennt wie wir das Ordnungsmäßige an, und in=
dem er einsieht, daß es so kommen mußte, sieht er darin
kein Unglück mehr. Wenn sein großes Wollen scheitert,
was hätte die Weiterexistenz für ihn noch Zweck und Wert?
Sein Leben ging auf in dem, wofür er seine ganze Kraft ein=
gesetzt hat; mit dem Zweck wird auch das Leben für ihn wert=
los und hinfällig, daher stürzt er sich in das Schwert oder ins
Kampfgewühl, oder er erträgt mit Resignation und Ruhe,
sogar mit Freuden das Äußerste und Letzte. So zeigt er sich
stärker als Leiden und Tod, steht erhaben über seinem

eigenen Untergang, siegreich, triumphierend dem Tod und
dem Leiden gegenüber, dem er nun am Ende zurufen kann:
Tod, wo ist dein Stachel? Hölle, wo ist dein Sieg? Dadurch
zeigt er sich nochmals als Held, diesmal als Held und Sieger
im tiefsten Leiden, im Untergang selbst. Das ist ein erhabenes
Schauspiel, ein Schauspiel für Götter. Hier erhebt sich der
sterbliche Mensch in seiner Götterstärke, überwindet das Los
alles Endlichen, den Tod, und erweist sich damit als Inhaber
unendlicher Kraft. Und indem wir uns in den Helden ein-
und mit ihm zusammenfühlen, werden wir selbst auch zu
Siegern und zu Überwindern. So wirkt das Tragische als
ein Erhabenes allerersten Ranges. Endlich aber und zum
dritten ist dieser Untergang auch noch in anderer Beziehung
das Gegenteil einer Niederlage oder kann es doch sein. Der
Held fällt als Träger einer Idee, eines großen
Wollens und Strebens. Dafür hat er alle Kraft eingesetzt,
da müßte es doch seltsam zugehen, wenn davon gar nichts
zurückbliebe, wenn er sich nicht Freunde, Bundesgenossen,
Schüler und Jünger gewonnen hätte. In ihnen lebt sein
Bestes fort, sie sind von ihm dafür begeistert, davon erfüllt
worden; und der Same den er ausgestreut hat, muß nun
erst recht aufgehen nach dem Gesetz, daß Same von Ideen,
gedüngt mit dem Blute des Martyriums, besonders kräftig
sproßt, daß die Bluttaufe die wirksamste Taufe ist. Scheiden
wir mit diesem Glauben an das Fortleben dessen, was groß
gewollt war, so ist's gut; und doppelt gut, wenn der Held
selbst in diesem Glauben an die Unsterblichkeit seiner Sache
dahin ging. Wenn das allzusehr betont wird, so kann, wie
bei einem der von Nietzsche geplanten Schlüsse seines „Zara-
thustra", die Tragödie geradezu aufhören tragisch zu sein.
Wo uns dagegen dieser Glaube zerstört oder unmöglich gemacht wird, wie z. B. am Schluß von Goethes Götz, da überwiegt die Unlust, da wird das Tragische zum tief Traurigen und Herben, die tragische Stimmung wird zum bitteren,

unversöhnlichen, schneidenden Schmerz. Daher wünschen
wir in der Tragödie, daß zum Schluß diesem Glauben, dieser
Hoffnung irgendwie Ausdruck gegeben werde, daß ein
Hoffnungsstrahl hereinblicke in die Nacht des dunklen tra=
gischen Verhängnisses; unter dem versöhnenden Blinken
dieses Sternes, unter dem tröstlichen Ausblick in eine bessere
Zukunft gehen wir dann getröstet und versöhnt, gehoben
und gereinigt, also befriedigt davon.

Es wäre leicht, von hier aus zum Begriff des Rührenden
weiter zu kommen und zu zeigen, wie sich ins Tragische
leicht rührende Züge mischen und wie auch diese dazu bei=
tragen, den tragischen Schmerz zu mildern und zu lösen.
Aber wir dürfen uns nicht allzu tief in das ästhetische Ge=
biet hineinwagen, sondern wollen nur noch hinzufügen, daß
dieser typische Durchschnitt durch die Welt des Tragischen
und die unendliche Mannigfaltigkeit seiner Formen und Ge=
stalten natürlich von jedem Tragiker in seiner individuellen
Weise variiert wird und einzelne Elemente desselben bald
einseitig stark betont werden, bald ganz zurücktreten können.
Das zeigt uns Volkelt's „Ästhetik des Tragischen", wo eben
diese Welt der tragischen Formen in ihrer Vielgestaltigkeit
vor uns ausgebreitet wird.

Wir aber gehen zum letzten der ästhetischen Begriffe weiter,
die uns ein Problem zu lösen aufgeben, zu dem des K o m i =
s c h e n[1]. Man könnte zum Verständnis desselben ausgehen

---

[1] Auch hier wieder sagt manches Gute Th. L i p p s, Psychologie
der Komik, in d. philos. Monatsheften Bd. 24 und 25 und in der „Grund=
legung der Ästhetik" S. 575 ff. Dazu vgl. seine Schrift über „Komik
und Humor" 1898, worin er auch meine Theorie des Komischen auf S. 27ff.
besprochen und kritisiert hat. Nach ihm ist komisch „das Kleine, das sich
wie ein Großes gebärdet, dazu aufbauscht, die Rolle eines solchen spielt,
und dann doch wiederum als ein Kleines, ein relatives Nichts erscheint oder
in ein solches zergeht; zugleich ist wesentlich, daß dies Zergehen plötzlich
geschieht." Ich halte dies für eine sehr gute Beschreibung einer A r t des
Komischen, aber nicht des Komischen überhaupt und alles Komischen. Wenn
daher O. S c h a u e r, Über das Wesen des Komischen (Archiv f. d. ges.

wollen von einem Allgemeineren, von dem Lächerlichen,
von dem ja das Komische, sofern es Lachen hervorruft, nur
ein Spezialfall ist. Allein das Lachen bedarf in einem späteren
Abschnitt selbst erst noch eines Wortes der Erklärung und
hat vielleicht eine solche in befriedigender Weise überhaupt
noch nicht gefunden, so daß der Versuch, das Komische durch
das Lächerliche begreifen zu wollen, nichts anderes wäre
als die Rückführung eines Dunkeln auf ein noch Dunkleres;
nur etwa das Stoßende und Intermittierende dieser Zwerch=
fellerschütterung können wir vorläufig ad notam nehmen.
Dagegen dürfen wir an das Tragische anknüpfen. Daß
dieses mit einem gewissen Unlogischen und Unvernünftigen,
mit der Nichtanerkennung der Relativität alles Endlichen
anhebt, haben wir gesehen. Und ein solches Unlogisches
und Unvernünftiges steckt von Anfang an auch im Komischen.
Aber alsbald auch hier der Einwurf: wie kann Unlogisches
und Widerspruchsvolles gefallen? Zunächst — der Wider=
spruch braucht ja auch hier kein bleibender zu sein, er kann
sich auflösen. Sodann sind die Glieder desselben, um die es
sich im Komischen handelt, nicht groß, nicht bedeutend,
wie beim Tragischen, von Erhabenheit ist hier keine Rede; son=
dern es ist ein Kleines und Unbedeutendes, daher kann auch
der Schaden, den die Unvernunft anrichtet, unter keinen
Umständen groß sein. Endlich braucht jenes Unlogische gar
nicht so auf der Oberfläche zu liegen, es kann vielmehr für
eine Weile den Schein des Logisch=Vernünftigen annehmen;
oder es kann umgekehrt der Widerspruch n u r oberflächlich
sein und sich dahinter ein tieferer Sinn verbergen, der uns
interessiert und in seinem Kontrast zu der anfänglich sich

Psychologie Bd. 18) sagt: „Überall, wo diese Theorie erwähnt wird,
wird sie als die beste Lösung des Problems anerkannt", so trifft das auf
mich nicht zu. Vielfach berühren sich mit meinen Darlegungen die Kapitel
über das Komische in V o l k e l t s System der Ästhetik, 2. Bd. S. 343 ff.

zeigenden Nichtigkeit belustigt[1]). Nach diesen drei Richtungen
hin müssen die Lustmomente des Komischen zu suchen sein;
sehen wir also zu.

Das erste ist der Widerspruch gegen die Vernunft, der als
solcher natürlich nicht Lust erregend wirken kann. Diese stellt
sich erst ein, wenn der Widerspruch, die Unvernunft ad absurdum geführt wird und sich als widersprechend und unvernünf=
tig herausstellt. Das Unvernünftige ist zweckwidrig. Aber
damit ist die Unlust ja nur verdoppelt. Damit dies nicht der
Fall sei, ist zunächst notwendig, daß die zu Tage tretende
Zweckwidrigkeit keine bedenkliche, daß der Schaden, der aus
dem Widerspruch entsteht, kein großer sei und nicht unser
Mitleid errege; von Leiden darf überhaupt keine Rede sein,
jedenfalls darf uns ein solches nicht zum Bewußtsein kommen.
Dann ist die ganze Sache ein unbedeutend Nichtssagendes
(hat nichts zu sagen, hat nichts auf sich), statt Ernst ist alles
was daraus resultiert, nur Scherz und Spiel und Spaß.
Allein die Hauptsache, das Positive ist natürlich damit noch
nicht getroffen[2]). Es muß auch j e m a n d da sein, der diesen
Widerspruch zunächst nicht bemerkt, ihn hinnimmt und sich ihm
gegenüber geriert, als läge überhaupt kein Widerspruch vor, als
wäre alles in bester Ordnung und das Unvernünftige durch=
aus vernünftig. Indem aber nun die Zweckwidrigkeit in
die Erscheinung tritt und sich — plötzlich — herausstellt,
wird das Unvernünftige diesem Jemand ad oculos demon=
striert, für ihn ad absurdum geführt, und so enthüllt sich mit

---

[1]) Diese zweite Möglichkeit wäre durch die Theorie von L i p p s
ausgeschlossen.
[2]) Dieser Satz und seine Fortsetzung fand sich schon in den früheren
Auflagen des Buches; trotzdem sagt L i p p s , Komik und Humor, S. 28:
mit dem Voranstehenden „ist für Ziegler die Komik erklärt". Nein, sondern mit dem folgenden, damit, daß die Unvernunft ad absurdum
geführt, die Negation der Vernunft negiert, ihr Recht durch den kleinen
Schaden wieder hergestellt wird: das ist der Grund der Freude daran
und des Jubels darüber.

einem Stoß und Chok der Widerspruch eben dadurch und
damit, daß er aufgehoben und in seiner Unschädlichkeit er=
kannt wird: auch hier wird die sittliche oder logische Welt=
ordnung im Kleinen wiederhergestellt, so etwas wie eine
„Schuld" bestraft. So haben wir nun alles gewissermaßen
in einem: den Schein der Vernünftigkeit, das sich blitz= und
schlagartig enthüllende Unvernünftige, seine Auflösung, in=
dem es sich in seinen Folgen als zweckwidrig herausstellt,
und die Erkenntnis, daß diese Folgen ohne erheblichen
Schaden, also nicht ernsthaft, sondern nur spaßhaft zu nehmen
sind.

Sind nun jener Jemand wir selber, so lachen wir eigent=
lich doppelt — über das Objekt, an dem sich dieser Prozeß
vollzogen hat, und über uns selbst, die wir dadurch einen
Augenblick in Spannung versetzt, davon düpiert worden sind.
Das Häufigere aber ist ein anderes, und dadurch erhöht sich
die Komik, der Eindruck des Lächerlichen, die Lust und das
Wohlgefallen. Den Schein des Vernünftigen hat die Sache
nur für das Objekt (Mensch oder Ding), das darin befangen
sich geriert, als wäre alles in bester Ordnung und deshalb
von dem Widerspruch selbst nichts merkt; dagegen bemerken
w i r ihn und sind gespannt, wie es geht. Und nun spielt
sich alles ab, wie vorhin: Schlag auf Schlag entpuppt sich
der Widerspruch, tritt das Zweckwidrige zutage; der andere
hat den Schaden davon, der aber klein genug ist, um uns
nicht zum Mitleid zu reizen, sondern der ihm nur seine Un=
vernunft zum Bewußtsein bringt; und so lachen wir über ihn
und lachen ihn aus. Warum nun der Jubel und die Lust?
Einmal, weil er es nicht gemerkt hat; und er war doch dazu
verpflichtet, da er der Nächste dazu, mehr als wir, die bloßen
Zuschauer, in der Sache drin war und sie also hätte durch=
dringen und durchschauen können und sollen: deswegen ge=
schieht es ihm ganz recht, daß seine verschuldete Unvernunft
ihm den kleinen Schaden gebracht hat. Es vollzieht sich an

ihm nur das Recht der Vernunft, die Strafe für die Unver=
nunft, und das befriedigt uns. Fürs zweite aber, er hat es
nicht gemerkt, aber w i r , wir sind also klüger, vernünftiger
als er, und das tut uns wohl: ein Gefühl der Befriedigung
und Genugtuung über die eigene Vernünftigkeit, Klugheit
und Klarheit, ein Gefühl der Überlegenheit, der Erhebung,
um nicht zu sagen: der Überhebung, überkommt uns, wir
lachen ihn aus. So ist in der Tat die Summe der Lustmomente
im Komischen nicht klein, wenn sie auch nicht alle ästhetisch
im engeren Sinne des Wortes sind. Daher ist der Dumme
und das Dumme komisch, und so ist z. B. das deutsche Volk
mit dem Teufel fertig geworden, indem es ihn zum dummen
Teufel machte, über den es ein Recht hatte zu lachen. Weil
wir aber gelegentlich alle dumm sind, so liegt im Lachen
über die Dummheit soviel Befreiendes und Erlösendes,
und es liegt darin auch das Gegengewicht gegen das Über=
hebliche des Auslachens. Das ist der Humor der Sache; doch
vom Humor reden wir besser später besonders.

Wie stimmt aber zu dieser Erklärung des Komischen,
daß uns auch Nicht=Handelndes, Ruhendes, eine Gestalt,
ein Gesicht komisch berührt, z. B. das dumme Gesicht eines
Schauspielers, mit dem er plötzlich auf der Bühne vor uns
hin tritt und durch das er uns, ohne daß er ein Wort spricht,
zum ausgelassensten Gelächter hinreißt? Man kann hier
an den Widerspruch denken zwischen seinem gewöhnlichen
Gesicht und dem, das er jetzt macht; oder noch besser an die
überraschende Unvernunft, daß der Mensch mit einem solchen
Gesicht vor ein Haus voll Zuschauer zu treten wagt und
sich nicht schämt, sich damit öffentlich zu zeigen; die Lösung
aber ist in diesem Falle — unser Gelächter, durch das wir
ihm den Widerspruch klar machen und ihn auflösen. Ähnlich
wirkt ein plumpes Tier täppisch, komisch: es scheint uns im
Widerspruch zu stehen mit dem Gattungstypus und mit den
Zwecken des Tierischen überhaupt, dadurch erscheint uns

der Widerspruch wie ein verschuldeter. Aber es benimmt sich dabei doch so, als ob alles in Ordnung wäre, als voll- und gleichberechtigt mit den anderen; und nun stellen wir uns vor, wie es durch diese Plumpheit in Schwierigkeiten und Verlegenheiten gerät, und freuen uns, wie dabei die Unvernunft seiner Gestalt ad absurdum geführt wird. Oder wir lachen über das Kind und wir lachen über den Erwachsenen, wenn sie zu Boden fallen. Jenes, denn das Kind benimmt sich so berechtigt, so egoistisch, so erwachsen, und es ist doch noch so unfertig, ist noch so sehr auf andere angewiesen; es ist also unvernünftig; aber es ergeht ihm auch darnach: der sich so erwachsen dünkende kleine Kerl liegt im nächsten Augenblick auf der Nase und heult. Und der Erwachsene, wenn er fällt, er, der sich eben noch so sicher, über Kinderschicksal so erhaben dünkte, er kommt in diese selbe hilflose Situation, und das wirkt komisch, weil ja hoffentlich der Schaden nicht groß ist; hat er sich aber ernstlich wehe getan, so kommt das Mitleid, und die Komik hat rasch ein Ende.

In diesem Mitleid oder Nicht-Mitleid steckt zugleich auch das stark Individuelle der Komik. Ob wir den Schaden für erheblich oder unerheblich halten, das hängt von allerlei ab. Zunächst vom Bildungsgrad des Zuschauers: manches, was dem Gebildeten sehr erheblich deucht, als körperlicher Schmerz, als Ehrenkränkung, ist es für den Ungebildeten nicht ebenso; die Volksposse endigt meist mit Prügeln. Deshalb wirken auch Verkrüppelung, Mißgestalt, abnorme Häßlichkeit, Geisteskrankheit auf den Ungebildeten leicht komisch, weil er den Schaden, das Unglück, den Jammer, die Tragik solchen Geschicks nicht übersieht und in seiner Tiefe zu erfassen vermag. Weiter kommt aber auch unsere jeweilige Stimmung in Frage: wir sind heute für solchen Schaden empfindlicher und feinfühliger als morgen, haben heute ein Ohr und ein Auge dafür und morgen nicht. Namentlich macht es einen Unterschied, ob sich die Sache in der Wirklichkeit abspielt oder auf der Bühne. Hier können wir vieles ertragen, betrogene Ehemänner, geprellte und widerrechtlich behandelte Geizhälse, um Ehre und Reputation gebrachte Dummstolze u. dgl.: das Komische ist hier typisch, und von dem Schaden wird, halb mit Bewußtsein, abstrahiert, weil ja doch nur alles Schein und Illusion, wirklich nur ein „Problema" ist; man denke z. B. an Molières L'avare, oder umgekehrt an Shakspeares Shylock, den er komisch empfunden hat, während wir ihn tragisch nehmen.

Auf solchen Gegensätzen beruht zum Teil der Unterschied des Derbkomischen und Possenhaften von dem Feinkomischen. Doch nicht darauf allein: er liegt auch im Konflikt und im Widerspruch selbst. Dort ist er grob, plump, springt in die Augen, und es gehört eine große Portion Dummheit und Dickfelligkeit dazu, daß es der Beteiligte nicht merkt, wie unvernünftig er sich anstellt: möge er also auch derb dafür büßen! Das Feinkomische dagegen besteht vor allem in der Feinheit des Konfliktes, in dem großen Schein von Vernünftigkeit, der anfangs auch uns täuscht und uns höchstens ahnen läßt, daß doch nicht alles in Ordnung sei, und dann in dem Überraschenden, wenn nun die Unvernunft sich enthüllt, unsere Ahnung sich bestätigt und auf die anmutigste und heiterste Weise das Unvernünftige ad absurdum geführt und die Bestrafung auch von den Beteiligten mit Grazie und gutem Humor hingenommen wird, weil sie selbst das Recht der Lösung anerkennen müssen. Trefflich macht solche Unterschiede Vischer[1] klar: „Die Bauern lachen über den Hanswurst, ein Pedant lacht über das Lachen der Bauern und ein wirklich Gebildeter über dieses Verlachen des Lachens."

Das Komische wirkt wesentlich auf oder eigentlich richtiger durch den Verstand, es wirkt als ein Widerspruchsvolles, Unlogisches, Unvernünftiges, daher könnte man geradezu

---

[1] Vischer, Ästhetik oder Wissenschaft des Schönen. 1. Teil § 182.

sagen, sein Objekt sei stets die Dummheit. Das gilt in ge=
wissem Sinn auch vom Witz; allein von ihm ist ähnlich wie
von der Kunst erst zu reden, wenn wir von der Äußerung der
Gefühle handeln; denn Witze werden g e m a ch t. Dagegen
zeigt uns die Auseinanderfaltung der durch das Komische
erweckten Gefühle, daß wir hier auf einem Grenzgebiet
angekommen sind: wo von Vernunft und Logik die Rede ist,
da hat sich das Ästhetische in ein Intellektuelles verwandelt,
deshalb hätten wir davon auch erst in dem neuen Abschnitt
reden können, zu dem wir nun übergehen, in dem Abschnitt
von den intellektuellen Gefühlen. Aber solche Grenzbegriffe
behandelt man doch am besten da, wo sie sich mit anderen zu=
sammenfassen lassen, und so durfte das Komische als die am
meisten intellektuelle Modifikation des Ästhetischen von
den übrigen Modifikationen desselben doch nicht losgelöst
werden. Nun aber weist es uns über dieses ganze Ge=
biet hinaus.

c) Die intellektuellen Gefühle[1]).

Alle Prozesse des Denkens sind von Gefühlen begleitet.
Dieser Satz scheint auf den ersten Blick überraschend, ist es
aber richtig verstanden weniger als der umgekehrte, daß
„Lust und Unlust stets an Erkenntniselemente gebunden"
seien. Auf seiner untersten Stufe als Empfindung wächst
das Erkennen ganz direkt aus dem Gefühl heraus; jeder
Nervenreiz kommt uns zunächst und zuerst in Gefühlsform
und, soweit er Gefühl wirkt, durch Gefühl zum Bewußtsein.

---

[1]) Von ihnen handelt jetzt sehr ausführlich Heinrich M a i e r , Psycho=
logie des emotionalen Denkens, 1908; auch R i b o t , la Logique des
sentiments (1905) gehört hierher; ebenso ein Aufsatz von M e i n o n g
über Urteilsgefühle (Archiv f. ges Psych. Bd. VI, S. 22 ff.); und was
W i t a s e k a. a. O. von den „Wissensgefühlen„ sagt. feiner als sie alle
aber spricht darüber G. H e y m a n s , Die Psychologie der Frauen 1910,
besonders in dem Abschnitt über die Intelligenz S. 97—184.

Wenn dann das Gefühl durch häufige Wiederkehr sich ab=
stumpft, wird die Empfindung nur noch bemerkt und von
uns abgelöst auf die Objekte, auf Gegenstände außer uns
übertragen. Dann heißen wir sie eben Empfindung im enge=
ren Sinn, wobei wir übrigens genauer Empfindungskom=
plex sagen müßten; denn immer haben wir es mit einer
Mehrheit, einem Beisammen von Empfindungselementen zu
tun. Wenn wir aber die Übertragung der Empfindung auf
Dinge außer uns vollzogen haben, dann reden wir über=
haupt nicht mehr von Empfindungen, sondern von War=
nehmung und wahrgenommenen Dingen. Aber auch bei diesem
Übergang zur Wahrnehmung spielen Gefühle eine Rolle.
Das erste, was zu dieser Objektivierung nötig ist, ist die
Erinnerung. Der ursprüngliche Gefühlston löst Bewegungen
aus, und jede Bewegung hinterläßt körperliche „Spuren",
d. h. die Disposition, das nächste Mal dieselbe Bahnevor=
zugsweise wieder einzuschlagen (Einübung). Kommen nun
dieselben Empfindungskomplexe wieder und immer wieder,
so werden sie eben an dem Gefühl des leichteren (weil durch
jene Dispositionen begünstigten und bevorzugten, in aus=
geschliffenen Bahnen vor sich gehenden) Ablaufes als dieselben
wiedererkannt und so als alte Bekannte begrüßt; daher die
Freude der Kinder am Wiedererkennen früher gesehener
Objekte. Ebenso beruhen auch die weiteren Komponenten
der Wahrnehmung, die Lokalisation und Projektion, mit
auf Gefühlen. Man denke z. B. an das Bestimmen der
Dimension mit Hilfe von Spannungs= und Muskelgefühen;
und auch Lotzes Lokalzeichen haben wir als durchaus ge=
fühlsmäßige Nuancierungen je nach dem terminus a quo
zu denken.

Spielt so schon beim Akt der Wahrnehmung, zumal wenn
man das phylogenetische Moment hinzunimmt, das Ge=
fühl eine wichtige Rolle, so ist dies noch mehr der Fall bei
der Reproduktion des Wahrgenommenen, bei den Vor=

stellungen im engeren Sinn[1]), und bei der Art, wie diese
hervorgerufen werden. Physiologisch dürfte sich der Vor=
gang des Vorstellens nicht wesentlich unterscheiden von dem
der Wahrnehmung, nur daß die Erregung des Großhirns
dabei nicht durch äußere Reize, sondern durch zentrale Vor=
gänge und darum meist schwächer, im übrigen aber, jedenfalls
teilweise, sogar in denselben Nervenbahnen und Nerven=
parzellen ausgelöst wird. So ist denn auch der Effekt der=
selbe, die Entstehung eines Bildes; aber weil sich dieses nicht
als von der Peripherie herkommend ankündigt, unterbleibt
die Projektion, das Bild wird als b l o ß e s B i l d erkannt
und angesehen: man nimmt die Dinge nicht wahr, sondern
man stellt sie sich bloß vor und bildet sie sich ein. Dabei gilt
das Gesetz, daß alles, was einmal wahrgenommen und em=
pfunden worden ist, auch reproduziert, erinnert werden
k a n n (nicht muß); und man wird geneigt sein, rasch weiter
zu gehen und zu sagen, daß die am meisten gefühlsbetonten
Empfindungen dazu die meiste Aussicht haben, dafür die
beste Gewähr bieten werden. Was sich einmal mit Energie
im Geistesleben geltend gemacht hat und, psychologisch
ausgedrückt, siegreich durch die enge Pforte des Bewußt=
seins in dieses eingedrungen ist, das hat besonders tiefe
Furchen gezogen und wird darum besonders leicht wieder
reproduziert. Je gefühlsmäßiger, desto reproduktions=
fähiger! Das bestätigt denn auch die Selbstbeobachtung
durchaus. Da scheint nun aber eine schwerwiegende Instanz
dagegen anzukommen: gewisse sinnlich=körperliche Gefühle
können nicht reproduziert werden, namentlich gilt dies vom
körperlichen Schmerz. Zahnweh z. B. läßt sich nicht erinnern;
wer das Gegenteil behauptet, verwechselt ohne Zweifel
das Daß mit dem Was. Selbst den Migräneschmerz, der mir
nur allzuwohl bekannt und geläufig ist, vermag ich mir nur

[1] Deshalb bilden bei E b b i n g h a u s a a O. die „Vorstellungs=
gefühle" eine der zwei Hauptarten der Gefühle.

dadurch vorzustellen, daß ich durch intensive Aufmerksamkeit
auf die betreffende Kopfseite diese zum wirklichen, wenn auch
nur leisen Anklingen des Schmerzes bringe. Und doch liegt
die Antwort auf dieses Bedenken nahe: zum körperlichen
Lust= oder Unlustgefühl gehört der körperliche Reiz, das=
selbe ist nichts anderes als die psychische Reaktion und Ant=
wort auf einen solchen Reiz; fehlt dieser, so kann natürlich
auch das dazugehörige Gefühl nicht entstehen. Gefühle da=
gegen, die an Erinnerungsbilder sich anschließen, sind, wenn
auch körperlich bedingt, doch das nicht, was wir sinnlich=
körperliche Gefühle, körperlichen Schmerz nennen; dieser
ist nur zu erleben, nicht zu erinnern. Umgekehrt werden mit
den Vorstellungen die damit verknüpften nicht=sinnlichen
Gefühle (die „Vorstellungsgefühle") wirklich aufs neue her=
vorgerufen und tatsächlich erlebt. Nur daß die Wiederholung
den Gefühlston abstumpft und nur abgestumpft anklingen
läßt. So liegt im Erinnern selbst ein Gegensatz zu dem allzu
Gefühlsmäßigen. Darin zeigt sich die Wahrheit des Wortes:
„Des Menschen Engel ist die Zeit."

Dagegen hängt die Art, wie Vorstellungen erinnert
und reproduziert werden, weit mehr als man meist erkennt
und anerkennt, vom Gefühl ab. Die Lehre von der „Ideen=
assoziation" — denn um diese handelt es sich hier — nimmt
darauf noch immer nicht genug Rücksicht, die Gesetze der
Ähnlichkeit oder der Unähnlichkeit und der Kontiguität, der
inneren und der äußeren Assoziation oder wie man sie sonst
formulieren mag, sind unabhängig vom Anteil der Gefühle
aufgestellt worden. Man übersieht dabei für gewöhnlich
nur zu sehr, daß das in Wahrheit gar keine Gesetze sind;
fehlt doch das für ein Gesetz Wichtigste, die Bedingung, unter
der das eine oder das andere gilt und in Wirkung tritt.
So fand man nach Wundt[1]) bei vier Beobachtern unter je

---

[1]) Wundt, Physiolog. Psychol. III⁵, S. 569.

12

100 Fällen für äußere Assoziationen 64, 75, 48, 31, für innere Assoziationen 36, 25, 52, 69. Die große Differenz der vierten von den drei ersten erklärt sich aus der Fremdsprachigkeit der letzten Versuchsperson; aber ein Gesetz zeigen auch jene nicht. Übrigens ist auch Wundt der Ansicht, daß der Unterschied von inneren (Ähnlichkeits=) und äußeren (Berührungs=) assoziationen ein fließender sei und die ersteren auf die letzteren reduziert werden können. Damit würden die Assoziationen vollends den Charakter der Gesetzmäßigkeit verlieren und als ganz individuell, höchstens als „individuell charakteristisch" anerkannt werden müssen.

Woher stammen aber diese individuellen Verschiedenheiten? Der Vorstellungsverlauf ist kein rein mechanischer: neben und außer jenen „Gesetzen" spielen noch ganz andere Faktoren mit, die sich weder ihnen noch dem Experiment fügen. Wenn bei Tag jemand eine Gespenstergeschichte erzählt, so finden wir das in der Regel langweilig, sie fällt platt zu Boden und bleibt vereinzelt. Wenn aber nachts zwischen 11 und 1 Uhr dieses Thema angeschlagen wird, im alten Haus, in der nur notdürftig beleuchteten Stube mit den altertümlichen Möbeln, und draußen heult der Sturm, und die schlechtverwahrten Fensterläden schlagen und klappern, dann weiß jeder in der Gesellschaft eine und immer wieder eine andere zu erzählen: jetzt ist das Interesse dafür da, die Stimmung paßt, und darum „fallen" uns alle diese Geschichten „ein". Wer gedrückt ist, dem kommen lauter Erinnerungen und Vorstellungen, die seine Hoffnung mindern, seine Niedergeschlagenheit mehren; wer Angst hat, sieht überall Schreckbilder und Spukgestalten, und wer lustig ist, der ist voll „guter Dinge". Die Stimmung aber ist, wie wir wissen und noch im einzelnen sehen werden, Gefühl. Und wir haben somit die Regel: Solche Vorstellungen werden reproduziert, die mit unseren jeweiligen Stimmungen und Gefühlen harmonieren, dadurch selbst Gefühlswert erhalten

und durch diesen sich jetzt den Eintritt in das Bewußtsein er=
zwingen[1]). Und fürs zweite: was einmal zusammen unser
Interesse erregt hat, uns angenehm oder unangenehm war,
kehrt auch zusammen wieder. Ich erinnere mich, um einen
flagranten Fall zu erzählen, nie an die Beerdigung meiner
Mutter, ohne zugleich an die Suppe zu denken, die ich an
jenem Tage gegessen habe. Diese Verkoppelung ist mir
geradezu peinlich; aber sie ist natürlich: ich war bei kaltem
Schneewetter weit hergereist, Alteration und Kälte taten
zusammen das Ihrige; da kam die warme Suppe, körperlich
energisch Abhilfe schaffend, und was damals entschieden
wohltätig gewirkt hatte, verquickt sich nun mit der Erinnerung
an jene traurigen Stunden als der einzige Lichtpunkt in der
Nacht des Schmerzes und ebendarum doppelt leuchtend,
weil er allein einen lichten Kontrast bildete auf dem dunklen
Hintergrund, in der Erinnerung aber natürlich doppelt peinlich,
weil es nun aussieht wie Materialisierung und Triviali=
sierung, wie Degradierung und Verunreinigung eines
großen und reinen Schmerzes. Das Mechanische aber, das
freilich bei der Ideenassoziation auch da ist, liegt im Un=
willkürlichen: eines „fällt" mir beim anderen „ein"; ja
willkürliches Dazwischengreifen, Aufmerken, Nachdenken
stört und hemmt den Ablauf dieser Vorstellungsfolge. Somit
ist nicht der Wille bei der Ideenassoziation tätig, auch nicht
der „eindeutige", die Ideenassoziation spricht ganz direkt
gegen die Wundtsche Apperzeptionstheorie, die Selbst=
beobachtung zeigt uns, wie willenlos wir dem Spiel der
Phantasie hingegeben sind. Nein, das einzig Bestimmende
und Ausschlaggebende ist das Gefühl; die Gefühlsbetonung,

---

[1]) Ich freue mich, daß jetzt auch W u n d t a. a. O. III⁵ S. 559 die
Rolle anerkennt, die bei den Assoziationen die Gefühle spielen, „die an
die Vorstellungen gebunden sind". In etwas anderer Weise konstatiert auch
E b b i n g h a u s , Abriß der Psychologie 1908, S. 140 f. einen Zusammen=
hang von Assoziationen und Gefühlen.

welche die Aufnahme in das Bewußtfein herbeigeführt hat,
ift auch für die Reproduktion der Vorftellungen und ihre Wieder=
kehr in den Blickpunkt des Bewußtfeins entfcheidend; der
Wille hat damit gar nichts zu tun; die Aufmerkfamkeit ift
hier in der Tat eine „unwillkürliche“.

Die Fähigkeit aber, in diefer Weife Bilder kommen und
gehen zu laffen, nennt man P h a n t a f i e[1]), nicht etwa ein
befonderes Seelenvermögen, fondern nur ein Sammelname
für eine Reihe von Reproduktionsvorgängen, unter denen die
Ideenaffoziation die primitivfte und die unwillkürlichfte ift.
Aber ift denn die Phantafie nur reproduktiv und nicht vielmehr
die produktivfte Seite des menfchlichen Seelenlebens?
Man denke doch nur an die Phantafie des Dichters, des
Künftlers! Und dennoch gilt, wenn irgendwo, fo hier der
Grundfatz: nihil est in intellectu, quod non ante fuerit in
sensibus! Auch mit der kühnften Phantafie kann ich das
Niegefehene und Niegehörte nicht erzeugen, fie ift keine
Schöpferin aus nichts. Andererfeits aber — und hier liegt
die Erklärung für den Schein der Freiheit ihres Schaffens
im letzten Keime — bildet die Phantafie auch niemals das
Wahrnehmungsbild ganz getreu nach. Meiftens entfteht
ja ein Erinnerungsbild nicht auf Grund einer einzigen,
fondern erft nach mehreren Wahrnehmungen; fchon darum
gleicht es keiner einzelnen von ihnen ganz genau. Vor allem
aber, es tritt in einer neuen feelifchen Umgebung auf, in
einen anderen feelifchen Gefamtzuftand hinein; und auch
hierbei ift es wieder vorzugsweife das Gefühlsmäßige, das
den Einfluß übt, die uns eben intereffierende Seite des Bildes
in befonders helles Licht rückt und fchon dadurch modifi=
zierend auf das Gefamtbild einwirkt. So haben wir zuerft die

[1]) Th. R i b o t , Essai sur l'imagination créatrice 1900. Er hat bei
der Phantafietätigkeit neben den Schöpfungen äfthetifcher Natur nament=
lich auch auf ihre praktifchen Leiftungen hingewiefen. Vgl. auch E. D ü r r
in Ebbinghaus' Grundzügen der Pfychologie II, § 85.

vom individuellen Einzelfall abstrahierende Phantasie, die
unmittelbar und im Bund mit der Zeitferne, die eine
ähnliche Bedeutung hat wie beim Auge die räumliche Ent=
fernung, zugleich auch idealisierend wirkt und namentlich
den Künstler die typischen, die ästhetisch bedeutsamen und
ästhetisch wirksamen Seiten herausgreifen läßt. Damit
hängt die Verschiebung des Maßstabes, das Potenzieren zu=
sammen, das besonders wichtig wird für die Phantasievor=
stellung von überirdischen Geschöpfen, von Engeln und
Teufeln, von Riesen und Zwergen, von Elfen und Dämonen,
von Göttern und von Gott (via eminentiae). Hier ist über=
all die reproduktive Seite der Phantasietätigkeit klar. Mehr
entzieht sie sich unserem Auge dann, wenn wir an die Er=
gänzungen und Determinationen denken, die sie vornimmt.
Alle unsere Erinnerungsbilder sind lückenhaft, wie ja auch im
Sehfeld des äußeren Auges durch den blinden Fleck eine freilich
leicht ausfüllbare Lücke vorhanden ist. Diese letztere ergänzen
wir durch die rasche Beweglichkeit des Auges einerseits,
durch Gewohnheit und Analogie auf der anderen Seite:
und ebenso werden nun auch die Erinnerungslücken aus=
gefüllt — durch die Phantasie. Allein auch hier schafft sie
nichts positiv Neues und Unerhörtes hinzu, sondern sie er=
gänzt nach Analogie, d. h. nach dem gewöhnlichen Lauf der
Dinge, auf Grund schon gemachter Erfahrungen und vor
allem an der Hand des Kausalitätsgesetzes. Wo dagegen
diese Ergänzungen willkürlich und unnatürlich, dem g e =
w ö h n l i ch e n Gang der Erfahrung und dem Kausalitäts=
prinzip zuwider vorgenommen werden, da reden wir von
einem „phantastischen" Tun. Aber niemand wird behaupten
wollen, daß derjenige Dichter der reichste und schöpferischste
sei, der sich in leerer Phantastik gefalle und den Boden der
Wirklichkeit durch Abenteuerlichkeiten und Seltsamkeiten ver=
lasse. Zeigt doch der Traum solche Phantastereien am
meisten, die Tätigkeit der Phantasie im Schlaf, wobei viel=

fach gefühlsbetonte Empfindungen den Ausgangspunkt
bilden für abenteuerliche, vom Üblichen abweichende Deu=
tungen und Auslegungen des Gefühlten. Wirklich fruchtbar
und schöpferisch erscheint uns aber die Phantasie da, wo sie
als kombinierende auftritt. Und doch kann sie auch hier nicht
absolut willkürlich und frei schalten, nicht schlechthin produ=
zieren und erfinden, sondern nur so, daß sie den Stoff und
seine Verknüpfung aus allen Gebieten der Erfahrung und
des Erlebthabens zusammenholt und dabei bald abstra=
hiert und wegläßt, bald potenziert und idealisiert, bald
determiniert und ergänzt. In diesem Sinn nennen wir die
Phantasie des Künstlers frei und produktiv, sofern sie mit
dem aus der Anschauung überkommenen und in der Vor=
stellung sich ihr zur Verfügung stellenden Material frei
schaltet und es nach Wahl und Einsicht künstlerisch zweck=
mäßig verwertet. Nur meine man nicht, das sei ein mechanisches
und bewußt künstliches Tun: ein Entfalten eher als ein
Zusammensetzen, ein Wachsen eher als ein Machen könnte
man es nennen, organisch, nicht mechanisch; und man ver=
gesse nicht, daß zu jener Erfahrung des Dichters auch sein
eigenes Erleben, die ganze reiche Welt seines Innern gehört.

An all dem hat nun wieder das Gefühl seinen, um nicht
zu sagen: den Löwenanteil. Wie sehr die Künstler von der
Stimmung abhängig sind, ist bekannt genug und in Selbst=
zeugnissen von ihnen vielfach bekundet. Schon die Sinne
sind bei manchen besonders fein organisiert und aufnahme=
fähig, ihre Erinnerung besonders stark und klar, also in
beidem der Gefühlston vorherrschend, und demgemäß auch
jener Prozeß der Einfühlung allüberall mächtig, so daß
man von einer „energischen Beseelung dieser Bilder" und
von einer „von Gefühlen gesättigten Anschauung" reden
kann[1]). Vom Gefühl und der Gefühlslage aus erhält der

---

[1]) So Dilthey in der trefflichen hier mehrfach benützten Ab=

Künstler dann weiter den Antrieb zum künstlerischen Schaffen,
sei es daß diese ein gesteigertes Lebens= und Kraftgefühl
im allgemeinen und ganzen oder daß sie die Folge eines
besonders prononcierten Einzelgefühls ist, das sozusagen
explosiv eine Lösung der Spannung heischt und hervorruft.
Im Frühling wird der Jüngling leicht, in der Zeit der ersten
Liebe fast ausnahmslos zum Dichter; und ebenso wissen
wir, daß manche Dichter geradezu künstlich durch Zuführung
gewisser körperlicher Reize solche Gefühle und Gefühlslagen
herbeirufen und sich so in die richtige Stimmung zu versetzen
suchen. In diesem Sinn gilt das Wort Goethes:

> Was hilft es, viel von Stimmung reden?
> Dem Zaudernden erscheint sie nie.
> Gebt ihr euch einmal für Poeten,
> So kommandiert die Poesie!

Vor allem aber — neben jener großen Fülle äußerer Erfahrungen steht eine zweite Hemisphäre, die innere Welt,
das ganze reiche Gefühlsleben, das den Musiker und Lyriker
ganz direkt zur Aussprache anregt, und für dessen Darstellung alles Äußere nur Mittel und Zeichen, nur Vehikel ist.
Und hier gilt nun natürlich, daß die Phantasie um so pro-
duktiver ist, je reicher dieses Innen= und Gefühlsleben des
schaffenden Künstlers ist; weshalb denn auch das Genie
des Fleißes und der Geduld bedarf, um Stoff zu sammeln,
Anschauungen zu gewinnen, Erfahrungen zu machen und
dadurch seine Phantasie zu bilden[1]). Dann sind aber auch
die Bilder, die sie aus dem Gegebenen reproduziert und
herausarbeitet, wirklich neu, durchglüht vom ganzen Lebens=
gehalt, beseelt vom ganzen Innenleben des Künstlers (als

handlung über „die Einbildungskraft des Dichters", in den Philos. Auf=
sätzen, Ed. Zeller zu seinem 50 jähr. Dr.=Jubiläum gewidmet 1887.
[1]) Vgl. den feinsinnigen Vortrag von Fr. Brentano, Das Genie
(1892), der auf eine so „gebildete Phantasie" den Hauptnachdruck legt.

wär's ein Stück von mir!); das Gefühl ist der Mutterschoß, aus dem die Kinder der Phantasie herausgeboren werden. Das bezeugt selbst Schiller, dem wir es am wenigsten zu= trauen würden. „Man sagt gewöhnlich," schreibt er einmal an Körner[1]), „daß der Dichter seines Gegenstandes voll sein müsse, wenn er schreibe ... Ich glaube, es ist nicht immer die lebhafte Vorstellung seines Stoffes, sondern oft nur ein Bedürfnis nach Stoff, ein unbestimmter Drang nach Er= gießung strebender Gefühle, was Werke der Begeisterung erzeugt; das Musikalische[2]) eines Gedichtes schwebt mir weit öfter vor der Seele, wenn ich mich hinsetze, es zu machen, als der klare Begriff vom Inhalt, über den ich oft kaum mit mir einig bin." Und Otto Ludwig[3]) berichtet da, wo er sein Verfahren schildert, von den Anfängen desselben folgendes: „Es geht eine Stimmung voraus, eine musikalische, die mir zur Farbe wird, dann sehe ich Gestalten, eine oder mehrere in irgend einer Stellung und Gebärdung für sich oder gegen= einander, und dies wie einen Kupferstich auf Papier von jener Farbe oder, genauer ausgedrückt, wie eine Marmorstatue oder plastische Gruppe, auf welche die Sonne durch einen Vorhang fällt, der jene Farbe hat. Diese Farbenerscheinung hab' ich auch, wenn ich ein Dichtungswerk gelesen, das mich ergriffen hat; versetz ich mich in eine Stimmung, wie sie Goethes Gedichte geben, so hab' ich ein gesättigtes Goldgelb, ins Goldbraune spielend; wie Schiller, so hab' ich ein strah=

---

[1]) Schiller an Körner 25. Mai 1792.

[2]) Auf Grund einer solchen tastenden Äußerung darf man aber Schiller doch nicht mit A. Schweitzer, J. S. Bach, 1908, S. 408 zu den „musikalischen" Dichtern rechnen oder gar übertreibend sagen: „er selber wurde über seinem Schaffen gewahr, daß er eigentlich ein Musiker war." Nicht Musiker war Schiller als Dichter, sondern ein ganz großer Redner ist er gewesen; daher steht „hinter seinen Worten Klang und Rhyth= mik," und daher hätte er in jenem Brief vielleicht zutreffender von einem Rhythmischen als von einem Musikalischen gesprochen.

[3]) Otto Ludwig, Nachlaßschriften 1. Bd. S. 134 f. Auf diese beiden Stellen hat Dilthey a. a. O. S. 405 ff. hingewiesen.

lendes Karmoisin; bei Shakespeare ist jede Szene eine
Nuance der besonderen Farbe, die das ganze Stück hat.
Wunderlicherweise ist jenes Bild oder jene Gruppe gewöhn=
lich nicht das Bild der Katastrophe, manchmal nur eine
charakteristische Figur in irgend einer pathetischen Stellung;
an diese schließt sich aber sogleich eine ganze Reihe, und vom
Stücke erfahr' ich nicht die Fabel, den novellistischen Inhalt
zuerst, sondern bald nach vorwärts, bald nach dem Ende zu
von der erst gesehenen Situation aus, schießen immer neue
plastisch=mimische Gestalten und Gruppen an, bis ich das
ganze Stück in allen seinen Szenen habe; dies alles in großer
Hast, wobei mein Bewußtsein ganz leidend sich verhält und
eine Art körperlicher Beängstigung mich in Händen hat."

Überblicken wir das alles und nehmen auch den Anteil
der Phantasie an dem Gestalten unseres Wünschens und Be=
gehrens hier schon hinzu und voraus, so ist ihr Walten und
Schaffen, ob wir nun an Schlaf und Traum oder an die
Ideenassoziationen unseres wachen Lebens oder an die von
ihr geschaffenen Gestalten in Kunst und Poesie oder an die
Zweckvorstellungen der Praxis und der erfindenden Technik
denken, vielmehr ein gefühlsmäßiges als ein mechanisches
zu nennen. Auch für unser Ohr klingt in dem Wort „Phanta=
sie" diese Gefühlsseite ganz deutlich an und mit, wogegen
das Wort „Einbildungskraft" einen viel theoretischeren Ein=
druck macht; so kann man auch hier nicht willkürlich ver=
deutschen, ohne Nuancen zu verlieren und preiszugeben
und mit der Sprache und mit dem Wort bald auch das Den=
ken selbst arm zu machen. Zum Beweis aber dafür, daß
man alles das zusammenfassen darf und nicht etwa die
künstlerische Phantasie trennen muß von der in der Erinne=
rung und Ideenassoziation tätigen, kann ich mich auf ein
Wort Wildenbruchs berufen, der irgendwo sagt: „Wenn
der Mensch sich erinnert, dichtet er."

Hat es die Phantasie ausschließlich mit Bildern zu tun,

so sind Worte (und Zeichen überhaupt — Zahlengedächtnis;
doch davon können wir hier absehen) die Objekte des Gedächtnisses[1]); denn dieses ist die Reproduktion von Ge-
dachtem, und Denken ist an Worte geknüpft. Was sollte nun
aber hierbei, bei diesem wegen seines Mechanismus z. B. in
der modernen Pädagogik vielfach so gering angesehenen„Auswendig"lernen und -wissen das Gefühl zu tun haben? Dem
gegenüber erinnert man sich vielleicht daran, wie schwer es
uns oft fällt, uns auf einen Namen, einen Ausdruck zu besinnen, wie wir uns ärgern, wenn es nicht gelingen will,
mit welchem Eifer wir auf ihn Jagd machen, selbst wenn
es im Grunde genommen ganz gleichgültig ist, ob wir ihn ein-
fangen oder nicht, und wir gar kein besonderes Interesse
daran haben können. Und wie freut man sich überhaupt,
seines Gedächtnisses sicher zu sein: die Verachtung des richtigen Zitierens seitens derer, die es nicht können, erinnert
immer etwas an die sauren Trauben und beweist nur für
den Wert dieser Sicherheit. Noch viel deutlicher aber erkennt man den Zusammenhang des Gedächtnisses mit dem
Interesse[2]) an der Art, wie dasselbe im Alter stufenweise
nachzulassen pflegt. Das mit jugendlichem Eifer und Lebhaftigkeit Aufgenommene haftet am längsten, das spät erst
Erlebte wird am raschesten wieder vergessen, weil es von
Anfang an gleichgültig gelassen hat; denn dem Greis fehlt
die lebhafte Aufnahmefähigkeit, fehlt das Interesse, weil

---

[1]) D ü r r in Ebbinghaus' Grundzügen der Psychologie § 85: „Die
Phantasieleistungen sind nichts anderes als Gedächtnisfunktionen". Er
will damit nur sagen, daß die Phantasie reproduktiv sei, leistet aber dem
psychologischen Sprachgebrauch durch dieses neuerliche Zusammenwerfen
von Phantasie und Gedächtnis keinen Dienst.
[2]) Cicero de senectute 21: omnia quae curant meminerunt.
Diesem Einfluß des Gefühls auf Gedächtnis und Lernen ist, wie mir
scheint, bei den Experimenten darüber bisher viel zu wenig Beachtung
geschenkt worden, daher gehe ich auch auf deren Ergebnisse hier nicht ein.
Siehe darüber E b b i n g h a u s a. a. O. I, S. 633—707.

ihm nichts neu, alles längst bekannt ist, daher haftet es nicht,
prägt es sich nicht mehr ein. Und so ist es mit dem Vergessen
überhaupt: wie alles erinnert werden kann, so kann auch
alles wieder vergessen werden, die Dispositionen können
sich verlieren. Aber für gewöhnlich wird nur dasjenige wirk=
lich vergessen, was uns nie sonderlich interessiert, unser Ge=
fühl nie lebhaft erregt hat: wir können Beleidigungen
vergeben, aber wir können sie nicht vergessen. Alles das hat
schon Goethe gewußt, wenn er über das Vergessen sagt:
„Wo der Anteil sich verliert, verliert sich auch das Gedächtnis",
und in den „Zahmen Xenien" reimt:

> Die Jugend ist vergessen
> Aus geteilten Interessen;
> Das Alter ist vergessen
> Aus Mangel an Interessen[1]).

Auf diesem Anteil des Gefühls am Behalten und Vergessen
beruht endlich auch der Unwert des mechanischen Aus=
wendiglernens: weil es stets „auswendig" blieb, nicht in
uns und in den Kern unseres Ich, in das Gefühl eingedrungen
ist, weil es ohne Gefühlswert war, verliert es sich auch leicht
wieder, sofern es nicht durch ganz äußerliche Assoziationen
(Wortklang, Reim) festgehalten wird, die ihm den Schein
eines ästhetisch Wohlgefälligen und in der Freude daran eine
formale Hilfe und damit das ihm sonst fehlende Interesse
geben.

Jenes Kraft= und Frohgefühl aber, das sich mit dem
Gedächtnis als einem Können und sich Betätigen so gern
verbindet, begleitet überhaupt den ganzen intellektuellen
Prozeß des Denkens, im Unterschied vom Vorstellen, von
dieser untersten Stufe des gedächtnismäßigen Reproduzierens

---

[1]) Diese beiden Goethe=Zitate verdanke ich Herrn Dr. J. Unger,
Präsidenten des Reichsgerichts in Wien, der mich zu der Stelle freund=
lichst auf sie hingewiesen hat.

bis hinauf zu den höchsten Leistungen des scharfen kritischen
Verstandes, der wissenschaftlichen Arbeit des Forschers oder
den spekulativen Konzeptionen des Philosophen. Die Freude
an der auf den Erwerb von Kenntnissen gerichteten An=
strengung und die Freude und der Triumph über das
Gelingen dieser Anstrengung, über das Lösen von Problemen
und das Erworbenhaben von neuen Kenntnissen, die Un=
lust, wenn die Anstrengung zu groß, wenn der Erwerb
vergeblich erstrebt, die Arbeit umsonst war, z. B. bei
Lösung einer schwierigen mathematischen Aufgabe, wer
kennt sie nicht? Hier zeigt sich auch auf intellektuellem
Gebiet so recht wieder das Wesen von Lust und Unlust,
das Wesen des Gefühls überhaupt. Lust ist Leben, wo
also der Intellekt Gelegenheit hat, sich zu betätigen,
und wo er imstande ist, mit der gestellten Aufgabe fertig
zu werden, da ist ihm wohl, da fühlt er sich angenehm
angesprochen; wo hingegen die Aufgabe eine unlösbare
wird und seine Kräfte übersteigt, da ist es die Unlust des
Nichtkönnens, die sich bis zur förmlichen Pein und Ver=
zweiflung steigern kann. Dabei darf aber gerade hier, wo
man es wohl am wenigsten erwartet, darauf hingewiesen
werden, daß auch dieses intellektuelle Kraftgefühl deutlich
in sinnlich=körperlichen Vorgängen wurzelt und mit solchen
verknüpft ist: man sieht die Anstrengung des Denkens nicht
nur während derselben, sondern auch noch einige Zeit dar=
nach an den Runzeln auf der Stirne oder auch an ihrer Blank=
heit, am gespannten Ausdruck des Gesichts, am Zusammen=
drücken der Augen und ihrem nach innen gerichteten oder
verlorenen Blick; der Kopf brennt und brummt und tut ge=
radezu weh, wenn die Anstrengung zu groß und zu lang=
andauernd war.

Und wie das Erwerben, so ist auch der Besitz eine Quelle
von Lust, freilich der Besitz nur als ein von mir erworbener.
Daher der Wissensstolz, der sich am meisten bei dem findet,

der eben erst etwas gelernt hat, wogegen bescheiden ist, wer
auf verjährten Besitz zurückblickt, und meist auch bescheidener
der, der viel weiß, als der, der wenig und halb weiß, weil
jener auch die Grenzen des Wissens, die Fülle der uns gestellten Aufgaben und das weit größere Gebiet des nicht
Gewußten und nicht Erkannten besser kennt als dieser.
Auch Lessings Wort von dem ewig regen Trieb nach Wahrheit,
den er der fertigen Wahrheit vorziehe, da diese doch nur für
einen Gott sei, gehört hierher.

Aber auch inhaltlich spielt das Gefühl eine Rolle im Prozeß des Denkens. Zunächst störend und hemmend: die gefühlsmäßige Betrachtung der Dinge steht der rein sachlichen und objektiven gegenüber, Liebe und Haß machen
blind, daher der Geschichtschreiber sine ira et studio zu
schreiben wenigstens versuchen soll. Auch ist es eine richtig
beobachtete[1] Tatsache, daß das Gefühl konservativer als
das Denken vielfach den Fortschritt hemmt und das gefühlsmäßige Nichtloskommenkönnen von alten, liebgewordenen
Traditionen und Vorurteilen jene geschichtlichen Wider-
sprüche in der Weltanschauung ganzer Zeiten und zwischen
den verschiedenen Angehörigen und Klassen der einzelnen
Nationen zu erzeugen pflegt. Allein das beweist nicht, daß
bei dem reinen und objektiven Denken von Gefühl überhaupt
keine Rede mehr sei; es ist nur ein anderes Gefühl, das hier
tätig ist. Die moderne Logik hat, einem Vorgang der Stoiker
folgend, im Urteil ein emotionelles Element entdeckt, das
man mit mehr Recht der Gefühls- als der Willensseite zuweist. Auch unsere Urteile hängen von dem Gefühlswert
ab, den eine Verknüpfung von Vorstellungen für uns hat oder
nicht hat, von diesem Wert oder Nicht-Wert geben sie in

---

[1] Höffding, Psychologie, S. 303, 379. Vgl. auch meine Vorträge über „Religion und Religionen" 2. Vortrag, und meine Rede
über Glauben und Wissen.

Bejahung oder Verneinung Kunde[1]). Ebenso begreifen wir
bei der Begriffsbildung diejenigen Merkmale als wesentlich,
die irgendwelches praktische oder wissenschaftliche Interesse
haben, unter einem bestimmten Gesichtspunkt zweckmäßig,
wertvoll, wichtig und bedeutsam sind. Und schließlich be=
ruht alles Denken, das den Anspruch auf Notwendigkeit er=
hebt, auf einem Gefühl, das Schleiermacher[2]) und andere
treffend als Evidenz= oder Überzeugungsgefühl bezeichnet
haben (Brentano[3]) redet einmal gelegentlich von Wahr=
scheinlichkeitsgefühl), — ein Gefühl des Zwanges, des gar
nicht anders Könnens, ob wir nun auf Grund sinnlicher
Wahrnehmung oder durch einen Beweis, ein quod erat
demonstrandum zum Ja oder zum Nein geführt werden. Für
diesen Gefühlseinfluß ist der geschichtliche Gang der mensch=
lichen Erkenntnis sozusagen beweisend. Zweck und Mittel
sind ältere Kategorien als Ursache und Wirkung. In jenen
schlägt das Anthropomorphische und Praktische vor; daher
ist auch die immanente Teleologie später als die äußere
utilitaristische, und diese letztere drängt sich immer wieder
voran, noch einmal im 18. Jahrhundert hat sie unsere
Naturbetrachtung beherrscht und heute sucht sie sich als Prag=
matismus sogar in die Erkenntnistheorie einzudrängen. So
dominiert immer wieder die Frage: was ist mir nützlich und
angenehm? Eine Betrachtung nach dem Wert ist aber stets
eine gefühlsmäßige. Daß dagegen die sachliche Kategorie
von Ursache und Wirkung so langsam sich durchgesetzt hat,
hängt mit dem darin liegenden Peinlichen zusammen,

---

[1]) Etwas anspruchsvoll redet daher W i t a s e k a. a. O. von Urteils=
gefühlen und unterscheidet sogar noch einmal Urteilsakt= und Urteilsinhalts=
gefühle, die er auch Wissensgefühle oder — weniger glücklich, weil zu
weit — Wertgefühle nennt.

[2]) S c h l e i e r m a c h e r , Dialektik zu § 88. 95 und sonst. Vgl.
dazu S i g w a r t , Logik I², § 14. 20, und Fr. B r e n t a n o , Vom
Ursprung sittlicher Erkenntnis 1889.

[3]) B r e n t a n o , Das Genie, S. 12.

dabei auch eine mir feindliche, mir jedenfalls gleichgültig, kalt und roh gegenüberstehende Notwendigkeit anerkennen zu müssen. Der Wunderglaube ist immer wieder der vom Gefühl diktierte Versuch, diese Notwendigkeit zu meinen Gunsten zu durchbrechen, den Weltlauf mir zuliebe eine Ausnahme machen zu lassen; und wem von uns kausal den= kenden Menschen hätte nicht doch schon in Stunden schmerz= lichen Verlustes die Sehnsucht nach wunderbarem Eingreifen zur Abwendung des für uns Schmerzlichen das Herz bewegt! Auch das, was man im allgemeinen Wahrheitsgefühl nennen könnte, gehört hierher: die Freude an der Über= einstimmung unserer Vorstellungen mit den Dingen der Außenwelt[1]) und untereinander, das Wohlgefallen an der Harmonie, die Unlust über den Widerspruch des Wissens. Daher haben auch die logischen Denkgesetze einen gefühls= mäßigen Hintergrund. Wenn alles logisch stimmt und klappt, „aufgeht" und sich abrundet, wenn alles sich zum Ganzen fügt und schließlich ein einheitlicher Gedankenbau vor uns steht, wenn die architektonische Kunst der Systembildung ein durch Ordnung und Lückenlosigkeit, durch Symmetrie und Zusammenstimmung wohlgefälliges Ganze zustande bringt, dann sind wir logisch befriedigt. Den Abschluß endlich erreicht unser Wissen in einer relativ gesicherten und sich wohl auch in gewissen Grenzen resignierenden Überzeugung,

---

[1]) Selbstverständlich halte ich mich hier an den populären Sprach= gebrauch; daß die Welt meine Vorstellung ist, dessen bin ich mir wohl be= wußt; und es wäre lockend, auch im Glauben an die Außenwelt das Gefühlsmäßige aufzusuchen und zu fragen, was gewissen Vorstellungen den Wert der Realität gibt. In unserem Glauben an die Wirklichkeit steckt jedenfalls Wirklichkeitsgefühl. Wenn ich aber sage: Glaube an die Wirklichkeit, so lehne ich damit jene Theorie ab, die das Sein selber auf ein Sollen gründen will und in diesem Sinn von Wirklichkeitswert redet. Darauf komme ich am Schluß zurück. Wenn Lipps, Vom Fühlen, Wollen und Denken S. 40 von einer „Wirklichkeitstendenz" redet, so weiß ich nicht, ob das mit dem von mir Gemeinten durchaus identisch ist.

bei der wir uns theoretisch und praktisch beruhigen können,
wiewohl hier zwischen dogmatisch gerichteten und skeptischen
Naturen ein Unterschied zu machen sein wird, der mit dem
Fichteschen Gegensatzpaar von „Dogmatismus und Idealis=
mus" doch nur teilweise zusammenfällt. Bei den einen tritt
jenes Überzeugungsgefühl rasch und entschieden, bei den
anderen sehr spät oder nie ein, dort nimmt alles Wissen
den Charakter des Glaubens an, hier bleibt man allüberall
der hypothetischen Voraussetzungen und Ergänzungen
eingedenk. Wo man sich aber des Widersprechenden und
Zusammenhangslosen, des Halbfertigen und Fragmen=
tarischen im Wissen als eines Nichtseinsollenden bewußt
wird, da stellt sich alsbald jenes peinigende und quälende
Gefühl des Nichtkönnens, des Nichtfertigwerdens mit
den endlosen Aufgaben und den unlösbaren Rätseln
des Wissens ein, das neben dem Glück jenes rastlosen
Vorwärtsstrebens im Sinne Lessings als das Unglück
und der Schmerz im Leben keines Forschers fehlt. In
der Mitte zwischen Wissen und Nichtwissen, zwischen Ja
und Nein bleiben wir endlich stecken in jenem unangenehmen
Zwischenstadium des Zweifels, dem beständigen Herüber
und Hinüber des Denkens, dem Gefühl des Schwankens und
derUnsicherheit, das als intermittierendes unbehaglich oder gar
peinvoll und schmerzlich wirkt. Und im Praktischen ent=
spricht ihm das Gefühl der Unentschiedenheit und Un=
entschlossenheit (soll ich oder soll ich nicht?), der Hilf= und
Ratlosigkeit, das um so mehr drückt und quält, je mehr auf
dem Spiele steht und je rascher der Entschluß gefaßt werden
sollte. Theoretisch kann man sich freilich auch an den Zweifel
und an die Skepsis gewöhnen und dadurch ihren Stachel
allmählich abstumpfen: so haben die Skeptiker aus der
ἐποχή, dem Suspendieren jedes Ja oder Nein die Ataraxie,
Seelenruhe und Seelenfrieden zu gewinnen gesucht. In
anderer Weise hält sich der blasierte Skeptiker mit der vor=

nehmen[1]) Pilatusfrage: Was ist Wahrheit? alles Wissen vom Leibe und verfällt der trostlosen Öde und Leere eines ausgebrannten Kraters („dafür ist mir auch alle Freud ent=riffen").

Wenn wir bisher von den das Wissen und Denken be=gleitenden, seinen Inhalt bestimmenden, ihm immanenten Gefühlen gesprochen haben, so sind in gewissem Sinne noch wichtiger diejenigen Gefühle, die es überhaupt in Bewegung setzen. Denn darüber kann kein Zweifel sein, daß das Ge=fühl auch die Sprungfeder und der Ausgangspunkt alles Denkens ist. Zunächst ganz einfach und praktisch: Not macht erfinderisch; das Gefühl dieser Not, der Hunger, der Durst, also rein sinnliche Gefühle nötigen uns, uns zu besinnen und auf Abhilfe zu denken. Und wie die Empfindung ge=fühlsmäßig betonte Bewegungen auslöst, die anfangs un=zweckmäßig und resultatlos verlaufen, bis die richtige ge=funden ist, und wie diese dann häufiger wiederholt Dispo=sitionen hinterläßt und immer sicherer und regelmäßiger sich von selber einstellt, so besteht auch das praktische Denken in nichts anderem als in dem Suchen und in der Vorstellung von solchen Abhilfebewegungen als den Mitteln zur Errei=chung irgendwelcher Zwecke, zur Beseitigung irgendwelcher Not.

Kaum verschieden davon ist das Wissen, das die Neu=gierde befriedigen soll. Neugierde ist als Gier Sache des Begehrens, ein Wissenwollen, steht aber doch oder ebendarum mit dem Gefühl in engster Beziehung. Wir fühlen uns der Welt gegenüber, in der wir leben, fremd, unbehaglich, un=

---

[1]) Wir haben das Wort „vornehm" so lange falsch angewendet, bis es jetzt mit der üblen Mitbezeichnung des Seichten und Bornierten, des ganz Äußerlichen behaftet von allen denen abgelehnt werden muß, welche mehr sein wollen als „vornehme" Repräsentationsfiguren oder „vornehme" Spezialisten. In Wahlkämpfen agitieren sogar die politischen Parteien nach der Versicherung ihrer Parteipresse „vornehm".

heimlich; daher der Wunsch und Drang, diesem unangeneh=
men Gefühl abzuhelfen, das Unbekannte in ein Bekanntes
und Gekanntes zu verwandeln. Andererseits wird aber
das Bekannte auch rasch langweilig und einförmig: nur das
Neue interessiert, das allein reizt zur Betätigung, daher
richten wir unsere Aufmerksamkeit dem Neuen und immer
wieder Neuerem zu. Nun ist freilich das Wissen aus Neu=
gierde eine niedere Stufe des Wissens oder gar eine Ver=
irrung desselben: Wilde und Kinder sind neugierig; wer
es unter uns Erwachsenen und Gebildeten in hervorragendem
Maße ist (in gewissen Schranken sind wir es übrigens alle),
der wird lächerlich oder verächtlich. Denn hier kommt eine
üble Mitbedeutung des Wortes hinzu. Neugierig nennen wir
im sozialen Leben den, der immer nur einzelne, unbedeu=
tende, kleinliche und wertlose Dinge, namentlich auch das
ihn nichts Angehende kennen und erfahren möchte. Da weiß
nun aber der Gebildete, daß gerade das nichts wirklich Neues,
sondern das ewige Einerlei des alltäglichen Lebens ist, daher
verachtet er den, der an diesem ewig sich Wiederholenden
Allbekannten und Alltäglichen seine Freude haben und
Interesse finden kann. Er will wirklich Neues wissen und er=
fahren, das ihn über das Nächstliegende hinaushebt und hin=
ausführt und sich nicht auf Einzelheiten beschränkt; „wenn
uns aber irgend etwas neu vorkommt, so kann es das nur
im Kontrast zu dem Alten"[1]; er vermißt also in der Neu=
gierde eben das Streben nach eigentlich Neuem, das Inter=
esse an dem, was wirklich Wert hat. Und zugleich ist dieses
Wissen des Neugierigen zwecklos, das ist jenes fälschlich ge=
rühmte „Wissen um des Wissens willen", während das
wahre Wissen immer einen Zweck und Wert hat, wenn=
gleich dieser Zweck nicht der nächstliegende, banausische ist.
Die Vernunft, die höchste Stufe des Wissens und der Fähig=

---

[1] O. Liebmann, Psychologische Aphorismen LV.

keit des Menschen zu wissen, ist stets auf einen Zweck ge=
richtet, ist in letzter Linie immer — praktische Vernunft.

d) Die sittlichen Gefühle.

Man könnte daran denken, diese Klasse der Gefühle mit
Herbart und seiner Schule unter die ästhetischen zu sub=
sumieren und zu sagen, das Sittliche sei ein Schönes, das
am Willen des Menschen, an seinen Gesinnungen und seiner
Handlungsweise hafte, die sittlichen Urteile seien Ge=
schmacksurteile. Daran ist, wenn man nur von vornherein
von der oben zurückgewiesenen rein formalistischen Auf=
fassung des Schönen bei den Herbartianern absieht, etwas
Richtiges: die Trennung des Schönen und des Guten
ist bei uns eine zu schroffe geworden, ist heutzutage
ganz besonders schroff, bei den Griechen war in dem
Begriff der Kalokagathie noch beides vereinigt; und wenn
die sittlichen Urteile ebenso wie Geschmacksurteile Wert=
urteile oder Beurteilungen sind, und es sich beim Sittlichen
ebenso wie beim Schönen um Wohlgefallen und Miß=
fallen, um Billigung oder Mißbilligung handelt, so liegt
ja die p s y c h o l o g i s c h e Verwandtschaft der beiden Ge=
biete auf der Hand. Trotzdem ist das Schöne nicht identisch
mit dem Guten, dieses nicht etwa gar ein Teil von jenem.
Wenn auch Kant mit seiner Rigorosität einer begrifflichen
und notwendigen Auseinanderreißung von Neigung und
Pflicht jedenfalls unrecht hat, so k ö n n e n diese doch ge=
schieden sein und sind es tatsächlich oft genug. Dann aber ist
das pflichtmäßige Handeln häufig kein schönes, ästhetisch
wohlgefälliges und erfreuendes Handeln: hart, rauh, pedan=
tisch, nüchtern — so sieht sich die Pflicht an, nur die „schöne
Seele" im Sinne Schillers weiß Pflicht und Neigung an=
mutig zu vereinigen oder vielmehr das Gute nicht aus
Pflicht, sondern mit Neigung und gerne zu tun.

Viel tiefer liegt aber ein anderer Unterschied zwischen

dem Äfthetifchen und dem Moralifchen. Jenes ift dem Den=
ken näher verwandt, diefes dem Wollen, jenes ift ein Sich=
verfenken, es geht nach außen und haftet am Gegenftand,
diefes geht, obgleich es eine Aktion nach außen ift, doch von
außen nach innen, es dringt in den Kern der Perfönlichkeit
ein, haftet am Jch und hängt aufs engfte zufammen mit dem
Jchgefühl, mit dem Jch, fofern diefes fich als Kaufalität, als
Urfache feiner Handlungen erfaßt. Daher das Gefühl der
Verantwortlichkeit, nicht weil der Wille frei ift — das ift
eine metaphyfifche und rein hypothetifche Folgerung, fon=
dern weil jede Handlung m e i n e Handlung und weil ihre
Folgen Folgen m e i n e s Handelns find. Die Freude,
Kraft zu fein, wollen zu können, causa werden zu können,
die Unluft fich in diefer Kraftentfaltung und Kraftäußerung
gehemmt zu fehen, in unferm Wollen auf Hinderniffe zu
ftoßen und nicht zu können, das fcheint mir die Grundlage
der moralifchen Gefühle zu fein[1]).
   Es ift alfo zunächft Kraftgefühl. Damit ift auch hier der
Ausgangspunkt ein körperlich=finnlicher; und diefe Grund=
lage bleibt ihm auch durchaus erhalten. Aber es wächft rafch
und weit darüber hinaus — zu wirklich moralifchen Eigen=
fchaften, wie das an dem Verhältnis des phyfifch bedingten,
auf „ftarken Nerven" beruhenden Mutes zu der Tugend der
Tapferkeit oder an dem der phyfifch bedingten natürlichen
Bedürfnislofigkeit zu der tugendhaften Mäßigkeit oder zu
der unfittlich überfpannten Askefe und Selbftpeinigung
fichtbar wird. Dabei gibt das erftgenannte Beifpiel noch zu
einer Bemerkung Anlaß. Die Gefahr, der der Mutige ent=
gegentritt, kann man als einen zu ftarkenReiz von außen an=
fehen, der nur mit Aufbietung und Anfpannung aller phy=

----

[1]) Jch könnte es mit Lipps auch „Tätigkeitsgefühl" nennen (a. a. O.
S. 17 ff.); aber als Grundlage der moralifchen Gefühle ift es doch nicht
ganz dasfelbe, ift nicht identifch mit dem Lebensgefühl als dem Grund=
gefühl überhaupt.

fifchen oder geiftigen Kraft affimiliert werden kann und des=
halb st e t s unangenehm wirkt: gelingt es aber dennoch,
damit fertig zu werden, so ift das Gefühl der Befriedigung,
der Freude und des Triumphes um so größer. Wer solche
Reize auffucht ohne Not, ohne Sinn und Zweck, nur um feine
Kraft daran zu erweifen und zu zeigen, stürzt fich mutwillig
in Gefahr und ift tollkühn, ein äfthetifches Wohlgefallen an
folchem heroifchen Spielen mit der Gefahr und mit dem
eigenen Leben ift dabei nicht ausgefchloffen und entfpricht
dem Wefen des Luftgefühls durchaus.

Was nennen wir nun aber fittlich?[1]) Man könnte kurz
fagen: im Gegenfatz zu dem Egoiftifchen das Selbftlofe.
Allein hier kommt eine Schwierigkeit. Kann ich jemals bei
dem, was ich tue, mit Bewußtfein und Willen tue, abfehen
von mir als dem Subjekt diefes meines Tuns? Und wenn das
Gefühl das ift, was den Willen in Bewegung fetzt, der Menfch
alfo von Unluft getrieben das tut, was diefe Unluft befei=
tigen oder Luft fchaffen kann, fo find ja alle unfere Hand=
lungen auf Luft als ihren Zweck gerichtet, fo ift der Menfch
ein geborener Egoift und handelt immer felbftfüchtig. Dabei
würde es auch nichts helfen, wenn man das Sittliche rein
objektiv betrachten und es als dasjenige bezeichnen wollte,
was der Menfch tut aus Rückficht auf die Gefellfchaft, die
mit ihren Belohnungen und Strafen vor ihn tritt und ihn
durch das Mittel der öffentlichen Meinung in ihren Dienst
zwingt, oder aus Rückficht auf ein Jenfeits, auf Himmel und
Hölle, womit ihn die Religion lockt oder fchreckt. Und auch
wenn man fein eigenes Wohl, feine individuelle Bequemlich=
keit der Gefellfchaft zuliebe drangibt, um am Wohle diefer
Gefellfchaft Teil zu bekommen und fein Glück in dem der Ge=
famtheit reicher und voller wieder erftehen zu fehen, fo

---

[1]) Z i e g l e r , Sittliches Sein und fittliches Werden 1890. 3. und 5.
Vortrag.

kommt man damit über einen sublimierten Egoismus nicht
hinaus, heiße man diesen nun einen verfeinerten oder einen
raffinierten.

Auf solche Weise scheint freilich der Egoismus zur Grund=
lage und zum Zielpunkt alles Handelns zu werden, ob ich
nun direkt in meinem Interesse und für mich oder ob ich direkt
für die Gesellschaft, indirekt aber damit doch wieder nur
für mein Wohl tätig bin; es scheint ein sittliches Handeln
im Sinne der Selbstlosigkeit überhaupt nicht zu geben. Allein,
daß wir uns nur nicht zu rasch darauf einlassen! Gibt es
denn nicht neben jenen egoistischen Gefühlen auch noch andere,
von Haus aus, also in gewissem Sinn angeboren, auch sym=
pathetische Gefühle, Gefühle für andere? Die Tatsache des
Mitgefühls steht ja natürlich fest. Die Frage ist nur, ob es
etwas Natürliches oder erst etwas Gewordenes und An=
erzogenes sei. Ich glaube, das Verhältnis zwischen Mutter
und Kind entscheidet diese Frage im ersteren Sinn. Hier
werden aus einem zwei, und zunächst ist das zweite, das
Kind, im wirklichen Sinn ein Stück des ersten, der Mutter.
Die Analogie der niederen Tiere, die sich lebendig halbieren
lassen und deren Hälften sich zu einem vollständigen In=
dividuum ergänzen und selbständig weiter leben, liegt uns
dabei nicht zu fern. So gilt denn das Gefühl der Mutter
für das Kind erst einem Teil und Stück von ihr selbst, ist
damit noch egoistisch. Löst sich aber das Kind aus dem Mutter=
schoß, also nach „vollendeter Geburt“, wie die Juristen
sagen, so bleibt das Gefühl der Liebe an ihm haften, wandert
aus dem ego in den alter mit hinüber und erstreckt sich so auf
ein zweites, ein anderes. Hier ist der Altruismus, wie das
monströse Wort heißt, das doch noch besser ist als Tuismus,
die Sympathie für andere in der Tat ein Natürliches.
Die Mutter liebt im Kinde sich und liebt dann das Kind, wie
sich selbst. Und auch bei der Geschlechtsliebe gilt etwas Ähn=
liches. Der Hermaphroditismus bei gewissen niederen Tier=

klassen muß die Gefühle des Befruchtens und des Empfan=
gens in Einem Individuum auslösen. Wo dagegen die
männlichen und weiblichen Geschlechtsorgane an verschiedene
Individuen verteilt sind, da braucht eins das andere. Dabei
ist freilich das Gefühl zunächst durchaus egoistisch — Be=
friedigung der eigenen persönlichen Lust; und das kann
auch beim Menschen der Fall sein, wie wir an gewissen
lediglich sinnlichen Ehen und vor allem bei der rein sinnlichen
Befriedigung des Geschlechtstriebes mit Hilfe von Prosti=
tuierten sehen: in der Prostitution ist der Egoismus des
sinnliche Lust suchenden Mannes und des sie ihm für Geld
gewährenden Weibes ausschließlich maßgebend. Aber ist
die Prostitution ein Natürliches? und nicht viel mehr die
Folge falscher sozialer Zustände und einer korrupt geworde=
nen Kultur? Und ist nicht doch auch im Verhältnis von Mann
und Weib das Hinausgehen über das Ich und seinen Egois=
mus das Natürliche, das altruistische Gefühl der Liebe das
Normale? Wenn wir dazu die Gefühle der Blutsverwandten
für einander nehmen und dieses Verhältnis sich erweitern
lassen zu dem der Rassen= und Gattungszusammengehörig=
keit, so werden wir damit zwar nicht mit einem Sprung zu
dem „homo homini deus", aber sicherlich noch viel weniger
zu dem pessimistischen „homo homini lupus" gelangen. Ge=
wisse sympathetische Gefühle, die den Menschen zum Men=
schen ziehen und gesellen, sind von Haus aus da und machen
ihn zu einem animal natura sociale.

Viel einfacher, so scheint es, wäre es gewesen, wenn wir
gleich direkt an das Mitgefühl und speziell an das Mitleid
appelliert hätten. Und gewiß gehören diese sympathetischen
Gefühle hierher. Allein man muß vorsichtig sein. In diesen
Gefühlen des Wohlwollens steckt immer eine Beimischung
von Egoismus, und es ist schwer zu sagen, wo dieser auf=
hört und jenes anfängt. Schon daß Mitleid weit häufiger
ist als Mitfreude, gibt zu denken; und der Grund dafür ist

denn auch kein anderer, als daß jenes dem Egoismus mehr
zusagt als diese[1]). Im Mitleid liegt eine gute Portion Selbst=
sucht und Selbstbefriedigung. Ich bin ja doch nicht von der
Sache mit betroffen, unter der ich den anderen so schwer
leiden sehe, ich habe also allen Grund mich zu freuen. Und
fürs zweite, ich kann helfen, dadurch fühle ich mich gehoben,
mein Kraftgefühl, mein Selbstgefühl wird dadurch erhöht:
ich bin der Wohltaten Spendende, ich der Überlegene (homo
homini deus!). Das Wichtigste aber ist: von dem Ich geht
es aus, nur wenn ich mich in die Lage des anderen versetzen
kann, in sie hineinfühle und in der Erinnerung ein Bild
gleichen oder ähnlichen Leides zu reproduzieren imstande
bin, kann ich Mitleid empfinden; hierin liegt ja die Wirkung
des Tragischen mit, das als ein lediglich vorgestelltes Leid
Mitleid erregt und doch schließlich Lust zum Endeffekt hat.
Im Leben ist darin die oft so erschreckende Härte und Un=
empfindlichkeit der Reichen und Glücklichen psychologisch be=
gründet, die sich in die Lage der Unglücklichen und Armen mit
ihrer Phantasie nicht hineinzuversetzen vermögen, weil sie
Ähnliches nie erlebt haben. Und umgekehrt beruht hierauf,
auf einem dem ästhetischen ähnlichen Akt der Einfühlung[2])
das Mitleid mit der seufzenden Kreatur, mit der Natur,
und die Vorstellung vom Mitleiden der Natur mit uns.
Diesen Einfluß der Phantasie auf das Mitgefühl muß man
bei der Beurteilung der Menschen wohl im Auge behalten:
wer sich hart ist, macht auch an andere ähnliche Ansprüche,
weil er die Gefühle einer weichen, schönheits= und glücks=
bedürftigen Natur nicht nachzufühlen vermag.

Ganz anders gestaltet sich die Sache bei der Mitfreude.

---

[1]) Spruch: „Zum Mitleid gehört nur ein Mensch, zur Mitfreude ein
Engel."

[2]) Dagegen ist das Mitleid mit den Nebenmenschen von der ästhe=
tischen Einfühlung doch wesentlich verschieden, sie ist nur eine Voraus=
setzung dafür.

Hier werde ich mir, je mehr der andere jubelt, um so pein=
licher bewußt, das ich keinen Grund habe, mich für mich
zu freuen, und das tut dem Egoismus weh; überdies kann
ich nichts dazu tun, der andere braucht mich nicht, ich bin
ihm nicht notwendig, und so stehe ich passiv, als unbetei=
ligter Zuschauer daneben; darum entwickelt sich bei mir
kein Kraftgefühl, weil ich keine Kraft aufzuwenden habe,
und deshalb schleicht sich eine leise Unlust der Passivität ein,
so daß Mitleid geradezu lustvoller ist als Mitfreude. Denn
mit dieser mischt sich allzuleicht, namentlich wenn ich ähn=
liche Freude und ähnliches Glück für mich erhofft habe und
erstrebe, ein Neidgefühl, das — hierin glaube ich keinem
dies ableugnenden Selbstzeugnis — ein durchaus und all=
gemein menschliches, weil psychologisch natürliches ist und
darum von uns nur schwer hintangehalten werden kann.
Schadenfreude dagegen, das Gegenteil des Mitleids, ist
ein viel Seltneres und Häßlicheres, in seiner Reinheit etwas
geradezu Teuflisches, wenn es sich auch als leichtes Ingrediens
des Mitleids gewiß weit häufiger findet, als es die Menschen
sich selbst und anderen eingestehen mögen.

So zerzause ich freilich das Schönste und Beste, was der
Mensch in sich trägt und sein eigen nennt, Wohlwollen, Mit=
leid, Liebe, indem ich auch in diesen „edleren Gefühlen“
den Bodensatz und Erdenrest des Egoismus aufsuche und
nachweise. Allein auf der anderen Seite bin ich weit ent=
fernt, den Wert dieser Gefühle herabzusetzen oder zu leugnen,
daß hier die köstlichsten Früchte des menschlichen Wesens
gedeihen und reifen. Was ich bestreite, ist nur das, daß sie
von Haus aus sittlich und das Sittliche selber sind. Daß sie
es nicht sind, zeigt das mancherlei Unreine und Unlautere, Ver=
kehrte und Bedenkliche, das auch ihnen anhaften kann. Von
der Geschlechtsliebe und ihren Verirrungen habe ich schon ge=
sprochen. Aber selbst die Mutterliebe hat als „Affenliebe“
etwas Selbstisches und Weichliches, die Mutter ist gegen sich

selbst zu schwach und will darum dem Kind nicht wehe tun, ihm nichts versagen; und das Kind liebt zu Anfang ohnedies recht selbstisch die, die seinen Bedürfnissen, seiner Not abhilft, seinen Hunger und Durst stillt, es warm und weich bettet und hegt und pflegt. So konnte um die Wende des 17. Jahrhunderts sogar ein Streit darüber ausbrechen, ob es eine uninteressierte Liebe zu Gott gebe.[1]) Und so müssen doch allerlei Erfahrungen gemacht werden, ehe diese sympathetischen Gefühle von ihren Schlacken gereinigt und ihnen ein idealer Stempel aufgedrückt werden kann: ein reiches Herz hat mehr Wohlwollen für andere als ein armes und ödes Eigenleben.

Ist denn aber mit solchen Einschränkungen und Zugeständnissen dem Menschen etwas von seiner Würde genommen und ist es nicht geradezu verdienstlicher, wenn ihm das Sittliche nicht von Natur in seinen Gefühlen mitgegeben ist, sondern wenn in den natürlichen Gefühlen, aus denen es ja freilich herauswächst, ein Egoistisches steckt und nun erst von diesem mit allerlei Selbstischem überwucherten Boden aus die sich aufopfernde und hingebende, rein selbstlose Liebe sich durchringen muß und so der sittlich gewordene Mensch sich selbst über den anderen vergißt und vom Ich zum Wir gelangt? Daher ist es falsch, wenn die Schopenhauersche Ethik das Mitleid mit dem Sittlichen erster Ordnung identifiziert. Mitleid muß nicht sittlich sein; man kann geradezu sagen: nur das Mitleid des sittlichen Menschen ist sittlich.

Andererseits wollen wir aber auch nicht vergessen, daß wie alles Handeln nur durch Gefühle in Bewegung gesetzt wird, so auch beim Sittlichen stets ein Gefühl der Lust mit dabei sein muß, sei es daß dieses in einer verstandesmäßigen

---

[1]) In meiner Geschichte der christlichen Ethik habe ich es versäumt, diesen Streit, der im siebzehnten Jahrhundert zwischen Fénelon und Molinos geführt wurde, zu erwähnen; s. darüber Realenzykl. f. prot. Theol. u. Kirche 3. Aufl. Bd. 13, Art. „Molinos".

Berechnung der Folgen und der sich daran anschließenden
Billigung und Zustimmung zu der Tat oder in einem un=
mittelbar lustvollen Enthusiasmus für die gute Tat in dem
Augenblick, in dem sie getan wird, oder endlich in einer
subjektiv liebgewonnenen Gewohnheit oder einer objektiv
mir bequemen Sitte besteht und seinen Ursprung hat.
Und so ist denn auch durchaus im Einklang damit, wenn
als das höchste Gut des Menschen und der Menschheit das
Glück oder die Glückseligkeit bezeichnet wird. Bei dem Streit
darüber handelt es sich kaum mehr um das Daß, sondern
lediglich um das Was, darum, w o r i n der Mensch und die
Menschheit dieses höchste Gut und Glück zu suchen haben
und finden können. Psychologisch betrachtet sind Egoismus
und Eudämonismus für unser Handeln ebenso unbestreitbar
als berechtigt[1]). Neben der Selbsthingabe steht als gleich=
berechtigte Tugend und Pflicht die Selbstbehauptung. Erst
beides zusammen ist d a s Sittliche und macht den Menschen
sittlich.

Mit dem Gesagten haben wir nur die eine Seite, wonach
im Wohlwollen ein Egoistisches, im „Wir" immer auch
das Ich mit einen Platz hat. Wir müssen aber nun auch auf
das andere hinweisen, daß im Ich das Wir, im Egoismus
jederzeit auch die Beziehung und Richtung auf andere
steckt und mitwirkt. Nur als Glied einer Gesellschaft, im
Zusammenhang mit anderen und im Vergleich mit anderen
gibt sich das Ich seinen Wert, gelangt es zu jenem Selbst=

---

[1]) S i g w a r t , Vorfragen der Ethik ist unbefangen genug, den
Egoismus in jedem menschlichen Wollen und Handeln anzuerkennen
(S. 6). Und vom Eudämonismus sagt schon H e g e l in der Phänomeno=
logie (hersg. von Lasson, S. 390): „Das moralische Bewußtsein kann nicht
auf die Glückseligkeit Verzicht tun und dies Moment aus seinem absoluten
Zweck weglassen." Das geht direkt gegen Kant, dessen ethischer Stand=
punkt ebenso wie der der Neukantianer deshalb rigoristisch ist, weil er
unpsychologisch ist. Vgl. hierzu und zum Folgenden überhaupt m e i n e
Vorträge über „sittliches Sein und sittliches Werden".

gefühl des eigenen Wertes. Das wird an den scheinbar ganz egoistischen Gefühlen der Eitelkeit, des Hochmuts und des Stolzes und ebenso an den mit dem Sittlichen zusammen= hängenden Gefühlen der Reue, der Scham und der Ehre klar. Was ich bin und habe, tue und lasse, soll, wie der Eitle[1]) meint, nicht bloß von ihm, sondern auch von anderen gesehen und anerkannt, gebilligt und gelobt werden: er will gefallen. Dabei können wir aber noch eines bemerken, was allen diesen Gefühlen gleichmäßig zukommt. Der Eitle geht nicht etwa vom Ich im allgemeinen und ganzen aus und schließt: das bin ich, das gehört zu mir, also ist es schön und hübsch und des Beifalls wert; er hat vielmehr für seine Mängel und Fehler und Häßlichkeiten ein scharfes Auge; nur sucht er sie zu verheimlichen und zu verdecken, oder sucht dafür gewisse Vorzüge in den Vordergrund zu rücken, gewisse Schönheiten hervorzuheben und auffällig zu machen, um jenes Unschöne darüber vergessen zu lassen; daher hebt er sie leicht über Gebühr hervor, wie das eitlen Frauen mit dem Putz, eitlen Männern mit Orden und Titeln so leicht geht; oder wie namentlich in wahrhaft bemitleidens= werter Weise verwachsene Personen sich übermäßig schmücken und auffallend kleiden, ohne zu ahnen, daß durch diese Über= ladung der körperliche Fehler nur um so mehr ins Auge fällt. Daß hier nicht das Ich als Ganzes das erste ist, sondern gewisse Einzelheiten und besondere Seiten an ihm, ist nachträglich noch einmal ein Zeichen dafür, daß das Ich nichts ursprüngliches, sondern Ergebnis und Resultat ist. Die anderen aber, das sieht man deutlich, sind dem Eitlen unentbehrlich: von ihnen will er gelobt, bewundert, an= erkannt, umschmeichelt werden, den anderen will er ge= fallen; selbst wenn er im Spiegel nur sich sieht, denkt er an die anderen, die ihn bewundern sollen und werden.

---

[1]) Über die Eitelkeit f. S i g w a r t, Kleine Schriften, 2. Reihe, S. 260—286 und J. E. E r d m a n n, Ernste Spiele, X.

Ähnliches scheint beim Hochmütigen nicht der Fall zu sein. Er braucht die anderen nicht, ihr Lob, ihr Beifall ist ihm ebenso gleichgültig, wie ihre Mißbilligung und ihr Tadel; er setzt sich darüber hinweg, er ist sich selbst genug. Und doch ist diese Selbstgenügsamkeit keine absolute, nicht die Autarkie des stoischen Weisen. Auch er braucht die anderen, wenn auch nur, um auf sie herabblicken und sie verachten zu können. Das ist doch nicht jene selbstlose Autarkie, die allerdings auch bei den Stoikern rasch in Hochmut ausgeartet ist, sondern es ist ein Schwelgen im Gefühl des eigenen wenn auch eingebildeten Wertes a l l e n a n d e r e n g e g e n ü b e r, ein sich Abschließen gegen diese Welt der anderen, die er doch nötig hat, um hoch zu stehen und herabzusehen auf sie, die so tief unter ihm stehen. Der Eitle ist mit dem Beifall eines jeden, auch des Armseligsten zufrieden; der Hochmütige verachtet jeden, auch den Besten.

Noch viel mehr bezieht sich die Scham auf andere. Man schämt sich über etwas — vor anderen. Sie ist zunächst die Scheu vor geschlechtlicher Entblößung in Gegenwart anderer, dann überhaupt die Furcht, sich vor anderen eine Blöße zu geben, oder das Unbehagen, wenn man eine solche gegeben hat. Und so berührt sie sich auf das Engste mit dem Ehrgefühl. Bei diesem handelt es sich um unsere soziale Stellung. Aber während die Scham mehr negativ ein unangenehmes Gefühl ist bei Bedrohung oder Beeinträchtigung dieser unserer Stellung durch ein auffallendes, der Sitte zuwiderlaufendes Benehmen, ist das Ehrgefühl sowohl positiv als negativ das Gefühl für alle die feinen Fäden, die mich äußerlich mit der Gesellschaft oder mit einem Ausschnitt und engeren Kreis von ihr, dem ich angehöre (Stand, Beruf, Klasse), verknüpfen und mich, wenn sie in Ordnung sind, als geachtetes Glied innerhalb derselben aufrecht stehen lassen, anderenfalls diese Stellung als eine bedrohte oder zerrüttete aufzeigen. Es ist somit das Gefühl des Wertes, den die

öffentliche Meinung für mich hat und den mir die öffent=
liche Meinung zuerkennt, des Wertes, den ich in den Augen
meines Kreises habe, des Platzes, den ich darin einnehme
und wie ich ihn behaupte. Daher ist die Ehre vor allem
Sache des Mannes, der im öffentlichen Leben steht, und
ist Standesehre, weil sie sich nach Klassen und Ständen
sondert. Sie ist ein durch und durch Individuelles, weil
es sich subjektiv und objektiv um m e i n e Beziehungen handelt,
und ist doch zugleich ein Soziales, weil es sich um meine
Beziehungen zur Gesellschaft handelt: ein Höchstes, denn
über die Ehre geht nichts (Ehre verloren, alles verloren),
ein Kleinliches und Ärmliches, wenn diesem Moloch Pflicht
und Gewissen geopfert und über den Standesrücksichten
alle höheren Zwecke verabsäumt werden, ein Lächerliches
und Äußerliches, wenn das ganze Leben darauf zugeschnitten
und eingerichtet wird und man sich etwa über lauter Ehren=
ausgaben das Nötigste versagt und über Standespflichten
nicht zum Genuß seines Daseins kommt. Der Stolz endlich
ist nichts anderes als die Freude am Besitz der Ehre, an dem
guten Urteil, das öffentlich über mich ergeht, das Gefühl des
Gehobenseins durch die Gunst der öffentlichen Meinung.
Deshalb ist der Stolz wie das Ehrgefühl berechtigt. wenn
er nur nicht — dumm ist, ist ein Gutes gegenüber dem
jederzeit verwerflichen Hochmut, der immer dumm ist und
aus Dummheit auf andere herabsieht; Stolz kann unbe=
rechtigt sein, wenn er in einem falschen Ehrbegriff wurzelt.

Während Scham und Ehrgefühl mehr auf das Äußer=
liche sich beziehen, auf Sitte und Benehmen, auf Rang und
Stand, gehen Reue und Gewissen auf das Innere und den
Kern, auf die Person, nicht auf die Standesperson, auf das
Sittliche, nicht auf die Sitte. Reue ist ein Folgegefühl, das
Gefühl der Unangemessenheit einer vergangenen Handlung
an eine Norm, an ein Gesetz, der Schmerz darüber, daß ich
das getan habe, die causa einer solchen Handlung gewesen

bin. Dabei handelt es sich meist um die Beziehung zum Sitten=
gesetz und um sittliche Beurteilung. Doch nicht ausschließ=
lich. Ich kann auch darüber Reue empfinden, daß ich dumm,
daß ich ungeschickt gehandelt habe; ja noch äußerlicher reut
mich z. B. mein Geld, wenn ich auf den mäßigen Genuß
einer schlechten Theateraufführung zurücksehe. Handelt
es sich bei der Reue stets um ein ganz Bestimmtes (Reue
über etwas), so umfaßt dagegen der spezifisch ethische Be=
griff des Gewissens das Ganze des sittlichen Menschen.
Es ist dies freilich ein wesentlich populärer und dogmatisch
vielfach verunreinigter und verdunkelter Ausdruck für die
Gesamtsumme der Gefühle und der darauf sich bauenden
Urteile des sittlichen Menschen über sich selbst. Auch das
Gewissen ist zunächst ein Folgegefühl und als solches der
sittlichen Reue nahe verwandt. Wenn ich ein Böses be=
gangen habe, regt sich, zuweilen klar und deutlich, meist aber
als dumpfer Druck und unbestimmte Unruhe das Gewissen
und bringt mir zum Bewußtsein (conscientia = Gewissen
und = Bewußtsein), daß ich durch mein böses Handeln die
Beziehungen zu meiner Umgebung und zu der Gesellschaft ver=
letzt und außer acht gelassen habe, und daß das für mich ver=
hängnisvoll werden kann. Diese unheilvollen Folgen kann ich
mir aber auch schon vor der Tat vor die Seele stellen, dann
spricht das Gewissen nicht als Folgegefühl strafend, sondern als
Vorgefühl warnend und abmahnend zu mir. Es dringt aber
tiefer als die Reue, es verbindet sich mit dem Ehrgefühl
und bringt mir die Gefahr zum Bewußtsein, in die durch
die Tat meine ganze soziale Stellung, die Wertschätzung
bei Standesgenossen und Freunden, bei Eltern und Lehrern,
bei Frau und Kindern geraten müßte. Endlich aber — durch
die böse Tat höre ich auf ein sittlicher Mensch zu sein: da=
gegen reagiert mein besseres Selbst[1]), d. h. alles Gute, das

---

[1]) Diese Seite liegt in dem scholastischen Begriff der Synderesis,

Wurzel in mir geschlagen hat und ein Stück meines Wesens
geworden ist; der gute Mensch in mir muß mich ob meiner
Tat verachten, meine sittliche Würde und mein sittlicher
Wert ist gefährdet. Und dazu kommen nun alle die ver=
nünftigen Überlegungen, alle die Erinnerungen und Über=
lieferungen, die das Gute mit Hilfe der Ideenassoziation
in mir wach= und sich zu Hilfe ruft, und verstärken jenes
Gefühl der Unruhe und Angst, der Unzufriedenheit und der
Mißachtung. Das Gute in mir, seiner Herkunft nach der
Stellvertreter der menschlichen Gesellschaft und alles des
Guten, das in ihr lebt und wirksam ist, sitzt über meine böse
Handlung zu Gericht, verfolgt sie bis in die letzten
Schlupfwinkel ihrer geheimen Motive, die ich ja kenne, und
verdammt sie trotz aller Entschuldigungen und Ausreden
ohne Gnade und Barmherzigkeit. So wird das Gewissen
zum Ausdruck meiner sittlichen Stellung im ganzen, der
Gradmesser des sittlichen Niveaus, auf dem ich stehe, der
Punkt, wo sich die Fäden kreuzen, die mich mit anderen
Menschen zusammenbinden. Das Böse ist die Verletzung und
Durchreißung solcher Fäden, und das Gewissen das gefühls=
mäßige Bewußtsein von diesem Riß. Im Bösen habe ich
als Egoist gehandelt, habe die Rücksicht auf andere verletzt,
habe mich isoliert und vereinsamt, daher ist das Böse immer
begleitet von einem Gefühl der Vereinsamung und Ver=
ödung. Natürlich kann auch dieses Gefühl sich abstumpfen
und durch Gewöhnung zum Schweigen gebracht werden;
aber das Gefühl des Bösen ist jederzeit ein Gefühl der
Armut und Leere, wie das Leben des Bösen ein armes
und ödes ist. Umgekehrt ist der Gute der, bei dem jene
Beziehungen zu seinen Nebenmenschen in Ordnung, die
Fäden fest verknüpft und wohl verknotet sind. Darum ist

---

dem „Fünklein" des Mystikers Eckart (s. m e i n e Geschichte der christ=
lichen Ethik S. 3\2 ff., 399).

der Gute der Reichere und sein Gefühl ein volleres, be=
glückteres. Nur ist es dabei wie mit der körperlichen Ge=
sundheit: das Gemeingefühl des gesunden Menschen ist latent,
und ebenso kommt das sittliche Gemeingefühl des Gesunden,
das gute Gewissen da, wo es die Regel ist, kaum noch zur
Aussprache. Nur das böse Gewissen redet laut und ver=
nehmlich, und es redet beim guten Menschen lauter als beim
schlechten. Je feinfühliger, je sittlich durchgebildeter der
Mensch ist, um so schmerzlicher empfindet er jene Stö=
rungen und Verletzungen, um so mehr quält ihn bei einer
bösen Tat sein Gewissen, so daß man paradox sagen könnte,
in Wahrheit leide der Gute mehr unter Gewissensbissen
als der Böse. Die Paradoxie verschwindet aber für den,
der das Gesetz des Kontrastes und die Wirkungen der Ge=
wohnheit für das Gefühlsleben kennt.

Aus dieser Beschreibung des Gewissens erhellt aber so=
fort auch, daß es nicht unfehlbar und nichts Absolutes ist,
sondern irren kann und Grade hat. Diese richten sich nach
der Höhe der sittlichen Gesamtpersönlichkeit, und nach der
Stellung des einzelnen zum Sittlichen nimmt es verschiedene
Färbung an, spricht es eine verschiedene Sprache. Das
Gewissen ist nicht Gottes Stimme in uns, aber es kann dem
religiös gestimmten Gemüte so vorkommen, als ob in ihm
der heilige Gott zu uns spräche. Das Gewissen ist nicht
identisch mit dem Ehrgefühl, aber dem äußerlich gerichteten
Menschen wird es wesentlich mit und in den Forderungen
der Ehre entgegentreten; und noch primitiver wird es sich
dem Kinde als Angst vor Strafe oder vor dem Tadel der
Eltern, dem sittlich Abgestumpften und Unerweckten höch=
stens noch als Furcht vor Entdeckung und vor der bürger=
lichen Strafgerechtigkeit spürbar machen. Und doch achte
man alles das nicht gering — als Erziehungsmittel zum
Sittlichen, das kein Angeborenes ist, sondern in der mensch=
lichen Gesellschaft wird und dem einzelnen sittlich Erzogenen

14*

im Gewissen als sittliche Norm und sittliches Ideal irgendwie
gegenübertritt und ihn das Gute als ein von innen Heraus-
quellendes, Selbstverständliches und Naturnotwendiges tun
läßt, oder als „Fünklein" und Rest des Guten in ihm gegen
das Böse „aufbrummt" (remurmurat) und allmählich doch
zur reinigenden Flamme wird und werden soll[1]).

Ist aber das Gute, das wir objektiv als den Dienst an der
Wohlfahrt der Gesamtheit fassen können, im Menschen zur
herrschenden Macht geworden, so daß er sich fraglos und
wahllos, freudig und willig in diesen Dienst stellt, so kann
es sich verschieden in ihm äußern: mehr weich und anmutig
in der Form des Wohlwollens und Mitgefühls, mehr hart
und streng gegen sich selbst als Pflichtgefühl oder mehr
nach außen gerichtet als Gerechtigkeitsgefühl[2]) mit der
Devise suum cuique. Und noch ein Unterschied ist da: bald
muß die Reflexion zu Hilfe genommen werden, damit der
Mensch das Gute und Richtige treffe; bald versteht sich das
für ihn von selbst, er hat es sozusagen im Griff, im Gefühl
selbst: das ist der sittliche Takt, wie ihn Sokrates in so
hervorragendem Maße besaß, jenes Daimonion, das ihn
zu einem wahren Virtuosen der Sittlichkeit gemacht hat.

Und auch ein Ästhetisches kann sich mit dem Sittlichen
verbinden, wie es die Griechen im Begriff der Kolokagathie
deutlich zum Ausdruck gebracht haben. Aber auch wir reden
von einer schönen Seele und kennen im Sittlichen den Unterschied von Anmut und Würde; Takt ist immer anmutig,
Pflicht manchmal erhaben. Damit hängt noch ein anderes
zusammen, das im Pflichtgefühl seine Stelle hat, ich meine
die Gefühle der Achtung und der Bewunderung. In der

---

[1]) Soviel ich sehe, hat Th. Elfenhans in seinem Buch über
„Wesen und Entstehung des Gewissens" 1894 von der hier vorgetragenen
Theorie noch keine Notiz genommen.

[2]) Von dem Rechtsgefühl im ganzen und allgemeinen wird später
noch zu reden sein.

Achtung steckt etwas der Erhabenheit Analoges, daher immer zuerst ein, wenn auch noch so leises Unbehagen und Unlustgefühl. Wenn wir andere achten, so stellen wir sie über uns und sehen zu ihnen auf, das schlägt unseren Stolz darnieder und läßt etwas wie Neid aufkommen: wir fühlen uns in unserem Selbstgefühl beeinträchtigt; daher fehlt dem Gefühl der Achtung die Wärme. Und so schlägt uns auch die Achtung vor dem Sittengesetz darnieder, weil wir vor einer unendlichen Aufgabe, einem hohen und immer höher sich steckenden Ziele stehen und dahinter zurück= zubleiben fürchten. Aber neben und hinter der Depression kommt alsbald die Erhebung, daß wir es doch haben und fassen und als u n s e r Ziel, als u n s e r Ideal kennen und anerkennen, und wir freuen uns auch über den anderen, der diesem Ideal besser schon als wir selber entspricht und uns so wie ein Bundesgenosse und wie ein Trost auf dem Wege zum Ziel erscheint. Bewunderung aber tritt da ein, wo einer unser Ideal sogar noch übertrifft und uns durch das Neue und Ungewohnte dieses Schauspiels nun wirklich ästhetisch Lust und Befriedigung gewährt. Sie ist der Achtung gegen= über warm, sie kann geradezu „glühend" werden und uns als solche mit fortreißen, daher geht sie auch leicht in Liebe über. Das nil admirari dagegen ist Sache des Blasierten, der keine Ideale mehr hat, oder Sache des vollendeten Mannes, der die höchsten Ideale in sich trägt und deshalb an sich und andere die höchsten Ansprüche macht, die nun nicht mehr übertroffen werden können.

Vom Sittlichen kann man nicht reden, ohne auch hier schon der Wirkung der Gewohnheit zu gedenken, wie sie im C h a r a k t e r zum Ausdruck kommt. Selbst das Ziel der Erziehung ist kein anderes als das, den Menschen gewohnheitsmäßig sittlich handeln zu machen und darauf hinzuwirken, daß er sich fraglos und wahllos in den Dienst der allgemeinen Wohlfahrt stellt. Darum handeln wir auch

in den meisten Fällen so, wie wir es von Jugend auf geübt
haben und gewohnt sind; und die Summe aller dieser Ge=
wöhnungen und Übungen, aller erworbenen Dispositionen
und Fertigkeiten, aller geläufigen Vorstellungen und Ma=
ximen ist eingegangen in das und hat sich verfilzt zu dem,
was wir Charakter nennen. Aus diesem unserem Charakter
handeln wir heraus, operari sequitur esse. Der Charakter
aber ist das Produkt dessen, was wir von Natur sind, und dessen,
was Erziehung, Umgebung, Gesellschaft, mit einem Wort
das Leben aus uns gemacht hat. Jedes Handeln legt den
Grund zu einer Gewohnheit, hinterläßt eine Disposition,
das zweitemal ist dasselbe Tun schon leichter als das erstemal:
je öfter, desto fragloser, desto selbstverständlicher erfolgt es;
so verstärkt jedes wiederholte Handeln die Bahnen der Ge=
wohnheit und schleift sie aus, und diese Bahnen bestimmen
umgekehrt mit immer wachsender Stärke, mit Wahrschein=
lichkeit und Sicherheit das Handeln im einzelnen Fall,
lassen dieses geradezu voraussehen und vorausberechnen.
Denn von der Gewohnheit, dem Charakter abzugehen,
wird immer schwieriger, schließlich fast unmöglich. Darauf be=
ruht die Wucht, mit der der Charakter das Handeln bestimmt;
wir können uns nur sehr schwer gegen ihn entscheiden,
das widerstrebt zu sehr unserem Gefühl. Und schließlich wirkt,
wie alles Gewohnheitsmäßige, auch der Charakter unbewußt,
daher entzieht sich dieses stärkste Motiv alles Handelns
unserem Bewußtsein. Wie darin vor allem die Möglichkeit
liegt, daß wir uns frei fühlen, ohne daß wir doch wirklich
frei sind, wird später klar werden.

Auch der Einfluß der praktischen Vernunft, des Denkens
auf das Sittliche hat hier seine Stelle. Als denkender Mensch
kann ich, wenn ich zu handeln im Begriff bin und vor einem
Entschluß stehe, die Folgen voraussehen und vorausberechnen
und kann demgemäß die richtigen Mittel erkennen und aus=
wählen; und ebenso kann ich die Folgen einer vollzogenen

Handlung überschauen und mir klar machen. Mit jenen vor=
wärtsgerichteten Zweckvorstellungen und diesen rückwärts=
gehenden Folgebetrachtungen verbinden sich dann Gefühle
des Beifalls oder des Mißfallens, der Lust oder der Unlust,
die den Willen beeinflussen und bestimmen. So werden
meine Gedanken und Vorstellungen selbst zu Motiven, aber
nicht direkt, sondern eben nur durch jene sich mit ihnen ver=
bindenden Gefühle oder durch die Gewohnheit, die diese
Gefühle abstumpft, aber dafür das Handeln in seine Bahnen
zwingt und ein Abweichen davon unbequem, unlustig, un=
möglich macht. Und auch diese Gedanken gehen als in ähn=
lichen Fällen immer wiederkommende, als Grundsätze und
Maximen in den Charakter ein und bilden einen seiner Be=
standteile.

Allein nicht nur für das Sittliche im engeren Sinn ist
das Gefühl auf allen Stufen und in allen Wendungen
wichtig und bedeutsam, sondern auch, wenn wir das Sitt=
liche mit Schleiermacher erweitern zu dem Prozeß mensch=
licher Kulturarbeit überhaupt. Wir haben erlebt, wohin
man bei dieser Arbeit mit der Vernachlässigung der Gefühle
kommt. Indem man sie den einzelnen überließ und sich
nicht um sie bekümmerte, machte sich jene brutale Periode
des Individualismus breit, der in Wahrheit Egoismus war.
Es ist zu hoffen, daß nun endlich für den sozialen Geist
die Zeit gekommen ist und die sozialen Gefühle jener schlim=
men Periode ein Ende machen werden — mit oder ohne
Schrecken, je nachdem die Massen Vernunft annehmen,
und vor allem, je nachdem sich die Besitzenden und je nach=
dem sich Staat und Kommunen von dem sozialen Geiste
erfüllen lassen.

Noch ein anderes Gefühlspaar zeigt sich in der Gestaltung
unserer Kultur in verhängnisvollem Gegensatz, das Herr=
schaftsgefühl und das Knechtsgefühl. Jenes Herrenbewußt=
sein erfüllt die Fürsten und macht sie zu Tyrannen, die

Beamten und macht sie zu Bureaukraten, die Gelehrten
und macht sie zu Koteriehäuptern, die Fabrikanten und
macht sie zu Bedrückern und Ausbeutern; und das Knechts=
gefühl macht die Völker byzantinisch, die Bürger unselb=
ständig, die Männer der Wissenschaft intolerant und die
Arbeiter stumpffinnig; und in dem Maße, als es da ist,
wächst jenes Herrengefühl bis zum Unerträglichen. Beide
zusammen aber verletzen das Gerechtigkeitsgefühl und lassen
die einen despotisch, gewalttätig, hochfahrend und grau=
sam, die anderen feige, schwächlich, ehrlos und verbittert
werden. Wenn es nicht gelingt, im Herrschen das Dienen
und im Dienen die Freiheit zum Ausdruck zu bringen,
Freiheitsgefühl und Abhängigkeit gegeneinander auszuglei=
chen, so stehen wir auch hier immer wieder vor Katastrophen.
Zugleich führt dies aber noch nach einer anderen Richtung
auf den Gegensatz von Individualismus und Sozialismus
zurück. Wer herrschen will, der dient nur zu leicht sich selbst
und vergißt, daß er nur einer ist im großen Bau der Kultur, zu
dem seine Arbeit beitragen soll. In diesem Bewußtsein
liegt aber selbst für den Niedersten der Adel seiner Arbeit.
Wohl ist die Arbeit als solche, als Betätigung von Kraft,
lustvoll; aber im höheren, idealeren Sinn wird sie es doch
nur, wenn sie sich darstellt als ein notwendiges Stück der
Gesamtarbeit der Menschen; in diesem Sinn erst kann man
vom Glück der Arbeit reden[1]. Dazu ist aber dreierlei nötig:
einmal die Arbeit muß auch wirklich d i e Kraft der Menschen
in Anspruch nehmen, nicht eine einzelne Seite nur ein=

---

[1] Dies ist unser deutsches Empfinden der Arbeit gegenüber — im
Gegensatz zu dem Fluch, der nach orientalischer Anschauung 1. Mof. 3, 19,
auf sie gelegt ist. Wenn A. H a r n a c k , das Wesen des Christentums
behauptet, „Arbeit und Fortschritt vermögen die Seele nicht mit wirklicher
Befriedigung zu erfüllen", und das „Gerede" über die Lust, welche die
Arbeit gewährt, für „Heuchelei" erklärt, so weiß ich nicht: spricht so der
biblische Theologe oder der Ostseeprovinzliche Herrenmensch? Ich jeden=
falls empfinde der Arbeit gegenüber anders.

tönig und einförmig ausnützen, sie zu bloßen „Händen"
degradieren und sie in allem übrigen brachliegen lassen und
stumpf machen; fürs zweite, der Mensch muß sich des Zu=
sammenhanges seiner Arbeit mit der aller übrigen bewußt
werden können, ihre soziale Bedeutung muß ihm erschlossen
werden; und endlich — die Kulturarbeit ist eine geschicht=
lich sich vollziehende, darum ist auch das Gefühl des ge=
schichtlichen Zusammenhanges der Gegenwart mit der
Vergangenheit und des Fortschritts von dieser zu jener
und weiter hinaus in die Zukunft zu wecken. Denn dieser
geschichtliche Sinn macht pietätvoll gegen das von früheren
Generationen erworbene Gute und gerecht gegen die leben=
den Träger unhaltbar gewordener Zustände und Institu=
tionen: diese bekämpfen heißt nicht jene hassen; und er macht
hoffnungsvoll und zukunftsfreudig zu weiterem Tun.

Aber nicht nur in der Arbeit, die Kultur schafft, liegen
Lust= und Unlustmomente aller Art, sondern auch in den
Gütern, die durch sie produziert werden. Hier kommt der
Individualismus zu seinem Recht, wenn er den Anteil an
diesen Gütern für jeden einzelnen begehrt, und der Eudä=
monismus, wenn er in dem, was ihm davon zuteil wird, das
Glück nicht nur, sondern auch den Zweck des Daseins sieht.
Und auch darin offenbart sich ein ganz individueller Zug, daß
das Maß des Glücksgefühls nicht abhängt von der absoluten
Summe der erhaltenen Güter, sondern von dem Verhältnis
zwischen Besitzstand und Zuwachs (Anwendung des Weber=
schen Gesetzes auf das Glück)[1]); und ebenso sind die Menschen
in der Aufnahme= und Genußfähigkeit verschieden: es gibt
glücksbedürftige, lichthungrige Leute, und es gibt stumpf=
sinnige, nüchterne Naturen. Es hängt dies zum Teil mit der
körperlichen Konstitution zusammen, sofern die verschiedenen

---

[1]) Vgl. Fr. A. Lange, Die Arbeiterfrage, Ihre Bedeutung für
Gegenwart und Zukunft, 3. Aufl. 1875, Kap. 3, und Bernoullis
„fortune morale".

Menſchen für verſchiedene Genüſſe und Güter nicht gleich organiſiert ſind (Farbenblindheit — Gemälde; unmuſika= liſches Øhr — Konzert; ſchwaches Jngenium — wiſſen= ſchaftliche Werke). Zu fordern iſt nur, daß keiner gänzlich ausgeſchloſſen ſei von den Gütern der Kultur, an deren Erzeugung er ſelbſt mitarbeitet und in deren Beſitz und Ge= brauch ſein individuelles Weſen Befriedigung finden kann; daß nicht der eine auf Koſten anderer in Gütern ſchwelge und ſie für ſich monopoliſiere; und endlich, daß jeder Menſch — nach dem Maß der Kulturentwicklung — ein menſchen= würdiges Daſein auch im Genießen führen könne.

Dabei iſt freilich ein Widerſpruch im Weſen der Kultur, um nicht zu ſagen im Weſen des Sittlichen ſelbſt, nicht zu verkennen. Die Wohlfahrt aller iſt das Ziel und wäre, wenn erreicht, das höchſte Gut; aber um dieſes Ziel zu erreichen, fordert die Kulturarbeit jederzeit vom einzelnen Øpfer, Verzicht auf perſönliches Glück, auf vielfachen Genuß, auf das eigene Wohlbefinden und Wohlergehen, erbarmungslos wie die Natur gehen auch die Räder der Kultur über Tau= ſende hinweg. Nicht jeder kann ſich ſonach damit tröſten, daß ſein Wohl, das er zum Øpfer bringt, reicher wieder auf= lebe in ſeinem Anteil an dem allgemeinen Wohl: manches Øpfer bleibt faktiſch unbelohnt, mancher Verzicht bleibt definitiv. Mit dieſer Tatſache, die jedenfalls zunächſt durch= aus Unluſt ſchafft, muß ſich der einzelne auseinanderſetzen. Das Nächſtliegende iſt hier der Peſſimismus, der entrüſtet die Fäuſte ballt gegen dieſes ihn (warum gerade ihn?!) heimſuchende Mißgeſchick und dieſe Benachteiligung, oder es hinnimmt als allgemeines Los der Menſchheit, für die darum nicht geboren zu ſein das beſte wäre. Anders der Øptimiſt, der auch da noch eine gute Seite herauszufinden vermag, oder der Stoiker, der apathiſch das Unglück überhaupt nicht an ſich herankommen läßt. Und anders endlich der reli= giöſe Menſch, der für dieſe Widerſprüche und Rätſel des

Daseins die Lösung gefühlsmäßig und phantasievoll in einem
Transzendenten und Jenseitigen sucht und hofft.

So führt uns diese Betrachtung hinüber zu der Frage nach
den religiösen Gefühlen.

e) Die religiösen Gefühle[1]).

Man hat freilich schon die Frage aufgeworfen, ob es
ein spezifisch religiöses Gefühl gebe, selbst Schleiermacher,
der es uns religionsphilosophisch eigentlich zum erstenmal
hat verstehen lernen, war, verführt von einer eigentümlich
metaphysizierenden Auffassung des Gefühls und dessen
Stellung im Seelenleben des Menschen überhaupt, einen
Augenblick in Gefahr, das Religiöse seines spezifischen Cha=
rakters zu entkleiden und es zum Gefühl als solchem zu ver=
flüchtigen.   Später hat er in dem Gefühl schlechthiniger
Abhängigkeit das Spezifische der Religion entdeckt, nachdem er
zuvor dem orthodoxen und rationalistischen Intellektualis=
mus und dem Kantschen Moralismus gegenüber ihren
Gefühlscharakter festgestellt hatte.   Wenn ich aber Schleier=
macher rechtgebe in seiner Bestimmung, daß Religion das
Gefühl schlechthiniger Abhängigkeit sei, so ist damit doch nur
und doch erst die Hälfte gesagt, und man darf sich dabei nur
deshalb beruhigen, weil es allerdings die e r s t e Hälfte ist.
Darum gilt es aber doch, näher zuzusehen, um das Ganze
zu gewinnen.

Wenn das Sprichwort sagt: Not lehrt beten, so hat es
damit zwar nicht auf den allein wirksamen, aber doch auf
den gewöhnlichsten und häufigsten Ausgangspunkt reli=
giöser Gefühle hingewiesen.   Denn ein Anlaß, an dem diese
erwachen, muß dasein.   Auch die Religion ist so wenig wie
irgend ein anderes geistiges Erleben von allem Anfang an

---

[1]) Hierzu vgl. m e i n Büchlein, Religion und Religionen,   Fünf
Vorträge 1893, wo man in den Anmerkungen sonstige Literatur ver=
zeichnet findet, und m e i n e Rektoratsrede über „Glauben und
Wissen", 2. Aufl. 1900.

im Menschen fix und fertig vorhanden, auch wird sie nicht
von allen gleichmäßig früh erlebt und entwickelt. So beten
z. B. die Kinder, weil andere sie es so lehren, lange bevor
sie selbst religiös empfinden. Jene Anlässe können nun höchst
verschieden sein. Ein großer Schmerz, vielleicht der Tod von
Vater oder Mutter, oder weit materieller, wenn die Familie
des Landmanns an ihren vom Hagel zerschlagenen Feldern
steht und ihrer Hände Arbeit vernichtet sieht, oder ein klei=
neres Mißlingen und Scheitern von Hoffnungen — dabei
überfällt uns plötzlich jenes Gefühl der absoluten Abhängig=
keit und Endlichkeit, der Einsamkeit und Verlassenheit,
der Ohnmacht und Hilflosigkeit. Mit unserer Macht ist
nichts getan, wir sind gar bald verloren! — das ist die Stim=
mung, wenn der Gang der Welt und der Lauf der Natur
und das Rad des Schicksals so gar schonungs= und rücksichts=
los über uns hinweggeht, wenn wir an der Grenze unserer
Macht und unseres Könnens, unserer Kraft und unseres
Leistens, unseres Wissens und Verstehens angelangt sind.
Mehr ästhetisch gefärbt, dem Anfangsstadium im Gefühl
des Erhabenen verwandt ist das religiöse Empfinden, das in
uns aufgeht, wenn wir etwa oben in der Region des ewigen
Eises und Schnees erschauern vor der einsamen Größe dieser
gewaltigen, um Menschen und menschliche Kulturarbeit
sich nicht kümmernden Natur, oder wenn wir aufschauen
zu dem unendlich über uns sich wölbenden Sternenhimmel
und unsere Erde als einen Splitter nur von einem
jener unzähligen Weltsysteme und uns selbst als ein
Atom dieses Splitters erkennen und dieser Unend=
lichkeit gegenüber uns unserer Endlichkeit so recht be=
wußt werden. Oder endlich der Ausgangspunkt ist der
sittliche, das Gefühl von Sünde und Schuld, das Ge=
fühl hoffnungslosen Zurückbleibens hinter einer von
uns gesteckten Aufgabe oder hinter dem uns vorschwebenden
Ideal.

Bekanntlich hat Hegel[1]) dieses Gefühl der Abhängigkeit für tierisch erklärt und sarkastisch geäußert, wenn sich darauf das Wesen der Religion gründete, „so wäre der Hund der beste Christ". Darin steckt Unrecht und Recht: ersteres, weil Hegel die Bestimmung des Schlechthinigen und Absoluten an der Schleiermacher'schen Definition übersieht und so von vornherein ein endlich Niedriges an die Stelle eines unendlich Hohen setzt; recht aber hat er, wofern man die Religion auf dieses Gefühl der Abhängigkeit beschränken und darin festhalten wollte. Gerade in seiner Schlechthinigkeit müßte es uns erdrücken und ersticken, wenn es nicht über sich selbst hinauswiese und hinausführte, aus dem Endlichen sich hinaussehnte und -dehnte, sich ausweitete zum Unendlichen. Aus der Furcht und Gebundenheit in die Sicherheit und Freiheit, aus der Enge in die Weite, über die Kleinheit hinweg ins Große, das ist die Sehnsucht, die wir ja gerade in jenen Momenten der Nichtigkeit und Endlichkeit fühlen. Und so geht es ganz ähnlich wie bei dem Gefühl des Erhabenen auch hier: aus der Beklemmung zur Erhebung, aus der Depression in Freiheit und in Schwung, aus der Unlust in Lust. Deshalb finden wir auch in allen Religionen den Ausdruck dieser Duplizität und Polarität in dem Gegenspiel von Sünde und erlösender Gnade, von Hölle und Himmel, von Verdammnis und Seligkeit.

Auch dieses Gefühl der Unendlichkeit ist übrigens kein einheitliches und immer gleichmäßig sich darstellendes, sondern es erscheint in tausend Formen, bald so, bald so, vor allem, wie das Feuerbach ganz richtig gesehen hat, als Wunsch, oft als recht egoistischer Wunsch; darin liegt zugleich die Möglichkeit für alle jene pathologischen und abergläubischen Formen der Religion. Der eigenen Schwäche und

---

[1]) Hegel, Vorrede zu Hinrichs Religionsphilosophie. Werke, Bd. XVII, S. 295.

Ohnmacht gegenüber sehnt sich der hilflose Mensch nach einer
unendlichen Macht, die helfen, der eigenen Schuld gegen=
über nach einem, der die Sünde vergeben und von ihr er=
lösen kann; von ihr ersehnt er das Wunder, daß der Tote
wieder lebendig werde, von ihr die Flügel, die ihn hinauf=
tragen in alle Fernen und hinwegtragen über alle Abgründe
des Schicksals, von ihr das Unmögliche, daß Geschehenes un=
geschehen gemacht werde, von ihr Erlösung und Rettung in
allen Nöten und in aller Schuld des Lebens. Oder er sucht
wenigstens nach einem fühlenden Herzen, das sich seiner in=
mitten einer gleichgültigen Natur, eines unerbittlichen Ge=
schicks, einer feindlichen und ungerechten Menschheit er=
barmen und ihm Trost und Teilnahme, Gnade und Ver=
gebung, Gerechtigkeit und Liebe spenden und zuwenden wolle.
Ob sich dabei diese Sehnsucht zu Wünschen verdichtet oder
nicht, ob sie ausgesprochen wird oder unausgesprochen bleibt,
die Hauptsache ist die Sehnsucht selbst, eine unendliche
Sehnsucht, die freilich alsbald zur Sehnsucht nach einem
Unendlichen wird. Und darin liegt auch die Zusammen=
gehörigkeit der beiden Seiten des religiösen Gefühls: mitten
im Endlichen und am Gefühl der eigenen Endlichkeit wacht
es auf, oder es liegt vielmehr notwendig darin, das Gefühl
der Unendlichkeit, das dann mit jenem in eins zusamm=
schmilzt und ihm von Haus aus den Charakter des Abso=
luten und Schlechthinigen verleiht.

So ist das religiöse Gefühl wirklich ein Selbständiges,
Eigenartiges und Spezifisches und ist in dieser seiner Eigen=
artigkeit der lauteste Protest auch gegen jene falsche Mei=
nung, daß die Gefühle qualitativ nicht verschieden seien,
der Schein des Verschiedenseins vielmehr nur von den Vor=
stellungen herrühre, die sie begleiten. Einstweilen haben
wir ja überhaupt noch keine Vorstellung, sondern als ein
Unvorstellbares und Unaussprechliches, als ein lediglich Im=
Gefühl=Haben — so erscheint uns das Religiöse und das zu

ihm gehörige Unendliche zunächst. Aber wie alles Fühlen
muß auch das religiöse ein reiches Leben von Vorstellungen
aller Art aus sich hervorgehen lassen und muß sich ausleben
in einer Reihe von Handlungen, in denen es sich darstellt
und zum Ausdruck bringt; und um so mehr wird dies hier
der Fall sein, wo es sich um ein so Tiefes und ein so Um=
fassendes handelt. Denn ich, ich selbst mit allem, was ich
bin und kann und habe, was ich weiß und tue und leide, bin
dieses Unendliche und Nichtige, darum ringt sich aus der
Totalität meines Wesens und aus dem Kern meines Da=
seins das Sehnen nach Unendlichkeit empor, durchdringt
mich ganz und gar und beherrscht und bestimmt in solchen
Augenblicken mein ganzes Leben nach sich. Deshalb begreifen
wir die Mächtigkeit des religiösen Lebens, solange es gelebt
wird. Dagegen ist es eine üble Überspannung, eine psycho=
logisch unmögliche und darum ganz unnatürliche Forderung,
daß jeder Moment des menschlichen Lebens ein frommer
sein und von Religion getragen werden müsse. Ein gesunder
und normaler Mensch ist nicht so ausschließlich und einförmig,
er kann es nicht sein und deshalb darf er es auch nicht sein
wollen.

Aber gerade weil das religiöse Leben nicht das ganze
Leben ist, breitet es sich da, wo es ist, auf die anderen Ge=
biete aus und setzt so zuerst das Denken in Bewegung.
Nur nicht, wie man schon gemeint hat, als ob es begrifflich
Antwort zu suchen antriebe auf die Frage nach der Ursache
und dem Woher der Abhängigkeit, nach dem Was des Unend=
lichen, das wir in unserer Sehnsucht vorwegnehmen, sondern,
wie es Hegel ganz richtig bestimmt hat, in der Form der
Vorstellung, d. h. in der Form alles gefühlsmäßigen Denkens
als Phantasie. Mit unserem Witz war es zu Ende, wir standen
an der Grenze unseres Wissens und Verstehens. Die Sehn=
sucht führt uns weiter, und die Flügel, die sie haben möchte,
schafft die Phantasie und trägt uns auf ihnen hinüber über

den Abgrund, hinan zu den Höhen, hinweg über alle Schran=
ken und Grenzen; sie zeigt uns das Unendliche — im Bild.
So ist die religiöse Vorstellung Dichtung. Wir haben kein
Recht, das von den religiösen Vorstellungen aller anderen
Religionen zuzugeben und nur von unseren eigenen zu be=
streiten, daß an ihnen die Phantasie mitbeteiligt sei. Wir
haben aber auch keinen Grund, darüber zu erschrecken oder
uns zu skandalisieren, als ob damit den religiösen Vor=
stellungen die Wahrheit von vornherein abgesprochen
würde. Die höchsten und letzten Wahrheiten werden
uns doch nicht bloß von den exakten Wissenschaften,
sondern nicht zum wenigsten auch von unseren großen
Dichtern als den Sehern der Menschheit geoffenbart,
und ihre Deutungen von Welt und Leben und vom
Sinn des Lebens sind doch nicht deshalb falsch, weil
sie in schöner Form, in Bildern und poetischer Gestaltung
vor uns treten.

Das Mitdabeisein der Phantasie und das dadurch be=
dingte Bildlich=Dichterische aller religiösen Vorstellungen
soll uns aber um so weniger stören, als die Phantasie in
der Tat allein leisten kann, was der religiöse Mensch
braucht, die Befriedigung seines Gefühls oder, wie man hier
zusammenfassend lieber sagt, seines Gemüts. Er sehnt sich
nach einem Unendlichen, sie schafft ihm die Bilder und
Ideale dieser Unendlichkeit. Und dabei verfährt sie hier wie
überall und wie das Denken überhaupt verfährt. Die Welt
ist meine Vorstellung, Bewußtseinsinhalt ist alles; aber
aus Empfindung und Vorstellung schafft sich der Geist
eine Außenwelt, indem er hinausverlegt, was in ihm ist, die
Empfindungen auf Dinge draußen projiziert. Von diesem
Objektivierungs= und Projizierungsprozeß ist nun natürlich
auch das religiöse Abhängigkeitsgefühl und die fromme Sehn=
sucht nach einem Unendlichen nicht ausgenommen, auch
das Unendliche wird projiziert: und so entsteht der Glaube

an ein Unendliches außer mir, an Götter, an einen Gott,
an meinen Gott.

„An meinen Gott!" — denn diese persönliche Bezie=
hung gehört sich für den Frommen notwendig, der von diesem
seinem Gott Befriedigung für sich und seine Wünsche, von
dem Unendlichen unendliche Befriedigung, ewige Seligkeit
erwartet. Daher verknüpft sich in der Religion und ihrem
Seligkeitsinteresse mit dem Gottesglauben so leicht der Un=
sterblichkeitsglaube, wobei übrigens entweder sozial der Ge=
danke an das Reich Gottes oder individualistisch die Hoff=
nung auf ein persönliches Leben nach dem Tode im Vorder=
grund stehen kann. Um aber in dieses persönliche Verhältnis
zu seinem Gott treten zu können, muß dieser auch danach
gedacht und vorgestellt, er muß womöglich persönlich
gefaßt werden. Auch das ist kein dem religiösen Vorstellen
Eigentümliches, dieser Zug zum Personifizieren und Anthro=
pomorphisieren, er ist uns ja auch sonst begegnet, auf ästheti=
schem Gebiet nimmt er die interessante Form des Einfühlens
an. Und so wird auch das Unendliche persönlich und menschen=
ähnlich gedacht, der Mensch schafft sich die Götter und den
Gott nach seinem Bilde und stattet ihn aus mit dem füh=
lenden Herzen, nach dem er sich sehnt. Auf diese Weise ent=
steht die Mythologie, eine Schöpfung religiöser Phantasie,
die z. B. in den Götterbildern der griechischen Naturreligion,
die zugleich eine Kunstreligion war, eine eigenartige Syn=
these mit jenem ästhetischen Akt der Einfühlung einge=
gangen ist.

In allem Mythischen liegt aber, wie überhaupt im Sym=
bolischen, etwas Unangemessenes, das hier sogar zu einem
Widerspruchsvollen wird: ein vermenschlichtes, d. h. ver=
endlichtes Unendliches! Allein gerade diesen Widerspruch
läßt sich der religiöse Mensch gläubig gefallen, er nimmt an
all den Endlichkeiten und Menschlichkeiten seiner Götter

keinen Anstoß, sei es weil und wenn er noch im Stadium
einer gewissen Unentwickeltheit und Stumpfheit sich be=
findet, oder weil er gerade dem Göttlichen gegenüber in
gewohnheitsmäßiger Pietät die Überlieferung kritiklos
hinnimmt und an ihr festhält.

Hier liegt auch der Hauptunterschied des religiösen Vor=
stellens von dem dichterischen Schaffen der Phantasie: an die
Bilder des ersteren wird geglaubt, von denen des letzteren
weiß schon der, der sie macht, daß sie frei erfunden sind.
Das Schaffen der religiösen Phantasie ist somit ein viel
unbewußteres, Mythen werden nicht gemacht, sondern
sie entstehen, nicht einzelne sind hier die Dichter, sondern
das fromme Bewußtsein einer ganzen Genossenschaft, einer
Gemeinde oder Kirche. Und weil sie vom Heiligen handeln,
so werden sie selbst auch für heilig gehalten, es wird ihnen
ein heiliger Ursprung zugeschrieben. Endlich, entstanden
sind sie als Ausdruck jener unendlichen Sehnsucht, diese wird
durch sie befriedigt und findet in ihnen ihr Ziel, glaubt hier
alle Not des Daseins gestillt und alle Rätsel des Lebens und
der Welt gelöst: dieser Glaube macht selig[1]). Weil aber die
Mythen so gestaltet werden, daß sie den Anschauungen, Be=
dürfnissen und Interessen der Gläubigen entsprechen und
Genüge tun, so hängt nun auch das Herz mit aller Kraft
an ihnen, siehaben vollen Gefühlston und vollen Gefühlswerte
und was das Herz, das viel konservativer ist als der kritisch,
Verstand, einmal ergriffen und festgehalten hat, das läßt
es nicht mehr so leicht los. Dazu kommt die Macht der Tra=

---

[1]) „Kann das Höchste und Heiligste, was der Mensch besitzt, noch tiefer
in den Staub, ja in den Kot herabgezogen werden?" fragt C. G u t b e r l e t
a. a. O. zu dieser Stelle. Ich nehme an, daß meine Leser diese Frage
so wenig verstehen wie ich. Wo ist hier etwas Staubiges oder gar Kotiges?
Die Anmerkung 2 auf der nächsten Seite hat G u t b e r l e t überdies
geflissentlich ignoriert; auch das, was ich gleich nachher über das tendenziös
und unehrlich Werden des Glaubens sage; sonst hätte er nicht selber ein
Beispiel dafür geliefert.

dition, bei uns Christen die Macht einer nun fast zweitausend=
jährigen Überlieferung der Kirche, und bei jedem einzelnen
wieder die Macht der Kindheitserinnerungen und Jugend=
eindrücke. Was man uns von früh auf als das Beste und
Schönste und Heiligste eingeprägt hat und was uns die
liebsten besten Menschen, unsere Eltern, eingeprägt haben,
das haftet und hält fest, selbst wenn wir es nicht mehr fest=
halten wollen. So begreifen wir, wie der religöse Glaube[1])
mit dem innersten Kern unseres Wesens, mit Gesinnung
und Charakter zusammenhängt, tiefste Überzeugung, feste
Zuversicht ist, die nicht zweifelt, sondern für absolut gewiß
und wahr hält[2]).

Darin liegt aber auf der anderen Seite auch die Quelle
der Unduldsamkeit und Intoleranz des Religiösen. Weil der
Glaube nicht beweisen und als Sache des Herzens nicht be=
wiesen werden kann — sonst wäre er ja nicht mehr Glauben,
sondern Wissen —, und weil er doch wie alles Denken über
den Ichstandpunkt hinaus zur Allgemeingültigkeit des Wir
sich erweitern möchte, so wird er leicht fanatisch und geneigt,
andere zu zwingen oder zu verfolgen. Und er wird unter
Umständen auch tendenziös und unehrlich, namentlich da,
wo es sich um die geschichtliche Überlieferung handelt.
Doch ist es gewiß auch hier meist die mythenbildende Phan=
tasie, die unbewußt um das Haupt des Religionsstifters den
Strahlenkranz der Legende und frommen Sage flicht: weil
sich ihn der Gläubige mit liebendem Herzen und nicht mit
dem kritischen Verstand zu eigen macht und nach seinen Her=
zensbedürfnissen, zu denen auch der Stolz auf die eigene

---

[1]) Ich sehe hier natürlich von dem spezifisch lutherischen Begriff des
„Glaubens" ab, der nichts anderes ist als die Form, in welcher von dem
Protestantismus ursprünglich die Religion überhaupt erlebt worden ist.

[2]) Ob der Glaube damit recht hat, ob seinen Gegenständen Reali=
tät zukommt oder nicht, das zu entscheiden, ist nicht die Sache der Psycho=
logie; darüber siehe m e i n e Rektoratsrede über Glauben und Wissen.

Sache und der Wunsch, sie zu verherrlichen, mit zu rechnen
ist, ein Bild von ihm entwirft, so wird dieses zu einem idealen
Götterbilde werden, das dann an die Stelle des historischen
Lebensbildes tritt[1]): aus dem Jesus der Geschichte entsteht
der Christus des Glaubens[2]). Gerade hier aber erwächst dann
in der Möglichkeit historischer Prüfung und Kritik dem Glauben eine Gefahr, im Wissen ein Feind, der sich nicht mehr
beruhigen läßt, und so bildet sich jener tragische Gegensatz
von Glauben und Wissen heraus, der durch allerlei persönliche Verstimmungen, Anfeindungen und Überhebungen
immer mehr verschärft, zeitweise zurückgedrängt und durch
allerlei Verschleierungen und Umdeutungen scheinbar aus-
geglichen, bleibend niemals beseitigt und überbrückt werden
kann.

Angesichts dessen ziehen sich gerade die feineren religiösen Naturen vielfach von diesem unerquicklichen Kampf
und Streit zurück auf das religiöse Gebiet als solches, das
sie in seiner vollen Innigkeit, Stärke und Reinheit pflegen
möchten. Diese Mystik, denn um sie handelt es sich, findet
sich auch außerhalb des religiösen Gebiets z. B. als Natur-
mystik. In einer mehr ästhetischen Weise handelt es sich dabei
um jene ganz intime Einfühlung und Stimmungsbeziehung,
in die der Mensch zu der Natur tritt; ich denke hier, wie
schon erwähnt, an gewisse Bilder von Arnold Böcklin oder
an einzelne Märchen von Tieck. Oder aber, es ist die Natur-
mystik der Faustnaturen und Naturphilosophen des 16. Jahrhunderts, die sich ungeduldig ins Innerste der Natur ver-
senken, sie von innen heraus erfassen, als Ganzes er- und
begreifen und ihr sozusagen ins Herz sehen oder magisch aus ihr

---

[1]) Neben S t r a u ß, Leben Jesu s. Ed. Z e l l e r, Wie entstehen
ungeschichtliche Überlieferungen? Deutsche Rundschau, Februar 1893,
S. 189—219.
[2]) Das ist doch wohl der natürlichere Weg als der von A. D r e w s
eingeschlagene, umgekehrte vom Christus des Glaubens zu einem —
in Wirklichkeit ungeschichtlichen — Jesus der Geschichte.

heraus wirken, zaubern möchten. Diesen beiden Arten
ist die religiöse Myſtik nahe verwandt. Auch hier handelt
es ſich um eine ganz intime perſönliche Beziehung, nur
nicht zur Natur, ſondern zum Unendlichen, zur Gottheit,
die ſie von innen heraus erfaſſen und berühren, mit der ſie
verſchmelzen und abſolut eins werden will; die mittelalter=
liche Myſtik redet ganz treffend geradezu von „Vergottung“.

Allein auch hier lauern Gefahren anderer Art, die Ge=
fahren eines ausſchließlichen und einſeitigen Gefühlslebens.
Die religiöſe Vorſtellung in ihrer Anſchaulichkeit hat etwas
Klares, das man prüfen, etwas Feſtumriſſenes, das man
kontrollieren kann. Die Myſtik verſucht es ohne ſolche
feſte Stütze und unterwirft ſich keiner Kontrolle, dadurch
artet ſie auf die Dauer mit Notwendigkeit in ungeſunden
Myſtizismus aus. Ein der Kontrolle des Denkens bleibend
entzogenes Element unſeres Seelenlebens wird unklar
und verſchwommen; und ſolche Unklarheit und Verſchwom=
menheit iſt dem religiöſen Gefühl ſchon von Haus aus nicht
ſo fern. Das Unendliche iſt ja ein für unſer Vorſtellen
und Denken Unerreichbares, das ſich von deſſen Kategorien
und Formen nicht faſſen läßt; ſo liegt ſchon im Gegenſtand
der Religion ſelbſt ein Unfaßbares und Unkontrollierbares.
Wenn nun aber vollends der Myſtiker, unbekümmert um
alle Geſetze des Denkens, mit der Gottheit eins werden,
das Unendliche ſich intim zu eigen machen und in Verzückung
ſich zu ihm emporſchwingen will, ſo muß er entweder phan=
taſtiſch oder, wenn ſeine Phantaſie nicht beſonders
reich iſt, anthropomorphiſtiſch, realiſtiſch, ſinnlich werden.
Das intimſte menſchliche Verhältnis iſt das Liebesverhältnis
zwiſchen Mann und Weib, darum fehlt in jenem ungeſunden
Myſtizismus faſt niemals der Zug ſinnlicher Verliebtheit.
Und das liegt auch in dem gefühlsmäßigen Charakter der
Myſtik als ſolchem begründet: die Gefühlserregung, die
ſo erhaben und überſinnlich, ganz überirdiſch begonnen

hat, ergreift den ganzen Menschen, also auch seine Sinnlichkeit, die sie mit aufwühlt und aufreizt, und wenn dann
der in seiner Unbestimmtheit und Stärke stets nur kurz
dauernde Überschwang und Rausch der Ekstase vorüber ist,
so zittert in dem robusteren Teil die Erregung weiter, und
was so übersinnlich angefangen hat, endet in der platten
Gemeinheit der Sinne. Der religiöse Minnedienst, das
Spiel mit dem Seelenbräutigam, gewisse sektiererische
Orgien — wie oft mag es diese Wendung genommen haben!
Und wie viele Mystiker haben an den sinnlichen Liebes-
bildern des Hohen Liedes ihre Phantasie entzündet und ver-
dorben!

Wie dieser Mystizismus auch vom praktischen Leben
und Handeln abzieht und in schlaffem Quietismus endigt,
und wie er als individuelles Erleben mit dem gemeinschaft-
bildenden Zuge der Religion in Konflikt kommt, das wird
an einer späteren Stelle Erwähnung finden müssen. Dagegen
könnten wir hier noch auf das religiöse Erleben der Reformatoren und Propheten, der Religionsstifter und religiösen
Heroen eingehen und versuchen, das Offenbarungsbewußtsein als die höchste Form des religiösen Empfindens uns verständlich zu machen und zu analysieren. Allein wir würden
daraus für unsere Zwecke hier nichts Neues gewinnen. Was
Religion ist und wie religiös gefühlt wird, das haben wir
uns auch im Vorangehenden schon nicht zum wenigsten von
diesen religiösen Genien sagen und unter Anwendung eines
„hypothetischen Nacherlebens“ durch sie uns deuten lassen.
Ihr Offenbarungsbewußtsein ist von unserem religiösen
Erleben nicht spezifisch, sondern nur so weit verschieden, wie
alles Geniale erhaben ist über das gewöhnliche Mittel- und
Durchschnittsmaß. Überdies habe ich darüber an anderer Stelle
ausführlich gehandelt[1]). In der Stärke ihres religiösen Be-

---

[1]) Ziegler, Religion und Religionen, S. 117 ff.

wußtseins liegt die Möglichkeit, Religionsstifter zu werden; in der individuellen Verschiedenheit des religiösen Erlebens bei den einzelnen Heroen und Genien der Ausgangspunkt für die Verschiedenheit der von ihnen gestifteten Religionen, denen sie ihres Geistes Stempel für alle Zeiten aufgedrückt haben; in der mannigfaltigen Art und Weise, wie jeder einzelne und wie ganze Zeiten zu ihnen sich stellen und ihr Bild sich zu eigen machen, der Keim religiöser Spaltungen, das weit= gehendste Recht religiöser Um= und Weiterbildung und die Gewähr fortwährenden individuellen Erlebens inmitten kirchlicher Uniformität und Äußerlichkeit. Mit der Frage: haben wir noch das Recht, uns nach ihnen zu nennen? be= ginnt die Götterdämmerung einer Religion.

Doch es ist Zeit, daß wir das religiöse Gefühl und damit überhaupt das Gebiet der qualitativen Gefühlsunterschiede verlassen und uns dem Gefühlsverlauf in seinen verschiedenen Erscheinungen zuwenden.

2. Der Gefühlsverlauf.

Im Unterschied von Affekten und Stimmungen reden wir hier zuerst von

a) G e f ü h l e n im engeren Sinn und holen dabei das= jenige nach, was bei den qualitativ bestimmten Gefühlen notwendig unbesprochen bleiben mußte, jene gefühls= mäßigen Zustände, die man als vage oder formale bezeichnet hat, weil sie keinen bestimmten Inhalt, also auch keine be= stimmte Qualität zu haben scheinen und doch deutlich den anderen gegenüber sich als Klasse für sich herausheben. Allein wenn wir sie nennen, diese Gefühle der Spannung und Lösung, der Erregung und Beruhigung, der Beklem= mung und Erleichterung, der Besorgnis und Hoffnung, der Erwartung und Langeweile und wie sie weiterhin sich spe= zifizieren mögen, so fragt es sich doch alsbald, ob sie als völlig qualitätslos und rein formal bezeichnet werden dürfen oder

ob sie nicht richtiger den intellektuellen Gefühlen zuzuzählen
wären, da sie doch offenbar mit dem Vorstellungsverlauf
zusammenhängen, weshalb sie denn auch von der Herbarti=
schen Psychologie mit besonderer Vorliebe behandelt zu
werden pflegen. Dem Gegensatz von Lust und Unlust aber,
wie Wundt das will, dürfen sie jedenfalls deshalb nicht
koordiniert werden, weil sie selbst mit dieser Polarität be=
haftet sind: Spannung und Erregung sind zunächst Unlust=
gefühle, Lösung und Beruhigung fraglos lustbetont.

Machen wir uns an den Gefühlen der Langeweile und der
Erwartung die Sache klar. Jenes erstere, könnte man sagen,
ist unter allen geistigen Gefühlen dasjenige, in dem das
Wesen des Gefühls als solches am reinsten zum Ausdruck
kommt. Es ist ein Gefühl der Unlust desbalb, weil nichts da
ist, was unseren Geist anregt und was zur Betätigung irgend=
einer Geisteskraft reizen könnte; es fehlt an einem Neuen
und Kontrastierenden, das zu assimilieren und zu bewäl=
tigen, an dem Kraft zu erweisen wäre. Daher hat der Un=
gebildete bei der geistreichsten Rede, bei der witzigsten Unter=
haltung Langeweile, weil er vermöge seines niederen Bil=
dungsstandes nichts damit anzufangen weiß, ja nicht einmal
den Versuch machen kann, sich etwas davon anzueignen.
Aber etwas muß der Mensch tun, irgendwie muß er sich
betätigen; empfängt er also keine Anregung, keinerlei Reiz
von außen oder von innen, so richtet er seine Aufmerksam=
keit auf die Form des Vorstellungsverlaufs, d. h. auf die
Zeit, die zwischen der einen und der anderen langsam kom=
menden Vorstellung verstreicht, und so wird ihm „die Zeit
lang". Darin liegt zugleich die Ähnlichkeit mit der Erwartung.
Auch der Wartende achtet auf den Ablauf der Minuten und
Sekunden; der Unterschied aber ist der, daß er ein bestimmtes
Ereignis im Sinn hat, dessen Eintreten er mit Ungeduld her=
beisehnt, darum kann er das Ende der zwischen jetzt und dem
Eintritt dieses Ereignisses liegenden Zeit fast nicht erwarten.

Dabei ist noch einmal zu unterscheiden, ob ich weiß,
wann das Ereignis eintreten wird, oder ob mir dieser Zeit=
punkt unbekannt ist; im letzteren Fall berührt sich die Er=
wartung mit der unbestimmten Hoffnung. Langeweile
und Erwartung verhalten sich demnach so zueinander, daß
ich dort auf ein U n b e st i m m t e s warte: wenn nur was
käme und mich mitnehme! hier dagegen wird mir die Zeit
lang, bis das b e st i m m t erwartete Ereignis eintritt; dort ist
das Vorstellen unbestimmt, flattert von einem zum andern,
ist zerrissen und fragmentarisch, unfertig und resultatlos;
hier stelle ich mir ein bestimmtes Etwas vor, das mich nur
zu sehr beschäftigt und erfüllt. Daher ist die Langeweile
apathisch: sie hat nichts zu tun; die Erwartung da=
gegen peinlich oft bis zur Glühhitze des Affekts: noch
immer ist das nicht da, was mir zu tun geben soll und was
mit aller Sehnsucht vorgestellt und mit dem Nebengedanken
vorgestellt wird, wie schön es wäre, wenn es endlich käme. So
haben wir hier ein Intermittieren und Oszillieren, einen
stark unlustbetonten Erregungs= und Spannungszustand.
Zugleich sieht man, wie nur das Gefühl der Langeweile
rein qualitätslos ist, dagegen die Erwartung, mit dem Be=
gehren verwandt, von dem bestimmten Inhalt, den sie hat,
immer schon einen leicht nuancierten Qualitätston bekommt.
Und ähnlich ist es mit dem Verhältnis der Beklemmung und
der Furcht[1]): dort ist ein unbestimmtes Etwas, ein „Ich=weiß=
nicht=was" der Ausgangspunkt, hier dagegen ist es eine be=
stimmte Gefahr, von der ich mich bedroht sehe.

Strenggenommen bleibt somit als solches „vages" Gefühl
nur das der Langeweile; alle anderen sind irgendwie
qualitativ bestimmt. Dagegen ist es falsch, das Kraft= und
Tätigkeitsgefühl als einzelnes neben anderen hierher zu

---

[1]) Vgl. A. Mosso, Die Furcht, übersetzt von Finger 1889 und
Höffding a. a. O. S. 298 f.

rechnen. Alle Luft ist Kraft= und Tätigkeitsgefühl, alle Unluft Gefühl mangelnder Kraft, wenn der Betätigung zu viel oder zu wenig ist; niemals aber ist das, woran sich meine Kraft betätigt, ein qualitätslos Unbestimmtes.

Wovon aber hier noch zu reden wäre, von dem Wech= sel und der Aufeinanderfolge der einzelnen Gefühle, ihrem Zusammenhang und ihrer Mischung, das versparen wir, soweit nicht schon davon die Rede war, besser auf die Besprechung der Stimmung; zuvor haben wir jedoch noch zu handeln

b) von den Affekten.

Der Übergang vom Gefühl zum Affekt ist schwierig zu bestimmen, weil er ein fließender, kein scharf sich abhebender ist. Und so könnte man daran denken, lediglich einen Grad= unterschied anzunehmen und alle starken Gefühle als Affekte zu bezeichnen. Allein gewisse ästhetische Gefühle z. B. wird man bei aller Stärke und Tiefe nicht Affekte nennen dürfen — manche tun es freilich doch —, jedenfalls wird diese Unterscheidung nicht ausreichen. Ebenso versagt die Bestimmung, daß das Gefühl ein Einfaches, der Affekt ein Zusammengesetztes sei, sofern er von erheblichen Verände= rungen und Störungen im Vorstellungsverlauf begleitet sein müsse[1]). Denn so richtig das ist, so zweifellos ist auf der anderen Seite, daß auch Gefühle und Stimmungen unseren Vorstellungsverlauf erheblich beeinflussen, und so macht nicht diese Störung den Affekt und das Wesen des Affekts aus, sondern dieses Wesen ist von der Art, daß es solche Verände= rungen und Störungen in eklatanter Weise hervorruft: die Störung ist Symptom und Folgeerscheinung, nicht kon=

---

[1]) Kröner, Das körperliche Gefühl, faßt im Anschluß an G. Jägers Entdeckung der Seele den Affekt als ein Gemeingefühl, das mit einer bestimmten Beschaffenheit des Vorstellungsverlaufs verbunden sei und auf Anwesenheit eines gelösten oder flüchtigen Stoffes im ganzen Körper beruhe.

ſtitutives Merkmal. Dasſelbe gilt in noch erhöhtem Maß von
der rein phyſiologiſchen Deutung des Affekts. Ganz richtig
hat Wundt[1]) darauf hingewieſen, daß alle Affekte bedeutende
körperliche Rückwirkungen nach ſich ziehen, neben eigent=
lichen Ausdrucksbewegungen auch vaſomotoriſche und reſpi=
ratoriſche Innervationsveränderungen, namentlich Beſchleu=
nigung des Atmens und des Pulſes[2]), und daß dieſe körper=
lichen Folgen dann ihrerſeits wieder auf die Gemütsbewe=
gung zurückwirken. Daraus hat nun der däniſche Pathologe
C. Lange[3]) geſchloſſen, die Sache ſei vielmehr von Anfang
an umzukehren, die körperlichen Veränderungen als Ur=
ſache der Affekte anzuſehen, ſo daß dieſe auf einer Erhöhung
oder Verminderung in der Innervation der willkürlichen,
der Eingeweide= und Gefäßmuskeln, auf der Aktion des
vaſomotoriſchen Syſtems beruhen. Ebenſo William James[4]),
der es als ſeine Theorie bezeichnet, „daß die körperlichen Ver=
änderungen direkt auf die Wahrnehmung der erregenden
Tatſache folgen, und daß das Bewußtſein vom Eintritt
eben dieſer Veränderungen die Gemütsbewegung iſt“;
dieſe iſt „das Gefühl eines körperlichen Zuſtandes, weiter
nichts“. Ihnen ſtimmte früher auch Münſterberg[5]) bei, wenn
er die Affekte als pſychiſche Wirkungen der reflektoriſch aus=
gelöſten peripheren Vorgänge auffaßte, und nur im einzelnen
andere Vorgänge dafür in Anſpruch nahm als Lange, den
Gegenſatz der Streckung und Beugung für den Luſt= oder
Unluſtcharakter der Affekte entſcheidend ſein ließ. Daß das
eine materialiſtiſche Hypotheſe, nicht aber eine pſycholo=

---

[1]) W u n d t , Phyſiologiſche Pſychologie III[6], S. 2ſ2 ff.
[2]) Genaueres darüber Fr. R e h w o l d t , Über reſpiratoriſche
Affektſymptome (Phych. Studien VII, ſ9ſſ, S. ſ4ſ ff).
[3]) C. L a n g e , Über Gemütsbewegungen, überſ. von Kurella ſ887;
vgl. dazu L e h m a n n a. a. O. § 83 ff.
[4]) W i l l i a m J a m e s , Pſychologie, überſ. von M. Dürr ſ909,
S. 376. 378.
[5]) M ü n ſ t e r b e r g in der vorläufigen Mitteilung über Luſt und

gische Analyse ist, bestätigt James[1]) in einer freilich nicht
sehr überzeugenden Weise: er selbst nennt sie eine „sinn=
liche", Wundt eine „sensualistische" Theorie. Jedenfalls
stellt sie uns direkt vor eine Antinomie, die Liebmann[2])
geistreich an die Frage des platonischen Sokrates im Phädon
angeknüpft hat: „Glaubst du wohl, daß ich deshalb hier im
Gefängnis bin, weil mein Leib aus Muskeln, Sehnen und
in Gelenken beweglichen Knochen besteht, und weil die
Sehnen jetzt so angezogen sind, daß ich mit gebogenen Knien
dasitze? oder bin ich aus dem Grunde hier, weil ich, um dem
Spruch der Athener zu gehorchen, hierzubleiben beschlossen
habe?" Bin ich zornig, weil ich die Faust balle? oder ballt
sich die Faust, weil ich zornig bin? bin ich traurig, weil ich
weine oder weine ich, weil ich traurig bin? Die Selbst=
beobachtung spricht entschieden für das Zweite, für eine oft
ganz deutlich bemerkbare Priorität des Innern: die körper=
lichen Modifikationen treten später auf als das Gefühl.
Daher darf hier, wo wir keine metaphysischen Antinomien auf=
zulösen, sondern d a s W e s e n des Affekts zu erfassen haben,
dieses nur im Psychologischen, nicht in physiologischen Vor=
gängen oder in metaphysischen Hypothesen gesucht werden.

Halten wir uns an die psychologische Beobachtung, so
scheint mir die alte Ansicht, daß der primärste und einfachste
Affekt die Überraschung sei, noch immer das Richtige zu treffen;
denn damit allerdings beginnt es; und so hat Kant[3]) doch
recht, wenn er sagt, „der Affekt sei Überraschung durch Emp=
findung, wodurch die Fassung des Gemüts aufgehoben
werde; er sei also übereilt, d. h. er wachse geschwinde zu einem
Grade des Gefühls, der die Überlegung unmöglich mache";

Unlust im 4. Heft seiner Beiträge zur experimentellen Psychologie, Seite
216—238.
    [1]) James a. a. O. 381.
    [2]) O. Liebmann, Psychologische Aphorismen LXXV.
    [3]) Kant, Anthropologie § 73.

und an anderer Stelle nennt er ihn eine Art von Rausch, einen
Paroxysmus, ein Wasser, das den Damm durchbricht. Und
in der Tat, Überraschung ist das erste, ein plötzliches und
Stoßweises, ein Raptus und Chok, der das Gefühl mit
solcher Vehemenz auftreten und es mehr oder weniger rasch
so gewaltig anwachsen läßt, daß der Vorstellungsverlauf
dadurch gehemmt und alle Überlegung dadurch unmöglich
gemacht wird. Weshalb denn auch Taten, die im Affekt
geschehen, als nicht mit Überlegung ausgeführt, vom Straf=
gesetz und Richter milder beurteilt werden. Der Affekt beruht
also auf einer plötzlichen Störung und ist selbst eine solche Stö=
rung der psychischen Normallage, speziell des gewöhnlichen
ruhigen und gleichmäßigen Vorstellungsverlaufes durch
einen Reiz, der zu stark ist, als daß sich ihm gegenüber der
Mensch in dieser Normallage behaupten, ihn sich assimilieren
oder auch nur sofort den Versuch zu einer solchen Adaptie=
rung machen könnte. So ist der Mensch dem Reiz gegenüber
absolut machtlos, passiv, die Reaktionsfähigkeit ist auf einen
Augenblick gehemmt. Daher heißt dieser Zustand mit Recht
passio, es ist ein Leiden, es kommt über mich, ich weiß
nicht wie. Unter diesen Umständen wirkt der Reiz im Affekt
immer zuerst lähmend, geistig und körperlich: Herz und
Verstand stehen still, der Atem stockt, Sprache und Gedanken
versagen. Dieses Anfangsstadium geht meist rasch vorüber,
und nun kommen die Vorstellungen in wilder Hast über uns
hereingestürmt; im Klopfen des Herzens, im Jagen der
Pulse, im fliegenden Atem, in hastig abgerissenen Sätzen
oder in rapid dahinfließendem Wortstrom, in allerlei starken
körperlichen Bewegungen, Gebärden und Handlungen
macht sich in diesem zweiten Stadium der Sturm des Innern
auch nach außen hin bemerkbar.

Von den Äußerungen der Affekte, in denen wir, wie ge=
sagt, Folgeerscheinungen, nicht ihre Ursachen sehen, reden
wir im Zusammenhang später. Daß sie mit dazu gehören,

ist freilich unverkennbar, wie sie ja ihrerseits wieder auf den
Verlauf des Affekts zurückwirken. Mit Beziehung auf sie
hat Wundt seine Affektentheorie die „emotionale" genannt.
Hier aber handelt es sich vor allem um die psychologischen
Erscheinungen, und da werden wir, um das Wesen des
Affekts näher zu bestimmen, zunächst einmal versuchen
müssen, über die verschiedenen einzelnen Affekte eine Über=
sicht zu gewinnen. Früher war die Affektenlehre gerade
nach dieser Seite hin ein stark beackertes Feld, zunächst von
seiten der Ethiker, dann aber auch in psychologischem Inter=
esse: man suchte eine möglichst genaue Beschreibung und de=
taillierte Klassifikation der Affekte zu geben und so eine Art
von Krankheitsbild dieser passiones zu entwerfen, wobei
es jedoch an Eintragung von Werturteilen namentlich auch
infolge der Vermischung mit den Leidenschaften selten fehlte.
Erst Kant unterschied rein psychologisch, wiewohl auch ihm
die Affekte „krankhafte Zufälle" sind, „sthenische aus Stärke
und asthenische aus Schwäche[1]): jene sind von der erregenden,
dadurch aber oft auch erschöpfenden, diese von einer die
Lebenskraft abspannenden, aber dadurch auch oft Erholung
vorbereitenden Beschaffenheit." Dem entsprechen im wesent=
lichen die zwei „formalen" Grundformen Wundts[2]), der
nach der in jedem Verlaufsmoment vorhandenen Inten=
sität die Affekte in erregende und deprimierende teilt.
Lotze[3]) hat im Anschluß an Drobisch[4]) Affekte der Entleerung
und solche der Überfüllung angenommen, jedoch nicht so,

---

[1]) K a n t , Anthropologie § 76. Wegen dieses Namens, den einer
meiner Kritiker seltsam findet, muß er sich schon mit Kant auseinander=
setzen; wer griechisch versteht, wird an dem Namen keinen Anstoß nehmen.
Auf diese meine Ablehnung des Sprachreinigungseifers um jeden Preis
komme ich später noch einmal zurück.

[2]) W u n d t a. a. O. III⁵, S. 217.

[3]) L o t z e , Medizinische Psychologie S. 520 f.

[4]) D r o b i s ch , Empirische Psychologie nach naturwissenschftl. Me=
thode 1842, S. 208 ff.

daß er darin zwei Arten, sondern vielmehr zwei Stadien
ihres Verlaufes sah, die man bei jeder hinlänglich starken
Gemütserschütterung beobachte. Im erften Stadium ift
jeder höchfte Affekt ftumm, es tritt eine momentane Stockung
des Vorftellungsverlaufes ein, die fich zuweilen zu völliger
Bewußtlofigkeit steigert. Allein — und diefe Beobachtung
ift befonders fein — in Wahrheit ift diefe Entleerung nicht die
einfache Abwefenheit von Vorftellungen, fondern im Gegenteil
die Gegenwart fo vieler, daß keiner einzigen genug Aufmerkfamkeit zuteil wird, um fie für das Bewußtfein zu fixieren.
Umgekehrt ift die darauf folgende Überfüllung eine ver-
hältnismäßige Entleerung, durch die nun erft der Inhalt
einzelner Vorftellungen zu feiner Wiederausbreitung Platz
gewinnt. Diefer ingeniöfen Befchreibung ift nur leider!
die Herbartfche Lehre von den Vorftellungen im Bewußt-
feinshohlraum zugrunde gelegt; mit ihren fchiefen Vorausfetzungen können wir fie natürlich auch hier wieder
nicht akzeptieren; darum gehen wir beffer auf Kant zurück,
eignen uns aber von Lotze die Korrektur an, daß es fich dabei
zunächft nicht um Klaffen, fondern um Stufen und Stadien
handelt; müffen es Klaffen fein, fo würden wir uns, da wir
es mit Gefühlen zu tun haben, hierfür doch wohl am einfachften des Gegenfatzes von angenehm und unangenehm
erinnern und mit Wundt Luft- und Unluftaffekte unter-
fcheiden.

Jeder Affekt wirkt zuerft als Überrafchung und ift, weil
hervorgerufen durch einen zu ftarken Reiz, immer zuerft unangenehm, unluftbetont, felbft wenn die Überrafchung fich
nachher als eine freudige, aus erfreulicher Urfache hervorgehende und von erfreulichen Folgen begleitete herausftellen
follte: jeder Affekt ift fomit zuerft Schreck, Erfchrecken.
In diefem erften Stadium ift der Menfch unfähig, auf den
Überreiz zu reagieren, ihn zu beantworten und fich zu affi-
milieren; daher das Afthenifche, Schwachmachende, die

Stummheit und Schlappheit, die völlige Widerstands=
unfähigkeit im Denken und Tun. Man ist durch den zu
großen Reiz gelähmt und fassungslos, daher kann der
Schreck bewußtlos machen, kann das Leben selber über=
wältigen, töten oder den Geist bleibend zerrütten. Die
untere Stufe dieses Stadiums nennen wir Verblüffung,
die oberste Entsetzen (der Lateiner genauer: obstupui!);
auch die Furcht als Affekt gehört noch einmal hierher.

Und nun erst scheiden sich weiterhin angenehme und
unangenehme Affekte. Jene, welche sich zu Freudenrausch,
Entzücken, Ekstase steigern können und in den mittleren
Lagen unter dem wenig differenzierten Namen Freude
zusammengefaßt werden, äußern sich als sthenische im
raschen Fluß der Vorstellungen, in einer Fülle von erfreu=
lichen Bildern, Hoffnungen, Luftschlössern u. dgl., in leb=
hafter, sprühender Unterhaltung, in gehobener Stimme,
im Blitzen und Funkeln der Augen, im elastischen, raschen
Gang, im heiteren Gesichtsausdruck, im Schwenken der Arme,
im Hüpfen, Springen und Tanzen. Nicht so einheitlich sind
die Unlustaffekte und ihre Äußerungen; hier treten quali=
tative Verschiedenheiten deutlich zutage. Das überraschende
Mißlingen eines liebgewonnenen Planes, das Scheitern
einer lange gehegten Hoffnung steigert die Enttäuschung
zum Verdruß und zum Ärger. Der Lateiner hat dafür den
treffenden Ausdruck stomachari, weil der Magen, die Ver=
dauung davon „affiziert" wird: man kann das, was einen
ärgert, nicht schlucken, nicht verdauen, und so bleibt die eine
Vorstellung, die den Affekt hervorgerufen hat, im Vorder=
grund und Zentrum unseres Vorstellungslebens, kehrt in
neuen und immer neuen Variationen wieder, aber als eine
solche, mit der ich nicht fertig zu werden, nichts anzufangen
weiß. Der Ärger bleibt also dem Reiz gegenüber durchaus
asthenisch, machtlos und ist deshalb zweck= und vernunftlos,
schwächlich, und kläglich. Und doch ärgern wir uns so oft, weil

wir Kulturmenfchen fchwächliche Gefellen find und uns von
Sitte und Konvenienz den machtvollen Affekt des Zornes haben
verbieten laffen. Diefer ift das fthenifche Gegenbild des Ärgers.
Kaum ift die erfte Überrafchung vorüber, fo geht der Zor=
nige fofort zu Worten und Tätlichkeiten über: beide freilich
oft recht unvernünftig, aber doch durchaus darauf gerichtet,
wenn auch vielfach nur noch fymbolifch darauf gerichtet, den,
der unferen Zorn erregt hat, zu vernichten und zu zerftören.
Gewiß ift hier die Beobachtung Münfterbergs[1]) durchaus
am Platz, daß das Ballen der Fauft, das drohende Beugen
des Armes, das Verengern der Augenfpalte, das Zufammen=
preffen der Zähne, das Verftärken das Exfpiration lauter
Beugevorgänge find, die auf die Entfernung, das Weg=
ftoßen und Abwehren fchädlicher Reize abzielen. Entfteht
der Zorn infolge einer unwürdigen Zumutung, der unfer
Gefühl, unfere ganze gewöhnliche Art zu fein, unfer Charakter
widerftrebt, fo nennen wir ihn Entrüftung, in die wir übri=
gens auch angefichts der Handlung eines anderen, von dem
wir fo etwas nicht erwartet hätten, ausbrechen können: die
Abkehr ift dafür die charakteriftifche Gefte. Nicht möchte
ich dagegen die Traurigkeit, die Spinoza der Freude als eine
Hauptklaffe der Affekte gegenüberftellt, als Affekt bezeichnen.
Für den affektvollen wilden Seelenfchmerz haben wir keine
befondere Bezeichnung: beim Tod eines geliebten Angehö=
rigen bricht er hervor, zuerft und oft für geraume Zeit
ftumm und tränenlos, alfo afthenifch, bis er in Klagen und
Tränen, in Jammern und Stöhnen, in Händeringen und
Haareraufen fich fthenifch Luft macht. Beiläufig gefagt
ift diefer Verlauf ein unmittelbarer Beweis gegen die
James=Langefche Theorie, wonach wir traurig fein follen,
weil wir weinen: wir find es ja fchon vorher, und vorher oft
in viel fchwererer Form. Der Affekt über das Fehlfchlagen

---

[1]) Münfterberg a. a. O. S. 226. 224.

Ziegler, Das Gefühl.   16

unserer letzten Hoffnung, auf die wir alles gesetzt haben,
ist die Verzweiflung, in der Zustände stummer Apathie und
Niedergeschlagenheit mit wilden Szenen abwechseln, in denen
der Mensch wie ein gefangenes Raubtier gegen die unzer=
brechlichen Gitter und Bande des Schicksals wütet und tobt;
man denke an Bürgers „Lenore"!

Daß auch andere Gefühle den Affektcharakter annehmen
können, die Liebe vor allem als sinnliche, der Haß, das Mit=
leid, ist bekannt genug; aber sie waren hier nicht zu besprechen,
weil jener Charakter doch für sie kein character indelebilis
ist. Ebenso mußten wir die an die verschiedenen Affekte
sich anschließenden Bewegungen hier schon erwähnen, denn
sie gehören mit zu ihrem Bild: der Affekt ist ein „psychophy=
sischer Vorgang"; des näheren aber werden wir, wie schon
gesagt, von diesen Ausdrucksbewegungen doch erst später
reden können. Nur das mag noch erwähnt werden, daß,
weil die Affekte, wenigstens die sthenischen, so rasch in ener=
gische Bewegungen und Handlungen aller Art ausmünden,
also so vielfach Motive unseres Handelns werden, ihre Er=
kenntnis allerdings für die Ethik im weitesten Sinn, somit
auch für den Juristen von besonderer Wichtigkeit ist. Sie
sind passiones, der Mensch ist diesen Überreizen gegenüber
widerstandslos, passiv, unfrei. Dabei gibt es für jeden Men=
schen eine obere Grenze der Reizstärke, jenseits deren die
Überlegung aufhört und das Handeln im Affekt beginnt;
die stoische Apathie ist ein Ideal für Menschen ohne Fleisch
und Blut, ohne Saft und Nerven. Das Alte Testament konnte
sich selbst seinen Gott nicht affektfrei vorstellen. Aber ohne
Überlegung heißt nicht sinnlos, und jene obere Grenze oder
Schwelle ist, wenn auch natürlich, physisch bedingt, doch nicht
von der Natur ein für allemal festgestellt, gerade auf sie
wirkt Gewöhnung und Erziehung mächtig ein. Wenn sich
in den Affekten der individuelle Faktor ganz besonders
stark geltend macht und sie vielfach ganz eigenartig

modifiziert und nuanciert, so gehört ja zu der Individualität auch der Charakter als ein Produkt der Gewöhnung, der Erziehung und Selbsterziehung und eine erworbene, nicht angeborene obere Reizschwelle und Überlegungsgrenze.

Weit ab von diesen ethischen Erwägungen, und doch auch juristisch nicht unwichtig, liegt die Tatsache, daß gewisse physische Einwirkungen auf den Organismus affektähnliche Gemütszustände hervorrufen können. Ob man dabei mit Kröner und Jäger an die Entwicklung gewisser Geruchsstoffe zu denken hat oder mit anderen auf vasomotorische Störungen rekurrieren will, das zu entscheiden ist nicht meine Sache. Eine Bestätigung der oben zurückgewiesenen materialistischen Theorie von Lange und James vermag ich darin nicht zu erkennen. Natürlich bin auch ich der Meinung, daß jede seelische Erscheinung mit einer Veränderung des Nervensystems verknüpft ist. Aber wie wir deshalb doch Wahrnehmung und Vorstellung unterscheiden können, indem jene an peripherische Reize gebunden, diese auf Reizungsvorgänge innerhalb der zentralen Sinnesflächen zurückzuführen ist, so werden wir auch solche durch künstliche Mittel hervorgerufenen Affektäußerungen von denen zu unterscheiden haben, die „auf geistigen Anstoß hin" entstehen. Ein eigenartiges Problem vermag ich in dieser Tatsache nicht zu sehen[1]): es ist nur wieder einmal ein besonders flagranter Fall des allgemeinen Problems von dem Parallelismus zwischen Leiblichem und Seelischem, das freilich immer da ist und immer hereinspielt. Übrigens ist es mir doch zweifelhaft, ob, wie Störring meint, die auf künstliche Weise hervorgerufenen Affekte ihrer Qualität nach von den normalen sich nicht unterscheiden, also z. B. der durch Alkohol hervorgerufene Seelenzustand des Rausches mit einem „wirklichen" Affekt ganz genau i d e n t i s c h ist: die Zustände

---

[1]) So auch Ebbinghaus, Abriß der Psychologie 1908, S. 146.

sehen sich ähnlich oder verhalten sich vielmehr wie sich schnei=
dende Kreise, das Bild im ganzen aber wird hier und dort
doch wohl ein etwas anderes sein.

Endlich ist noch von besonderem Interesse der Umstand, daß
Affekte ansteckend und übertragbar sind. Ganze Volksmassen
lassen sich durch einen Redner in Affekt versetzen, werden
durch ihn hingerissen zur Begeisterung für ideale Zwecke,
zu Zorn und Wut, zu Empörung oder wildem Fanatismus;
daher hat man, in Umbiegung eines falschen Wortes, ganz
richtig gesagt, es sei in der Welt noch nie etwas Großes ohne
Begeisterung zustande gekommen. Wer sich nicht begeistern
oder sich von anderen nicht begeistern lassen kann, der ist
ein Philister, sei es, daß ihm zu einem so affektvollen Er=
fassen einer Idee die Wärme des Gefühls (nüchterner
Philister) oder daß ihm die Fähigkeit, eine Idee auch nur
in sich aufzunehmen (borniert er Philister), abgeht. Das Zerr=
bild der Begeisterung ist der Fanatismus, weil hier das im
Begriff der Begeisterung liegende Moment der maßhalten=
den Besonnenheit fehlt und der Fanatiker deshalb skrupellos
ist in der Wahl seiner Mittel, so daß der Fanatismus als Affekt
gedacht maß= und zügellos ist. Daher ist er ein Unlustaffekt,
während Begeisterung Lust und Befriedigung schafft.
Bei diesen Affektübertragungen redet man gegenwärtig
gern von Suggestion. Natürlich ist das nur ein Wort, dessen
Sinn erst festzustellen wäre und nicht so leicht festzustellen ist.
Vielleicht braucht man dafür besser den ja auch ganz modernen
Begriff des Milieus, das auf ganz natürliche Weise durch
Gedanken= und Gefühlsmitteilung (darüber s. unten) und
durch den auf dem Nachahmungstrieb beruhenden Umstand
wirkt, daß die Menschen in ausgedehntestem Maße „Herden=
tiere" sind. Bei der Kreuzzugsbewegung war sicherlich
nicht alles lautere Begeisterung, sondern neben allerlei
weltlichen Berechnungen einzelner war es Mode und wirkte
das Milieu: so entzündeten sich die Affekte vom einen zum

anderen und wuchſen ſchließlich zu einem einheitlichen,
großen und alle mit ſich fortreißenden Maſſenaffekt zu=
ſammen.

c) S t i m m u n g e n.

Iſt der Affekt akut, ſo iſt die Stimmung chroniſch, und
das Bild zwiſchen beiden ſo verſchieden, daß es mir nicht
recht begreiflich iſt, wie Lehmann[1]) ſagen kann, „zwiſchen
Affekt und Stimmung laſſe ſich eigentlich keine beſtimmte
Grenze ziehen; unter Affekt verſtehen wir den gewalt=
ſam e r e n , aber ſchnell verlaufenden, unter Stimmung den
ſchwäch e r e n , aber nachhaltig e r e n Zuſtand". Was ihn
und andere[2]) daran zweifeln läßt, ſcharfe Grenzen anzugeben,
das iſt wohl nur der Mangel der Sprache, die wie ſchon ge=
ſagt für viele Gefühlszuſtände keine beſonderen Namen hat
und vielfach recht verſchiedenes unter eine Bezeichnung zu=
ſammenfaßt und ſo freilich gelegentlich auch einmal den
Ärger als Affekt mit der ärgerlichen Stimmung verwechſelt
und vermiſcht; und ebenſo haben wir für das einzelne Ge=
fühl der Trauer und des ſeeliſchen Schmerzes, für das affekt=
volle Leid und für die traurige Stimmung je nur ein Wort.
Übrigens kann ſich die Sprache für dieſes Zuſammenwerfen
mit einem gewiſſen Recht darauf berufen, daß Stimmungen
mannigfach aus Affekten entſtehen und nichts anderes ſind als
das Abklingen von ſolchen. Gerade die Unluſtaffekte haben da=
zu eine beſondere Neigung und auch hier wieder die aſtheniſchen,
zu keinem Reſultate führenden wie der Ärger mehr als die
ſich austobenden ſtheniſchen. Doch muß der Stimmung
nicht notwendig ein Affekt vorangehen, es kann auch ſo ſein,

[1]) L e h m a n n a. a. O. § 78, 79, überhaupt § 75—80.
[2]) Z. B. R e h w o l d t a. a. O. S. 178. Überhaupt ſcheint das Zu=
ſammenwerfen von Affekt und Stimmung, von Affekt und Gefühl bei den
experimentellen Pſychologen faſt Regel zu werden; auch das Sammel=
referat von M. K e l c h n e r zeigt das. Ich vermag darin keinen Gewinn
für die Gefühlslehre zu ſehen.

wie Nahlowsky[1]) in seiner Definition sagt: „Unter Stimmung
verstehen wir jenen lediglich durch seinen Grundton charak=
terisierten Kollektivzustand des Gemüts, welcher (in der
Regel) weder das Hervortreten bestimmter Sondergefühle
noch das klare Bewußtsein seiner veranlassenden Ursachen
gestattet." Nur das „in der Regel" wäre wegzulassen: b a l d
ist die Ursache klar bewußt ein Affekt, der deutlich und be=
stimmt nachklingt, b a l d weiß ich nicht, woher mir die
Stimmung kommt, so allmählich, so unvermerkt beschleicht
sie mich.

Das letztere ist meistens auch der Fall bei ihrem Ver=
schwinden: im normalen Zustand hört sie eben allmählich
auf, tönt aus, klingt ab. Freilich kann, wenn die Ursache, die
den Affekt hervorgerufen hat, bleibt, auch die Stimmung
sich lange und dauernd erhalten, sei es, daß die dazugehörigen
Affektausbrüche sich von Zeit zu Zeit wiederholen, oder daß
die Stimmung selbst und direkt immer neue Nahrung daraus
zieht. Beim Schmerz über den Tod einer geliebten Person
z. B. kann beides eintreten: da die Lücke bleibt, so kann es
bei irgendeinem Anlaß, der dieselbe fühlbar werden läßt, zu
neuen Ausbrüchen des wilden Schmerzes kommen; aber auch
wenn dieser vorüber ist, erhält sich ohne Wiederholung des
Affekts noch tage= und wochenlang die Grundstimmung der
Trauer und Niedergeschlagenheit. Zugleich zeigt dieses
Beispiel, wie die Stimmung ihrerseits die Neigung hat,
den Anfangsaffekt wieder aus sich hervorgehen zu lassen:
der Traurige bricht bei der geringsten Veranlassung in
schmerzliches Weinen aus; wer sich in ärgerlicher Stimmung
befindet, ist leicht zum Zorn zu reizen. So bildet die Stim=
mung die bleibende Disposition zu den ihr entsprechenden

---

¹) N a h l o w s k y , Gefühlsleben 2. Aufl. § 24. Wie freilich L e h =
m a n n diese Definition billigen (§ 76) und daneben doch Stimmung
und Affekt in der oben angegeben Weise zusammenwerfen kann, ist mir
nicht recht verständlich.

Affekten nicht nur, sondern auch zu verwandten Gefühlen aller Art. Auf diese Weise hängen Stimmung, Affekt und Gefühl aufs engste miteinander zusammen und bedingen sich gegenseitig, aber in ihrer Erscheinung sind sie nicht miteinander zu verwechseln.

Das spontane Entstehen von Stimmungen ohne psychischen Grund weist übrigens vielfach auf körperliches Unbehagen und krankhafte Zustände hin; und ebenso ist es bedenklich, wenn nach dem Wegfallen der Ursache die Stimmung sich erhält und nicht weichen will. Darin zeigt sich — hierin liegt das Richtige an der oben abgewiesenen Ansicht Kröners — die vielfache Abhängigkeit der Stimmung von dem körperlichen Gemeingefühl[1]), wofür die Stimmungen des Hypochonders besonders beweisend sind. Die normale Stimmung des gesunden Menschen ist die der körperlichen und geistigen Gesundheit (ich fühle mich gesund), die uns, wir wissen das schon, nicht mehr zum Bewußtsein kommt, so wenig als die mittlere Temperatur, an die wir uns gewöhnt haben. Aber gleichwohl ist diese Normalstimmung nicht = 0; sie beherrscht vielmehr unser ganzes Geistesleben, ist Bedingung dafür, wie die Eindrücke aufgenommen, verarbeitet, assimiliert werden, bestimmt die Dauer ihres Abklingens, die Intensität ihres Eindringens, den Umfang ihres Machtbereiches. Hier ist darum auch der Ort für jene populären und doch unentbehrlichen Unterscheidungen, die man in den Namen der vier „Temperamente" zusammengefaßt hat[2]). Nicht als ob Tem=

---

[1]) Rehmke a. a. O. macht dies zum einzig unterscheidenden Merkmal, wenn er S. 75 f. sagt: „in der Stimmung ist ausnahmslos, in dem Gefühl niemals die Körperempfindung das maßgebende Gegenständliche". Den Affekt als drittes streicht er dagegen ganz.

[2]) Am besten handelt darüber G. Rümelin in einer akademischen Rede über die Temperamente, Deutsche Rundschau Bd. LXIV, 1890 S. 397—412 (jetzt auch in seinen „Kanzlerreden"). Vgl. auch Swoboda, Stimmung und Laune (Wissen für Alle 1908); N. Ach, Über den Willen 1910; und von den älteren Lotze a. a. O. S. 560 ff.

perament mit Stimmung identisch wäre: jenes ist ein Blei=
bendes, diese ein Vorübergehendes; aber die Art, wie der
Mensch zu Stimmungen disponiert ist, ist es doch vor allem
was wir mit dem Ausdruck „Temperament" bezeichnen
wollen. Und wirklich sind die vier alten Temperamente zu einer
gewissen oberflächlichen Charakterisierung der Menschen nach
dieser Richtung hin nicht ungeeignet: der Melancholiker ist
der, bei dem Gefühle und Affekte große Neigung haben in Stim=
mungen überzugehen und lange und intensiv nachzuklingen;
der Sanguiniker umgekehrt ist der, bei dem die Gefühle und
Affekte in raschem Wechsel kommen und gehen, so daß zur
Entstehung einer bleibenden Stimmung kein Raum vor=
handen ist. Der Phlegmatiker ist überhaupt wenig erregbar,
relativ affektlos, gleichmütig in einer mehr apathischen,
bald dem Verdrießlichen, bald dem Behaglichen sich nähern=
den Mittellage verharrend; der Choleriker endlich gerät leicht
in Aufwallung und reagiert dann, besonders im Zorn, zu
dem er neigt, energisch und drastisch genug. Besonders
glücklich scheint mir aber als eine Art Ergänzung hierzu
Rümelins Versuch, im Anschluß an eine Bemerkung
Schopenhauers nach dem verschiedenen Maß der Emp=
fänglichkeit für Lustgefühle die Menschen in Eukoloi und
Dyskoloi (der Deutsche hat kein Wort dafür) zu teilen: jene
zum Frohsinn, zur Hoffnung, zur Zufriedenheit mit den Gaben
des Weltlaufs und mit dem Verhalten ihrer Umgebung
gestimmt, diese zu Ernst und Mißmut sich neigend, zu Sorg=
lichkeit und nörgelnder Kritik. Und auch darin wird er recht
haben, daß der Durchschnittsmensch der zweiten Klasse näher
steht: man sehe sich unser Volk nicht etwa bloß bei der
Arbeit, sondern selbst beim Vergnügen an, und man wird
vielfach einen nichtsbesagenden stumpfen Ernst von den
Gesichtern dieser Spaziergänger vor dem Tor ablesen,
wobei übrigens meine vor allem an Alemannen und Schwaben
gemachten Beobachtungen von Einseitigkeit nicht ganz frei

sein dürften; bei Pfälzern und Rheinländern, bei Italienern und Südfranzosen ist es vielleicht umgekehrt. Daß diese Temperamentsverschiedenheiten mit körperlichen Eigenschaften in Zusammenhang stehen, liegt auf der Hand, nur daß sich diese physiologisch nicht bestimmen lassen. Das Gemeingefühl ist jedenfalls der Punkt, wo hier das Körperliche das Geistige beeinflußt, in der Weise, so könnte man sagen, daß der Tenor (stoisch: der Tonos) des körperlichen Organismus die individuelle Stimmungslage jedes einzelnen bedingt und vielfach nach sich stimmt: von meinem körperlich bedingten Gemeingefühl hängt es in erster Linie ab, ob ich verstimmt oder gut aufgelegt bin.

Wie mit dieser allgemeinen Temperamentslage ebensowohl als mit den einzelnen Stimmungen die Färbungen unserer Vorstellungen, der Verlauf der Ideenassoziation, die Tätigkeit der Phantasie zusammenhängt, ist früher schon gesagt worden; und ebenso bedingen sie das Maß der menschlichen Regsamkeit, die Lebhaftigkeit des Reagierens, die Tatkraft und Entschlossenheit, die Stetigkeit und Beharrlichkeit, die Aufgelegtheit und Leistungsfähigkeit, so daß sie vielfach für Gelingen oder Mißlingen einer Arbeit ausschlaggebend werden — „determinierende Veranlagung" nennt es Ach[1]).

Ist das Temperament ein Dauerndes und Bleibendes, so reden wir umgekehrt von Launenhaftigkeit da, wo wir rasches und grundloses, wenigstens scheinbar grundloses Umschlagen und Wechseln der Stimmung, ein Springen von der einen zur anderen wahrnehmen, wie wir wegen dieser anscheinenden Grundlosigkeit im Wechsel einfühlend von Launen des Wetters sprechen und dann wieder rückwärts den Launenhaften mit dem Aprilenwetter vergleichen. Diese Launenhaftigkeit beruht entweder psychologisch auf schlechter Erziehung und Gewöhnung (oder vielmehr auf

1) N. Ach a. a. O. S. 19 ff.

Mangel an jeglicher Gewöhnung), oder sie ist Zeichen eines
wirklich zerrissenen Geisteslebens, Vorbote von Geistes=
krankheit und somit physiologisch bedingt; jene unheimlichen
Erscheinungen des Doppellebens oder gedoppelten Bewußt=
seins können von diesem Mangel an Stetigkeit, an Zen=
tralität und Konzentrationsfähigkeit ihren Ausgangspunkt
nehmen.

Eine gesunde Launenhaftigkeit ist dagegen der H u m o r ,
den wir als eine Art Stimmung aufzufassen haben (Humor
h a t man); aber er ist auch wieder etwas dem Temperament
Verwandtes; und endlich bezeichnet man damit die von
dieser Gemüts= und Stimmungslage ihre besondere Fär=
bung erhaltende Weise der Weltauffassung und Weltanschau=
ung. Bildlich hat ihn Jean Paul, selbst ein Humorist, treffend
so beschrieben: „Der erste Weg, der in die Höhe geht, ist:
so weit über das Gewölke des Lebens hinauszudringen, daß
man die ganze äußere Welt mit ihren Wolfsgruben, Bein=
häusern und Gewitterableitern von weitem unter seinen
Füßen nur wie ein eingeschrumpftes Kindergärtchen liegen
sieht. Der zweite ist: gerade herabzufallen ins Gärtchen
und da sich so einheimisch in eine Furche einzunisten, daß,
wenn man aus seinem warmen Lerchenneste heraussieht,
man ebenfalls keine Wolfsgruben, Beinhäuser und Stangen,
sondern nur Ähren erblickt, deren jede für den Nestvogel
ein Baum und ein Sonnen= und Regenschirm ist. Der dritte
endlich, den ich für den schwersten und klügsten halte, ist der,
mit den beiden anderen abzuwechseln." Dieses Wechseln,
das in dem blitzartigen Hin und Her etwas der Launenhaftig=
keit Verwandtes an sich hat, ist eben der Humor: dort der
das Reale, Endliche überfliegende Idealismus, hier der im
Endlichen sich wohl und behaglich fühlende Realismus,
und beides, der Sinn für das Ideale und der für das Reale,
so eins, daß man eben im und am Endlichen bei vollem
Bewußtsein seines Unwerts, des Unvernünftigen und Alo=

gischen daran, das Unendliche, die Sonnen= und Lichtseite,
das Durchscheinen eines Unendlichen und Göttlichen ent=
deckt und deshalb sich dennoch dafür, auch für das Kleinste
und Unbedeutendste daran, interessiert, ein Herz hat, ein Ge=
nügen daran findet. Man sieht das Kleinliche und Unver=
nünftige dieses sich spreizenden Endlichen wohl ein, das läßt
es komisch erscheinen, man lacht darüber; man weiß, daß das
Unendlich=Vernünftige sich im Endlichen nicht durchaus zu
realisieren und durchzusetzen vermag, das ist schmerzlich;
aber jenes Unendliche scheint doch aus dem Endlichen hervor
und durch das Endliche hindurch und gibt auch hier seine An=
wesenheit zu erkennen, das ist das Versöhnliche, das Rüh=
rende daran; und so lächelt man unter Tränen und weint
unter Lächeln. Diese Lösung ist aber keine einseitig verstandes=
mäßige, sondern eine wesentlich gemütlich=gefühlsmäßige
und hängt damit zusammen, daß man sich seiner selbst als eines
Endlichen wohl bewußt ist: man gehört ja selber auch zu
diesen endlichen Wesen, ist selber behaftet mit der Schwäche
und Ärmlichkeit des Endlichen, man fühlt sich also selber mit
in dieser komischen Situation, lacht über sich selbst; daher
steckt im Lachen des Humors so gar nichts von Überhebung,
es ist kein Auslachen, sondern ein Mitlachen. Man fühlt
sich heimisch in dieser Welt voll seinesgleichen und hat daher
volles Verständnis für das Endliche und inniges Mitgefühl
mit demselben; jetzt erst hat man das Recht, darüber zu lachen,
weil man eben damit auch über sich lacht. Dabei kann der
Humor mehr nach der glücklichen oder mehr nach der un=
glücklichen Seite hinüberspielen, mehr optimistisch harmlos
oder mehr pessimistisch bitter sein: der wahre Humor ist doch
aber nur der erstere.

Der Humor ist übrigens eine wesentlich moderne Stim=
mung. Vor allem seit Rousseau, der freilich selber keinen
Funken von Humor hatte, in Deutschland seit den Stürmern
und Drängern, die den Gegensatz von Ideal und Wirklichkeit

erkannt und zu einem allgemein gefühlten gemacht haben,
ist die Menschheit diesem eigenartigen Stimmungswechsel
zugänglich, und wesentlich nur die germanische Menschheit:
man könnte sagen, der Humor gedeihe nur im Norden,
wo auch am Himmel Wolken und Sonnenschein ewig miteinander abwechseln. Freilich gibt es auch im Altertum und
in Griechenland einen Humoristen — Sokrates, der von sich
weiß, daß er nichts weiß, der seine Mißgestalt und das Komische
seines häßlichen Gesichtes kennt und in der Komödie des
Aristophanes lustig über sich mitlacht; dennoch ist er sich des
göttlichen Inhalts in diesem schlechten Gefäß wohl bewußt
und hat ein warmes Herz für die anderen und für das,
was sie treiben, er will denen, die er verspottet, helfen.
Aber eben als Humorist hat Sokrates etwas so „verteufelt
Ungriechisches", er steht fremd und unverstanden unter
seinen Zeitgenossen, die keinen Humor hatten, und sich
daher über den modernen Zug seines Wesens so ärgerten,
daß sie ihn um seinetwillen zwangen, den Giftbecher
zu trinken. So kann man wohl sagen, gerade diese Ausnahme bestätige die Regel, daß dem Altertum der Humor
fremd gewesen sei.

Dagegen nun umgekehrt die Vorliebe der modernen Welt
für den Humor und die Gefahr, ihn zu überschätzen. Gegen
diese erhebt von Kirchmann[1]) energischen Protest: wer den
Widerspruch für das Zeichen eines mangelhaften Wahr-
nehmens und Denkens halte, für den, meint er, „sinke der
Humorist zu einem närrischen, verzogenen Menschen herab,
der seine glänzenden geistigen Anlagen verwahrlose und der
seine reichen Kenntnisse nur seinen Launen unterordne und
zu Dienern seines Eigensinnes mache. Es sei nichts leichter,
als an dem Unbedeutenden eine Beziehung zu dem Großen
und Erhabenen aufzuzeigen und so mit philosophischem

---

[1]) v. Kirchmann, Ästhetik auf realistischer Grundlage 1868.

Tiefsinn zu prunken; es sei nichts leichter, als für jede kin=
dische Neigung und Richtung eine sittliche Rechtfertigung
aufzufinden; es sei nichts leichter, als sich der strengen Zucht
der Sitte zu entziehen und mit der Originalität seiner Per=
sönlichkeit zu glänzen; es sei nichts leichter, als sich bald dieser,
bald jener Tugend einseitig für einen Augenblick in die
Arme zu werfen: von der Strenge zu der Milde, von der Gut=
mütigkeit zu der Härte, von der Liebe zu der Gerechtigkeit
überzuspringen, wie gerade die Laune dazu auftaucht."
Das ist eine Karikatur, eine Schilderung nicht des Humors,
sondern der Launenhaftigkeit und Unbeständigkeit. Ob alles,
was v. Kirchmann hier für „so leicht" erklärt, wirklich so leicht
ist, bleibe dahingestellt; aber die falsche Voraussetzung, als
ob es sich beim Humoristen notwendig um glänzende gei=
stige Anlagen und reiche Kenntnisse handele, ist zurückzuwei=
sen: Humor haben auch ganz einfache, schlichte Durchschnitts=
menschen. Und auch der angelegte Maßstab ist ein falscher:
es ist der einer pedantischen, steifleinenen Moral, wo doch
einzig die psychologische Analyse angezeigt war. Allein ein
Körnchen Wahrheit steckt doch in diesem Urteil Kirchmanns:
das Hin= und Herspringende kann kein Höchstes sein; es ist ein
Zeichen von Gebrochenheit, daher kann es keinen naiven
Humor geben[1]), und daher weiß das Altertum nichts von
Humor, weil ihm der Bruch zwischen Ideal und Wirk=
lichkeit noch nicht zum Bewußtsein gekommen ist. Erst

---

[1]) Dies gegen V i s c h e r , der in der „Ästhetik", 1. Teil naiven,
gebrochenen und freien Humor unterscheiden will. Auch J. V o l k e l t ,
System der Ästhetik II, S. 549 ff. stellt dem sentimentalen einen naiven
Humor gegenüber und meint, gegen mich polemisierend, ich nehme das
Wort naiv „in einem engeren Sinne" als er und Vischer. Tut nicht viel=
mehr er das, wenn er ausdrücklich erklärt, man dürfe es hier „nicht in dem
Sinn nehmen, wie man ein Kind naiv nennt"? Wenn er aber zugibt,
daß der Humor „reiche und auch schwere Lebenserfahrung, tiefes und
b e u n r u h i g e n d e s Sinnen über menschliche Dinge voraussetze",
so sind wir in der Sache einig, um das Wort streite ich dann nicht weiter.

wo dies der Fall ist, ist der Humor — nicht das
einzige und nicht das höchste, aber ein Mittel, diesen
Bruch zu überwinden. Goethe ist kein Humorist, weil
er naiv war wie die Alten; Schiller ist kein Humorist,
weil er Idealist war; und beide sind für den Humor zu groß.
Umgekehrt ist die Humorlosigkeit unserer jungdeutschen
Literatur, von deren Vertretern für den Humor keiner zu
groß wäre, ein wahrer Jammer. Denn der Humor ist eben
doch etwas Köstliches, eine wahre Gottesgabe, komisch und
rührend zugleich, wo er uns in seiner echten Gestalt entgegentritt, das Endliche zum Unendlichen erhebend und doch nicht
erhaben, sondern anheimelnd, in der engen Sphäre sich be-
scheidend und begnügend und — man denke an Fritz Reuters
„Festungstid“ — die Gitter und Eisenstäbe vergoldend, die
das Dasein zu einem Kerker zu machen drohen, und so den
Pessimismus stets wieder überwindend durch sieghaft son-
nigen Optimismus.

Wir haben die Stimmung des Eukolos und des Dyskolos
unterschieden, da wo es sich um angeborene Dispositionen
handelte. Aber auch für die wechselnden und vorübergehenden Stimmungsschwankungen trifft dieser Gegensatz des Angenehmen und Unangenehmen zu. Die trübe
Stimmung nennt man Verstimmung, in der man besonders
empfänglich ist für Unlustgefühle und für Ärger, alles von
der schlimmen Seite auffaßt und überall das Schlimme auf-
sucht und hervorkehrt. Das Bild des düsteren Himmels,
des Nebelschleiers liegt hier nahe. Direkt asthenisch ist dann
die Stimmung der Niedergeschlagenheit und Verdrießlichkeit,
in der man es nicht einmal mehr zu einem gesunden Ärger
oder sonstigen Affekt bringt; und doch muß nach Onkel
Bräsig „Ärger sin und jeder richtige Ökonomiker muß sich
dagdäglich zwei- oder dreimal ärgern, dat gehört zu's Ge-
schäfte; aber gelinde, was ich en Hofjungensärger benenne“.
Sonst wird die Langeweile zur Regel und zur Pein, weil au

die neuen Eindrücke sie nicht verscheuchen können und man
für dieselben überhaupt nicht mehr empfänglich ist. Mehr
positiv ist die Schwarzgalligkeit und Bitterkeit, die alles als
persönliche Beleidigung, auch die unschuldigste und harm=
loseste Äußerung anderer als absichtliche Kränkung auffaßt
und selbst die Schicksals= und Zufallstücke so ansieht, als hätte
es der Weltlauf direkt auf uns abgesehen. Von dieser
Schwarzgalligkeit über die Tücke des Objekts ist bei Vischer
sogar der Humor nicht frei gewesen; auch sein „Auch Einer"
hat etwas davon abgekriegt. Trauer oder Traurigkeit
endlich als das Ausklingen eines Schmerzaffekts über ver=
lorenes Gut und Glück haben wir oben schon genannt.

Die angenehme Stimmung ist Heiterkeit, als normale der
körperlichen Gesundheit entsprechend, ein Gefühl geistiger
Gesundheit und Kraft. Belebt sich die Heiterkeit, so wird sie
zur Fröhlichkeit, die sich bis zur Ausgelassenheit steigern
kann. Besonderen Glücksfällen und Erfolgen gegenüber,
die unsere äußere Stellung heben und unsere Ehre und Achtung
mehren, fühlen wir uns gehoben; daß diese Stimmung des Ge=
hobenseins durch rhythmische Musik in eigenartiger Weise ge=
fördert und verstärkt, ja geradezu hervorgerufen werden kann,
hängt wohl einerseits mit dem rhythmischen Ablauf unserer
Lebensfunktionen überhaupt und andererseits mit allerlei
Ideenassoziationen zusammen (Kriegsmusik — lieb Vater=
land, magst ruhig sein! Tanzmusik —Spiel und Liebe). Ist die
gehobene Stimmung zugleich ernst und bedeutsam, nament=
lich auf Grund sittlicher Aufgaben und Anforderungen oder
angeregt durch religiöse Bilder und Eindrücke, so wird sie
zur feierlichen, bei der sich immer etwas von Unlust und
Trauer mit einschleicht, was sich ja auf sittlichem Gebiet an=
gesichts der Schwierigkeit dem Ideal zu genügen und das
Gesetz zu erfüllen und ebenso bei dem religiösen Menschen,
der dem Göttlichen gegenüber sich so minderwertig und
klein vorkommen muß, besonders leicht einstellen kann: es

ist ein Zusatz von Achtung und Ehrfurcht dabei. Eine eigen=
tümliche Gefühlsmischung anderer Art begegnet uns endlich
noch in der Wehmut, deren Grundstimmung Trauer ist;
aber das uns umschwebende und durch die Trauer lebendig
erhaltene Bild des Entschwundenen und Verlorenen läßt
uns in der Erinnerung und Phantasie alles Erfreuliche und
Schöne noch einmal durchleben und durchkosten, das wir
ihm zu danken haben. Das ist zunächst eine Art von ästhe=
tischem Anschauen und als solches schon Lust schaffend.
Weil aber das einmal Dagewesene für unser ganzes inneres
Leben doch kein Verlorenes und völlig Vergangenes ist,
so ist es zugleich ein bleibendes Besitztum, dessen wir uns
als eines Gutes und Glückes zu freuen Grund und Recht
haben. Dadurch schafft sich die Trauer, eben indem sie sich
in ihren Verlust versenkt und hineindenkt, sozusagen selbst
wieder Trost und Freude und Lust. Deshalb auch hier ein
Lächeln unter Tränen, das mit dem Humor verwandt,
aber doch wieder wesentlich von ihm verschieden ist, weil die
Trauer läutert und idealisiert, eben jenes Kleinliche und End=
liche, die Erdenreste allmählich ganz beseitigt und wegschafft
und das Bild in aller idealen Schöne und Reinheit heraus=
arbeitet. So ist die Wehmut Trauer, die sich selbst in Lust
umsetzt, der Weg von Weh zu neuem, reinerem und höherem
Lebensmut; auch sie also kein gemischtes Gefühl[1]), sondern
ein Oszillieren, ein mehrfach sich wiederholender Übergang
von Unlust in Lust, von Trauer in Glücksgefühl, vom
Schmerz über Verlorenes in Freude über Gebliebenes und
Bleibendes.

---

[1]) Ebenso Rehmke a. a. O. S. 33 ff.

V. Die Gefühlsäußerungen.

Wir sind schon mehr als einmal genötigt gewesen, von
den Bewegungen zu sprechen, welche durch Gefühle hervor=
gerufen werden und in welche die Gefühle auslaufen;
namentlich die Affektenlehre müßte unvollständig, ja unver=
ständlich bleiben, wenn man nicht sofort auch die körperlichen
Veränderungen und lebhaften Bewegungen hinzunähme,
die sie fast ausnahmslos begleiten. Wir müssen aber nun
eingehend und im Zusammenhang von diesen Erscheinungen
reden, werden jedoch gut tun, dabei mit einem Begriff zu
beginnen, der gewöhnlich nicht in der Lehre vom Gefühl ab=
gehandelt zu werden pflegt, ich meine den des Triebes.

1. Bewegung und Trieb.

Den sensibeln Nerven, die von außen nach innen leiten
und peripherische Reize an das Zentralorgan befördern, ent=
sprechen die motorischen mit der umgekehrten Leitungs=
richtung von innen nach außen; psychologisch ausgedrückt:
der Empfindung mit ihrem Gefühlston entspricht die Be=
wegung als Effekt und Ausdruck eines Inneren. Bewegungen
treten uns nun zunächst als rein physisch=automatische entgegen:
sie gehen und kommen ohne nachweisbare Empfindungen
und Gefühle, also ohne Bewußtsein, und regulieren sich von
selbst. Dahin gehört das Atmen, die Darm= und Herzbewe=
gung, deren Reizungsquelle nur teilweise im Zentral=
organ, teilweise in den Ganglien des sympathischen Nervs
liegt; dahin aber auch die impulsiven Bewegungen, die man
schon vor der Geburt und namentlich im Säuglingsalter be=

obachtet und die völlig zwecklos scheinen, so sehr, daß sie,
wenn sie im bewußten Leben des Erwachsenen auftreten, als
Krämpfe und Konvulsionen, also als krankhaft anzusehen
sind. Man nimmt an, daß sie von inneren Reizungen der moto=
rischen Zentralgebilde, des Rückenmarks und des verlänger=
ten Marks ausgehen und hauptsächlich auf Veränderungs=
zuständen des Blutes beruhen, also mit Ernährungsvor=
gängen zusammenhängen.

Ihnen reihen sich die Reflexbewegungen im engeren
Sinn an, die durch peripherische, von sensiblen Nervenfasern
zu einem Zentralteil, zum Rückenmark oder zu bestimmten
Hirnpartien geleitete Reize unmittelbar, d. h. ohne da=
zwischentretende Empfindung ausgelöst werden; namentlich
auf Reize des Tastsinns, des Geschmacks und des Auges
erfolgen solche Reflexbewegungen zahlreich. Ob sie nachträg=
lich zum Bewußtsein kommen und gefühlt werden oder durch=
weg mechanisch und unbewußt verlaufen, ist ein hier nicht
weiter in Betracht kommender Unterschied. Diese Reflex=
bewegungen können nun überaus kompliziert sein und sind,
was das Merkwürdigste daran ist, in der Regel in hohem
Grade zweckmäßig. Doch muß das „in der Regel"
stark betont werden. Es gibt auch zwecklose und zweckwidrige
Reflexbewegungen; namentlich wenn die Reize über ein
mittleres Maß herab oder hinauf gerückt werden, verlieren
sie den Charakter der Zweckmäßigkeit rasch. Und bei
Kindern sieht man ohnedies, daß auch hier vieles erst ge=
lernt werden muß, was nachher leicht als eine von Anfang
an bestehende Reflexbewegung erscheint. Aber in der Regel
ist allerdings Zweckmäßigkeit vorhanden. Darin sah man
früher einen Beweis für die von Haus aus zweckvolle Ein=
richtung der organischen Wesen und für das zweckvolle Han=
deln und Schaffen der Natur. Noch Lotze[1]) sagt ebenso

---

[1]) Lotze, Medizinische Psychologie S. 292.

hübsch als konfus: „Mißtrauisch gegen den Erfindungsgeist
der Seele hat die Natur dem Körper diese Bewegungen als
mechanisch vollkommen bedingte Wirkungen der Reize
mitgegeben." Wenn die Reflexbewegungen als zweckmäßige
ursprüngliche sind, so bleiben sie einfach unerklärt und uner=
klärlich; und so wird man sich lieber der Auffassung Wundts an=
schließen[1]), die zwar die gewöhnliche Anschauung auf den
Kopf stellt, aber uns allein über Wunder und über Unklarheit
hinweghelfen kann. Von den impulsiven Bewegungen, die
ein wirklich Ursprüngliches sind, sind die meisten ohne Sinn
und ohne weiteren Effekt; es gibt aber darunter immer auch
einige, die zum Ziele führen, den Reizen entsprechen oder wie
wir das vorläufig heißen wollen (darüber gleich nachher). Diese
werden durch Gefühlston ausgezeichnet und bevorzugt und
bei ähnlichem Anlaß jedesmal wiederholt, so lange, bis
sie eingeübt und individuell zu gewohnten und reflex=
artigen geworden sind. Von diesen haben sich dann wieder
die am häufigsten geübten dem Organismus ein= und auf=
geprägt, und diese Umformung und Disposition der Nerven=
leitung hat sich auf die Nachkommen vererbt und in der
Gattung verfestigt. So sind die zweckmäßigen, aber schein=
bar rein mechanischen Reflexbewegungen aus bewußten,
bevorzugten und gewollten hervorgegangen, sind nichts
anderes als durch Gewohnheit und Übung innerhalb der
Gattung mechanisch gewordene Bewußtseinshandlungen. Daß
solche in unbewußte, reflexartige übergehen, ist ein Vor=
gang, den wir an uns und anderen immer aufs neue wahr=
nehmen können; man denke z. B. an unser Schreiben und
Lesen: weil aber der Mensch so vieles andere tut als Schreiben
und Lesen, so werden diese höchstens im einzelnen, nicht in

---

[1]) Wundt, Physiol. Psychologie III[5], S. 277 ff. und System der
Philosophie II, S. 133. Deswegen kann ich aber doch seiner Willenslehre
im ganzen nicht folgen; das wird später klar werden.

der Gattung reflexartig und automatisch. Übrigens sind
solche reflektorische Bewegungen deshalb nicht immer leicht
von bewußten zu unterscheiden, weil auch sie ihrerseits wieder,
wie schon gesagt, Bewegungsempfindungen auslösen und
so n a ch t r ä g l i ch doch noch bewußt werden können, z. B.
das Niesen.

So werden wir von den Reflexbewegungen zu bewußten
Handlungen geführt. Den Übergang und vielleicht das
wichtigste Zwischenglied bilden die Reflexhemmungen,
ein Eingreifen des Bewußtseins in den mechanischen Ablauf
der ersteren. Das Unterdrücken des Lachens, Weinens,
Schreiens, Strampelns ist bei kleinen Kindern und selbst bei
unerzogenen Erwachsenen, die nicht gelernt haben, sich zu-
sammenzunehmen, oft nur schwer zu erreichen und vollzieht sich langsam genug; andererseits hemmt schon das Bewußtsein als solches das Achten auf den Ablauf und die Ausführung solcher Bewegungen: wenn man schlucken w i l l ,
geht es schwer. Es ist sozusagen ein Versuch des Bewußtseins, dasjenige wieder unter seine Leitung und Botmäßig-
keit zurückzunehmen, was sich ihr seit Generationen entzogen hat und mechanisch geworden ist, ein Wiedereingreifen
des Willens in unabhängig gewordenes Gebiet. Natürlich
hat das seine körperliche Ursache, die vielleicht in spezifischen
Hemmungszentren zu suchen ist.

Vom Willen war noch nicht die Rede, ich setze den Begriff
einstweilen in seiner ganz populären Bedeutung voraus
und rede hier von der primitivsten „Willens"handlung, der
des T r i e b e s. Damit sind wir bei den sehr dunkeln Worten
Trieb und Instinkt[1]) angekommen. „Menschliche Instinkte sind
nicht zahlreich und außer den sexuellen schwer zu erkennen,

---

[1]) Über die verschiedenen Auffassungen des Instinkts s. K a r l
G r o o s, Die Spiele der Tiere 1896, S. 22 ff. und H. E. Z i e g l e r,
Der Begriff des Instinktes einst und jetzt, 2. Aufl. 1910.

nachdem einmal die erste Jugend vorüber ist." Um so ge=
neigter sind wir, bei Tieren von Instinkten und Instinkt=
handlungen zu reden; aber vielfach ist es auch hier nur ein
asylum ignorantiae für Vorgänge im Tierleben, die wir uns
nicht zu erklären vermögen, weshalb wir auch so Verschieden=
artiges darunter zusammenfassen. Auch menschliche Eitel=
keit und Selbstüberhebung steckt dahinter: gewisse kluge
Handlungen des Tieres wollen wir lieber seinem Instinkt
als seinem Verstand und seiner Überlegung zuschreiben;
weil man dem Tier keine so hohe, dem Menschen nahe=
stehende Intelligenz einräumen mag, soll alles Gescheite,
was die Tiere tun, ihnen angeboren sein und von einer frem=
den Intelligenz herrühren, heiße diese nun persönlich Gott
oder unpersönlich Natur. Allein diese Anschauungen sind
unhaltbar. Das Angeborene kann sich höchstens auf die ein=
zelnen Individuen beziehen, die Gattung muß es erworben
haben; und darum erklären auch Ausdrücke, wie „gene=
relle Gewohnheit" oder „vererbtes Gedächtnis" das Ent=
stehen der Instinkte nicht; sie konstatieren nur, daß diese da
sind; und der letztere erinnert ohnedies in bedenklicher Weise
an angeborene Vorstellungen, denen doch Locke ein für alle=
mal ein Ende gemacht hat.

Was verstehen wir unter Trieb? das ist also nun die
Frage. Wir wissen, daß mit jeder Empfindung ein Ge=
fühlston, ein Gefühl verbunden ist, am stärksten mit den
Tastempfindungen im weiteren Sinn und unter diesen wieder
vor allem mit den Gemeingefühlen. Jedes Gefühl ist Lust
oder Unlust, und damit unmittelbar gegeben ein gewisses
Hinneigen zu, ein Abneigen und Abwenden von weg, ein
Streben danach[1]) — zu greifen und festzuhalten, oder davon

---

[1]) Auch dieses Streben ist zunächst Gefühl — „Strebungsgefühl",
wie es L i p p s , Vom Fühlen, Wollen und Denken, S. 19 ff. ganz richtig
genannt hat. Seiner Beschreibung auf S. 29: „Das Gefühl des Strebens
stellt sich ein, wenn irgend ein psychisches Geschehen in seinem natür=

weg — abzuwehren und sich davon zu entfernen, wie das auch die Sprache in dem Ausdruck „Luft zu etwas haben" ganz richtig bezeichnet. Und so führt das Gefühl als „Ge= fühlsantrieb" ganz von selbst und mit Notwendigkeit zu Greif= und Abwehrbewegungen, zu dem „Antagonismus zwischen Streck= und Beugetätigkeit", wie es Münsterberg[1]) genannt hat. In den Gemeingefühlen kommen uns nament= lich diejenigen der Unluft und des Mißbehagens zum Be= wußtsein[2]), Hunger, Durst, Jucken, Atemnot u. dgl. Was geschieht darauf? Im individuellen Leben mag die richtige Abwehr= und Abhilfebewegung häufig sofort erfolgen; allein das nächste ist doch zuerst eine Spannung, ein Stre= ben; erst wenn dieses groß genug ist, folgt die Bewegung. Man kann es sich physiologisch so denken, daß der in den sensiblen Nerven fortgeleitete Prozeß eine Explosion im Ganglion hervorruft, die einen entsprechenden Prozeß in anderen Zellen und in den zu diesen gehörigen motorischen Nerven einleitet und fortpflanzt und so eine Bewegung zur Folge hat. So wird jede Empfindung von einer Bewegung oder, wenn sie hierzu nicht stark genug ist, doch wenigstens

lichen Fortgang oder Ablauf begriffen ist, diesem natürlichen Fortgang oder Ablauf aber ein Hemmnis entgegentritt", kann ich mich ebenfalls anschließen; nur kommt das hier noch zu früh. Der Einwand D r o z y n s = k i s a. a. O. gegen das, was ich über das Streben sage, beruht auf Miß= verständnis. Diese Sätze sind ein Mittelstück, sie setzen voraus, was ich früher über das Wesen des Gefühls gesagt habe, und leiten über zu dem letzten Wort meiner Psychologie, dem Satz: k e i n   G e f ü h l   o h n e B e w e g u n g; davon handle ich ein erstes Mal gleich nachher. Zum Bewußtsein aber kommt uns auch die Bewegung und das Streben nach Bewegung eben nur als Gefühl.

[1]) M ü n s t e r b e r g in der schon genannten Abhandlung über Luft und Unluft a. a. O. S. 224.

[2]) Um dem Pessimismus keinen Anlaß zu geben, sich darauf zu be= rufen, füge ich übrigens auch die stark betonten sexuellen Wollustgefühle hier an, die durchaus positiver Natur sind. Freilich ob in jedem Stadium und ob nicht auch hier der Ausgang ein Unluftgefühl ist, das würde viel= leicht doch zu fragen sein.

von einer Tendenz zu einer solchen, einem darauf hinzie=
lenden Streben, dem Anfang einer solchen, von einem Ge=
fühlsantrieb begleitet sein.

Sind nun die so ausgelösten Bewegungen zweckmäßig?
Vielfach ja. Man dachte dabei an Richtung gebende Vor=
stellungen, die dann angeboren sein müßten. Allein ab=
gesehen von dem prinzipiellen Einwand dagegen fehlen
auch bei dem einzigen im bewußten Leben erwachenden Trieb,
dem sexuellen, solche Richtung gebende Vorstellungen völlig
oder gehen zu Anfang ganz in die Irre; erst wenn die Er=
fahrung zu Hilfe kommt, stellen sich die richtigen Vorstellungen
ein. Also daß der Trieb erwacht und daß die Vorstellung von
der Art seiner Befriedigung sich einstellt, das beruht auf
gewissen bestimmten Anlässen und Erfahrungen: ein Reiz
muß gegeben und fremde oder eigene Wahrnehmungen
und Erlebnisse müssen vorangegangen sein, um denselben
richtig zu deuten und zu lenken. Aber dazwischen liegt
nun doch ein Faktor, der vererbt sein kann, eine von den
früheren Generationen erworbene Beschaffenheit des
Nervensystems, speziell des Zentralorgans und eine darauf
beruhende Disposition zu gewissen Bewegungen und Be=
wegungskombinationen, die gewissermaßen in ausgefah=
renen Gleisen, auf ausgeschliffenen Bahnen und darum
leichter verlaufen. Mit wie großer Sicherheit diese ausge=
führt werden, ist bei verschiedenen Tiergattungen verschieden.
Je enger der Kreis des Daseins, desto energischer die zurück=
bleibende Disposition und desto wahrscheinlicher die Vererbung:
ein Huhn tut sein Leben lang nichts als picken, daher ver=
festigt sich die Disposition zu dieser Kopfbewegung von Gene=
ration zu Generation; der Mensch tut so vieles andere als
saugen und schreiben, daher entsteht hierfür keine ausrei=
chende Disposition während seines individuellen Da=
seins, und so muß jeder beides erst neu lernen, wenn auch
das zweite erheblich mühsamer ist als das erste, zu dem er als

Säugetier doch ganz andere Veranlagung und Dispositionen
mitbringt als zu jenem.

Wo dagegen solche angeborene Bewegungsdispositionen
ganz fehlen, da entstehen auf den Reiz hin zur Befriedi=
gung des Triebes und zur Lösung der Spannung zunächst
allerlei rein impulsive, abgerissene und unzweckmäßige Be=
wegungen; erst wenn eine dieser Bewegungen zum Ziele
führt, der Unlust abhilft und Lust schafft, bekommt sie für das
Bewußtsein einen Vorzugswert, und das um so mehr, je
mehr sie mit den innersten Lebensinteressen (diese wechseln
und entwickeln sich) zusammenhängt; auf sie richtet sich also
die Aufmerksamkeit, jedesmal bei Wiederholung derselben
Reize und Unlustgefühle wird sie erinnert und stellt sich die
Vorstellung der Bewegung oder Handlung ein, die früher
zu dem erwünschten Ziele geführt hat, dem Gesetze gemäß,
daß das Gefühl (der Gefühlswert) die Phantasie und die
Reproduktion der Vorstellungen bestimmt und lenkt. Natür=
lich geben dann diese Vorstellungen der Handlung von nun
an stetsfort die gewünschte Richtung in der bekannten und
auf diese Weise ausgezeichneten Bahn.

So haben wir also, wenn wir von Trieben sprechen,
1. einen von innen kommenden Reiz und damit verknüpft
ein Gefühl der Unlust, solange der Reiz noch nicht bewältigt
und assimiliert ist; 2. das Streben von dieser Unlust loszu=
kommen und frei zu werden, den Gefühlsantrieb; 3. angebo=
rene Dispositionen zu den zum Ziele führenden Bewegungen;
doch gilt das nur für spätere Generationen und nicht für
alle Spezies, auch nicht für alle Triebe in gleicher Weise;
immerhin werden solche Dispositionen weder bei den nied=
rigsten noch bei den höchsten Tiergattungen je ganz fehlen;
4. Vorstellungen von den schon einmal ausgeführten und
mit Erfolg gekrönten Bewegungen, die sich hinfort alsbald
und stets bei dem Erwachen des Triebes einstellen und Rich=
tung geben; endlich 5. die Bewegung selbst.

Tiere folgen nun meist blindlings ihren Trieben, selten
wird in ihnen ein Konflikt unter denselben entstehen (doch
denke man an den Hund zwischen Wurst und Peitsche),
sie sind die richtigen Triebwesen. Anders der Mensch. Hat
er überhaupt Triebe? könnte man vom Standpunkt des Erwachsenen und alles sorgfältig Überdenkenden aus fragen,
wenn nicht jeder im Geschlechtsleben die Gegenwart und
Macht der Triebe am eigenen Leib und im eigenen Leben
zur Genüge kennen lernen müßte. Ihn und den Selbsterhal-
tungstrieb, der freilich nie so abstrakt, sondern immer je
nach Umständen und Gelegenheit differenziert (als Nah-
rungs-, als Schutztrieb) auftritt, und weiterhin den Nachahmungstrieb teilt er wohl sicher mit den Tieren. Zweifel-
hafter ist, ob der Bewegungstrieb, wie ihn Kinder zeigen,
ein besonderer Trieb und nicht vielmehr eben jener Gefühlsantrieb selber ist, ehe er noch eine bestimmte Richtung genommen und sich differenziert hat. Ganz besonders
schwierig aber ist die Frage zu beantworten, ob es auch
höhere, spezifisch menschliche Triebe gebe. Nachdem wir
aber einmal sympathische Gefühle anzunehmen uns genötigt gesehen haben, so werden wir auch die Existenz höherer
sozialer Triebe nicht abstreiten können, um so weniger, als
wir ja auch bei den Tieren, ganz abgesehen von geschlechtlicher
Paarung, solche finden:; ich denke hier an die in Staaten oder
richtiger in großen Familien zusammenlebenden Ameisen,
Bienen u. dgl. Der Versuch hier noch einmal zu spezialisieren, den ich mit Rümelin[1]) nicht für aussichtslos ansehen
würde, würde uns aber doch zu weit führen. Wir wissen
vorläufig von diesen Trieben genug, um zum Ausgangspunkt und Zweck dieser ganzen Erörterung zurückkehren

---

[1]) Aus einer von R ü m e l i n in Tübingen gehaltenen Vorlesung
ist mir eine Übersichtstabelle über die einzelnen menschlichen Triebe
bekannt geworden, die ich mich jedoch mitzuteilen nicht für berechtigt
halte.

zu können, nämlich zu der Frage nach den mit dem Gefühl
zusammenhängenden und sie zum Ausdruck bringenden
Bewegungen.

Nur zuvor noch ein Wort über die sogenannten M i t =
b e w e g u n g e n , die gerade auch für unsere Frage mit in
Betracht kommen. Zurückzuführen sind sie auf die Über=
tragung der Erregung von der Hauptleitungsbahn auf
Nebenbahnen, oder auf die Irradiation der Erregung in
den Zentralteilen selbst auf weitere Partien derselben bei
größerer Intensität der Reize oder bei gesteigerter Reiz=
barkeit der Zentralteile. Und nun zur Hauptsache.

2. Die unwillkürlichen Ausdrucksbewegungen.

Keine Empfindung ohne Bewegung: wenn auch nicht
jede Empfindung eine Bewegung wirklich auslöst, so ist
doch die Tendenz dazu immer vorhanden. Physisch und
physiologisch kann man darin die Geltung des Gesetzes von
der Erhaltung der Energie auch für das Nerven= und Muskel=
system sehen. Aber das reicht nicht aus: derselbe Reiz kann
je nach der Bedeutung, die er für mich als Seelenwesen hat,
ganz verschiedene Bewegungen hervorrufen[1]). Dieses See=
lische, das sich über den Bogen vom Sensorischen hinüber
zum Motorischen einstellt, ohne daß wir zu sagen wüßten,
woher und wie, ist der uns schon bekannte Gefühlston der
Empfindung: auf ihn bildet die Bewegung die körperliche
Reaktion. So sind die Bewegungen Gefühlsäußerungen —
alle mit Ausnahme der mechanisch gewordenen Reflexbewe=

---

[1]) Es ist kein ad hoc erfundener oder den fliegenden Blättern ent=
nommener Witz, sondern eine Tatsache, daß die Antwort auf die Erkundi=
gung nach dem Befinden eines kranken Kindes: „es ist heute verschieden"
doppelt gedeutet, zu den verlegenheitlichsten und ergötzlichsten Miß=
verständnissen geführt hat. Der physische Vorgang für sich allein kann nicht
erklären, warum der eine am Abend wiederkommt und die Frage wieder=
holt, der andere zum Gärtner geht und einen Totenkranz bestellt.

gungen, die es wenigstens einmal waren, und die es auch
wieder werden, wieder in den Dienst des Gefühls zurück=
genommen werden können. Man sieht dies vor allem an
den Schwankungen und Störungen, der Verlangsamung
oder Beschleunigung der Atmung und des Pulses im Affekt.
Gerade darüber ist die Zahl der Beobachtungen und Unter=
suchungen neuerdings besonders groß[1]). Aber was man erst
hoffte, mit Hilfe der Atem= und Pulskurven bestimmte Affekt=
bilder, eine einheitliche Symptomatik etwa für die sechs Wundt=
schen Grundformen des Gefühls gewinnen und jedem Affekt
oder Gefühl eine besondere und konstante Kurvenform zu=
weisen zu können, das ist bis jetzt nicht gelungen. Über die
allbekannten Tatsachen, daß im starken Affekt das Herz still
steht und der Atem stockt, in einem zweiten Moment aber
die Pulse fliegen und der Atem tiefer und unregelmäßiger
wird, sind auch sie kaum hinausgekommen. Daher bleiben
wir vorläufig besser bei den in die Augen fallenden Aus=
drucksbewegungen, die für den psychischen Sachverhalt
vielleicht doch nicht so belanglos sind[2]), und begnügen uns
für jene vasomotorischen Erscheinungen mit der Konsta=
tierung ihres Vorhandenseins.

---

[1]) Über diese elementaren „Ausdrucksvorgänge bei psychischen Er=
regungszuständen" s. neben den großen Werken von L e h m a n n , Die
körperlichen Äußerungen psychischer Zustände 1899 ff. und von Ernst
W e b e r , Der Einfluß psychischer Vorgänge auf den Körper 1910 die
Arbeiten von Z o n e f f und M e u m a n n , Über Begleiterscheinungen
psychischer Vorgänge in Atem und Puls (Philosophische Studien, Bd. 18,
S. 1—113); Paul S a l o w , Der Gefühlscharakter einiger rhythmischer
Schallformen in seiner respiratorischen Äußerung (Psychol. Studien,
Bd. 4, S. 1 ff.); L. D r o z y n s k i , Atmungs= und Pulssymptome rhyth=
mischer Gefühle (ebenda Bd. 7, S. 83 ff.).
[2]) Dies gegen W i t a s e k a. a. O. S. 334, der schließlich doch selber
auch zugibt, daß es eine einfache Zuordnung bestimmter Formen der Puls=
und Atmungsschwankungen zu Lust und Unlust in Wirklichkeit nicht gebe.
Wie er sie aber dann „charakteristisch für den jeweiligen Gesamtbewußt=
seinszustand" nennen und ihnen den Vorzug vor den in die Augen fallenden
Ausdrucksbewegungen einräumen kann, ist mir nicht klar geworden.

Diese Ausdrucksbewegungen werden zunächst unwill=
kürlich und selbstverständlich ohne alle Rücksicht und ohne alle
Nebengedanken an andere Menschen und nicht in der Absicht
ausgeführt, diesen von unseren Gefühlen Kunde zukommen zu
lassen. Ich zittere, ob ich allein oder in Gegenwart anderer
erschrecke, ob ich mit oder ohne Zeugen meinem Schmerz
nachhänge. Im Gegenteil werde ich mich als Kulturmensch
vor anderen mehr zusammennehmen, die Äußerung meiner
Gefühle zu hemmen und diese zu verbergen suchen. Die
Ausnahme des Poseurs hebt diese Regel natürlich nicht auf.
Allein dieses Verbergen des Gefühls ist eben nichts Natür=
liches, sondern vielmehr Sache der Erziehung, Folge der
Kultur: weil die Gesellschaft nicht durch jedes beliebige Ge=
fühl ihrer Glieder gestört werden will, hat sie es in ihrem
Interesse für „schicklich" erklärt und angeordnet, daß die
Menschen sich zusammennehmen und ihre Gefühle in sich
verschließen sollen. Im allgemeinen aber sucht sich jedes
Gefühl zu äußern, und wenn es nur stark genug ist, ganz be=
sonders also, wenn es die Form des Affekts annimmt, so
gibt es sich auch wirklich durch Bewegungen nach außen
hin kund.

Die Bedeutung hiervon kommt zunächst dem Fühlenden
selbst zugute, der durch Muskelempfindungen, durch Muskel=
und Hautgefühle von diesen Bewegungen Kunde erhält
und so eine Veränderung seines Gemeingefühls erfährt,
die natürlich nicht ohne Rückwirkung auf das ursprüngliche
Gefühl bleiben kann. Das und nur das ist das Richtige an
der James=Langeschen Theorie. Diese Wirkung ist nun aber
ein Rad mit zwei Speichen. Einerseits nämlich bildet die
Körperbewegung zusammen mit den Gefühlen, die sie
hervorruft, sozusagen die Resonanz und wirkt verstärkend,
erhaltend, verlängernd auf das ursprüngliche Gefühl zurück,
dadurch daß die neu hinzukommenden diesem ersten Gefühl
gleichartig oder verwandt sind. So kann man sich in immer

größere Luftigkeit hineinlachen, in immer wachsenden Zorn hineinschreien. Die Wirkung der Gefühlsäußerung kann aber auch die scheinbar entgegengesetzte sein: die Gefühle werden durch sie abgeschwächt, der Affekt wird beruhigt. Wir werden auf die Bewegung, auf die Handlung aufmerksam, dadurch wird dem Gefühl selbst ein Teil der Aufmerksamkeit entzogen, von innen nach außen gewendet und von dem Gegenstand, der Ursache des Affekts abgelenkt, womit diesem selbst die Lebensader unterbunden, die Nahrungszufuhr abgeschnitten wird. Im allgemeinen wird sich dieser doppelten Möglichkeit gegenüber das Gesetz aufstellen lassen: Unlustgefühle werden durch solche Ausdrucksbewegungen abgeschwächt, Lustgefühle werden durch sie verstärkt und verlängert. Denn dort bin ich froh, wenn ich meine Aufmerksamkeit etwas anderem, Äußerem zuwenden kann und darf; hier geben die Äußerungen dem angeregten Gefühl immer neuen und willkommenen Stoff; überdies kommt hier die Befriedigung des Tätigkeitsgefühls oder Betätigungstriebes überhaupt addierend hinzu, dort arbeitet sie der Unlust, sie vermindernd, entgegen. Und auch beim Zorn ist es nicht wesentlich anders: der verhaltene Zorn ist schlimmer und geht namentlich leicht in langdauernde ärgerliche Stimmung oder in Haß über, während das Sichaustoben abkürzend wirkt.

Diese Bewegungen bringen also äußerlich zum Ausdruck, was im Inneren vorgeht, sind Zeichen eines solchen Inneren, einer Gemütsbewegung. Da aber jede Bewegung, wie wir wissen, das zweitemal ausgeführt leichter vor sich geht als das erstemal, indem sie Spuren, Dispositionen hinterläßt, so bilden sich konstante Ausdrucksbewegungen (dieselbe Bewegung für dasselbe Gefühl) und als ihr Träger wohl auch vererbliche Muskelstellungen. Darauf beruht das Recht der Physiognomik, die sich nur allzu leicht in das Spielerische verliert — man denke an Lavaters Versuche,

die Ähnlichkeit zwischen Menschen- und Tierphysiognomien
nachzuweisen — und die sich viel zu sehr an die festen Formen
des Knochengerüstes gehalten und so zu den Auswüchsen
und Schiefheiten der Gallschen Schädellehre geführt hat,
statt daß sie das wechselnde Spiel der Muskulatur vor allem
ins Auge hätte fassen müssen.

Dieses wechselnde Muskel- und Mienenspiel hat dagegen
Darwin[1]) zum Ausgangspunkt seines Versuchs genommen,
den in äußeren Körperbewegungen sich manifestierenden
Ausdruck der inneren Gemütsbewegungen auf drei Prinzipien zurückzuführen, die hier eine Stelle finden mögen.

1. „Das Prinzip zweckmäßiger assoziierter Gewohnheiten.
Gewisse komplizierte Handlungen sind unter gewissen Seelenzuständen von direktem oder indirektem Nutzen, um gewisse
Empfindungen, Wünsche usw. zu erleichtern oder zu befriedigen; und sobald derselbe Seelenzustand herbeigeführt
wird, so schwach dies auch geschehen mag, so ist infolge der
Macht der Gewohnheit und der Assoziation eine Neigung
vorhanden, dieselben Bewegungen auszuführen, wenn sie
auch im gegebenen Falle nicht von dem geringsten Nutzen
sind. Einige in der Regel durch Gewohnheit mit gewissen
Seelenzuständen assoziierte Handlungen können teilweise
durch den Willen unterdrückt werden, und in derartigen
Fällen sind die Muskeln, welche am wenigsten unter der
besonderen Kontrolle des Willens stehen, diejenigen, welche
am meisten geneigt sind, doch noch tätig zu werden und
damit Bewegungen zu veranlassen, welche wir als expressive
anerkennen. In gewissen anderen Fällen erfordert das
Unterdrücken einer gewohnheitsgemäßen Bewegung andere

---

[1]) Charles Darwin, Der Ausdruck der Gemütsbewegungen bei
dem Menschen und den Tieren, übers. von Carus 1872, S. 28 f. Vor
Darwin hat das Problem übrigens auch schon Piderit, Wissenschaft-
liches System der Mimik und Physiognomik 1867 richtig angefaßt.

unbedeutende Bewegungen, und diese sind gleicherweise
ausdrucksvoll.

2. Das Prinzip des Gegensatzes. Gewisse Seelenzu=
stände führen zu bestimmten gewohnheitsgemäßen Hand=
lungen, welche nach unserem ersten Prinzip zweckmäßig
sind. Wenn nun ein direkt entgegengesetzter Seelenzustand
herbeigeführt wird, so tritt eine sehr starke und unwill=
kürliche Neigung zur Ausführung von Bewegungen einer
direkt entgegengesetzten Natur ein, wenn auch dieselben
von keinem Nutzen sind, und derartige Bewegungen sind in
manchen Fällen äußerst ausdrucksvoll.

3. Das Prinzip, daß Handlungen durch die Konstitution
des Nervensystems verursacht werden, vom Anfang un=
abhängig vom Willen und in einer gewissen Ausdehnung
unabhängig von Gewohnheit. Wenn das Sensorium stark
erregt wird, so wird Nervenkraft im Überschusse erzeugt und
in gewissen bestimmten Richtungen fortgepflanzt, welche zum
Teil von dem Zusammenhange der Nervenzellen, zum
Teil von der Gewohnheit abhängen, oder die Zufuhr der
Nervenkraft kann allem Anscheine nach unterbrochen werden.
Es werden hierdurch Wirkungen hervorgebracht, welche wir
als expressive anerkennen. Dieses dritte Prinzip kann der
Kürze wegen das der direkten Tätigkeit des Nervensystems
genannt werden."

Diese drei Prinzipien haben sich starke Einsprache gefallen
lassen müssen[1]) und sind in dieser Formulierung sicher nicht
aufrechtzuerhalten. Auch ist nicht zu verkennen, daß Darwin

---

[1]) Birch = = Hirschfeld, Über mimische Gesichtsbewegung, mit
Berücksichtigung der Darwinschen Versuche, ihre Entstehung zu erklären,
in dem Tageblatt der 52. Naturforscherversammlung in Baden=Baden,
1879, S. 93—105.
Wundt, Physiologische Psychologie III[5], S. 284 ff.
Leon Dumont a. a. O. S. 276 ff.
Lehmann, Die Hauptgesetze d. menschlichen Gefühlslebens § 360
bis 370.

die inneren durch Gefühle hervorgerufenen organischen
Störungen, die neben den in die Augen fallenden äußeren
Bewegungen nun eben doch auch da sind, wirklich völlig
außer acht gelassen hat: dadurch gilt er den Heutigen für be=
sonders rückständig und überholt. Aber daß die Wundt'schen
Prinzipien der direkten Innervationsänderung, der Asso=
ziation verwandter Gefühle und der Beziehung der Be=
wegung zu Sinnesvorstellungen mich wesentlich mehr be=
friedigten, kann ich nicht sagen. Auch Lehmanns Assoziations=
hypothese genügt nicht, zumal wenn sie nicht bloß die Aus=
drucksbewegungen, sondern die Gemütsbewegungen selbst
erklären soll. Das letztere gilt auch gegen Münsterberg[1]),
dessen Zurückführung aller dieser Ausdrucksbewegungen auf
den Antagonismus zwischen Streck= und Beugetätigkeit
mir im übrigen wie schon gesagt als eine vielleicht nur an
allzu großer Einfachheit leidende Hypothese am meisten
zusagen würde. Darin aber bin ich mit Wundt[2]) völlig
einverstanden, daß es sich bei Aufffstellung solcher Prinzi=
pien vorläufig noch nicht „um die eigentlichen Erklärungs=
gründe der Ausdrucksbewegungen, sondern lediglich um
eine allgemeine Unterscheidung und Einteilung ihrer Haupt=
formen" handeln kann; „die Physiologie muß sich damit
begnügen, die einem gegebenen psychischen Akt entsprechende
äußere Bewegung als psychologisch erklärt anzusehen, sobald
die Bewegung einem psychologisch nach seinen Vorbedin=
gungen begreiflich gemachten inneren Vorgange als die zu=
gehörige physische Erscheinung sich anschließt"[3]). So wäre

---

[1]) Münsterberg a. a. O. S. 224.
[2]) Wundt, Physiolog. Psychologie III[5], S. 295 f.
[3]) In diesem psychologischen Noch=nicht liegt immer wieder das Ver=
lockende der James=Langeschen Hypothese. Aber gerade die Resultat=
losigkeit der Atmungs= und Pulsuntersuchungen zeigt sie auch immer wie=
der, und zwar eben als eine materialistische und sensualistische, unfähig,
mit den Tatsachen fertig zu werden. Für die Unregelmäßigkeit der Kurven

denn zu fragen, ob wir uns nicht noch für einige Zeit besser
mit dem Stadium des Beobachtens und des Sammelns von
Beobachtungen zu bescheiden haben, und die Verarbeitung
und Zurückführung des bereits gewonnenen Materials auf
einige wenige Gesichtspunkte nicht noch verfrüht sei. Und
dabei muß das Beste natürlich der Physiologie überlassen
werden[1]). Darwin gebührt aber darum doch das Verdienst,
zu der ganzen Untersuchung neuerdings den Anstoß gegeben
und der Lösung der vielen hier vorliegenden Probleme
wesentlich vorgearbeitet und an ihr ein tüchtiges Stück mit=
gearbeitet zu haben; zu solcher Vorarbeit gehören nicht zum
wenigsten auch verfrühte und notwendig ungenügende
Versuche der Aufstellung von allgemeinen Gesichtspunkten
und Prinzipien.

Aber nicht nur die körperliche Bewegung wird zum un=
mittelbaren Ausdruck und Zeichen des Inneren, das Gefühl
setzt auch, wie wir wissen, die Phantasie, das Spiel der Vor=
stellungen, die Ideenassoziationen in Bewegung. Der Ärger
z. B. ruft solche Vorstellungen und Bilder wach, die zu der
Stimmung passen und ihr neue Nahrung geben, weil eben
nur das apperzipiert wird, was gerade in diesem Moment
Gefühls= und Affektionswert hat. Und indem auch hier das
Doppelte möglich ist, daß das Gefühl in solchen Vorstellungen
schwelgend sich zu erhalten und zu verlängern oder aber daß
es sich durch sie zu objektivieren und abzuschwächen strebt,
sieht sich die Phantasie nach Bundesgenossen um und spürt
in der uns umgebenden Natur dem Leiden und Seufze-

---

rekurriert daher z. B. S a l o w a. a. O. auf den „regelnden Einfluß gleich=
zeitiger Aufmerksamkeitsprozesse“, d. h. selbst wieder auf seelische Vor=
gänge und seelische Einflüsse.

[1]) So die Erklärung des Gähnens aus Schläfrigkeit, des Errötens
aus Scham, des Zitterns aus Furcht (vgl. M o s s o , Die Furcht) und
vor allem auch die des Lachens aus Freude und Hohn, über über=
raschend Neues und über Komisches.

der Kreatur, dem Düsteren und Trüben, dem Lichtverlasse=
nen und Erstorbenen nach, um in ihr das eigene Leiden sich
widerspiegeln zu lassen, oder sie richtet das Auge auf heitere
Ansichten des Naturlebens, um die fröhliche Stimmung
auch außerhalb des Gemütes wiederzufinden. So ist unser
ganzes Leben voll von solcher Gefühlsmalerei; und man wird
nicht fehl gehen, wenn man sagt: während die starken Ge=
fühle und Affekte (die sthenischen) in körperlichen Bewegungen
sich Luft machen und ihren Ausdruck suchen, symbolisiert sich
die ruhigere Stimmung und das feinere schmelzende Gefühl
mit Vorliebe in dieser Vorstellungsbewegung und Phantasie=
tätigkeit. Daß so der Mensch überall draußen seine eigene
Stimmung wiederfindet und ein Stimmungsvolles sucht
und sich zurecht macht, weist auf jenen früher beschriebenen
Prozeß der Einfühlung zurück, der ja eben in einem Be=
seelen und einem Symbolisieren, Zeichengeben und Aus=
drücken besteht.

Alles das, was bisher genannt wurde, geschieht unwill=
kürlich und kann durch den Willen höchstens gehemmt und
unterdrückt werden. Aber Muskelbewegungen und Phan=
tasievorstellungen lassen sich auch absichtlich und willkürlich
hervorrufen, namentlich in dem Prozeß der Einfühlung
klang das Willkürliche bereits mit an (man s u ch t auf und
a ch t e t auf das, was zur Stimmung paßt), damit gewinnt es
eine besondere Bedeutung und nimmt eine besondere
Färbung an; davon haben wir jetzt ausführlicher zu reden.

3. Die willkürlichen Ausdrucksbewegungen im Dienste der Mitteilung an andere.

Wir haben von der symbolisierenden Tätigkeit der Phan=
tasie gesprochen. Sie vollzieht sich zunächst ganz unbewußt;
aber allmählich wird auch hier einzelnes bevorzugt, gewählt,
geübt. Denn der Mensch erkennt bei Schmerzen die heilende
Kraft des Mitleides und der Teilnahme, in der Freude die

im Mitgefühl einer ganzen Welt oder eines einzelnen Freun=
des liegende Verstärkung und Erweiterung, die dieses Ob=
jektivieren seines inneren Erlebens in sich schließt und mit
sich bringt. Das Innere gibt einen Teil von sich an das Äußere
ab, und allmählich erwacht ein mehr theoretisches Interesse
an diesem äußeren Tun, bewirkt Zerstreuung und lenkt ab,
wie eine solche segensreiche Ablenkung z. B. in Trauerfällen
für die Frauen die Besorgung der Trauertoilette bildet.
Daher ist es nur natürlich, daß dieses Aufsuchen des unserem
Gefühl Verwandten und es Symbolisierenden dem Menschen
geradezu zum Bedürfnis wird; und so hat sich wie eben
angedeutet, die Sitte desselben bemächtigt: man denke an
die schwarze Farbe der Kleidung zur Betrauerung der Toten,
an die feierlichen Trauermärsche bei Beerdigungen, an die
Fröhlichkeit eines Festmahles mit Tafelmusik, mit knallenden
Pfropfen und schäumendem Wein u. dgl. m. Vieles davon
ist freilich erst allmählich zu bloßen Zeichen und Symbolen
herabgesunken, während es anfangs im Dienste der Religion
stand oder ganz realen und robusten Zwecken diente[1]).
Deshalb entspricht vieles davon, als aus gefühlsroheren Zeiten
stammend, unserem verfeinerten Empfinden nicht mehr,
so z. B. unsere Trauerzeremonien bei Leichenbegängnissen,
die überall viel Verletzendes und Peinliches haben, an
manchen Orten sogar von einer geradezu empörenden Rück=
sichtslosigkeit und Gefühlsroheit sind.

Noch viel wichtiger aber ist, daß dieser Ausdruck des
Inneren zugleich in den Dienst der Mitteilung an andere
tritt: zunächst impulsiv hervorgebracht wird er zum absichts=
vollen Symbol, wird die Ausdrucksbewegung erst einmal

---

[1]) Auch J h e r i n g , Der Zweck im Recht, nimmt beides an, wenn
er II², S. 318 den Zweck der Trauerkleidung darin sieht, den Trauern=
den zu sichern gegen die Heiterkeit der Welt und die Heiterkeit der Welt
gegen ihn; daneben aber S. 323 doch auch davon redet, daß das Kleid
äußerlich Stimmungsträger und innerlich Stimmungswecker sein soll.

zur gewollten Gebärde mit dem Zweck, durch sie anderen
von meinen Gefühlen oder von inneren Vorgängen über=
haupt Kunde zukommen zu lassen. Während die Ausdrucks=
bewegung ursprünglich in irgendwelchem direkten Zusam=
menhang mit diesem Inneren stand, löst sie sich jetzt in der
Weise davon ab, daß sie zum bloßen konventionellen Zeichen
dafür wird. Dieser Prozeß tritt uns in aller Deutlichkeit ent=
gegen in der Sprache, von der wir daher zuerst zu reden
haben.

a) **Die Sprache.** Ich bleibe noch einen Augenblick
bei der Gebärde. Indem die Ausdrucksbewegung als Ge=
bärde von anderen verstanden und nachgeahmt wird, wird
die erst nur individuelle Gebärde zur allgemeinverständlichen
und von allen (zu demselben Kreise Gehörigen natürlich)
gebrauchten Gebärdensprache. Das Verständliche aber
beruht hier auf dem Unmittelbaren und Sinnlichen, das
noch darin vorherrscht. Indem sie sich dem inneren Erleben
und Empfinden möglichst anschmiegt, kann die Beziehung
zwischen dem Außern und dem Inneren immer wieder leicht
rekonstruiert werden und daher nie ganz verdunkelt sein.
Am klarsten ist dies bei der hinzeigenden oder demonstra=
tiven Gebärde, die natürlich nur für wahrnehmbare Gegen=
stände verwendet werden kann. Wo ein solches Hinzeigen
nicht möglich ist, tritt an die Stelle des Demonstrierens die
nachbildende oder malende Gebärde, die sich freilich nur auf
eine einzelne ganz bestimmte Seite des Gegenstandes be=
ziehen kann und durch dieses mehr oder weniger abkürzende
Verfahren immer schon etwas Konventionelles hat; so
wenn in der früheren Gebärdensprache der Taubstummen[1]

[1] Jetzt heißt es im Taubstummenunterricht freilich: „die Gebärden=
sprache ist von dem Unterricht der Taubstummen und dem Verkehre
mit diesen auszuschließen." — Ob das vernünftig und — barmherzig ist?
Vgl. Fr. Werner, Psychologische Begründung der deutschen Methode
des Taubstummenunterrichts, unter kritischer Beleuchtung des Finger=
alphabets und der Gebärdensprache 1906.

das Zeichen des Hutabnehmens den Mann bedeuten sollte. Rein symbolisch endlich ist die Gebärde bei abstrakten Begriffen, wie z. B. in der Taubstummensprache die Lüge durch die Bewegung des Fingers vom Munde aus seitwärts als schiefe Rede, die Wahrheit umgekehrt als gerade Rede bezeichnet wurde.

Diese Gebärdensprache ist überall da Verkehrsmittel, wo Menschen zusammenwohnen oder zusammenkommen, die sich sprachlich nicht verstehen und verständigen können, z. B. beim Zusammentreffen von Europäern mit wilden Völkern. Aber sie verschwindet auch inmitten des sprachlichen Verkehrs nicht ganz. Die Gebärde begleitet die Sprache, gibt dieser Farbe und Leben und tritt um so mehr in ihr Recht ein, je lebhafter die Rede, je unmittelbarer, je freier und ungekünstelter die Ausdrucksweise ist. Ja im Affekt kann sie geradezu als das Ursprüngliche wieder für sich allein auftreten und dem anderen zeigen, was und wie gefühlt wird. Man streckt die Zunge gegen den heraus, dem man seine ganze Verachtung beweisen will, man hält dem Unverschämten, der einen reizt, die geballte Faust unter die Nase, man wendet sich mit Achselzucken und Hohnlächeln ab von dem, der Ärgernis gibt und sich blamiert, man streckt gebieterisch den Finger gegen die Türe, um den, mit dem man ganz fertig ist, hinauszuweisen; und das alles stumm und ohne Worte, und doch zweifelsohne und für jeden völlig verständlich.

Das Hauptverständigungs- und Ausdrucksmittel ist aber natürlich die Sprache im engeren Sinn[1]. Ihre Entstehung — wir wollen selbstverständlich dieses Rätsel hier nicht in allen seinen Teilen zu lösen versuchen — ist nur vom Boden des Gefühls, des die Empfindung begleitenden Gefühlstons aus zu begreifen. Wir müssen sie zurückführen auf die feine Empfänglichkeit des Menschen für Eindrücke von außen,

---

[1] Dazu vgl. Wundt, Völkerpsychologie, Bd. I, 2. Aufl. 1904.

auf das lebhaft spannende Interesse an dem, was uns um=
gibt und was um uns her vorgeht, und auf den Trieb, durch
Bewegung der Spannung, die dadurch, d. h. durch den Ge=
fühlston dieser Eindrücke in uns hervorgerufen wird, los
zu werden. So ist die Lautgebärde Empfindungs= oder ganz
genau gesprochen Gefühlsausdruck. Daß gerade der Laut
hierfür gewählt und bevorzugt wird, hängt einmal zusammen
mit der Feinheit des menschlichen Ohres und seiner Fähigkeit
zu analysieren, andererseits mit der Doppelseitigkeit seiner
Wirkung: der Ton löst die Spannung, aber er wird auch von
dem Redenden selbst vernommen und löst eben vermöge
jener Fähigkeit des Ohres neue und sehr starke Gefühle aus.
So hängt die Entstehung der Sprache mit der Musik zu=
sammen, und es ist höchstens unglücklich formuliert, wenn
Herder meint, das Singen sei älter als das Sprechen. Übri=
gens ist der Einfluß des Gefühls auch noch innerhalb der
bestehenden Sprachen auf die Entwicklung und Umbildung
der Laute erkennbar; so ruft, wie Heinrich Schneegans be=
merkt, der Italiener im Affekt Tuoni statt Toni, und da=
her überhaupt die breite Aussprache der Vokale im Mund
des leicht schreienden, weil leicht affektisch (grob, zornig)
redenden Landvolkes.

Diese Empfindungslaute werden nun — eben mit
Hilfe des sie analysierenden Ohres — mit bestimmten Vor=
gängen, Anschauungen, Gesichts= oder Gehörwahrnehmun=
gen assoziiert, und zwar eben mit denen, welche sie erstmals
hervorgerufen haben und die häufig — nur nicht ausschließ=
lich — menschliche Tätigkeiten sein mochten (synergastische
Theorie), bei denen ja noch heute vielfach geschrien, auch
wohl im Takt rhythmisch geschrien wird, namentlich wenn
diese Tätigkeit eine gemeinsame, ein angestrengtes Zusam=
menarbeiten ist; und außerdem werden sie anderen gegen=
über Zeichen für eine erst unbewußte und unbeabsichtigte,
dann aber gewollte und absichtlich herbeigeführte Ver=

ständigung. Das Verstehen aber, das weit schwieriger zu erklären ist als das Sprechen selbst, beruht einerseits auf dem Nachahmungstrieb des Menschen, andererseits auf der Beschaffenheit der Laute, die wie die Gebärden teils demonstrativ teils malend teils symbolisierend sind. Dabei spielt das Onomatopoetische in der Sprache seine Rolle, ohne daß doch die Bau-Wau-Theorie, wie sie Max Müller[1]) spottend nennt, in irgendwie umfassender Weise zur Erklärung im ganzen herangezogen werden dürfte; jedenfalls ist die sogenannte indirekte Onomatopöie weit wirksamer und bedeutungsvoller, als jene Nachahmungslaute der Kinderstube, die dazu noch meist Erfindungen Erwachsener sind, während wir das wirklich Kindische von der Entstehung der Sprache natürlich nicht ausschließen dürfen. Endlich ist auch an die Leerheit des die Sprache erst findenden (wohlgemerkt, ich sage nicht: e r findenden) Geistes zu erinnern: sie bedingt die Geneigtheit des Verständnisses, die Empfänglichkeit dem einfachen Parallelismus zwischen Wort und Sache zu folgen, wie auf der anderen Seite die Gleichheit der Lebensbedingungen, der äußeren und inneren Erfahrungen und Erlebnisse dieser ersten Sprechenden das Entgegenkommen ihres Verständnisses begreiflich macht; das Anstaunen und Bewundern eines besonders feinsinnigen Kopfes, Gehorsam und Pietät mögen dann die Lust zur Nachahmung und die Freude daran im einzelnen erklären.

Weiter haben wir das Problem hier nicht zu verfolgen, wohl aber von dem Dienst der Sprache speziell für die Gefühlsmitteilung zu reden. Sprache, Wort, Rede sind nicht unmittelbar Ausdrucksmittel von Gefühlen. Oder sagen wir vielleicht richtiger: nicht unmittelbar m e h r , sobald nämlich der Laut aufgehört hat bloßer Empfindungslaut zu sein und

---

[1]) in seinen veralteten, aber doch noch viel Beachtenswertes enthaltenden Vorlesungen über die Wissenschaft der Sprache, deutsch 1866.

zum artikulierten Sprechen geworden ist (womit ich übrigens
der Interjektionstheorie in ihrem Anspruch alles zu er=
klären ebensowenig recht geben möchte, wie vorher der
onomatopoietischen oder der synergastischen Hypothese).
Zwischen Gefühl und Wort schiebt sich für uns wenigstens
die Vorstellung als Medium zwischen inne, für sie ist das
Wort zum Zeichen geworden, das damit jeden Gefühlston
verloren und abgestreift zu haben scheint. Wie kann nun
die Sprache, das ist hier die Frage, wenn sie nur noch Vor=
stellungen zum Ausdruck bringt, zugleich auch wieder als
Ausdrucksmittel für Gefühle dienen? Man könnte zunächst
daran erinnern, daß gewisse Worte ihren Gefühlston und
Affektwert doch nicht so ganz abgelegt haben, wie es einer
oberflächlichen Betrachtung scheinen will. In einem schönen
Artikel über „den Kampf gegen die Fremdwörter" sagt
Otto Gildemeister[1]) sehr fein: „Wie der Deutsche den wel=
schen Wortklang benützt, um dem Begriffe eine welsche
Würze beizumischen, das hat Goethe einmal, ohne doch an
eine allgemeine Regel zu denken, sehr deutlich veranschaulicht.
Er bemerkt, daß alles in dem Wort p e r f i d e für unser
Gefühl enthalten sei, wovon man in den deutschen Synonymen
treulos, tückisch, verräterisch nichts finde. Geradezu ehrlich
und gutmütig klinge unser treulos neben diesem glatten,
kalten, giftigen perfide. Den Eindruck kann die ursprüngliche
Bedeutung des Wortes nicht erklären; perfidus sagt so
ziemlich dasselbe wie ungetreu. Aber der feine welsche
Klang erweckt dem deutschen Ohr die Vorstellung einer
besonders raffinierten, weltmännischen, herzlosen Heimtücke;
demgemäß wird das Wort gern für spezifische Fälle, welche
dieser Vorstellung entsprechen, gebraucht, und der Gebrauch
wieder befestigt den Eindruck, von dem Goethe spricht."
Er erinnert dann selbst noch an das Wort „Honoratioren"

---

[1]) in der deutschen Rundschau, 1885/86, Bd. IV, S. 55 f.

mit seinem Nebenbegriff des Zopfigen und Altfränkischen, des
Kleinstädtischen und Kastenartigen. Um auch ein deutsches
Wort hinzuzufügen[1]), so sei darauf hingewiesen, daß das Wort
„Lüge" mit seinem stark ausgeprägten Gefühlston — Lügner
ist eine Beleidigung — vielfach die richtige Erkenntnis über
die doch auch nur bedingte Pflicht die Wahrheit zu sagen er=
schwert und verdunkelt; und Ähnliches ließe sich vielleicht von
dem Wort „Utilitarismus" sagen: „Nutzen" klingt banausisch,
wie ein dem Idealen Entgegengesetztes. Endlich haften solche
Gefühlsassoziationen selbst an den sonst ganz bedeutungslos
gewordenen Eigennamen und verleihen einzelnen unter
ihnen, Mädchennamen z. B., ganz entschiedene, natürlich
meist lediglich individuelle Gefühlsauszeichnungen, die
auf bestimmten Ideenassoziationen beruhen.

Allein für gewöhnlich ist allerdings das Wort an sich dem
Gefühl gegenüber indifferent, ist Zeichen einer theoretisch
gewordenen Vorstellung, nicht Ausdruck eines Gefühls;
und doch soll es auch dazu gebraucht werden. Um das zu
können, muß die Vorstellung, die zunächst allein durch das
Wort ausgedrückt werden kann und ihrerseits doch zum Aus=
druck eines Gefühls dienen soll, selbst Symbol eines solchen
sein; und auch der andere, dem sie durch das Wort mitgeteilt
wird, soll in ihr nur ein solches Symbol sehen und sie als solches
anerkennen und nun seinerseits das durch sie symbolisierte
Gefühl in sich nacherzeugen. Daß durch das Gefühl bestimmte
Vorstellungen hervorgerufen werden und dieses namentlich
auf die Reihenfolge, den Ablauf der Vorstellungen den größ=
ten Einfluß hat, wissen wir ja längst. Gelingt es mir also,
durch meine Worte dieselben Vorstellungen und dieselbe
Aufeinanderfolge von Vorstellungen in anderen hervor=
zurufen, so wird rückwärts dadurch dasselbe oder ein ähn=

---

[1]) Ziegler, Sittliches Sein und sittliches Werden, S. 98 ff. 52.

liches Gefühl in ihnen — nicht erinnert, sondern wirklich
erzeugt werden.

Dabei unterscheidet sich aber diese im Dienst des Gefühls
stehende Rede doch wesentlich von der anderen, der es um
die Mitteilung von Tatsachen, von Vorstellungen, Begriffen
und Gedanken zu tun ist. Meine Rede wird in jenem Fall
weit lebhafter, wärmer, sozusagen farbiger sein müssen;
man spricht, wenn man gefühlsmäßig spricht, in Super-
lativen. Darunter leidet freilich die Korrektheit des Aus-
druckes — Ausrufe, Aposiopesen, häufiges aus der Konstruk-
tion fallen u. dgl. unterbrechen den logischen Fluß, Gedanken-
striche und Ausrufungszeichen markieren dasselbe im Druck;
und es leidet die Richtigkeit und Sachlichkeit des Inhalts,
d. h. die Angemessenheit des Gesagten an das Seiende und
an das Sein. Ja, das Gefühl kann so sehr das allein Maßgebende und Bestimmende sein, daß diese Richtigkeit ganz
beiseite gesetzt, daß frei phantasiert, daß erdichtet und ge-
dichtet wird. Hier schafft sich dann die Phantasie, um die
Gefühle richtig auszudrücken, eine eigene Welt, in der sie
lebt und webt, und je weniger sie sich dabei um eine auch
nur mögliche Angemessenheit an das Seiende bemüht,
desto märchenhafter und romantischer, desto phantastischer
und symbolischer wird diese erdichtete Welt ausfallen:
bekannt ist, wie sich Mörike in eine solche Phantasiewelt
„Orplid" eingesponnen und darin wirklich jahrelang gelebt und gewebt hat. Damit gewinnen wir nachträglich
eine neue Bestimmung dessen, was man gewöhnlich unter
(dichterischer) Phantasie versteht, eine nähere Erklärung des
ihr eigentümlichen gefühlsmäßigen Momentes.

Diese Gefühlsdarstellung ist zunächst natürlich eine gelegentliche. Ein zufällig in mir auftauchendes Gefühl suche
ich meiner gerade anwesenden Umgebung mitzuteilen, im
gewöhnlichen Verkehr des geselligen Lebens. Hierzu dienen
neben dem bloßen Wort, also neben dem Inhalt des Ge-

sprochenen, auch die Gebärden, Mienen und Gesten, womit im Gegensatz zu der ruhigen Art des Verstandesmenschen gefühlsmäßige oder aufgeregte Naturen ihre Rede zu begleiten pflegen: der warmblütige Südländer gestikuliert heftiger als der Bewohner kühlerer Gegenden und nimmt es dabei vielleicht auch mit der Wahrheit nicht so genau. Vor allem aber kommt es auf den Ton an, in dem gesprochen wird: c'est le ton qui fait la musique! „Mit dem Tone? Ich kann ihn nicht nachmachen; ich kann ihn nicht beschreiben: aber er enthielt alles! alles!" sagt Claudia zu Marinelli; und gleich darauf: „Ha, könnt' ich ihn nur vor Gericht stellen, diesen Ton!" Er macht die Rede warm oder kalt, durch ihn dringt das Gesprochene zu Herzen wenn man aus ihm herausfühlt, daß es von Herzen kommt; er tut weh, verletzt und verschärft, oder er legt Balsam auf eine harte Rede und moduliert und modifiziert so den Inhalt, gibt den Schlüssel zu dem tieferen und intimeren Verständnis und zeigt an, wie etwas gemeint ist. Dabei handelt es sich nicht so sehr um das Objektive, um den Gegenstand und Inhalt meiner Rede, als um ihren Stimmungsgehalt und Gefühlswert[1]): wer cum ira vel studio redet, weil ihn das, was er gesehen und gehört hat, stark affiziert, der hat schon von Anfang an das Gesehene und Gehörte kaum richtig aufzufassen vermocht und wird, wenn er es wiedererzählt, von neuem in Affekt geraten, und nun wird er natürlich diejenigen Momente hervorheben, die geeignet sind, im Hörer dieselben Affekte hervorzurufen, er wird seine Erzählung in diesem Sinne gestalten und färben, wird sie daraufhin anlegen und einrichten. Davon hängt schließlich alles „gute" Erzählen ab: wer uns interessieren will, muß mit

---

[1]) Man sieht, Wert und Objektivität können sich zueinander auch gegensätzlich verhalten. Deshalb ist es falsch, sie erkenntnistheoretisch zusammenzuwerfen. Darüber siehe meine Bemerkungen am Schluß des Buches.

unſeren Gefühlen rechnen und ſie zu erregen ſuchen, muß
danach die Tatſachen auswählen und gruppieren, modeln
und umdeuten. Daher amüſieren uns jene Jagdgeſchichten,
von denen wir doch alle wiſſen, daß ſie jedenfalls ſo nicht
paſſiert ſind, nicht haben paſſieren können, weil ſie es ledig=
lich darauf abgeſehen haben, das Gefühl der Bewunderung
für bewieſenen Mut und gezeigte Geſchicklichkeit in uns
hervorzurufen, oder auch, weil ſie, wenn dieſe Erwartung
in die Brüche geht oder die Übertreibung allzu deutlich
auf der Hand liegt, komiſch wirken. Ebenſo beruht alle
populäre Beredſamkeit des Volksredners, des Kanzel=
redners auf dieſer Gefühlsdarſtellung; ein ſolcher Redner
wendet ſich nicht ſowohl an den Verſtand als an die Gefühle
und Affekte ſeiner Zuhörer und ſucht ſie hinzureißen und zu
begeiſtern; daher gewinnt ſich oft die nichtsſagende oder ein=
ſeitige Darſtellung am meiſten Beifall, der ſchwärmeriſche
Phantaſt oder der wilde Fanatiker zwingt die Menſchen am
eheſten in ſeine Bahnen. Und das um ſo mehr, weil die
Affekte übertragbar und anſteckend ſind; das „Suggeſtion“
zu nennen, möchte ich aber, wie ſchon einmal, ſo auch hier
wieder lieber ablehnen, da damit ein Natürliches in ein recht
Dunkles, ein Normales und Geſundes in ein Pathologiſches
verwandelt wird.

Wie endlich von dieſem Gefühlsmäßigen in Ton und
Stimme, in Wort und Schrift gar vielfach unſere Sympa=
thien oder Antipathien abhängen, uns Menſchen dadurch
von vornherein angenehm oder unangenehm werden, ohne
daß wir uns Rechenſchaft über das Warum, über die offen=
bar mitſpielenden Aſſoziationen zu geben vermögen, liegt
auf der Hand. Hinter dem blechernen, dem ſchmetternden,
dem kreiſchenden Organ vermuten wir kein Herz; das
hölzerne Gelächter, das hohle, näſelnde Pathos läßt uns
nicht an ein wirkliches gemütliches Verſtändnis und tieferes
Intereſſe für uns und unſere Ideale glauben; wogegen es

uns der Brustton der Überzeugung, das warme Wort, das Vibrieren der klangvollen Stimme, das herzliche Lachen von vornherein antun.

Allein nicht nur momentane Gefühle wollen wir in der Gesellschaft darstellen, sondern auch Stimmungen, die da sind, erhalten und verstärken, oder sie, wenn sie noch nicht, wenigstens nicht bei allen Anwesenden vorhanden sind, hervorrufen; namentlich eine heitere, fröhliche Stimmung. Dazu dient

b) das Spiel. — Das Spiel ist so angesehen nichts anderes als eine, sei es nun konventionelle oder jedesmal frei ad hoc erfundene Form der Darstellung der einen einzel= nen oder eine ganze Gesellschaft beherrschenden fröhlichen Stimmung, in der Absicht, diese anzuregen, zu fördern und zu erhalten. Insofern ist das Wort Wundts, „das Spiel sei das Kind der Arbeit", auch in der jetzigen vorsichtigeren Fassung[1]), es „sei in seinen vollkommenen Formen durch= aus das Kind der Arbeit", nicht richtig. Der Mensch spielt, ehe er arbeitet, und so ließe sich eher umgekehrt sagen, die Arbeit sei das Kind des Spiels, sofern an ihm das Kind tätig sein lerne und aus ihm heraus in das Schaffen und absicht= liche Machen hereinwachse. Dagegen hat es seine relative Wahrheit, wenn es auf die einzelnen Spiele, auf das, was gespielt und wie gespielt wird, eingeschränkt bleibt.

Das Spiel in dem umfassenden Sinn des Wortes, wie man es brauchen darf und psychologisch brauchen muß, füllt einen großen Teil des menschlichen Lebens aus und darf daher auch hier nicht unerwähnt bleiben oder nur

---

[1]) Wundt, Ethik, 3. Aufl. S. 176 beginnt mit diesen Worten den Abschnitt über das Spiel. Vgl. hierzu den Abschnitt über das Spiel bei Konr. Lange, Die künstlerische Erziehung der deutschen Jugend 1893, S. 24—36, und vor allem die beiden Werke von Karl Groos, Die Spiele der Tiere 1896 und Die Spiele der Menschen 1899. Auch J. E. Erdmann ha: in einem seiner Vorträge, deren Sammlung selber den Titel „Ernste Spiele" führt, vom Spiel gehandelt (Nr. IX).

so nebenbei genannt werden. Lebenslust, Betätigung von
Kraft und Kraftgefühl, also kurz gesagt das Gefühl der Lust
als solches in seiner ureigensten und ursprünglichsten Be=
deutung ist der Ausgangspunkt und der einzige Zweck des
Spielens beim Kind. Dazu kommt dann bei den Nachah=
mungsspielen der Nachahmungstrieb, der das Kind mit
Vorliebe die Beschäftigungen der Erwachsenen vorweg=
nehmen, kopieren und phantasievoll dramatisieren läßt
(Mutter, Schulmeister, Soldaten, Pfarrer spielen, kochen
u. dgl.; auch mit Puppen spielen ist nichts anderes als die
Antizipation des mütterlichen Hegens und Pflegens). Der
nächstliegende Gegenstand des Spieles, das erste Mittel der
Darstellung dieses inneren Kraft= und Frohgefühls ist der
eigene Körper: das Hüpfen und Springen und weiterhin
die kunstvoll rhythmische Bewegung des Tanzes, bei dem es
gilt, Anmut zu zeigen und mit dem sich bald auch im Liebes=
spiel das Spielen mit sexuellen Regungen verbindet. Zu
den Kraftspielen gehört auch, wie wir unsere Körperkraft
und unsere Überlegenheit über die Natur, z. B. im Spazieren=
reiten, unseren Mut und unsere Geschicklichkeit in der Über=
windung von Schwierigkeiten und Gefahren in allen Arten
des Sports, von dem Bergfex an bis hinauf zu dem des
Athleten und Seiltänzers, zeigen. Zugleich spielt man auch
hier mit der Gefahr, setzt Leib und Leben aufs Spiel — ein
„grausames Spiel"! —, sei es in einem gewissen Überschwang
des Kraftgefühls, dem keine Aufgabe zu schwer ist, und das
sich nur in dieser höchsten und äußersten Leistung genugtun
kann; oder aber aus Blasiertheit und Raffiniertheit des Ge=
fühls, das vom Gewöhnlichen abgestumpft nach Außer=
gewöhnlichem und Übernormalem verlangt, um überhaupt
noch angeregt zu werden, und dabei leicht in Roheit und
Grausamkeit verfällt (Gladiatoren= und Stierkämpfe). In
gewissem Sinn gehört hierher auch das Hasard= und Glücks=
spiel: man nimmt es mit dem Zufall, mit dem Schicksal

auf, spielt va banque und riskiert Vermögen und Stellung oder gar wie die alten Deutschen ihre und der Jhrigen Freiheit. Heute soll das unsinnige „Spielschulden sind Ehrenschulden" (abgesehen von der darin liegenden Garantie des Bezahlens, nachdem das Hasardspiel gerade auch in der sogenannten „guten" Gesellschaft in den Dienst gemeinster Gewinnsucht getreten ist) den prickelnden Reiz der Gefahr erhöhen: man spielt heute nicht mehr um seine Freiheit, wohl aber um seine Ehre; so herrlich weit haben wir es seit Tacitus' Zeiten gebracht! Übrigens hat auch noch nach anderer Seite hin die Ehre Gelegenheit, sich im Spiel als Kampfspiel zu betätigen. Bei den Griechen spielte das Agonale eine wichtige, geradezu nationale Rolle; aber auch bei uns nimmt es in der nicht immer schönen Form des Sports allmählich einen recht breiten Raum ein: in Wettkämpfen aller Art, vom Wettringen, Wettlaufen und Wettrennen an bis hinauf zu der Feinheit des Kombinierens und Disponierens im Schachspiel will jeder der erste und der Beste sein, obsiegen und gewinnen, um so auch vor der Öffentlichkeit dem Ehrgefühl Befriedigung zu verschaffen.

Aber wir spielen nicht nur mit dem Körper, sondern, wie eben das Schachspiel beweist, auch mit dem Geist — „die spielende Übung der höheren seelischen Anlagen"[1]. In den Gesellschaftsspielen handelt es sich meist um Darstellung und Entfaltung einer lebhaften Vorstellungs- und Phantasietätigkeit, handelt es sich darum, Geist zu zeigen und namentlich die ästhetischen und intellektuellen Gefühle zum Ausdruck zu bringen. Im Rätsellösen und Charadenaufführen, im Personenerraten und Versemachen tut auch hier jeder sein Bestes.

Zu diesen Spielen des Geistes gehört auch der Witz. Von ihm hätten wir schon aus Anlaß der intellektuellen

---

[1] K. Groos, Die Spiele der Menschen, S. 151 ff.

oder der äfthetifchen Gefühle reden können, das Wohlge=
fallen daran hat ja dort feine Stelle. Allein da man Witze
„macht“ (Humor „hat“ man, komifch „ift“ etwas), fo handelt
es fich doch um ein abfichtliches Tun, ein Außern, und das hat
erft hier feine richtige Stelle. Was ift alfo der Witz? und
worauf beruht das Wohlgefallen an ihm?[1]) Das Wort fagt
uns darüber nichts, als daß fein Sitz das Wiffen, das Denken
fei, wie es denn auch urfprünglich einfach foviel war als Ver=
ftand oder Weisheit, und auch heute noch in diefer allgemeinen
und theoretifchen Bedeutung gebraucht wird in der Redens=
art: mein Witz ift zu Ende; und auch beim „Mutterwitz“
denkt man häufig mehr an den gefunden Menfchenverftand
überhaupt als an das Witzemachen insbefondere. Erft all=
mählich hat das Wort die jetzige fpezififche Bedeutung an=
genommen, in der wir es kennen und brauchen. Der Witz
entftammt dem Denken und ift Ausdruck eines treffenden,
blitz= und fchlagartigen, überrafchenden Denkens. Daher muß
er aus dem Augenblick heraus geboren, muß improvifiert
fein: ein präparierter Witz läßt kalt; nur der Pedant fchreibt
an den Rand feines Manufkripts: hier pflege ich einen Witz
zu machen, vergißt jedoch hinzuzufügen: über den aber längft
niemand mehr lacht; ein wiederholter Witz wirkt jeden=
falls erheblich fchwächer, wenn er nicht von ganz befonderer,
die Stimmung jedesmal neu erzeugender und anregender
Schlagkraft ift. Infofern ift das Witzige als ein Überrafchen=
des lächerlich; es ift aber auch komifch, fofern es uns intellek=
tuell beluftigt und freut. Wodurch? Kant[2]) fagt, „der
Witz paare heterogene Vorftellungen, die oft nach dem Ge=
fetze der Einbildungskraft (der Affoziation) weit auseinander=

---

[1]) Auch vom Witz fagt L i p p s, Komik und Humor viel Treffendes,
aber was er fagt, ift einfeitig und unvollftändig wie feine ganze Theorie
des Komifchen; f. oben S. 169 f., Anm. und J. V o l k e l t, Syftem der
Äfthetik II, S. 494 ff.
[2]) K a n t, Anthropologie § 53.

liegen, und sei ein eigentümliches Verähnlichungsvermögen, welches dem Verstande, sofern er die Gegenstände unter Gattungen bringt, angehöre". Dieses „Paaren heterogener Vorstellungen" ist eine treffliche Bestimmung; aber der Witz paart nach Vischers witzigem Zusatz, wie der Schmied von Gretna-Green, Paare, die ohne ihn legitimerweise nicht zusammenkämen, d. h. Vorstellungen, die für die Ideenassoziation weit auseinander und fernab voneinander liegen, anscheinend nichts miteinander zu tun haben. Das Überraschende besteht nun eben darin, daß dieses scheinbar Entlegene, scheinbar unmöglich zu Paarende dennoch zusammengebracht und verknüpft wird. Je entlegener und dem Ansehen nach unvereinbarer daher die beiden Vorstellungen und je vernünftiger und bedeutender dennoch ihre Zusammenstellung, je größer der „positive Ertrag" ist, desto besser ist der Witz, desto mehr erregt er intellektuelle Lust und Befriedigung. Das Belustigende liegt aber außerdem noch in der souveränen Freiheit des Geistes, der sich hier über die gewöhnlichen Verbindungen und Klassifikationen hinwegsetzt und unbekümmert um Herkommen und übliches Zusammendenken schrankenlos mit Vorstellungen, Begriffen oder Worten Fangball spielt. Die niederste Form des Witzes ist der bloße Klang- oder Wortwitz, der, ohne nach Inhalt und Sinn zu fragen, mit dem Klang, der Etymologie oder auch der Mehrdeutigkeit der Wörter zufrieden ist und dabei zum Kalauer wird, bei dem man Au! schreit. Viel höher steht der Sachwitz, bei dem die Verknüpfung auf Merkmalen und Beziehungen beruht und Spitzen und Pointen enthält, die dem gewöhnlichen Auge verborgen sind und daher oft recht tief liegen und in die Tiefe führen.

Weil aber der Witz Spiel ist, so verdrießt es uns, wenn da gewitzelt wird, wo es sich um ernsthafte Dinge handelt; auch ist er als Spiel unfruchtbar und nur von momentaner Wirkung. Deswegen ist, wer beständig Witze reißt, ein spiele=

rischer Geist, und weil auch die tiefsten Beziehungen im Witz
doch nur einzelne und fragmentarische sind, so ist ein solcher
Witzbold meist schal und seicht; denn mit den Dingen spielen,
statt sie ernst zu nehmen, verdirbt Kopf und Geschmack;
das Denken, das immer nur springt und hüpft, vermag sich
nicht mehr zu konzentrieren und wird leichtfertig und un=
gründlich. Daher steht das Bonmot, das aus dem Esprit
herauswächst, höher als der Witz: daran hat man etwas,
das ist wie eine Offenbarung, und darum nimmt man es
mit und erzählt es weiter; auch ihm verdankt man intellek=
tuelle Lust, aber sie ist keine Belustigung, und es wird kein
Lachen dadurch erregt, es ist kein leeres Spiel. Immerhin
behält ein solcher geistreicher Aphorismus in seiner Sou=
veränität und Unverantwortlichkeit, in seiner Plötzlichkeit
ohne alles Vorher und Nachher etwas dem Witz Ver=
wandtes, und ist auch wie dieser weder als Kunstwerk
formal noch als Wahrheit inhaltlich ein besonders Hohes
und Großes.

In der Zote verknüpft sich mit der intellektuellen
Lust des Witzes das sinnlich angenehme, das prickelnde
Gefühl des geschlechtlichen Reizes, daher wirkt sie doppelt.
Selbst die witzlose Zote ruft häufig Lachen hervor, weil hier
überraschender Weise ausgesprochen wird, was man sonst
nicht auszusprechen wagt; sie lüftet auf einen Augenblick
einen Schleier, der für gewöhnlich allzu ängstlich und prüde
und darum unvernünftig über ein menschlich Allgemeines
und Notwendiges, über ein unser Gefühlsleben so tief Auf=
regendes und Aufwühlendes gebreitet ist[1]). Wie ähnlich

---

[1]) Eine harmlose Parallele hierzu finde ich in der Erzählung Ernst
Zahns, Ein kleiner Frühling (Die da kommen und gehen S. 163 f.).
Im Speisezimmer des alten Patrizierhauses sitzt die kleine Gesellschaft
in ruhiger, fast feierlicher Unterhaltung beisammen. Da läßt das auf=
wartende Dienstmädchen eine Schüssel zu Boden fallen. Das wirkt
auf die Anwesenden wie eine Bombe und läßt sie sekundenlang die
sonst so sichere Haltung verlieren. Nur der Sohn „blickte eine ganze

auch der Tanz erst durch die ungewohnt enge Annäherung
der beiden Geschlechter seinen vollen Reiz erhält: Männer
tanzen fast nie zusammen; junge Mädchen, denen die
anmutige Bewegung als solche mehr Spaß macht, wenigstens
nicht allzu häufig und nicht allzu lange.

Endlich, wie steht es mit dem dummen Witz? Als Witz
ist er nicht lächerlich, weil es kein Witz ist; aber über die Dumm=
heit, daß einer einen Witz zu machen glaubt, der doch keiner
ist, lachen wir. Vor einiger Zeit erzählte einem Freunde
und mir ein Dritter einen Witz, den er selbst gemacht hatte:
der Witz war dumm, wir blieben stumm; aber nun fing der
Erzähler an über seinen eigenen Witz zu lachen, und jetzt
brachen wir beide in ein ganz fassungsloses Gelächter aus:
das war aber auch zu komisch, zu lächerlich, nur freilich
witzig war es nicht.

Mit dem Witz sind wir eigentlich schon auf der Grenze
und dem Übergang zu dem Ausdruck ästhetischer Gefühle,
wie wir auch da, wo wir vom Redner sprachen, das Gebiet
des Zufälligen und Spielenden bereits überschritten
hatten. Und so gehen wir denn nun zu der ernsthaften
Darstellung ästhetischer Gefühle weiter und reden von der
Kunst.

c) Die Kunst. — Freilich kann auch die Kunst, und in
gewissem Sinn mit Recht, noch immer zum Spiel gerechnet
werden gegenüber der Arbeit und dem in ihr bestehenden

Weile nachher sonderbar vergnügt vor sich hin. Es war ihm, als hätte
in dem kleinen Lärm, dem Wirrwarr des Vorfalls von vorhin etwas
Wohltuendes gelegen. Er wurde sich nicht klar darüber, was es war;
aber blitzartig erschien ihm die Welt, in der er lebte, anders als sonst.
Waren sie nicht eigentlich eine lächerliche Gesellschaft, in aller Steifheit
ihres Wesens, in der Sorgfalt und Gedämpftheit ihrer Gefühle, wie
sie vier da am Tische saßen, aufrecht, in jeder Bewegung und in jedem
Worte vorsichtig und gemessen, allem Lärm abhold und zimperlich gegen
alles, was unschön und unvornehm war! Und nun dieser Unfall! Es
war wie eine Erholung, daß so etwas in einem Hause geschah, wo
alles seinen sauberen, peinlich genauen Gang ging!"

Ernst des Lebens: sie hat keinen „Wirklichkeitswert"[1]).
Auch in den Werken der Kunst handelt es sich, wie bei allem
Schönen, um spielende Zusammenfassung eines Mannig=
faltigen zur Einheit. Und so wirft auch die Sprache Kunst
und Spiel vielfach zusammen: das Drama ist ein Schau=
spiel, und im Theater wird gespielt, wie ja die Schauspiel=
kunst überhaupt in der Mimik die nächste Beziehung zu den
Ausdrucksbewegungen als unmittelbaren Gefühlsäußerungen
hat. Ebenso spielt nicht etwa nur das unbeschäftigte junge
Mädchen, weil es so Mode ist, sondern auch der wirkliche
Künstler auf Klavier oder Geige. Allein, wenn wir anderer=
seits erwägen, daß für den Künstler seine Kunst Beruf und
Lebensarbeit ist und an die hohen und ernsthaften Auf=
gaben der Kunst denken („der Menschheit Würde ist in eure
Hand gegeben!" ruft Schiller den Künstlern zu), so werden
wir sie doch ganz energisch vom Spiel und vom Spielen los=
lösen müssen; und an Wirklichkeitswert im höheren Sinn
wird es ihr ohnedies nicht fehlen.

Es gibt ja freilich auch eine Darstellung ästhetischer Ge=
fühle, die nicht zur Kunst gerechnet werden kann. Jeder,
der sich putzt und geschmackvoll anzuziehen weiß, jeder,
der einen guten Toast hält, ja selbst, wie wir eben gesehen
haben, jeder, der einen guten Witz zu machen versteht, ist
im weitesten Sinn des Worts ein Künstler. Aber wo wir
ernsthaft und im eigentlichen Sinn von Kunst reden, da
handelt es sich doch nicht um derartige zufällige und impro=
visierte Äußerungen der ästhetischen Gefühle, sondern um
ihre absichtliche und planmäßige Darstellung in Werken,
die auf allgemeine Gültigkeit und Anerkennung Anspruch

---

[1]) Ich stehe darum doch nicht auf dem Standpunkt der Illusions=
ästhetik, wie sie Konrad L a n g e , Das Wesen der Kunst 1901, vertritt.
Sie kann sowohl das Wesen der Musik als das Naturschöne nur ganz
gezwungen erklären. Wie schon bemerkt, gibt auch für die Kunst der
Einfühlungsbegriff den besten Schlüssel ab; s. oben S. 153 f.

machen. Ausgangspunkt und Ursprung hat das Kunst=
werk im Genie des Künstlers, in der Kraft seiner Phantasie
und in der zum Konzipieren geeigneten Stimmung. Davon
war ja teilweise schon die Rede[1]), und neben den vielen
Selbstzeugnissen von Künstlern ist auch von philosophischer
Seite darüber viel Schönes und Treffendes gesagt worden[2]).
Hier handelt es sich aber nicht um dieses Innere und Zu=
grundeliegende, sondern um die Darstellung und Verkörpe=
rung desselben.

Denn daß wir in diesem Zusammenhang der Gefühls=
äußerungen von der Kunst reden, kommt daher, daß es
beim Künstler allerdings zunächst auf das Äußere, auf das
Machen und Machenkönnen ankommt, auf das, was er
leistet und schafft, auf Ausführung und Werk. Das Wort
Lessings, daß Rafael doch „das größte malerische Genie ge=
wesen wäre, wenn er unglücklicherweise ohne Hände wäre ge=
boren worden", ist nur sehr bedingt wahr: ein Mann voll
Schönheits= und Farbensinn, voll Phantasie und Ideen
wäre er allenfalls geworden, aber darum noch lange kein
Künstler.

Von der Stimmung und von dem inneren Bilde, in dem
die Phantasie die Stimmung symbolisiert, ist nämlich ein
gar weiter Weg bis zu der Ausführung und Fertigstellung
des Kunstwerks; namentlich in den bildenden Künsten,
aber auch im Drama ist die Technik schwierig. Daher ist
ein Doppeltes möglich: entweder daß das Bild selbst durch
die Länge der Zeit Not leidet oder doch seine Wiedergabe

---

[1]) s. oben S. 184 ff.
[2]) Konrad Fiedler, Der Ursprung der künstlerischen Tätigkeit
1887, vgl. auch seine frühere Schrift „Über die Beurteilung von Werken
der bildenden Kunst" 1876. Dilthey, Die Einbildungskraft des
Dichters; in den Philosophischen Aufsätzen, Ed. Zeller zu seinem 50 jäh=
rigen Doktorjubil. gewidmet 1887, S. 303—482. Fr. Brentano, Das
Genie 1891 und Diez, Theorie des Gefühls zur Begründung der Ästhe=
tik 1892.

in dem spröden Stoff hinter der ursprünglichen Konzeption
zurückbleibt; das wird jedenfalls dem Künstler selbst
meistens so vorkommen, darin besteht ja vielfach die Tragik
seines Schaffens. Auf der anderen Seite kann aber das Bild
auf diesem langen Weg auch gewinnen: ursprünglich noch
unbestimmt und fragmentarisch, isoliert und phantastisch
wird es im Laufe der Arbeit selbst immer deutlicher und
klarer; es tritt in Zusammenhang mit den Bildern der Wirk=
lichkeit und muß sich an ihnen erproben und sich ihnen assi=
milieren; und vor allem, je mehr ein solches Bild dem tiefsten
Innern des Künstlers entstieg, desto mehr war es behaftet
mit allerlei individuellen Zutaten und Zügen als einem
Ballast, der zwar jener vorübergehenden Stimmung ent=
sprach, es aber für das Hintreten vor die Welt unbrauchbar
gemacht und dem aus dem Augenblick Geborenen auch nur
für den Augenblick Dauer gegeben hätte. Freilich will der
Künstler aussprechen, was e r gesehen, äußerlich und innerlich
erlebt und wie i h m sich Welt und Leben dargestellt hat;
aber daneben gilt es doch auch, sich anderen verständlich
zu machen und ein Allgemeingültiges und rein Menschliches
herauszuarbeiten. Um hier die Grenzlinie zu finden, das
allzu Individuelle preiszugeben und auszuscheiden, das rein
Menschliche herauszuarbeiten und es doch nicht zum abstrakten
und gattungsmäßig Uninteressanten abzuschwächen und zu
verflüchtigen, dazu bedarf es der Arbeit des kritisch sichtenden
Verstandes, vor dessen Forum das Bild gestellt werden und
bestehen muß. Aber dazu kommt noch eines, was in einem
gewissen Gegensatz steht zur Kunst und ihr doch unentbehrlich
ist, — die Technik. Sie will gelernt sein, denn sie hat ihre
Regeln, Gesetze, Handgriffe. Hier findet jene im acht=
zehnten Jahrhundert soviel verhandelte Frage nach dem
Verhältnis des Genies zu den Regeln seiner Kunst zum Teil
wenigstens ihre einfache Lösung: die Regeln sind Vorschriften
für die Technik, das Genie ist frei. Aber freilich liegt hier

auch die Möglichkeit, daß Handwerk an die Stelle von Kunst, Banausentum an die Stelle echter Künstlerschaft tritt und uns den Schein der Kunst vortäuscht; auch das Virtuosentum hat hier seine Stelle, das alles kann, nur kein Kunstwerk schaffen.

Und noch ein Anderes hängt damit zusammen: daß es auch in der Kunst das Verhältnis von Meistern und Schülern, etwas wie Schule und Tradition gibt; auch was wir Stil nennen, gehört, zum Teil wenigstens, hierher. Aber es wäre doch falsch, zu meinen, daß das alles n u r Sache der Technik sei. Schule, Tradition, Stil gibt es auch im echt Künstle= rischen des Kunstwerks: das ist bedingt durch den historischen Zusammenhang, die geschichtlichen Voraussetzungen, da= durch daß auch der größte Künstler immer zuerst ein Sohn seiner Zeit ist. Er redet im Kunstwerk s e i n e Sprache, gewiß. Aber diese Sprache hat neben den individuellen immer auch Bestandteile allgemeiner Natur; und so hat jede Zeit, jede Nation, jede Kulturepoche auch wieder ihre besondere Kunstsprache. Da nun der Künstler in seiner Zeit lebt und die Welt mit den Augen seiner Zeit sieht, so ist es natürlich, daß er auch in ihrer Sprache das persönlich Er= lebte und Empfundene aussprechen muß, und so bildet sich ein nationaler, ein zeitgenössischer Stil. An ihn ist der Künst= ler gebunden, ohne daß er sich mit Absicht und Bewußtsein an ihn zu binden nötig hätte. Und gebunden ist er ebenso an die Gesetze seiner speziellen Kunst und ihres Materials, die für die Poesie andere sind als für die Malerei, für das Drama andere als für die Oper, für Eisen andere als für Stein, und die ihn nötigen, selbst einer ähnlichen Stimmung und ähnlich gerichteten Phantasie einen diesen Gesetzen und Mitteln seiner Kunst entsprechenden, stilistisch anders gearteten Ausdruck zu geben. Aber auf der anderen Seite, der Künstler darf nicht n u r ein Sohn seiner Zeit sein, nicht n u r ihre Sprache reden: er muß ihr auch Eigenes und Neues zu sagen

haben, muß einen Beitrag geben zur Erfassung von Welt
und Leben durch das, wie sich diese in seinem Gefühl und
in seiner Phantasie spürbar machen und abspiegeln; er muß
original sein, denn Originalität ist die erste Bedingung,
sozusagen „die Kanonisation" eines Kunstwerks; er muß sich
in seiner Kunst so betätigen, als ob er der erste und der letzte
wäre, der der Natur und dem Leben das Geheimnis ihrer
Erscheinung abgelauscht hätte. Hierauf beruht die Freiheit
des künstlerischen Genies von Regel und Gesetz: gebunden
in allem, was Sache der Technik ist, gebunden an die Schran=
ken eher als Gesetze seiner speziellen Kunst und des Stoffs,
in dem diese zu arbeiten hat, gebunden an Zeit und Ort, in
denen es lebt und schafft, ist es als geniales Individuum
frei und ungebunden im vollsten Sinne des Wortes. Darin
zeigt sich zugleich, daß jene seit Platon immer neu auf=
gestellte Lehre, wonach das Wesen der Kunst in Nachahmung
bestehe, so gefaßt zu eng und nur falsch ist. Die Nachahmung
ist sklavisch gebunden, wie frei sie sich auch geriere; die Kunst
dagegen ist wirklich frei, so sehr, daß, wo Konflikte entstehen
und es für ihre Offenbarungen nötig sein und ihre Zwecke
fördern sollte, sie sogar berechtigt ist, über notwendig schei=
nende Gesetze der Technik und des geltenden Stils sich
hinwegzusetzen, vorausgesetzt daß damit wirklich etwas
künstlerisch Wertvolles erreicht und geleistet wird.

Von diesem Eigenmächtigen im Schaffen des Künstlers
hängt auch in erster Linie seine Wirkung ab. Freilich ist eine
gewisse Stilform und Norm für den Künstler gerade auch
um deswillen verbindlich, weil er nur so und nur durch sie
sich verständlich machen kann. Jeder Künstler schafft in erster
Linie für seine Zeit und wirkt auf seine Zeit, deshalb wird
auch in klassischen Werken immer einiges veralten, vor
allem das, was zum Stil gehört. Denn auch die üblichen
Formen hören allmählich auf zu gefallen, wenn man sich
allzusehr an sie gewöhnt hat, wie umgekehrt das ganz Neue

fremdartig und daher mißfällig wirkt. Im Kampf mit dieser
Doppelseitigkeit der Gewöhnung liegt teilweise der Stil=
wechsel und namentlich auch die Entartung der Kunst durch
Übertreibung und Raffinement begründet[1]). Wer aber
von diesem Traditionellen sich Fesseln anlegen und einengen
läßt und darin aufgeht, wer nur „korrekt" ist, der kann zwar
„Gefälliges" schaffen, aber er läßt (akademisch) kalt; denn aufs
Herz wirkt nur, was aus dem Innersten des Künstlers kommt;
glücklich dabei der, der nur dem Ausdruck verleiht, was in
aller oder in den Herzen der Besten nach Ausdruck ringt
und wofür nun er das lösende Wort zu sprechen berufen war;
tragisch dagegen das Los dessen, der mit seinen Gefühlen
allein steht und in ihren Offenbarungen unverstanden durchs
Leben gehen muß. Denn auch das gehört zu der sozialen
Natur des Menschen, daß er nicht nur sich, sondern auch an=
deren und, je höher er steht, den Besten seiner Zeit genug tun
möchte. Daß hierauf der zuweilen zutage tretende Wider=
streit von Kunst und Moral beruht, der in Wahrheit vielmehr
der Gegensatz einer alten und einer neuen Moral, der Gegen=
satz zweier Weltanschauungen überhaupt, z. B. der mittel=
alterlichen und der modernen, ist, sei hier nur angedeutet[2]).
Ebenso ist das überspannte „l'art pour l'art" dadurch
abgewiesen: wie der Sabbat, so ist auch die Kunst nicht um
ihrer selbst, sondern um des Menschen willen da.

Auch der Verschiedenheit der Künste müssen wir gedenken,
wobei ich übrigens ausschließlich nur die freien Künste ins
Auge fasse, während von den unfreien, zu denen ich, wie schon
einmal gesagt, auch die Architektur rechne, an einem anderen
Ort in Kürze die Rede sein wird; und auch dabei beschränke
ich mich wieder auf die vier oder fünf Hauptkünste. Ans
Auge wenden sich Malerei und Plastik, die beiden anschaulichen

---

[1]) A. Göller a. a. O., s. oben S. 155.
[2]) Von „Kunst und Moral" handelt ausführlicher J. Volkelt
im ersten Abschnitt seines Büchleins „Kunst und Volkserziehung" 1911.

Künste, sofern sie die Bilder der Phantasie direkt zum Aus=
druck bringen. In das Verhältnis der beiden haben wir
z. B. durch die römischen Briefe des unglücklichen Stauffer[1])
tiefe Einblicke tun können, der ja von der Malerei zur Plastik
übergegangen ist und sein Schaffen mit reflektierendem,
um nicht zu sagen: grüblerischem Verstande begleitet hat.
Die Malerei ist von den beiden die sinnlichere Kunst, sie
wendet sich an die Licht= und Farbenfreudigkeit des Menschen
und weiß ihren Gegenständen die Farbe des Lebens zu geben;
sie ist die umfassendere Kunst, weil sie Natur und Leben dar=
zustellen vermag und sich nicht auf einzelne Gegenstände
beschränken muß; und sie ist die populärere Kunst, weil sie
als sinnliche deutlicher, als umfassende mannigfaltiger zu
reden versteht; gefühlsmäßiger aber wird sie dadurch,
daß Licht und Farbe so besonders geeignet sind, Stimmungen
zu symbolisieren („stimmungsvolle" Bilder). Was aber die
Plastik an Fülle und Frische verliert, das gewinnt sie an
Idealität (wobei wir die Frage nach der Bemalung der
Statuen und dem Recht einer polychromen Plastik als eine
wesentlich historische beiseite lassen können: für uns heute
ist die Plastik nicht polychrom, für die Griechen war sie es).
Ihre Aufgabe besteht vor allem in der Verherrlichung des
menschlichen Körpers durch die Form, in seiner organischen
Durchbildung als des Trägers einer darzustellenden plasti=
schen Idee[2]); daher ist das Nackte für sie selbstverständlich,
und auch, wo die Gewandung den Körper umhüllt, da muß
er — man denke an die Nike des Paionios — durchscheinend
und sie, diese Hülle, belebt, sozusagen „Echo der Gestalt"
sein. Weil ihr aber die Farbe des Lebens abgeht, so wirkt
diese Kunst nicht reizend, sondern unschuldig und keusch
(daher das auf die Sinnlichkeit berechnete Raffinement des

[1]) Karl Stauffer=Bern. Von Otto Brahm. 6. Aufl. 1907.
[2]) Vgl. Ad. Hildebrand, Das Problem der Form in der bilden=
den Kunst, seit 1893 in immer neuen Auflagen erscheinend.

rötlichen Lichts bei der Ariadne in Frankfurt dem Wesen
der Plastik nach unserer heutigen Auffassung davon durchaus
widerspricht); und weil nun doch einmal „stilisiert" ist, so
ist an ihr alle Kunst des Naturalismus verloren: sie ist ideal
und hat das Recht zu idealisieren und das Typische heraus=
zuarbeiten; selbst die Porträtbüsten dürfen ganz anders
von den individuellen Zügen des Lebens absehen, als dies
bei einem gemalten Bilde der Fall ist.

In gewissem Sinne ähnlich wie Malerei und Plastik verhal=
ten sich Musik und Poesie zueinander. Schopenhauers[1]) ein=
seitige Bevorzugung der Musik ist bekannt: während nach
ihm die übrigen Künste Ideen darzustellen haben, soll sie
mit Überspringung der Ideen die direkte und unmittelbare
Objektivation des Weltwillens selbst sein und damit das
Wesen, das Ansich aller Erscheinungen interpretieren; deshalb
eben sei ihre Wirkung so sehr viel mächtiger und eindringlicher
als die der anderen Künste. Daran ist sicherlich richtig, daß
die Musik die tiefste und am tiefsten dringende von allen
Künsten ist, aber nicht in dem metaphysischen Sinn Schopen=
hauers, sondern einfach psychologisch[2]); was hinter ihr und
ihr zugrunde liegt, ist nicht der Wille, sondern das Gefühl[3]).
Freilich gehen alle Künste vom Gefühl aus und wirken auf
das Gefühl zurück, aber die Musik ist doch die Kunst des Ge=
fühls im eminenten Sinn, weil die Töne ohne weitere
Vermittlung durch Bilder oder Vorstellungen Gefühlen
Ausdruck geben und Gefühle hervorrufen, womit zugleich
auch Stellung genommen ist gegen die formalistische Auf=
fassung K. Köstlins, Hanslicks und anderer, nach denen nicht
Gefühle, sondern lediglich musikalische Ideen, Tonformen

---

[1]) Schopenhauer, Die Welt als Wille und Vorstellung I, § 52.
[2]) So auch K. Groos, Einleitung in die Ästhetik S. 242 ff.
[3]) Selbst Richard Wagner, sonst ein Anhänger Schopenhauers,
hat einmal gesagt: „Das in der musikalischen Sprache Auszudrückende
sind einzig Gefühle und Empfindungen."

dargestellt werden sollen[1]). Und daher bekommt sie dann
allerdings auch eine Beziehung zum Willen, aber wohl=
gemerkt eine a b g e l e i t e t e Beziehung zum m e n s ch =
l i ch e n J n d i v i d u a l w i l l e n , sofern sie Affekte auf=
reizt oder beruhigt; man denke an die Wirkung der Mar=
seillaise in der französischen Revolution, an unsere „Wacht
am Rhein" im Jahre 1870, an den Einfluß von Davids
Saitenspiel auf Saul, an die Sitte der Tafelmusik und der
Trauermusik, die dort die Feststimmung erhöhen, hier die
Schmerzen in sanfte Trauer umwandeln soll. Aber jene
Tiefe der Musik ist erkauft durch einen unverkennbaren
Mangel an Klarheit[2]). Die Versuche, ihr diese zu geben,
in der sogenannten Programmusik, zeugen von einer Ver=
kennung ihres Wesens und scheitern an „dem weiten Ge=
wissen jedes musikalischen Motivs"; sie möchten das Unaus=
sprechliche in bestimmte Vorstellungen und Worte fassen
und müssen daher notwendig mißlingen. Auf dieser Unklar=
heit beruht auch die Gefährlichkeit der Musik und der Beschäf=
tigung mit ihr: ein Luxurieren in Gefühlen, Weichlichkeit und
Mangel an Kraft, Verschwommenheit des Denkens und
Empfindlichkeit in der Berührung mit anderen ist leicht die
Folge einer allzu intensiven Betreibung dieser Kunst; und
weil sie alle Tiefen des Gefühlslebens aufwühlt, so fehlt
darunter auch die sinnliche Seite nicht; man denke an die
Kunst, mit der Richard Wagner erst den Verstand durch ein
gewisses eintöniges Wogen der Töne einschläfert und dann
die Sinnlichkeit durch seine süßen Töne so mächtig zu wecken
und zu stacheln weiß. Auch läßt sich nicht verkennen, daß
das allzu unverhüllte Darstellen und Außern tiefinnerer
Gefühle in der Musik dem keuschen Sinn leicht wie eine

---

[1] Heinrich Adolf Köstlin, Die Tonkunst 1879.
[2] A. Schweitzer, J. S. Bach, S. 414: „Das eben ist das Tragische
an der Musik, daß sie das Konkrete der Phantasie, aus welcher sie ent=
springt, nur in einer ganz geringen Deutlichkeit darin abbilden kann."

Entweihung und Prostitution vorkommen mag und dem Musiker darum Selbstzucht so ganz besonders notwendig ist, aber auch so oft fehlt[1]).

Angesichts der Unklarheit des musikalischen Ausdrucks ist es gewiß Übertreibung, wenn Beethoven sagt: „Musik ist höhere Offenbarung als alle Weisheit und Philosophie"; mit mehr Recht ließe sich dies von der Poesie behaupten; und in der Tat lassen uns Sophokles' Antigone oder Shakespeares Hamlet, Goethes Faust oder Schillers Wallenstein so tief in Schicksal und Leben eindringen, als immer Weltweise und Philosophen das vermögen. Die großen Dichter sind Seher, was ihre Phantasie schaut, das ist für uns andere Offenbarung. Vielleicht kann die Poesie nicht alles ausdrücken, was die Musik auszudrücken vermag: jenes unbestimmte Wogen der Gefühle, dem das der Töne entspricht, bleibt ihr unzugänglich; doch denke man an einzelne lyrische Stellen im Faust, z. B. an den Geisterchor, durch den Mephistopheles Faust einschläfern läßt, um zu sehen, was sie auch darin vermag. Dafür bringt sie aber jedenfalls Gefühle, die sich in Vorstellungen symbolisieren lassen, mit einer Klarheit und Durchsichtigkeit zur Darstellung, die sie berechtigen, den höchsten und obersten Platz

---

[1]) Mein Urteil über die Wirkung der Musik finde ich in harmloser Weise bestätigt und geteilt von J. V. W i d m a n n , der in einer seiner „Touristennovellen" (1892) von einem jungen Mann, den er gleich anfangs für einen Musiker hält und der sich nachher auch als solcher herausstellt, auf S. 300 sagt: „Das völlig bartlose Gesicht hätte auch an einen Schauspieler denken lassen; aber da lag in den etwas stumpfen Zügen etwas so sinnlich Weiches und in den wasserblauen Augen bei aller Schwärmerei so etwas Verschwommenes, wie man dergleichen charakteristische Zeichen häufig bei Musikern findet, die sich, unproduktiv, nur dem mehr oder weniger virtuosen Ausübung ihrer keine Gedanken, bloß Empfindungen anregenden Kunst überlassen. Es war wirklich nicht schwer, sich vorzustellen, daß der junge Mann von zwölf Stunden des Tages neun oder zehn Stunden am Klavier zubrachte, schwelgend in der stets zunehmenden Geläufigkeit seiner Finger und in den Tonkaskaden, die ebenso reizend als erschlaffend auf das Nervensystem wirken."

unter allen Künsten einzunehmen. Und wollte man sich Veit Valentins[1]) Einteilung der Poesie in lyrische, epische und reflektierende anschließen, so könnte man sagen, dort berühre sie sich mit der Musik in Gefühlsdarstellung, hier mit der Philosophie in Gedankenreichtum, die reine Form des Poetischen dagegen sei zwischen beiden in der Mittellage des Epos zu finden, und so umfasse sie allein alles und das Ganze. Doch käme dabei das Dramatische entschieden zu kurz, während doch gerade das Drama als die höchste Gattung (nicht bloß als eine Form) der Poesie, als das umfassendste Ausdrucksmittel für alle denkbaren Gefühle anzuerkennen ist. Dichter aber muß schließlich jeder Künstler sein: der Bildhauer und der Maler, um sich vom Dichter die Phantasie befruchten zu lassen, der Musiker, um seine unbestimmten Gefühle nicht bloß formen, sondern auch gestalten zu können; während das Malerische und Plastische Gegensätze sind und auch das Musikalische in anderen Künsten, die Lyrik etwa ausgenommen, immer nur vereinzelt mitschwingt und mitschwingen darf[2]).

An das Drama schließt sich endlich auch die Schauspielkunst an, von der sich freilich fragen ließe, ob sie zu den f r e i e n Künsten gehöre. Ihr Beruf ist der, die vom Dramatiker geschaffenen Gestalten zu verkörpern und zu interpretieren. Sie stellt also nicht eigene Gefühle dar, sondern setzt die Gefühle des Dichters in ein leben-

---

[1]) V e i t V a l e n t i n, Poetische Gattungen, in der Zeitschr. f. vergleichende Literaturgeschichte und Renaissance=Literatur, Neue Folge, Bd. IV. Dagegen hat R. L e h m a n n in seiner „Deutschen Poetik" 1908 an den alten Gattungen festgehalten, nur Roman und Novelle vom Epos getrennt.

[2]) Bei A. S c h w e i t z e r, J. S. Bach finden sich im 20. Kapitel über diesen Zusammenhang der Künste untereinander, neben einzelnen schiefen Urteilen über Dichter und Maler, eine Reihe sehr feiner ästhetischer Bemerkungen. — Auf einen Zusammenhang anderer Art, wie ihn die zusammengesetzten Künste, vor allem in der Oper zeigen, kann ich hier nicht eingehen.

diges Bild um und macht es dadurch dem Zuschauer
und Hörer möglich oder doch leichter, jene mit-
und nachzufühlen. Das Mittel aber ist, wie schon gesagt,
Wort und Ton, Ausdrucksbewegung und Mienenspiel;
daher ist für den Schauspieler das Studium und die Kenntnis
dieser Ausdrucksbewegungen so wichtig, weil er sie den Affekten ablauschen muß, um durch ihre Nacherzeugung diese
Affekte darzustellen, vielleicht sogar in sich hervorzurufen
und in den Zuschauern das entsprechende Gefühl anklingen
zu lassen. Dazu gehört aber vor allem, daß der Schauspieler
das volle Verständnis für die Gestalten des Dichters habe,
nur so kann er sie von innen heraus und wie ein eigen Er-
lebtes darstellen: er muß das ursprünglich Fremde sich zu
eigen machen und dann selbständig in sich verkörpern und
gestalten, so wird auch er ein wahrer Künstler. Aber
eben jenes Verstehen —! Je tiefer das Dichterwerk ist, desto
schwieriger ist das Verständnis; und da mag es leicht sein,
daß der untensitzende Hörer, gebildeter als der Schauspieler
oben auf der Bühne, die Dichtung richtiger und reicher auffaßt,
als ihr berufener Interpret, und deshalb gerade von den
tiefsten Schöpfungen großer Dramatiker (Hamlet, Richard III,
Faust, Mephistopheles, Iphigenie, Tasso) so häufig im Theater
unbefriedigt bleibt.

Das führt uns zum Kunstverständnis, das nötig ist,
um Kunstwerke wirklich genießen zu können. Die Bedingung hierfür ist, daß man denselben Weg rückwärts durchläuft,
den der Künstler nach vorwärts zurückgelegt hat. Jetzt ist
das Bild das erste, die Stimmung, das Gefühl, aus dem
es hervorgegangen und das in dasselbe eingefühlt worden
ist, das letzte. Damit uns aber das Bild sage, was es bedeutet,
müssen wir das Kunstwerk in uns gewissermaßen nachschaffen
und nacherzeugen: der ästhetische Genuß ist Tätigkeit,
und diese Tätigkeit besteht in dem inneren Nachahmen des
äußerlich Gegebenen, das ästhetische Genießen ist innere

Nachahmung[1]). Der Kunstgenießende muß also selbst etwas
von einem Künstler sein und haben: wer den Dichter will ver=
stehen, muß in Dichters Lande gehen; oder wie Goethe
sagt: „es muß sich der Leser selbst produktiv verhalten, wenn
er an irgend einer Produktion teilnehmen will." Das heißt
also: die innere N a c h a h m u n g genügt auch hier nicht;
wer ein Kunstwerk wirklich versteht, der hat immer aus sei=
nem Eigenen etwas hinzugegeben. Dabei sind eigentlich
zwei Stufen zu unterscheiden: je gewaltiger ein Kunstwerk
ist, desto zwingender und überwältigender ist seine Wir=
kung; es nötigt uns sozusagen in seine Bahn und Richtung,
wir müssen folgen, müssen im Bilde dasselbe nachdenken,
was der Künstler vorgedacht, und infolgedessen auch nach=
und mitfühlen, was er bei der Konzeption des Werkes ge=
fühlt hat. Das ist die Verständlichkeit und Klarheit eines
Kunstwerkes. Aber das ist nicht alles und nicht das Ganze. Je
verständlicher, klarer und reicher ein Werk ist, desto anregender
und befruchtender wirkt es auf unsere Phantasie: indivi=
duelle, mir allein zugängliche Beziehungen und Assoziationen,
ein weit über das Ausgesprochene hinausgehendes Unaus=
gesprochenes wird dadurch ausgelöst. Dieses scheinbar
Widersprechende vereinigt sich aber darin, daß das Kunstwerk
in und von meinem Geiste aufgebaut werden muß und daß
doch auch das Neue, das ich von mir aus hinzugebracht habe,
eingetaucht ist in die Farbe des vom Künstler Gefühlten,
in der von ihm eingeschlagenen Richtung liegt und die
Linien geradlinig weiterzieht. Von hier aus ist dann auch jene
Regel Lessings verständlich, daß der Künstler den frucht=
barsten Augenblick für seine Darstellung wählen müsse, um
der Phantasie des Aufnehmenden etwas zu tun übrig=

---

[1]) So übertrage ich auf das ästhetische Genießen, was K. G r o o s ,
Einleitung in die Ästhetik 1892 vom „ästhetischen Schein" selber sagt; und
so kommt die Nachahmung nachträglich doch noch zu ihrem Recht als das
Wesentliche nicht im Kunstschaffen, aber im Kunstgenießen.

zulassen: je mehr wir dazu denken, sagt er, desto mehr müssen wir zu sehen glauben. Und überdies erhöht es das Lust- und Kraftgefühl des Beschauers, wenn er selbst beschäftigt und seine Phantasie in Aktion gesetzt wird. Schon das Kind ist, wenn es spielt, kein Naturalist, sondern ein Dichter, der umdeutet und stilisiert.

Zugleich sehen wir aber hier noch einmal, worin schließlich das Wesen der Kunst liegt. Angeregt vom Künstler bin doch auch ich imstande, dasselbe zu fühlen wie er, trage vielleicht das dichterische Bild sogar voller und reiner, klarer und umfassender in mir als die Schauspieler, die ich den Don Karlos oder Marquis Posa, die Antigone oder Ismene spielen sehe. Aber sie sind deshalb doch Künstler und ich bin keiner, weil sie darstellen k ö n n e n , mir dagegen die Sprache der Kunst, die Gabe des Ausdrucks versagt ist. Und auch hier noch einmal der Unterschied zwischen Kunst und Technik: wer in dieser stecken bleibt — sie kann man ja lernen —, wird besten Falles ein Virtuose, meist aber ein Dilettant, der ein bißchen „spielen“ kann, aber auch in der Technik stümpert. Und gerade darum ist die Musik eine so fatale Kunst, weil hier alles stümpert und es zum guten Ton gehört zu stümpern und aufdringlich anderen vorzustümpern; und das geeignete Instrument dazu ist das hölzerne Klavier das nur unter der Hand des Meisters „singt“, in den meisten Fällen aber Holz bleibt, weil keine Seele da ist, die es zum Klingen und zum Singen zu bringen vermag.

Endlich ist hierbei noch eines von Wichtigkeit: das Verständnis der Kunst ist ein mit und an ihr sich entwickelndes, wachsendes, sowohl im einzelnen Menschen als in der Geschichte der Gattung. In dieser Beziehung gehört der Künstler mit zu den Erziehern der Menschheit, nicht sowohl und jedenfalls zunächst nicht im moralischen Sinn, sondern im Sinn einer Anleitung zur Gestaltung eines künstlerischen Weltbildes, einer anschaulichen Erkenntnis, die der Natur

und den Menschen i n s Herz zu sehen imstande ist. Der
Künstler muß das Publikum zu sich emporziehen und heben,
soll sich nicht akkomodieren und zu ihm herabsteigen; anderer=
seits muß er aber doch auf den Geschmack der Zeitgenossen
Rücksicht nehmen; denn das ist das Verständnisniveau
derselben. Daß er dieses berücksichtigt, ist aber auch deshalb
selbstverständlich, weil er selber ein Sohn dieser Zeit ist und
in diesem ihrem Bildungs= und Verständnisniveau auch
seinerseits wurzelt. Nun kann freilich der Zeitgeschmack
ein verdorbener sein: dann wird ihm der wahre Künstler
entgegentreten und umbildend und läuternd auf ihn ein=
zuwirken suchen: so haben Goethe und Schiller in den
Xenien gegen die literarischen Zeitrichtungen die Geißel des
Spottes und Hohnes geschwungen, um den Tempel der Kunst
von allerlei Geschmacksverderbern zu säubern und zu rei=
nigen. Darin zeigt sich das soziale Moment der Kunst, die
als ein Teil des höchsten Gutes eben doch auch zu der sitt=
lichen Substanz gehört, wie Hegel dieses Überindividuelle
so geistreich genannt hat.

Aber auch im einzelnen Individuum muß sich das Kunst=
verständnis erst entwickeln. Wie der Künstler sehen, hören,
erfahren, erleben muß, um schaffen zu können, so muß auch
der Kunstverständige gesehen, gehört, gelesen haben, um
ein Kunstwerk zu verstehen und voll auf sich wirken lassen zu
können, er muß die Geschichte der Kunst kennen. Daher die
vielen Abstufungen dieses Verständnisses, und daher auch
die verschieden lautenden Urteile über ein und dasselbe
Werk. Hier unterscheiden sich vor allem Gebildete und Un=
gebildete. Der Kunst und der Schönheit gegenüber zeigt
sich Unbildung vielfach auch da, wo man auf den Namen
von Gebildeten Anspruch machen zu können glaubt. Armut
des Gefühls, Stumpfsinn, Blasiertheit sind auf diesem Ge=
biet auch in den Kreisen der „Gebildeten" viel häufiger, als
man ahnt. Vor allem aber kommen so viele Menschen über

die stoffliche Seite der Kunstwerks nicht hinweg: bald in
der niedrig gemeinen Bedeutung nicht hinweg über
Sinnenreiz und Sinnenkitzel, darauf spekuliert die ars
vulgivaga, die gemeine oder Afterkunst; bald, z. B. bei
einem historischen Gemälde oder einem historischen Roman,
nicht weg über das Interesse an der historischen Richtigkeit,
Genauigkeit und Bedeutung des Dargestellten, weil ihnen
das das Bekannteste und allein faßliche ist; wenn es nur
eine ägyptische oder persische Königstochter oder ein Kampf
um Rom ist, so ist es interessant, wenn auch die Menschen,
die in den bunten, fremdartigen Lappen stecken, noch so
unpoetisch, langweilig und uninteressant sind. Freilich ge=
hört auf der Bühne vor allem dieses äußere Kostümwerk
auch mit dazu, das haben wir von den Meiningern
gelernt; aber die Hauptsache ist doch, ob Puppen darin stecken
oder Menschen mit Fleisch und Blut, beseelte und seelen=
volle Wesen; und ob das, was geschieht, ein menschlich Inter=
essantes ist und unser Mitleid und unsere Furcht zu erregen
vermag. Das „Stilvolle" ist auch hier Technik und Handwerk,
und die Kunst ist — Geist.

Aber auch der wirkliche Künstler kann sich vergreifen,
dann läßt er uns kalt und verfehlt den Zweck seines Schaffens
und seines Werks. Von solchen Abwegen der Kunst seien
hier nur zwei genannt: die direkt symbolisierende oder
besser: allegorisierende Kunstrichtung, die zu reflektiert
und absichtsvoll des Gefühles und der Seele mangelt — ein
ausgestopfter Balg, der etwas bedeutet, aber nichts ist —
und daher leicht aufdringlich wirkt oder —noch schlimmer —
unverständlich bleibt, wenn man ihm nicht den Zettel, die
Etikette in den Mund gibt. Eine andere Verirrung ist die
Vorliebe der naturalistischen Kunstrichtung für das Häßliche.
Gewiß ist das Häßliche in der Kunst nicht zu entbehren,
obwohl es mißfällt und daher Unlust erregen muß. Als
Gegensatz gegen das Schöne ist es ein Disharmonisches und

besteht in einem Widerspruch zwischen Inhalt und Form,
sei es nun, daß daran die Form schuld ist oder der Inhalt
oder beides; ästhetisch aber sieht es auch im ersten dieser drei
Fälle so aus, als ob (ästhetischer Schein!) der Inhalt nicht
durchgedrungen und kräftig genug gewesen wäre; und so ist
das Häßliche noch einmal eine Instanz gegen die bloße
Formalästhetik. Gleichwohl ist nun aber auch dieses ästhetisch
Mißfällige in der Kunst zu nützen. Das ewige „Schönmachen"
ermüdet und wird langweilig, darum braucht man das
Häßliche als Folie und Kontrast, nach dem das ganze Gefühlsleben durchziehenden Gesetz der Kontrastwirkung.
Aber das genügt nicht. Eine zweite Verwendung findet das
Häßliche in der Darstellung und Hervorhebung des Charakteristischen, des typisch wie des individuell Charakteristischen.
Eine Narbe im Gesicht ist häßlich, und doch —! Am Weibe
gefällt uns die Anmut, dem Weib am Mann Kraft und Stärke,
der Mut, an den es sich anranken und festhalten kann; da tut
eine Narbe im Gesicht oft Wunder: sie zeigt, der Mann stand
mit dem Säbel in der Hand dem Gegner gegenüber, und so
verstärkt sie das, was dem Weib an ihm gefällt, hebt das
für ihn Charakteristische hervor, darum gefällt er ihr mit der
Narbe besser als ohne sie. Und überhaupt das Charakteristische —: das ist dasjenige, was uns besonders anzieht und
interessiert, deshalb gefält das, was dazu dient, es herauszuarbeiten und hervortreten zu lassen; denn es erleichtert
uns das Verständnis des Interessantesten, was es gibt, des
Menschen und das Eindrngen in den Kern seines Wesens.
Darum ist Unglück und Leiden, wiewohl an sich unerfreulich,
ein Wohlgefälliges, wenn sich daran der Mut, die Ergebung,
die Tragfähigkeit und Güte eines Charakters offenbaren
kann. Und so fällt das Häßliche doch nicht notwendig aus
dem Rahmen des ästhetisch Wirksamen und Wohlgefälligen
hinaus: auch es kann beitragen zu der spielenden Überwindung von Schwierigkeiten, die sich der Zusammenfassung

eines Mannigfaltigen zur Einheit und Geschlossenheit des Charakters entgegenstellen, und wird so ein willkommenes Mittel, den Eindruck des Charakteristischen zu erzeugen oder zu verstärken. Wo es vollends gilt, Schreckliches oder Lächerliches zu schildern, da kann das Häßliche als charakteristisches Merkmal und Ingrediens dieser beiden Eigenschaften ohnedies nicht entbehrt werden. Aber wenn wir auch zugeben, daß das Häßliche Gegenstand der Kunst sein kann und seine Darstellung ihr gutes Recht ist, so versteht es sich aus zwei Gründen, daß es nicht ausschließlich ihr Gegenstand sein darf. Einmal ist es Aufgabe der Kunst zu gefallen, und das Häßliche für sich allein mißfällt; und dann ist es pessimistische Unwahrheit und Übertreibung, daß das Häßliche das Wesen von Welt und Leben ausmache, für sich allein „das Wahre" sei; und auch das ist pessimistisch, sich mit der naturalistischen Wiedergabe des in der Welt wirklich vorhandenen Häßlichen zu begnügen und nicht zu glauben an die schließlich doch immer sieghaften Kräfte in Welt und Leben, die das Böse, das Schlechte, das Übel, das Häßliche bekämpfen und es zwar nie ganz, aber immer neu überwinden. Der Künstler, der uns davon nichts sehen läßt, weil er dafür kein Gefühl hat, der es nicht versteht, wie Goethe sagt, „aus dem Gemeinen das Edle zu entwickeln", ist im günstigsten Fall nur ein halber Künstler, ist farbenblind für die Schönheit und für die Güte in der Welt und im menchlichen Leben, wie es die Idealisten so lange für das Gegenteil gewesen sind.

d) Die Kultur. — In Sprache, Spiel und Kunst haben wir fraglos die reichsten Darstellungen, die umfassendsten Ausdrucksmittel des Gefühls. Man könnte nun daran denken, das Äußere zu suchen, worin speziell das sittliche Gefühl zum Ausdruck kommt. Allein so können wir hier nicht scheiden. Ist denn der Kunst die sittliche Welt verschlossen? Malerei und Plastik können, das Drama muß in das sittliche Leben hineingreifen und daraus vor allem

feine Probleme holen. Das ist zu bekannt, als daß wir darüber
viele Worte zu machen hätten; man denke an Antigone
oder Wallenstein, an Macbeth oder Faust, meinetwegen
auch an die französischen Ehebruchsdramen, und es ist alles
gesagt; wogegen die späteren Stücke von Ibsen deshalb
peinlich wirken, weil sie an Stelle von sittlich zu beurteilenden
Handlungen und Menschen pathologische Probleme be=
handeln, die vor das Forum der Psychiaters, aber nicht
vor das große Publikum gehören und auf die Dauer un=
möglich interessieren können.

In der wirklichen Welt ist freilich jede Handlung durch
Gefühle hervorgerufen, jede gute oder schlechte Handlung
also Symbol eines sittlichen Gefühls. Allein die in den Hand=
lungen sich dokumentierenden Gefühle zu erkennen, den
Rückschluß von jenen auf diese zu machen, ist überaus schwierig.
Aus welchen Motiven eine Handlung hervorgegangen ist,
entzieht sich uns, die wir anderen nicht ins Herz zu sehen
imstande sind, vielfach ganz: wir können die Handlungen
meist nur nach ihrem objektiven Wert für das Wohl der Ge=
sellschaft, aber nicht nach ihrer subjektiven Bedeutung für
das sittliche Niveau des Täters abschätzen. Dazu kommt, daß
die Heuchelei ein weit verbreitetes Laster ist und so vieles
in der Welt nur zum Schein, so viel objektiv Gutes zum
Wohle der Gesellschaft aus sujektiv schlechten, selbstsüchtigen
Beweggründen getan wird; und dieser weiten Verbreitung
der Heuchelei entspricht das vielfache, gewiß oft genug un=
berechtigte Mißtrauen gegendie Reinheit der Gefühle und
Motive auf seiten der Beurteiler, das den Rückschluß eben=
falls nicht erleichtert. Deshalb tun wir besser, hier nicht von
einzelnen Handlungen und von den sittlichen Handlungen
speziell zu reden, sondern vom Handeln der Menschheit im
großen, wie es sich in der Kulturarbeit darstellt, und dem Ge=
fühlsinhalt und dem Gefühlswert dieses Kulturlebens da
und dort nachzugehen.

Man wird erstaunt sein, die Kultur als ein Ausdrucksmittel von Gefühlen aufgefaßt zu sehen; und es ist ja wahr, die Kulturarbeit hat ganz andere Zwecke als den, Symbole zu schaffen. Man könnte freilich alsbald Gefühle als die Haupt=hebel dieser Arbeit aufzeigen: die Bequemlichkeit, die sich das Leben leicht zu machen sucht, das Machtgefühl, das sich in der Beherrschung der Natur Genüge tut, oder endlich die Fortschrittsfreude, die im Arbeiten und in dem Erfolg der Arbeit, im Streben und im Gelingen des Strebens Befrie=digung findet und mit der sich allerlei andere ideale Gefühle verbinden können. Allein wir würden damit nicht allzuweit kommen.

Und auch nicht mit einem anderen, das doch auch aus=gesprochen werden muß. Die Kultur jeder Zeit trägt deutlich erkennbar einen bestimmten Gefühlscharakter, wenn es auch meist schwer sein dürfte, ihn in Worte zu fassen; Kul=turhistoriker wie Riehl oder Lamprecht verstehen es aber dennoch, ihn an einzelnen charakteristischen Zügen nachzu=weisen oder ihn in einen bezeichnenden Ausdruck zusammen=zufassen. So ist unsere Zeit weit weniger gemütlich und ge=mütvoll, weit weniger poetisch und sentimental gestimmt, als es die Menschen in der zweiten Hälfte des achzehnten Jahrhunderts gewesen sind. Die Rastlosigkeit und Hastigkeit, die Unruhe und Aufgeregtheit, welche Dampf und Elektrizität in die Welt gebracht haben, hat uns nervös („reizsam") gemacht und hetzt uns in Unrast durch das Leben. Wie ist es dafür doch charakteristisch, daß man durch Einführung der mitteleuropäischen Zeit mehr Rücksicht gezeigt hat für die, die reisen, als für die, die zu Hause bleiben! Aus der Enge sind wir hinausgerissen in die Weite des Weltverkehrs und haben dadurch die Individualität verloren, die eben nur in der kleinen Welt gedeiht und Geltung hat. Ein Massen=bewußtsein ist an die Stelle getreten, das den einzelnen nur noch etwas sein läßt als Glied einer Partei; sogar in der

Kirche reden sie von Mittelparteien zwischen einer Rechten
und einer Linken! Dadurch sind unsere Gefühle uniformer,
aber auch brutaler und leidenschaftlicher geworden: die
Masseninstinkte können nicht sanft und fein sein. In dieser
Leidenschaftlichkeit hört man aber auch nicht mehr auf die
zur Ruhe mahnenden Stimmen, und so tritt doch wieder
jeder mit seinen eigenen Wünschen und Ansprüchen in diesen
allgemeinen Chorus ein, und die Folge davon ist eine Fried=
losigkeit und Unbefriedigtheit, eine Zerrissenheit[1]) und
Verbitterung, wie sie kaum jemals in einer Zeit vorhanden
gewesen und wofür der Ausdruck „Kampf ums Dasein"
ganz bezeichnend ist. Das alles kommt in wilder Gährung
zusammen und zur Aussprache vor allem in dem, was wir
die soziale Frage nennen.

Doch das ist schon ein Einzelnes, wenn es auch mehr und
mehr zum Ganzen und Alleinherrschenden werden zu wollen
scheint; und eben vom Einzelnen haben wir nun der Reihe
nach zu handeln. Wir können dabei an den vorhergehenden
Abschnitt anknüpfen. Die Kulturarbeit dient dazu, dem
Menschen seine Bedürfnisse zu beschaffen, ihm das Leben zu
fristen und bequem zu machen. Allein damit begnügt er sich
nicht. Schon der Höhlenbewohner verziert seine Werk=
zeuge und Waffen, und der Wilde schmückt sich mit bunten
Lappen, bemalt sich die Haut, besteckt sich mit Federn. Das
ästhetische Gefühl ist von Anfang an bei aller Kulturarbeit
mit tätig und sucht sich in allem, was der Mensch macht und
braucht, zum Ausdruck zu bringen. So entstehen neben und vor
den früher besprochenen freien die unfreien Künste, deren höchste
die Architektur ist, sozusagen die vornehmere Schwester des

---

[1]) Gewisse fin de siècle=Stimmungen zeichnet Arne G a r b o r g s
Roman „Müde Seelen". Viele feine Bemerkungen über solche Zeit=
stimmungen finden sich in dem Aufsatz von W. M ü n c h , Der Einzelne
und die Gemeinschaft („Menschenart und Jugendbildung" \900, S. 50
bis 79); und bei dems., Zukunftspädagogik, 2. Aufl. \908, S. \77 ff.

Kunstgewerbes. Und sie nimmt dann, so verschlingt sich hier alles, Malerei und Skulptur in ihre Dienste, wie sie ihrerseits der Dichtkunst und der Musik dienstbar wird und ihnen in Theatern und Konzerthallen Stätten bereitet. In Baukunst und Kunstgewerbe zeigt sich mehr noch als in den freien Künsten der Geschmack oder Ungeschmack einer Zeit, weil es hier darauf ankommt, möglichst vielen zu gefallen und die Technik sich eben nach dem Geschmack der Majorität richtet und richten muß. Sind aber auch die meisten zu arm, um in dem Bau ihrer Häuser ein Individuelles an den Tag zu legen, und wohnen daher in stillosen Mietkasernen, so kommt dagegen in der inneren Ausstattung der Wohnung, oft bei der einfachsten Einrichtung, im ärmlichsten Zimmer mehr als in dem stilvollen Salon des protzenhaften Millionärs das individuelle Gefühlsleben seiner Bewohner irgendwie zum Ausdruck: dort die Kahlheit und Nüchternheit des Poesielosen, die Geschmacklosigkeit und Gemeinheit des Gefühlsrohen und Stumpfsinnigen, die Überladenheit und Plumpheit des Ungebildeten und Protzigen; hier die Zierlichkeit und Anmut, die Behaglichkeit und der Friede, die Vornehmheit und Eleganz, aus denen uns das Innenleben der Bewohner sofort entgegentritt; endlich, fast das Schlimmste von allem, die absolute Stillosigkeit der Chambre garnie im eigenen Hause, die zeigt, daß der Mensch nicht einmal bei sich selbst daheim ist. Und was von der Wohnung und den Gerätschaften gilt, das gilt fast ebenso auch von der Kleidung, nur daß hier die Mode, diese „Hetzjagd der Standeseitelkeit", wie sie Ihering[1]) so treffend genannt hat, noch mehr als dort das Individuelle verdeckt und ersetzt. Am wenigsten läßt die Tracht ein solches aufkommen, die wohl charakteristisch, aber nicht individuell ist; die Versuche, sie gegen den nivellierenden Geist der Zeit aus Gefühlsgründen der Pietät

---

[1]) Ihering, Der Zweck im Recht II², S. 238.

und der Ästhetik zu schützen, sind ebenso aussichtslos, wie der
Wert dieser Konservierung, z. B. vom hygienischen Stand=
punkt aus, zweifelhaft ist. Auch unsere Männerkleidung ist
uniform geworden, höchstens daß ein halb blödsinniges
Gigerltum darin als in dem Einzigen, wozu es noch potent
ist, aufzufallen sucht; nur die Frauen haben das Recht,
innerhalb der Grenzen der Mode ihren Sinn für das An=
mutige und Passende, Geschmack und Takt und Schick zu
zeigen. Denn es ist doch nicht bloß das Auffallende, was uns
die Halbweltlerin sofort herausfinden läßt.

Mit der Tracht und der Mode sind wir bereits in den
weiten Kreis dessen eingetreten, was man zur S i t t e
zu rechnen pflegt. Sie ist ja nichts anderes als die Gleich=
mäßigkeit bestimmter willkürlicher Handlungen, wie sie sich
in einem gewissen Kreise, vor allem in einer Stammes=
oder Volksgemeinschaft, in einer Gesellschaftsschicht, einem
Stand oder einer Klasse ausgebildet hat. Wir reden hier nicht
von ihrem vielfachen Wurzeln in religiösen Vorstellungen
und Kultushandlungen, auch nicht von den Zwecken im
einzelnen, in deren Dienst sie entweder von Anfang an ge=
standen hat oder nach Abstreifung ihres religiösen Charakters
durch eine Art von Metamorphose ihrer Bedeutung getreten
ist.[1] Mir ist sie hier wichtig als Ausdrucksmittel von Gefühlen.
Freilich scheint dem eine Hauptaufgabe der Sitte geradezu
entgegengesetzt zu sein: indem wir uns an sie halten, erspart
sie uns tausendfach eigene Mühe und Arbeit, eigenes Nach=
denken und Entschluß, Zweifel und Zögern; und als Sitte
(Gewohnheit) schließt sie ja gerade die Abstumpfung des
Gefühls, seine Nichtbeteiligung an dem, was wir tun, in

---

[1] So lassen sich die von J h e r i n g (Der Zweck im Recht Bd. II)
und von W u n d t (Ethik, 3. Aufl. Bd. I, S. 113 ff.) aufgestellten Theorien
miteinander vereinigen, wie ich das schon in m e i n e m Büchlein „Sitt=
liches Sein und sittliches Werden“ S. 26 ff. ausgeführt habe; vgl. auch
oben S. 275.

sich. Nicht etwa nur der einzelne, der sich darin die Arbeit
früherer Generationen zunutze macht, die Gesellschaft
selber hat vergessen, was sie mit der Sitte ausdrückt und
ausdrücken wollte, und tut gedankenlos und gleichgültig,
was nun einmal Sitte ist und weil es Sitte ist. Allein so
richtig das ist: wo gar nichts mehr in der Sitte liegt und lebt,
da stirbt sie mit der Zeit ab; erhalten wird sich auf die
Dauer doch nur d i e Sitte, in der noch Leben pulsiert,
wenn es auch nicht mehr das ursprüngliche Leben ist, sondern
eine Metamorphose und Gefühlsübertragung stattgefunden
hat. Wir nehmen beim Gruß den Hut ab, der letzte Rest
sozusagen von jener sklavischen Erniedrigung und Devo=
tion vor einem Höherstehenden; daran denken wir heute
nicht mehr, und dennoch liegt in der Art, wie wir diesen Akt
vollziehen, so viel Individuelles und Gefühlsmäßiges —
Freude und Wohlwollen, Unterwürfigkeit und Kriecherei,
Stolz und Herablassung, Hochmut und Verachtung, daß man
sagen könnte: zeige mir, wie einer grüßt und ich will dir sagen
wie er ist! Aber nicht nur das wie, auch das daß ist wichtig.
Wer überhaupt zu grüßen aufhört, ist nicht bloß grob und
unhöflich, sondern er zeigt einen solchen Mangel an sozialer
Gesinnung, an Gefühl der Zusammengehörigkeit, an Herz
für seine Mitmenschen, unter denen er lebt, daß am Preis=
geben auf einmal klar wird, wieviel Leben noch in dieser Sitte
steckt. Die Sitte entbindet mich also nicht davon, daß ich so
fühle und fühlen soll, sondern sie nimmt mir nur die Mühe
ab, das Ausdrucksmittel für dieses Gefühl zu suchen und
selber zu finden. Und sie erweist noch eines: wo sich eine
Sitte gebildet hat, da muß auch ein besonderes Interesse
dafür da sein und ein besonderer Wert darauf gelegt werden.
Die Sitte zeigt also an, welche Gefühle im ganzen die Gesell=
schaft betätigt wissen will und für ihre Mitglieder für not=
wendig und verbindlich erachtet; wer diese Gefühle nicht hat,
der soll wenigstens äußerlich den Schein wahren und so tun,

als ob er sie hätte. Und auch das ist für das Gefühlsleben nicht
wertlos und unfruchtbar. Wie man sich in den Zorn hinein=
schreien, in die Lustigkeit hineinlachen kann, so wirkt auch hier
das Äußere auf das Innere zurück: durch die Sitte erzieht mich
die Gesellschaft nicht nur zu ihren Formen, sondern sie weckt
in mir auch tatsächlich die dazu gehörigen sozialen Gefühle.
Darum ist es so schwer, sich der Sitte zu entziehen oder sich
gegen sie aufzulehnen. Schon das Gefühl durch solche Ab=
weichung aufzufallen und anders zu sein als die anderen ist
dem mit Nachahmungstrieb erfüllten Herdenwesen meistens
sehr peinlich. Dazu kommt die Unlust über die Unbequem=
lichkeit, nach einem Ausdruck suchen zu müssen, statt daß
man zufrieden sein darf mit dem, was uns andere vorgemacht
und vorgetan haben. Und endlich ist die Sitte geheiligt
durch Alter und Tradition, durch Jugendeindrücke, durch
die Erinnerung an die, die sie mich gelehrt haben, und durch
jene ganze Macht, die das Allgemeine über das Besondere
und Einzelne, das Geschichtliche über das nur für den Augen=
blick Lebende hat. So ist der Bruch mit der Sitte — ganz ab=
gesehen von den empfindlichen Strafen, die die Gesellschaft
darauf gesetzt hat und durch die öffentliche Meinung sank=
tioniert und vollziehen läßt — immer ein Schweres und
Schmerzliches; es ist nicht jedesmal bloß Bequemlich=
keit, wenn einer auch gegen bessere Überzeugung festhält
an einer ihm unvernünftig und schädlich scheinenden Sitte.

Denn die Sitte kann auch schlecht sein und zur Unsitte
werden. Auch insofern ist das Sittliche nicht identisch mit
der Sitte. Wie in der öffentlichen Meinung, so kommt auch
in der Sitte neben dem Höchsten und Besten das Niedrigste
und Gemeinste zu seinem Ausdruck, und die Sitten eines
Volkes geben uns daher Aufschluß über Wert oder Unwert,
Höhe oder Tiefe, Roheit oder Feinheit seines Gefühlslebens
und über das Niveau seines Bildungsstandes überhaupt.
Schlechter Sitte entgegenzutreten, ist daher auch der Ge=

famtheit gegenüber Pflicht; durchdringen wird damit freilich
nur, wer Kraft und Mut und das Bewußtfein eines höheren
Rechtes einzuſetzen hat: Ihr habt gehört, daß zu den Alten
geſagt iſt — das iſt das Motto der Sitte; i ch aber ſage euch!
ſagt jedesmal der, der mit der Sitte bricht, um ſie zu refor-
mieren. Denn darum handelt es ſich im Grunde bei allem
Fortſchritt in der Kulturarbeit: die Sitte iſt konſervativ, der
Kampf mit der Sitte revolutionär; aber die Revolutionäre
haben nicht immer Unrecht, troß Treitſchke ſei das geſagt und
es ſei dafür ausdrücklich auf Luther verwieſen: es gibt auch
„gute“ Revolutionäre, ob ſie nun als Sieger zu Reformatoren
oder als Unterliegende zu Märtyrern werden.

Zu der Sitte im weiteſten Sinn (griechiſch νόμος) gehört auch das R e ch t. Doch was hat das Recht mit dem Gefühl zu ſchaffen? Es gilt ja geradezu als das Gefühlloſe,
Unerbittliche und Starre; und dennoch — als in Rom durch
den Einfluß der Stoiker ein weicheres und menſchlicheres,
aus dem Kosmopolitismus herausgeborenes, aber allmählich
zu wirklicher Menſchenliebe und „Humanität“ ſich vertiefendes
Gefühl mächtig wurde, da verſpürte man gar bald dieſe
Milderung in den Rechtsbeſtimmungen über die Sklaven
und ihre Behandlung. Die Abſchaffung der Folter iſt ein
Zeichen fortſchreitender Humaniſierung, die Beſeitigung
der Gottesurteile ein Beweis dafür geweſen, daß das Gefühl nicht länger mehr vom Aberglauben beherrſcht dem
Zufall die Entſcheidung über Recht und Unrecht überlaſſen
wollte. Und im Strafrecht ſtreitet man immer wieder darüber,
ob das durch den Mord eines ihrer Glieder verletzte Gefühl
der Geſellſchaft, dem die Blutrache heiſchenden Gefühle der
Sippe haben weichen müſſen, ſich mit lebenslänglicher Frei-
heitsentziehung begnügen könne oder zur Sühne der Tat
das Leben des Mörders fordere; und überhaupt baut ſich
eine der geiſtreichſten Strafrechtstheorien auf dem Gedanken der Sühne auf, wonach das verletzte Rechtsgefühl

durch die Strafe versöhnt werden soll. Im Strafprozesse
verlangt man freie Rechtsfindung: nicht Worttiftelei und
Buchstabengläubigkeit, sondern das Herz des Richters soll
bei der Urteilsfällung den Ausschlag geben. Und die Be=
wegung dafür ist so stark, daß auf der anderen Seite schon
wieder vor den Gefahren einer solchen Gefühlsjurisprudenz,
vor allzuviel Sentimentalität und Interessenerwägung ge=
warnt wird[1]). Daß unserem deutschen bürgerlichen Gesetz=
buch anfangs so manche Gegner erstanden sind[2]), geschah nicht
zum wenigsten deshalb, weil ihm der Mangel an sozialem
Geist, an Verständnis für die lebendigen Bedürfnisse des
Volkes, der Widerspruch mit dem vorhandenen Rechtsgefühl
zum Vorwurf gemacht wurde. Wer das Eigentums= und Erb=
recht heute noch mit den Augen des römischen Juristen an=
sieht, der weiß nicht, daß unsere Gefühle dem Eigentum
gegenüber längst schon weit weniger konservativ und stabil
geworden sind. Umgekehrt sträubt sich unser Rechtsgefühl
gegen eine Eigentumsenteignung aus „nationalen" Gründen,
weil dadurch schließlich jeder Eingriff in Eigentumsverhält=
nisse gerechtfertigt werden kann und diese zu schwankend und
labil werden. So ist das geschriebene Recht nur dann
wirklich Recht, wenn es mit dem Rechtsbewußtsein des
Volkes im Einklang steht; anderenfalls ist es Juristen= und
Schreiberrecht, das ja freilich gilt, aber als ein fremdes,
Unverständliches und Gewalttätiges auf dem Volke lastet,
die Unzufriedenheit mehrt und über kurz oder lang doch be=
seitigt werden und dem „richtigen Recht" weichen muß.

---

[1]) Fr. Berolzheimer, Die Gefahren einer Gefühlsjurispru=
denz in der Gegenwart, Rechtsgrundsätze für freie Rechtsfindung 1911.

[2]) Z. B. G. Pfizer, Wort und Tat, Ein Notruf für deutsches
Recht 1892 und dessen Aufsätze über „soziales Recht" in der Beilage zur
Allg. Zeitung 1893 No. 21 und 65; vgl. auch Jhering, Der Kampf ums
Recht.

Doch nicht bloß im objektiv geltenden Recht, auch im
Rechtsgefühl der einzelnen spricht sich die Stellung eines
Volkes und einer Zeit zum Rechte aus. Michael Kohlhaas
mag uns in seiner Übertreibung zeigen, was ein ausgesproche=
nes und hoch entwickeltes Rechtsgefühl ist. Uns ist es durch
das Christentum gemindert und geschwächt worden, da wir
so lange haben auswendig lernen müssen, dem, der uns auf die
rechte Wange schlägt, auch die linke darzubieten. Und doch
muß sich das Rechtsgefühl ebenso dagegen aufbäumen, sich im
bürgerlichen Leben Unrecht tun zu lassen, wie einem anderen
Unrecht zu tun. Das liegt nicht bloß im Interesse des Ein=
zelnen, sondern auch in dem der Gemeinschaft, weil nur
dadurch die Durchsetzung des Rechts gewährleistet und vom
ganzen Volke unterstützt und erzwungen wird. Wer sich nicht
beschwert, wenn ihm auf der Eisenbahn oder Post Unrecht
geschehen ist, auch auf die Gefahr hin, jedesmal „Unrecht
zu bekommen", dem fehlt der soziale Geist, der in
der Durchsetzung des eigenen Rechts für alle anderen
mitsorgt.

Der Träger des Rechts, der einzige, der es erzwingen
kann und zum geltenden Recht macht, ist der S t a a t ,
die umfassendste Kulturschöpfung der Menschheit. Seine
Naturbasis ist nicht die in Atome zersetzte Summe aller
einzelnen Staatsangehörigen, sondern ist die F a m i l i e ,
in unserem Kulturleben die Stätte aller der mannigfaltigen
Gefühle, die man unter dem Namen der Liebe zusammenfaßt.
Wie sich die Ehe gestaltet, ob poly= oder monogamisch, sinn=
lich oder gewohnheitsmäßig oder ideal, wie es um das Ver=
hältnis von Eltern und Kindern, um das häusliche Zusammen=
leben, die Gemeinsamkeit des Arbeitens und des sich Er=
holens bestellt ist, alles das läßt auf die Art jener Gefühle,
auf ihre Höhe und Tiefe, ihre Reinheit und Feinheit zurück=
schließen. Auf die Familie baut sich dann Stamm und Nation,
und auch da gibt es Stammesbewußtsein und National=

gefühl¹). Dieses hat natürliche und geschichtliche Voraus=
setzungen, auf jenes pochen unsere Antisemiten, wenn sie
die Judenfrage als eine Rassenfrage behandeln. Aber das
Gefühl der Zusammengehörigkeit, die Sympathien und
Anthipatien, die hier tatsächlich vorhanden sind, werden
versittlicht und zum Teil verschlungen durch unser Verhält=
nis zu Staat und Kultur. Wer daher Rassengefühl gegen
Staatsgefühl ausspielt, wie es der Antisemitismus tut, der
will uns auf den Standpunkt der Horde zurückführen und
ein Vorsittliches an die Stelle des Sittlichen, ein Prähisto=
risches an die Stelle des geschichtlich Gewordenen setzen.

Der Staat ist für eine vom Gefühl herkommende Betrach=
tungsweise wesentlich ein Gut, und als solches Gegenstand
von Lustgefühlen aller Art, die wir im Wort Vaterlands=
liebe vereinigt denken. Freude über die Vorteile, die er uns
gewährt, über die Förderung unserer höchsten und niedersten
Interessen durch ihn, Dankbarkeit für den Schutz nach außen
und innen, Stolz auf seine Macht und sein Ansehen, Schmerz
über seinen Zerfall und Untergang und endlich die Wucht
des historischen Bewußtseins überhaupt sind darin wohl
die nächstliegenden Bestandteile. Um so mehr hat er sich
zu hüten, daß er nicht durch eine Verwaltung ohne Herz
und Verständnis für die Bedürfnisse und Gefühle des Volkes
sich dieses entfremde. „Bureaukratismus" ist für ein solches
herz= und verständnisloses Verwalten der parlamentarische
Ausdruck. Auf der anderen Seite tritt aber der Staat als
sittliche Institution auch mit Forderungen und Pflichten
an seine Angehörigen heran, verlangt von ihnen nicht nur
gewisse Leistungen, sondern auch eine staatsbürgerliche Ge=
sinnung, die selbst vor den höchsten Opfern nicht zurück=

¹) Darüber s. die feinsinnigen Ausführungen von Fr. Meinecke
im ersten Kapitel seines Buches „Weltbürgertum und Nationalstaat"
2. Aufl. 1911.

ſcheut. So konzentrieren ſich in der Vaterlandsliebe auch
die der Selbſtſucht am allermeiſten entgegenſtrebenden
ſittlichen Gefühle und ſteigern ſich hier zu jenem Enthuſias=
mus und Opfermut und zu jener ſittlichen Begeiſterung,
die ein Höchſtes im Gefühlsleben darſtellen. Darin liegt
das Stählende und Erhebende des Krieges[1]), daß er gerade
die Vaterlandsliebe ſo mächtig anſchwellen läßt: um das
gefährdete Vaterland ſchart ſich das Volk in Waffen
und das ſorgende und Opfer bringende und Wunden ver=
bindende Volk der zu Hauſe bleibenden; die Sonderinter=
eſſen müſſen dem einen großen Gefühl der Liebe und der
Pflicht Platz machen, ſo wirkt gegenüber einer matten, ſchlaff
gewordenen Zeit der Krieg wie der elektriſche Strom, der alles
erzittern macht und Wärme und Licht verbreitet. Aber auf
der anderen Seite ſtumpft der Krieg auch in allen nicht ganz
gefeſtigten Gemütern die beſſeren und edleren Gefühle
ab, macht einſeitig und eng, roh und grauſam, gefühllos
und gemein, und entfeſſelt ſchließlich einen Strom der Leiden=
ſchaft, der alle Schranken durchbricht, oder ſchafft eine ſitt=
liche Stumpfheit, die in der Befriedigung niederer Be=
dürfniſſe ihr Genüge findet[2]).

Staat und Geſellſchaft hat man lange Zeit als
zwei getrennte Gebiete angeſehen, und das Getriebe der
letzteren ſeinen eigenen Geſetzen überlaſſen, und derjenige
wäre ein Gegenſtand des Spottes geworden, der hierbei von

---

[1]) Schiller in der Braut von Meſſina und Hegel in der Phäno=
menologie des Geiſtes und in der Philoſophie des Rechts haben uns ge=
zeigt, wie auch der Krieg „ſeine Ehre hat‟. Wer 1870 mit Bewußtſein
durchlebt hat, weiß das aus Erfahrung: beſſer ſind wir Deutſche nie ge=
weſen als damals. Deswegen kann man im ewigen Frieden doch eine
„Idee‟ im Kantiſchen Sinn, ein regulatives Prinzip für Staatsmänner
und Nationen ſehen.
[2]) Dieſe Wirkung des Kriegs — nach beiden Seiten hin — hat nie=
mand beſſer dargelegt als G. H. Rindfleiſch in ſeinen Feldbriefen
aus dem Jahr 1870/71, 3. Aufl. 1891.

Gefühlen hätte reden wollen, obwohl doch schon Adam Smith
erst sein Buch über das moralische Gefühl geschrieben hat,
ehe er dem Wesen und den Ursachen von dem Wohlstand der
Völker nachspürte. Heute aber wissen wir längst, wohin wir
mit diesem gefühlsfreien System der Volkswirtschaft ge=
kommen sind. Der Selbstsucht der einzelnen ist der soziale
Geist siegreich entgegengetreten, und er beruht auch hier
auf dem altruistischen Gefühl für die Menschenwürdigkeit
des Daseins, für die Pflege der allgemeinen Wohlfahrt und
für die Notwendigkeit einer Unterstützung der wirtschaftlich
Schwachen. In den Arbeiterassoziationen und den von
ihnen organisierten Strikes, in den Wohlfahrtseinrichtungen
der Fabrikanten und freiwilliger Gesellschaften, in der Ju=
gendfürsorge und den sozialen Hilfsgruppen der Frauen=
vereine, in der sozialen Gesetzgebung des modernen Staates,
in den sozialpolitischen Einrichtungen und Maßregeln
unserer großen Städte und in der sozialen Wendung der
öffentlichen Meinung im allgemeinen und der edelsten Gei=
ster aller Völker insbesondere zeigt sich, wie mächtig das Ge=
fühl für die soziale Not und das Bewußtsein der Pflicht ihr
abzuhelfen erwacht ist. Daß dabei noch mit viel Leidenschaft
gestritten wird, ist angesichts des langjährigen Unrechts,
das geschehen ist, kein Wunder; und daß der richtige Weg
zum sozialen Frieden nur schwer zu finden ist, versteht sich ohne=
dies von selbst[1]. Die Geschichte der sozialen Bewegung
in den letzten hundert Jahren aber kann uns, wie schon ge=
sagt, lehren, wie verhängnisvoll es ist, wenn man sich um
die Gefühle der anderen nicht kümmert und nur an die Be=
friedigung der Selbstsucht denkt. Die soziale Frage ist deshalb
so akut geworden. weil man die Gefühle der Massen in

---

[1] Ich darf mich hier so kurz fassen, weil ich für diese ganze Frage
auf m e i n e (nunmehr vergriffene) Schrift: Die soziale Frage eine sitt=
liche Frage, 6. Aufl. 1899 verweisen kann; vgl. übrigens auch oben S.
216 ff.

unserer Kultur allzulange vernachlässigt und nur für die
der oberen Zehntausend gesorgt hat. Darum muß man mit
dem Versittlichungsprozeß und mit der Humanisierung vor
allem auch bei diesen Oberen anfangen.

Zur sozialen Frage gehört auch die Frage der F r a u e n =
e m a n z i p a t i o n. Der Frau wird vor allem das Ge=
fühlsleben als ihre Domäne zugesprochen, darum wurde
sie mit ihren Forderungen auf Gleichberechtigung mit dem
Mann so vielfach abgewiesen. Allein selbst wenn jene
Voraussetzung richtig wäre, wäre diese praktische Konse=
quenz nur dann erlaubt, wenn das Gefühlsleben dem In=
tellekt oder dem Willen gegenüber ein Minderwertiges
wäre. Die einseitige Betonung des Denkens in der Auf=
klärungsepoche und in der Kantschen und Nachkantschen
Philosophie und die nicht minder einseitige Bevorzugung
des Willens von Schopenhauer bis auf Wundt haben das
bald ausdrücklich behauptet, bald wenigstens stillschweigend
vorausgesetzt. Vielleicht zeigen gerade unsere bisherigen
Ausführungen in diesem Abschnitt, wie sehr das Gefühl
das ganze geistige Leben des Menschen durchzieht, sein
Denken und Wollen (darüber alsbald noch mehr), sein
Arbeiten und Schaffen beherrscht und in der Gestalt von
allerlei Imponderabilien unsere ganze Kultur beeinflußt
und ihr seinen Stempel aufdrückt. Dann versteht es sich
aber von selbst, wie sehr auch der Mann auf das Gefühl
hingewiesen und von Gefühlen abhängig ist.

Soweit nun aber zwischen Mann und Frau in dieser
Beziehung Unterschiede vorhanden sind, so wäre zuerst zu
fragen, wie viel davon auf natürliche Differenzen und wie
viel auf Rechnung der individuellen Erziehung und der ge=
schichtlichen Entwicklung zu setzen ist[1]). Daß das Gefühlsleben

---

[1]) Darüber s. m e i n e n Vortrag: „Zeigt das Seelenleben Unter=
schiede zwischen Mann und Frau?" (Deutsche Revue 1912); und die

der Frau ein andersartiges ist als das des Mannes, ist freilich
nicht zu bestreiten: von der körperlichen Basis der sexuellen
Funktionen aus, in denen Gefühle eine so wichtige Rolle
spielen und so mächtig erregt werden, durchzieht natur=
gemäß das ganze Gefühlsleben ein anderer Tenor (Tonus)
bei Mann und bei Frau. Die beiden Geschlechter sind total
verschieden, aber die natürliche Verschiedenheit ist keine
große, oder vielmehr: ihre Größe, die Tiefe der Kluft
hängt von jenen beweglichen, in Menschenhand liegenden
Faktoren ab, die z. B. Wilh. Scherer so aufgefallen sind,
daß er in seiner Geschichte der deutschen Literatur — freilich
ganz schief — männliche und weibliche Perioden mit einer
gewissen Regelmäßigkeit unterscheiden zu können glaubte.
Weil nun bei uns Erziehung, Schätzung und Verwendung
der Frau fraglos eine fehlerhafte und vor allem eine ganz
ungleichmäßige war, die Frauen der oberen Zehntausend
von der Bildung und den Aufgaben der Männer lange
Zeit absichtlich ausgeschlossen und ferngehalten, die Arbeiter=
frauen dagegen in aller Arbeit den Männern wesentlich
gleichgestellt und nur im Lohn erheblich verkürzt waren
und vielfach noch immer sind, so sind alle Bestrebungen zu
begrüßen, die dort auf Gleichstellung und Gleichberechtigung
abzielen und bei den letzteren umgekehrt die fälschlich igno=
rierte Differenz zur Geltung bringen und die Frau ihrem
nächstliegenden Beruf im Hause und in der Familie zurück=
geben wollen. Wie sie aber hier die Pflicht hat, Hüterin und
Pflegerin des individuellen Faktors in unserem Leben zu
sein, so hat sie umgekehrt das Recht, auch an der Kultur=
arbeit im großen teilzunehmen und in Kunst und Wissen=
schaft, in Kirche und Schule, in Staat und Politik auch ihre
weibliche Anschauungsweise zum Ausdruck zu bringen;

Hauptwerke von Havelock Ellis, Mann und Weib (übersetzt von
Kurella) 2. A. 1910 und G. Heymans, Die Psychologie der Frauen
1910.

unſere Kultur wird dadurch nur gewinnen können[1]). Ge=
rade in einer Zeit, wo der Individualismus ſo vielfach dem
Sozialismus hat weichen müſſen, ſchützt uns vielleicht — leider
nur vielleicht — die Mitarbeit der Frau mit ihrem ausge=
ſprochenen Sinn für das Individuelle gegen die alles
nivellierende und uniformierende Übertreibung des ſich mißver=
ſtehenden ſozialen Geiſtes. Die Frau aber wird bei ſolcher
Beteiligung an der Kulturarbeit im großen auch ihrerſeits
genötigt ſein und lernen, den Gefühlen durch das Denken Klar=
heit zu geben und ſie in Wollen und Handeln ausmünden zu
laſſen. Auch in der Ehe — und hier vor allem — wird die Emanzi=
pation der Frau dazu beitragen, dieſem Inſtitut eine wür=
digere Geſtalt und einen volleren Inhalt zu geben. Solange
noch die alte Sklavenſtellung des Weibes darin an= und nach=
klingt, nicht nur in den Formen und Zeremonien der Eheſchlie=
ßung, ſondern auch in dem rechtlichen Übergewicht des Man=
nes über die Frau, und ſolange deshalb der Mann das
Herrenbewußtſein nicht los wird, ſo lange iſt die Liebe nicht
die richtige, die nicht, wie man meiſt meint, als Ausgangs=
punkt, ſondern erſt als Frucht des ehelichen Zuſammenlebens
ein Höchſtes an Innigkeit und Wert erreichen kann. Daß
aber die Frauenfrage in erſter Linie eine Erziehungsfrage
iſt und auch hier die Bildung der höheren Mädchen dem höhe=
ren Knabenunterricht angenähert, aber ja nicht mechaniſch
gleichgemacht, bei der Schulung der Mädchen des

---

[1]) Ob dazu das politiſche Stimmrecht der Frauen als er ſt es erſtrebt
und errungen werden muß, ob die Frau dafür reif und ob es ein Glück
für ſie und für unſer politiſches Leben wäre, wenn ſie es von heute auf
morgen bekäme, iſt doch ſehr fraglich. Auch hier ſcheint mir der Weg
von unten nach oben, von der Mitarbeit im kleinen auf den
Gebieten der Armen= und Waiſenpflege, der Jugendfürſorge, der Schule
und Kirche der ſicherere zu ſein. Ich habe kürzlich einen Vortrag für das
Frauenſtimmrecht gehört, in dem von einer Er z i e h u n g d e r F r a u
zur politiſchen Mitarbeit und von P f l i c h t e n der Frau mit keinem Wort
die Rede war, ſondern nur auf Rechte gepocht und ſchrankenlos gefordert
wurde.

Volkes umgekehrt die spezifisch weiblichen Aufgaben stärker
betont werden müssen, das kann hier nur eben angedeutet
werden.

Noch wäre endlich an alle die besonderen Veranstaltungen
innerhalb des Staates zu erinnern, in denen Gefühle offen-
sichtlich zum Ausdruck kommen. Daß man dabei zuerst an
die besondere Fürsorge für Jugend und Alter, für Arme
und Kranke, für Blinde und Taubstumme, für Krüppel und
Invaliden denkt, versteht sich von selbst. Auch was der Staat
für die Kunst tut, tut er im Dienst des ästhetischen Gefühls;
nur müßte hier nach zwei Richtungen hin mehr geschehen:
der soziale Geist müßte auch hier Platz greifen und das reine
und feine Genießen des Volkes im ganzen Zweck und Ziel
dieser staatlichen Kunstpflege werden (Volkskunst); und der
ästhetische Sinn der Jugend müßte mehr, als dies bis jetzt geschieht, geweckt und das Gefühlsleben der Jugend reicher entwickelt werden (Heimatkunde im weitesten Sinn des Wortes);
mit Religion und Patriotismus ist das Gefühlsbedürfnis
nicht ausgefüllt, zumal wenn jene vielfach so äußerlich und
mechanisch betrieben wird und dieser in unseren Tagen in
der Beteiligung an einem Kriegerverein oft schon ein Höchstes
geleistet zu haben glaubt oder im Reserveoffiziersbewußtsein
gipfelt[1]). Seltsamer wird es klingen, wenn auch die Einrichtungen zur Pflege der Wissenschaft hier genannt werden.
Und doch wäre es schlimm, wenn nicht als Bestes und Höchstes, was unsere Universitäten leisten, das Gefühl der Wahr-
haftigkeit angesehen würde, das ihre Lehrer zu unbestech-
lichen und unerschrockenen Verkündigern derselben macht

---

[1]) Konrad Lange hat durch seine Schrift „Die künstlerische Erziehung der deutschen Jugend" 1893 hierin bahnbrechend gewirkt, Licht-
wark hat diesen Bestrebungen Wege gewiesen, die Hamburger Lehrer-
vereinigung für die Pflege der künstlerischen Bildung (s. „Versuche und
Ergebnisse" derselben, 2. Aufl. 1901) hat allerlei wertvolle Experimente
angestellt, und die Kunsterziehungstage haben viele große und schöne
Worte darüber gemacht.

und ihren Schülern den idealen Sinn einer freien und un=
abhängigen Gesinnung mit hinausgibt ins Leben; das ist
der Sinn und Zweck dessen, was sich im Begriff der aka=
demischen Freiheit und speziell der Lehrfreiheit zusammenfaßt,
und das ist Sinn und Recht unseres Widerstandes gegen den
Antimodernisteneid der Hochschullehrer. Ob freilich unsere
Hochschulen dem Gefühl immer diesen Dienst leisten, ob
namentlich ihre Einwirkung auf die Jugend im Vergleich
mit den niederen Schulen intensiv genug ist, um diesen
Sinn stolzer Unabhängigkeit den künftigen Beamten als
Krönung ihres Könnens und Wissens mit auf den Weg zu
geben, das ist eine andere Frage; die weite Verbreitung des
Byzantinismus spricht hierin nicht eben zu unseren Gunsten.

e) Der Kultus[1]). — Daß von dem allgemeinen
Gesetz, wonach sich Gefühle in Bewegungen und Handlungen
umsetzen, das religiöse Gefühl nicht ausgenommen ist, ver=
steht sich von selbst; und so schließt sich notwendig auch
an dieses ein religiöses Handeln, der Kultus
an. Auch im Wesen der religiösen Gottesvorstellung
liegt dieselbe Nötigung: das ist mein Gott! sagt der Fromme
und setzt sich damit zu ihm in ein ganz persönliches Verhält=
nis, im Christentum z. B. in das des Kindes zu seinem
Vater.

Wir haben gesehen, daß die Sehnsucht nach dem Unend=
lichen sich gern und leicht zu eigentlichen Wünschen verdichtet;
diese seinem Gott auszusprechen und vorzutragen, in der
Form des Bittgebets, ist darum die erste und nächstliegende
Erweisung des religiösen Kultus, womit sich natürlich nach
der Erfüllung das Dankgebet verbinden kann. Und neben das
Gebet tritt das Opfer, in dem sich der Mensch durch eine
Leistung seinerseits Gott geneigt machen oder sich ihm durch

---

[1]) Ziegler, Religion und Religionen, dritter Vortrag; s. dazu
oben S. 219 ff.

eine Gegenleistung erkenntlich zeigen will. So tritt hier der
Kultus in den Dienst persönlicher Wünsche, und es wird
vor allem von dem Bildungsstand des Opfernden und Beten=
den abhängen, welchen Inhalt diese Wünsche haben und
welche Formen diese Kultushandlungen annehmen. Der
Wunsch kann ein ganz niederer und individueller, ein gerade=
zu egoistischer und verwerflicher, er kann aber auch ein mehr
auf das Allgemeine sich richtender sittlicher sein. Ebenso
steht auf der einen Seite in aller Äußerlichkeit die aber=
gläubische Form, in der man Gott zwingen oder überlisten
will und alles mögliche von ihm erreichen zu können hofft,
und auf der anderen jenes ganz innerlich bleibende Gebet der
Ergebung: Vater, nicht mein, sondern dein Wille geschehe!
Damit hängt die Wirkung des Gebets zusammen. Der
Fromme glaubt natürlich an seine Erhörbarkeit, ohne diese
Voraussetzung würde er ja nicht beten. Mit dieser äußeren
Wirkung des Gebets und der Frage nach ihrer Möglichkeit
haben wir es hier natürlich nicht zu tun. Dagegen ist seine psy=
chologische Bedeutung auch für uns wichtig. Wes das Herz
voll ist, des gehet der Mund über! darin liegt der nächste
Wert auch dieser religiösen Gefühlsäußerung. Schon im
Aussprechen selber findet der Betende Erleichterung und
Trost, im Formulieren seiner Wünsche Klärung und Beruhi=
gung. Und im Formulieren liegt auch die Notwendigkeit
der Selbstkritik: jene törichten und egoistischen Wünsche in
Worte zu kleiden schämt man sich doch rasch; und bald wird
man überhaupt dazu kommen, es als einen Widerspruch zu
empfinden, wenn man Gott dem Unendlichen mit allen den
kleinen persönlichen Anliegen kommen und ihn so in den
Dienst seines endlichen Ich herabziehen will. Zu verlangen,
daß mit mir eine Ausnahme gemacht, um meinetwillen der
Weltlauf geändert werde, ist das fromm, heißt das sich
schlechthin abhängig fühlen vom Unendlichen? Sobald das
erkannt wird, ist es überhaupt um das Aussprechen solcher

individueller Wünsche getan: seine Anliegen und Sorgen
auf den Herrn werfen heißt nun nichts anderes mehr, als
sie einreihen in den unendlichen Zusammenhang des Weltlaufs und sich mit diesem zufrieden geben. So kann der Mensch
wirklich Beruhigung und Ergebung, Mut und Erhebung
aus seinem Gebet gewinnen.

Und daher ist auch nicht aus dieser, sondern aus der
ungeläuterten ersten Form des Betens jener prometheische
Trotz erwachsen, der erst verzweifelt, wenn das Erbetene
nicht gewährt wird, dann zweifelt an dem Nutzen und an
der Berechtigung des eigenen Tuns und schließlich stolz sich
abkehrt von einem Gott, der doch nicht hört und doch nicht
hilft.

Eine andere Wendung nimmt der Kultus als ästhetische
Lebensform. Alle Gefühlsäußerungen können als Aus-
drucks- und Darstellungsmittel angesehen werden, als
äußere Zeichen und Symbole für das, was im Inneren vorgeht. In diesem symbolischen Charakter liegt die Beziehung zur Ästhetik und zur Kunst, die noch dadurch verstärkt
wird, daß überhaupt alles, was der Mensch tut, alle Sitte
namentlich und aller Brauch sich in bestimmte und schöne
Formen kleidet: so auch die religiöse Kultushandlung.
Aber nicht nur von außen her wird die Brücke geschlagen, im
religiösen Gefühl selbst liegt von Anfang an ein dem ästhetischen Verwandtes, wir haben es bereits oben mit dem Erhabenen zusammengestellt. Gewiß hängt es in gewissen
Momenten von ganz kleinen Eindrucksverschiebungen und
individuellen Gefühlsnuancierungen ab, ob uns ein Anlaß
ästhetisch erhaben oder religiös feierlich stimmt. Und fürs
zweite ist es ja die Phantasie, die hier wie dort die Bilder
schafft, darum werden mit innerer Notwendigkeit auch die
religiösen Gebilde ästhetisch ausfallen und die Menschheits-
ideale namentlich, wie sie z. B. die Griechen geschaffen
haben, immer hoheitsvoller und schöner gestaltet werden.

So ist es gekommen, daß tatsächlich alle Künste weite Strecken ihrer Entwicklungsbahn Hand in Hand mit der Religion und in ihrem Dienste gegangen sind und daß sich dabei ästhetische und religiöse Gefühle eng verschwistert und einander gefördert und verstärkt haben; insbesondere die Musik hat an dieser Verbindung immer festgehalten. Auf der anderen Seite ist aber ebenso tatsächlich auch immer und überall eine Lockerung eingetreten, die Künste haben sich von der Religion als ihrem mütterlichen Schoß losgelöst und sind weltlich geworden; und vielfach ist das Weltliche, weil es das freiere und Menschlichere ist, schöner als die Werke der religiösen Kunst, die konservativ gern an altertümlichen und veralteten Formen festhält. Auf der anderen Seite ist das Bemühen der Religionen, nach eingetretener Emanzipation die Kunst wieder in ihren Dienst zurückzurufen, ein für sie höchst bedenkliches: an die Stelle der religiösen tritt dann im Kultus selbst die rein ästhetische Empfindung, an die Stelle des heiligen Ernstes Spiel und Genuß. Und so endigt ein solcher Versuch der Repristination notwendig in übler Romantik und in einem ungesunden Gefühlsraffinement, das namentlich bei den Frauen der sogenannten höheren und höchsten Stände zwar zuweilen Mode werden kann, aber in seiner Schwächlichkeit und inneren Unwahrheit doppelt verheerend wirkt und die Religion selber degradiert und gefährdet.

Übrigens ist nicht nur das religiöse Kunstwerk, sondern auch die schöne Natur ein Symbolisches; und wenn sich der religiöse Natursinn darauf richtet, Gott in der Natur zu sehen, so ist ihre Schönheit dafür gewiß von besonderer Bedeutung und als symbolische geradezu ein Hinweis auf einen religiösen Naturpantheismus, dem die Natur ein Göttliches, der Gottheit lebendiges Kleid ist[1]).

---

[1]) f. oben S. 150 ff.

Noch eine dritte Form des religiösen Kultus ist übrig —
die sittliche. Wir können an das Opfer anknüpfen, das als
Leistung und Gegenleistung auf ein Gefühl der Verpflich=
tung zurückweist. Wenn es sich aber dabei immer nur um die
Darbringung eines kleineren Gutes zur Erreichung eines
größeren handelt und so die Rücksicht auf das Ich und der
Egoismus eine üble Rolle spielt, so wächst doch allmählich
mit der Opfergabe auch der Opfersinn, und man bringt
schließlich sogar sich selbst und das eigene irdische Glück zum
Opfer dar. Wenn aber vollends als das einzige Gott wohl=
gefällige Opfer das gute Werk und der gute Lebenswandel
angesehen wird, so ist damit das Opfer und der Kultus
ein sittlicher geworden. Und ebenso haben wir beim Gebet
gesehen, wie das egoistische Wünschen sich nach und nach läu=
tert und reinigt und schließlich nichts als die ebenso fromme
wie sittliche Ergebung in den Weltlauf übrig bleibt. Umge=
kehrt hat jenes sich Emporstrecken über das Endliche hinauf
zum Unendlichen etwas Befreiendes und Ermutigendes,
es gibt Kraft zum Leiden und Tragen und Mut zum Kämpfen
und Handeln. So ist gewiß vielfach Sittlichkeit auf reli=
giösem Boden gewachsen, ist Ausdruck der Frömmig=
keit, Ausfluß des schlechthinigen Abhängigkeitsgefühls und
der Sehnsucht nach dem Unendlichen, in der Form der Reli=
gion haben viele Menschen und haben ganze Völker ihre
Sittlichkeit; wo das Unendliche in menschliche Ideale ge=
kleidet wird, da nehmen diese deshalb allmählich den Cha=
rakter sittlicher Vorbildlichkeit an. Auch finden namentlich
die weicheren und zarteren Tugenden in der Religion einen
besonders wohlvorbereiteten Boden und eine willkommene
Pflege. Endlich wissen wir ja auch aus der Geschichte, wie
die Religionsstifter zugleich auch die Bringer einer höheren
Sittlichkeit gewesen sind und wie in ihren Stiftungen neben
und mit der Religion immer auch Moral gelehrt und geübt
worden ist.

Allein auf der anderen Seite ift nicht zu verkennen, daß
die Religion wie ihre vornehmlich begünftigten Tugenden fo
auch gewiffe fittliche Mängel und Fehler befonders leicht
auffommen läßt. Nur zu häufig haftet der religiöfen Moral
jene Engherzigkeit an, die bloß gelten laffen will, was ihren
Stempel trägt und ihr Gutes allermeift nur an des Glaubens
Genoffen tut. Das Wort Fanatismus und Unduldfamkeit
wird vor allem von folchen Schattenfeiten des religiöfen
Lebens gebraucht. Auch Lohnfucht hat man der religiöfen
Moral nicht immer mit Unrecht zum Vorwurf gemacht, das
Seligkeitsintereffe und Seligkeitsftreben führt leicht dazu. Und
ein Unfreies ift weiter unvermeidlich darin: man unterwirft
fich im Sittlichen einer außermenfchlichen Autorität (Theo=
nomie ftatt Autonomie) und läßt fich damit auf dem Kind=
heits= und Erziehungsftandpunkt zurückhalten, läßt fich z. B.
im Beichtftuhl die eigene fittliche Entfchließung abnehmen
und das Gewiffen durch ein fremdes erfetzen. Endlich aber
und vor allem, indem fich der Religiöfe über das Endliche
erhebt, lebt er ein dem Endlichen fremdes Leben und bringt
in folcher Weltfremdheit und Verlorenheit fein Inneres
zum Ausdruck. Der Zug zum Tranfzendenten, dem irdi=
fchen Leben gegenüber Paffivität und Negativität, myfti=
fcher Quietismus und übertriebene Askefe ftatt eines kräf=
tigen Anfaffens der fittlichen Aufgaben, die uns in diefer
Welt geftellt find, andächtig Schwärmen ftatt gut handeln,
das ift die größte Gefahr, weil eine fo naheliegende Kon=
fequenz gerade auch der intenfivften Frömmigkeit. Der Welt
abfterben und asketifch leben ift das fittliche Opfer des reli=
giöfen Menfchen, und gewiß ift folche Weltüberwindung
und Selbftüberwindung für viele und in einzelnen Fällen
für jeden von uns Pflicht. Aber es fragt fich doch, ob es in
feiner fpezififch religiöfen Form (Buddhismus, Mönchtum,
Pietismus) nicht kulturfeindlich und darum unfittlich werden
muß.

Das mahnt daran, daß uns noch ein Zug des religiösen
Lebens fehlt, der gerade im Kultus zuerst und zumeist seinen
Ausdruck findet, der Gemeinschaft bildende. Das Gefühl,
aufs engste verwachsen mit dem Ich, dem Kern der In=
dividualität, ist auf der anderen Seite auch der Ausgangs=
punkt für den sympathischen Trieb der Mitteilung an andere
und führt vom Ich hinaus zum Wir. Das gilt auch vom
religiösen Fühlen. Je intensiver dieses ist, desto mehr
wird der Mund davon übergehen, desto lauter wird man
auch vor anderen davon zeugen wollen: das Bekennen ist
ein für die Religion ganz Wesentliches und besonders
Charakteristisches, oft geradezu Aufdringliches. Nun ist es
aber hier wie überall: das innere Erleben des Durchschnitts=
menschen ist weder reich noch originell, daher braucht er
andere, um sich von ihnen das Dunkle und Unbestimmte,
das Unaussprechliche seiner Gefühle deuten, sich Bilder,
die zu schaffen seine Phantasie zu arm und unfruchtbar ist,
von solchen höher Begabten geben zu lassen. Dieser Zug der
Gemeinsamkeit und Geselligkeit tritt vor allem im Kultus zu=
tage. Als Handlung weckt er den Trieb der Nachahmung, als
ein in ästhetische Formen sich kleidender Brauch lädt er zum
Mitgenießen und Mitfeiern ein; und da auch der Zug zum
Mysteriösen im Religiösen selten fehlt — das Unendliche ist ja
ein Unsichtbares oder Künftiges —, so lockt der Reiz des Ge=
heimnisvollen und erweckt die Sehnsucht nach Teilnahme
und Einweihung. So ist die religiöse Gemeinschaft immer
zuerst als Kultusgemeinschaft vorhanden. Von Haus und
Familie geht es dabei aus und erweitert sich zu Horde und
Stamm, zu Volk und Nation, bis auch diese natürlichen
Gruppen übersprungen werden und die universalistische
Tendenz der Religionen sich geltend macht.

Zugleich ergibt sich daraus der Unterschied von aktiven und
passiven Teilnehmern am Kultus: der eine betet vor, die
anderen nur nach; der eine opfert, die anderen sehen zu und

nehmen teil; der eine ist Priester und Sachverständiger,
die anderen bloß Laien. Und in der Kultusgemeinschaft
wird die Kultushandlung sozial, wird zum Brauch und zur
Sitte. In diesem beiden liegt aber für die Religion eine
Gefahr. Indem man die Kultushandlungen ausschließlich
den Priestern überläßt, werden diese als Vermittler zwischen
den Laien und dem Unendlichen, als Inhaber der reli=
giösen Geheimnisse, als die sachverständigen Vollzieher der
auf Erhörung berechneten Gebete und Opfer mit Macht=
und Herrengefühl erfüllt und suchen frühe schon ihre hierarchi=
schen Herrschaftsgelüste zu befriedigen; und um diese An=
sprüche durchzusetzen, greifen sie dann nach recht irdischen
Mitteln und fälschen dadurch direkt und plump oder in=
direkt und unwillkürlich das religiöse Leben und Empfinden.
Wo aber die Kultushandlung zur Sitte geworden ist, da
stumpft sich, wie bei aller Gewöhnung und Übung, das
Gefühl ab; so kann es kommen, daß Kultushandlungen
allmählich ihren Sinn verlieren und schließlich nur noch in
Kinderspielen ein sinnloses und nicht mehr verstandenes
Dasein fristen. Oder aber im Kultus sich erhaltend, werden
sie bloß noch mechanisch und alles gefühlsmäßigen Inhalts
beraubt weitergetrieben, es sind Zeichen ohne Inhalt,
Symbole ohne Bedeutung. Daher ist das Wort „Andacht"
für die Beteiligung an religiösen Zeremonien so charakte=
ristisch: was sich sonst von selbst versteht, daß man „an"
das „denkt", was man tut, muß hier zur besonderen Pflicht
gemacht und als besondere Tugend gepriesen werden.
Freilich ist es kein theoretisches Darandenken, sondern ein
gefühlsmäßig mystisches Dabeisein und sich Hineinversenken
in den tiefen Sinn der heiligen Handlung, beim Abendmahl
z. B., wie es die lutherische Kirche faßt, ein Mitgenießen des
wirklichen Leibes und Blutes Christi. Daß aber der religiöse
Kultus auch da, wo seine Bedeutung verloren gegangen ist,
Beteiligung ohne Andacht findet, ist eine Fälschung hier wie

dort. Erklärlich ist es einmal aus dem konservativen Zug,
der dem religiösen wie allem Gefühl eigen ist: der Gefühls=
wert der Tradition und der Sitte ist geblieben, auch wo Inhalt
und Sinn verloren gegangen sind; was grau vor Alter ist, das
ist ihm göttlich. Und erklärlich ist es leider auch daraus, daß
auf diese Beteiligung bei uns noch immer besondere Prä=
mien gesetzt sind, die den erstorbenen Kultushandlungen
einen neuen Gefühlswert geben, der nur freilich kein reli=
giöser und kein moralischer mehr ist, sondern Religion und
Moral geradezu verunreinigt und zur Lüge und zur Fratze
macht.

Das hängt endlich noch mit einem Allgemeineren
zusammen. So natürlich und notwendig jenes Gemein=
schaftbilden auf Grund religiöser Gefühle ist, so geht es dabei
doch nicht ohne Schädigung für diese selber ab. Das Gefühl
ist m e i n Gefühl, auch das religiöse Gefühl ist mein persön=
liches Erleben, Religion ist Privatsache. Daher sollte es eigent=
lich so viele Religionen geben, als es Menschen gibt. Nun
zeigen aber jene großen Weltreligionen, wie doch auch hier
das Gemeinsame überwiegt. Freilich bleiben Differenzen
und Nüancen unter den einzelnen Gläubigen und Anhängern
einer Kirche, und sie sind viel größer, als man meist ahnt
und weiß. Aber das Gemeinsame steht nun doch einmal im
Vordergrund, und so wirkt alle religiöse Gemeinschaft und
Kirchenbildung notwendig nivellierend und uniformierend,
nicht zum Vorteil des religiösen Gefühls: seine Stärke und
Tiefe leidet dadurch Not, es wird verflacht und abgeschwächt,
farblos und äußerlich. Daher auch in den Kreisen der From=
men selber immer eine oppositionelle Unterströmung gegen
diesen von der Kirche ausgehenden Einfluß und Zwang,
eine Opposition im Namen des Individualismus und zu=
gunsten seines Rechtes. Aber wenn der feste Halt des
Bekenntnisses und der Sitte aufgegeben wird, so geraten
diese Mystiker und Sektierer — wenn sie keine Religions=

stifter sind — leicht in ein Willkürliches und Läppisches, in
ein Luxurieren der Gefühle hinein, das dann doch wieder
den Segen der Gemeinschaft vermissen und empfinden läßt.
Wer die Chöre der Braut von Messina einmal gut hat zu-
sammensprechen hören, der vergißt die Gewalt dieser
Stimmenvereinigung so leicht nicht wieder; Sophokles im
Zirkus ist ein Erlebnis, das sich trotz aller ästhetischen Bedenken in seiner Gefühlswirkung nicht wegdisputieren läßt.
So findet auch das religiöse Gefühl in gemeinsamem Gebet
und Gesang, in der gemeinsamen Feier, im gemeinsamen
Gottesdienst einen ganz anders starken und mächtigen
Ausdruck und Widerhall, als wenn es für sich bleibt: sich eins
wissen mit vielen ist auch hier ein Ermutigendes und Sieg-
haftes. Wenn das „Wir glauben all an einen Gott" oder
„Ein' feste Burg ist unser Gott" von der Gemeinde gesungen
wird, reißt es uns mit fort wie Fahneneid und Schlachtge-
sang. In dieser Weise kreuzen sich auch im religiösen Leben
die zwei Richtungen des Individualismus und der Gemein-
schaftbildung, bald gegeneinander ankämpfend, bald sich
ausgleichend. Hier aber muß es durchaus dem einzelnen
überlassen bleiben, was er für wertvoller hält: sein individuelles Leben zu pflegen und auszugestalten oder einer
Gemeinschaft sich anzuschließen und ihr Leben mitzuleben.
Und auch im Leben der Völker wird es notwendig sein,
bald dem zentrifugalen Auseinanderstreben eines zer-
klüftenden Individualismus entgegenzuarbeiten, bald den
geisttötenden Nivellierungsbestrebungen eines gewalttäti-
gen und unduldsamen Universalismus mit Macht entgegenzutreten. Der Fall Jatho hat uns dieses Problem neuerdings ganz besonders nahe gebracht, uns aber auch gezeigt,
wie schwierig seine Lösung ist, solange es noch Kirchen gibt;
mit dem Schlagwort „Trennung von Kirche nud Staat"
werden solche Konflikte nicht aus der Welt geschafft.

VI. Gefühl und Wille.[1]

Vom Verhältnis zwischen Gefühl und Vorstellung (Denken) war schon so vielfach die Rede, daß es höchstens noch eines zusammenfassenden Wortes bedürfte, um damit zu Ende zu kommen. Anders steht es mit dem Willen und seinen Beziehungen zum Gefühl. Ihn haben wir bisher, wo von ihm die Rede sein mußte, einfach in seiner populären Gestalt hingenommen, ohne uns psychologisch näher mit ihm zu befassen; jetzt können wir nicht mehr länger daran vorübergehen.

1. Die verschiedenen Formen und Stufen des Willens.

Einen Begriff, der vielfach als Grundbegriff des Willens selbst angesehen wird und dessen Verhältnis zum Fühlen ins hellste Licht setzt, kennen wir schon: es ist der des T r i e b s. Im Trieb erscheint der Wille jedenfalls in seiner primärsten, sinnlichsten und ursprünglichsten Form. Aber im Trieb ist auch alsbald, wie wir gesehen haben, das Gefühl mitgesetzt, ein Gefühl des Mangels und der Unlust als das erste, das Treibende. Dieses Gefühl erzwingt sich, wenn es stark genug ist, auch gegen etwaige Hindernisse und Hemmungen, eben als Gefühl, den Eintritt in das Bewußtsein und löst gleichzeitig durch das Übergehen des Reizes von den senso=

---

[1] Davon handeln speziell C h r. v. E h r e n f e l s Über Fühlen und Wollen, Eine psychologische Studie 1887 und T h. L i p p s , Vom Fühlen, Wollen und Denken, 2. Aufl. 1907; vgl. auch E r n s t M e u m a n n , Intelligenz und Wille 1908.

riellen auf die motorischen Nervenbahnen Bewegungen aus,
die uns wieder in der Form von Gefühlen als die unsrigen,
als von uns ausgehende zum Bewußtsein kommen und
apperzipiert werden. Was wir nun an diesem zusammen=
gesetzten Vorgang — denn das ist schon dieser primitivste
Willensakt — als Wollen ansprechen, das liegt offenbar in
jenem Gefühl des von uns Ausgehens, im Gefühl, Kraft,
Kausalität zu sein, im Gefühl des Überwindens jener ent=
gegenstehenden Hemmungen und Hindernisse; „Strebungs=
gefühl" nennt es daher Lipps[1]), „Gefühlsantrieb" Else
Wentscher[2]). So werden wir sagen dürfen: der Wille zeigt
sich uns empirisch und phänomenal durchaus als Gefühl, er
ist für die empirische Psychologie wenigstens auf dieser ersten
Stufe Kraftgefühl. Von meinem Willen weiß ich nur etwas
durch mein Fühlen[3]). Ob sich damit der Wille überhaupt
in Gefühl auflöst oder ob sich hinter diesem Gefühlsantrieb
metaphysisch ein anderes, ein realerer Kern ver=
birgt, das interessiert uns hier nicht, ich wüßte es auch nicht
zu beantworten.

Weil uns aber der Wille als Gefühl zum Bewußtsein
kommt, müssen wir hier, wo vom Gefühl in allen seinen
Erscheinungsweisen die Rede sein soll, auf ihn und seine
verschiedenen Formen und Entwicklungsstufen näher ein=
gehen. Das Gefühl wird, wenn es häufig wiederkehrt, all=
mählich abgestumpft, es bleibt die bloß noch bemerkte Emp=
findung zurück. So wird auch die Bewegung, die zuerst
nur gefühlt wurde, mehr und mehr gefühlsfrei und wird
höchstens noch bemerkt. Infolge davon knüpfen sich an die

---

[1]) a. a. O. S. 25 ff.
[2]) Else Wentscher, Der Wille S. 29. 38 und sonst.
[3]) Auch Wundt a. a. O. III⁵, S. 242 gibt zu: „was wir bei einem
konkreten einzelnen Wollen stets in uns wahrnehmen, d a s i s t e i n G e -
f ü h l s v e r l a u f, der zugleich mit einem mehr oder weniger deutlichen
Empfindungs= und Vorstellungsverlauf verbunden ist."

durch das Gefühl ausgelösten Bewegungen und damit
also auch an die Triebe Bewegungsvorstellungen. Und da
jene Bewegungen die Mittel sind, um sich von der den An=
fang des ganzen Vorganges bildenden Unlust zu befreien, so
kommt nun die künftigen Male bei ähnlicher Unlust die
Vorstellung oder die Reihenfolge von Vorstellungen in das
Bewußtsein, deren Inhalt eben jene Bewegungen als Mittel
zur Abhilfe der Unlust bilden. So tritt zwischen Gefühl und
Bewegungsanfang die Vorstellung als Drittes mitten inne,
und zwar eine Vorstellung, welche die auszuführende Be=
wegung antezipiert und sie eben damit scheinbar wenigstens
vorausbestimmt.

Weil nun im bewußten und eigentlichen Willen solche
Vorstellungen sehr zahlreich und — können wir gleich hin=
zusetzen — sehr einflußreich sind, so übersehen wir häufig
jene ursprünglichere Form des Willens, in der Vorstellungen
zu Anfang ganz fehlen und auch später oft nur sporadisch
und unbestimmt auftreten. Erst Wundt[1]) hat dem Trieb
mit Nachdruck seine Stelle im Wollen angewiesen. Im
eigentlichen Sinne des Wortes aber lassen wir doch erst das
B e g e h r e n als ein Wollen gelten, das nun jedenfalls seine
zweite Stufe darstellt. Auch hier ist ein Gefühl der Unlust
das erste; dieses geht aber nicht wie beim Trieb ohne weiteres
in Abhilfebewegungen über, sondern die Hemmungen wer=
den stärker, und so schiebt sich zwischen auftauchende Unlust
und ausgeführte Bewegung ein oft recht erheblicher Zwischen=
raum ein, der von klaren und bestimmten Vorstellungen aus=
gefüllt ist, die sich auf das Gewollte und Begehrte beziehen.
Ich stelle mir vor, was der Unlust abhilft, und nun findet

---

[1]) W u n d t in der Physiol. Psychologie III⁵, S. 248 ff., wobei frei=
lich seine Apperzeptionstheorie das Ergebnis von vorne herein beein=
flußt. Vgl. auch M ü n s t e r b e r g , Die Willenshandlung 1888· dem ich
aber noch weniger zu folgen vermag.

eine Übertragung statt[1]): man begehrt nicht sowohl das Auf=
hören der Unlust oder eine an ihre Stelle tretende Lust,
sondern das Mittel, ein Tun zuerst, dann den Gegenstand,
der die erstrebte Lust schafft und die vorhandene Unlust be=
seitigt. An dieser Anschauung hält auch die Sprache fest,
wenn sie als Objekt der Begierde im Hunger das Essen
und die Speise bezeichnet, die Lust schaffen, nicht das Lust=
gefühl selbst, das wir von dem Essen und der Einnahme der
Speise zu erwarten haben. Aber es ist eine Übertragung,
die nur durch Erfahrung zustande kommen kann; das erste
war: ich will von der gefühlten Unlust frei sein; das zweite:
ich will die Lust wieder haben, die mir eine bestimmte Aktion
oder ein bestimmter Gegenstand, auf den sich diese richtet,
bereits früher einmal verschafft haben; und erst das dritte:
ich will also diese Bewegung wieder ausführen oder diesen
Gegenstand selbst wieder haben, woran sich soviel Gefühls=
wert geknüpft hat und wovon sich daher das Bild, die Vor=
stellung mit aller Energie meinem Bewußtsein aufdrängt.[2])
Daß aber jene zwei ersten Stadien vorangehen und das dritte
bestimmen und beeinflussen, sieht man deutlich an dem in
der Begierde sich findenden Widerstreit der Gefühle. Der
tatsächliche Zustand ist Unlust, ein Gefühl des Mangels und
Nichthabens; vorgestellt wird ein Gegenstand, der Lust schafft,
damit ist diese Vorstellung selbst eine erfreuende, angenehme,
lustvolle; und so wechseln faktische Unlust und Vorstellungs=
lust miteinander ab. Diesen Widerstreit der Gefühle kennt
auch die Sprache des gewöhnlichen Lebens, wenn sie einer=

---

[1]) Von diesem „Übergang des Gefühls an einen neuen Inhalt"
handelt kurz auch Ebbinghaus im Abriß der Psychologie S. 141.

[2]) Höffding, Psychologie S. 411 beschreibt die psychologischen
Vorgänge beim Begehren ganz richtig; aber es ist irreführend, wenn
er dafür den Namen „Trieb" braucht und dieses mit dem Begehren zu=
sammenwirkt. Trieb und Begehren sind zwei deutlich unterschiedene
Stufen in der Entwicklung des Willens. Dies auch gegen Else Went =
scher, Der Wille S. 8 ff.

seits von den Tantalusqualen der Begierde redet und sie anderseits als ein „Luft haben zu etwas" bezeichnet. Zugleich kündigen sich in diesen beiden Ausdrücken Gradunterschiede an. Der Widerstreit kann wachsen, man schwelgt in der Vorstellungsluft, und darüber wird der augenblickliche Zustand, in dem es so ganz anders aussieht, immer unleidlicher und unerträglicher. Daß es sich dabei nur um ein Oszillieren, nicht um eine Mischung handelt, wird gerade hier besonders deutlich. Im übrigen aber hängen die Intensitätsgrade der Begierde ab von der individuellen Erregbarkeit des Begehrenden, von der Größe des zu erwartenden Luftgefühls im Gegensatz zu der vorhandenen Unluft und endlich von der Lebhaftigkeit der Vorstellung und des Vorstellungsvermögens überhaupt (phantasiereiche Menschen haben heftigere Begierden; man denke nur an die nahen Beziehungen gegenseitiger Abhängigkeit zwischen der Phantasie und dem Geschlechtstrieb).

Gewöhnlich hört die Begierde auf, wenn der Gegenstand erreicht, die Bewegung ausgeführt ist, und damit das erstrebte Luftgefühl sich einstellt. Aber als Gier kann sie auch im Genuß und nach Eintritt der Luft fortdauern. Das wird besonders in zwei Fällen eintreten: wenn die Luft erheblich größer ist, als man sie sich vorgestellt hat, oder umgekehrt, wenn sie wesentlich hinter der Erwartung zurückbleibt. Findet die Begierde keine Befriedigung, so kann wiederum zweierlei statthaben: entweder wird das Begehren dadurch gesteigert, weil die Unluft je länger je mehr unerträglich oder das in allen möglichen Variationen vorgestellte Luftgefühl immer lebhafter ersehnt wird; oder aber kann die Vorstellung allmählich erblassen und so die Begierde nachlassen und in sich selbst absterben. Das erstere wird besonders da eintreten, wo direkt körperliche Gemeingefühle den Ausgangspunkt bilden und fortdauern und somit den Vorstellungsverlauf immer neu beeinflussen, dem Objekt der

Begierde immer neue Nahrung in allerlei Assoziationen
zuführen; das zweite dagegen da, wo kein körperliches Bedürfnis zugrunde liegt oder doch nicht als unabweisbares
sich geltend macht. Daraus ergibt sich ein auch ethisch und
pädagogisch wichtiges psychologisches Gesetz: die aus körperlichen Funktionen notwendig entstehenden Begierden werden durch Genuß und Befriedigung geschwächt, die nicht
notwendigen dagegen durch Nichtbefriedigung und Versagen.
Wie viel Unheil die Nichtbeachtung dieses Gesetzes z. B. im
Klosterleben des Mittelalters angestiftet hat, davon geben
uns allerlei Selbstbekenntnisse und religiöse Wahnvorstellungen erschreckende Kunde; umgekehrt läßt sich der leidenschaftliche Spieler oder Trinker doch nur durch völlige
Abstinenz heilen; eine einzige Ausnahme macht ihn wieder
rückfällig.

Die Begierde trägt durchaus den Affektcharakter[1]), sie
ist heftig, stürmisch, ungestüm; der Stimmung verwandt
ist dagegen Sehnsucht und Wunsch. Wenn nämlich die Befriedigung der Begierde nicht so ohne weiteres durch eine
einfache Handlung erzielt werden kann, sondern eine ganze
Reihe und Kette von Hindernissen eintreten und sich in die
Mitte schieben, die die Befriedigung und Erreichung des Zieles
in weite Ferne hinausrücken und von Anfang an in Rechnung
gezogen werden müssen, so geht das ungestüme Begehren
in das stille Wünschen über. Und zwar ist dieses nicht etwa
nur ein verlängertes Begehren, sondern ist von der Begierde durch die eintretende Ruhe spezifisch verschieden:
es fehlt die Tendenz zu sofortiger Bewegung oder Handlung,
da man weiß, daß das doch nichts helfen würde, und so hat der
Wunsch etwas sich Bescheidendes und Resignierendes,
etwas Stilles und Kontemplatives. Ja es ist sogar möglich,

---

[1]) Wundt a. a. O. III⁵, S. 248 sagt das schon vom Trieb, für
den es mir aber bei weitem nicht in allen Fällen zuzutreffen scheint.

daß das Gewünschte überhaupt als etwas Unerreichbares er=
kannt wird oder bekannt ist (optativus irrealis), oder daß
sich unsere Wünsche geradezu rückwärts der Vergangenheit
zuwenden: O daß es doch nie geschehen wäre! daß das Ge=
schehene ungeschehen gemacht werden könnte! Da schwindet
die Begierde vollständig, aber es bleibt der Wunsch, der an
der Vorstellung haftet: Es wäre so schön gewesen! Solche
„fromme Wünsche“ sind an sich harmlos und manchem im
Unbehagen der Gegenwart ein Trost und ein lustschaffendes
Gedankenspiel; aber sie sind unter allen Umständen ein
Luxus, den man sich doch nur in müßigen Stunden erlauben
darf.   Denn allzuleicht ziehen sie ab von der Wirklichkeit
und von dem, was in ihr zu erreichen und an Aufgaben zu
bewältigen ist, lähmen die Tatkraft und machen unzu=
frieden und begehrlich; man hat nicht, was man wünscht;
kommt aber plötzlich doch die Gelegenheit zu haben, so ist
durch sie und durch das Spielen mit ihnen die Begierde
vorbereitet worden und nun schwer zu unterdrücken, auch
wenn dies aus irgend welchen Gründen nötig und geboten
sein sollte.   Schließlich bilden solche Wünsche auch oft den
Übergang zum Krankhaften, die damit verknüpften und
regelmäßig sich verbindenden Vorstellungen werden zu
Wahnbildern und fixen Ideen.

Unbestimmter als der Wunsch, der sich in der Regel auf
ein bestimmtes Objekt richtet, ist die Sehnsucht, die sich von
einer unleidlichen Gegenwart hinweg auf eine bessere Zu=
kunft, von einem schmerzlichen Vermissen auf ein präsentes
Gut bezieht, ohne daß man anzugeben wüßte oder auch nur
sich darüber klar zu werden suchte, wie denn nun dieses Glück
herbeigeführt, dieses Gut beschafft werden soll. So ist es
mit der Sehnsucht nach der Geliebten.   Die sinnliche Liebe
findet ihre Befriedigung in der Umarmung und begnügt
sich daneben mit wirklicher Berührung (Händedrücken, Küssen),
worin sich die Stärke der Gefühlsbetonung des Tastsinnes

ausspricht; in der Entfernung aber wird sie allmählich ihres sinnlichen Charakters entkleidet, sie wird idealer, und das geschieht, indem sich die gröbere Begierde zur Sehnsucht verfeinert und verflüchtigt. Im „Glück der Entfernung" hat Goethe diesen Übergang doch ganz richtig psychologisch beschrieben, wenn es auch nicht frei von Ironie gewesen sein mag:

> Ew'ge Kräfte, Zeit und Ferne,
> Heimlich wie die Kraft der Sterne,
> Wiegen dieses Blut zur Ruh!
> Mein Gefühl wird stets erweichter;
> Doch mein Herz wird täglich leichter,
> Und mein Glück nimmt immer zu.
>
> Nirgends kann ich sie vergessen;
> Und doch kann ich ruhig essen,
> Heiter ist mein Geist und frei;
> Und unmerkliche Betörung
> Macht die Liebe zur Verehrung,
> Die Begier zur Schwärmerei.
>
> Aufgezogen durch die Sonne,
> Schwimmt im Hauch äther'scher Wonne
> So das leichtste Wölkchen nie,
> Wie mein Herz in Ruh und Freude.

Auf allen diesen Stufen spielt die Phantasie eine wichtige Rolle. Das Begehrte stellt man sich vor, denn der vorgestellte Gegenstand wird zum Objekt des Begehrens; das Gewünschte malt man sich aus; und man träumt in unbestimmten Bildern von dem Gegenstand der Sehnsucht. Zugleich zeigt sich hier der Einfluß des Gefühls auf den Vorstellungsverlauf: die Stimmung des Wünschenden und sich Sehnenden läßt ihn schwärmen und in den ihr entsprechenden Vorstellungen und Bildern schwelgen.

Nun bemächtigt sich aber auch das Denken dieser Vorgänge mit seinem Anspruch auf Allgemeingültigkeit und Notwendigkeit und seinen Kategorien der Identität, Kontinuität und Kausalität. Dort wird es sich um das Fest-

stellen der Ziele, um ein Werten und um Werturteile,
hier um die Mittel und um die Wege der Erreichbarkeit
des Zieles handeln. Es gilt sich auf die Mittel zu besinnen,
die zum Ziele führen — denn das wird das Denken zuerst
beschäftigen —, dann die Folgen vorauszusehen und voraus=
zuberechnen, die eine Handlung haben wird, und danach
zu wählen und die Entscheidung zu treffen. Dabei zeigt
sich freilich sofort eine Schranke des menschlichen Handelns:
jede Handlung, die in den Welt= und Naturzusammenhang
eingreift, hat unzählige Folgen, darunter auch solche, die
nicht vorausgesehen werden konnten, weil sie von dem Zu=
sammentreffen meiner Handlung und ihrer nächsten Folgen
mit anderen Reihen des Geschehens abhängen. Dies ist das
große Gebiet des Zufalls, seinetwegen bleibt bei aller
klugen Berechnung und Vorsicht ein irrationaler Rest nicht
vorauszusehender Folgen. Daher das Gefühl der Unsicher=
heit vor jedem bedeutsamen Schritt, die Furcht, was daraus
werden werde, das Bangen um den Ausgang. Darin liegt
auch die Gefahr der Vorsicht: weil man des Erfolges nie
ganz sicher sein kann, mit der Rechnung nie ganz fertig
wird, so zögert man und zögert, bis man den rechten Augen=
blick verpaßt und nun entweder zu spät oder gar nicht mehr
zum Handeln kommt. Jene Stimmung hat Schiller im
Wallenstein mit unnachahmlicher Anschaulichkeit gezeichnet,
wenn er diesen sagen läßt:

> Nicht ohne Schauder greift des Menschen Hand
> In des Geschicks geheimnisvolle Urne.
> In meiner Brust war meine Tat noch mein;
> Einmal entlassen aus dem sichern Winkel
> Des Herzens, ihrem mütterlichen Boden,
> Hinausgegeben in des Lebens Fremde,
> Gehört sie jenen tückschen Mächten an,
> Die keines Menschen Kunst vertraulich macht.

Bei dieser Unsicherheit der Erfolge alles menschlichen
Handelns ist der Wunsch nur zu begreiflich und natürlich,

sich die Entscheidung und damit zugleich das Gefühl der Beruhigung von einem anderen geben zu lassen: durch Götter-
sprüche, Orakel, Lose, Zeichen, vom Vogelflug der römischen
Auguren an bis zum modernen Abzählen an den Knöpfen
des Rockes oder der Weste sucht man sich den Erfolg garan-
tieren und sich dadurch zum Handeln bestimmen zu lassen.
Wer sich aber von solchen Zufälligkeiten und Täuschungen
nicht abhängig machen will (die einzige „Stimme Gottes" in uns
ist in dieser Beziehung unsere Vernunft), der muß einmal
aus dem Stadium der Vorsicht und Überlegung heraustreten
und in das dunkle Schicksal hineingreifen, muß handeln —
auf gut Glück. Daß ich mich gleichwohl auch für solche un-
gewollten Folgen meiner Handlung verantwortlich fühle,
hängt damit zusammen, daß ich mich als Urheber dieser
Handlung schlechthin weiß, also mit meinem Kausalitäts-
gefühl. Ich bin die schuldig-unschuldige causa dieser Handlung und ihrer Folgen in summa summarum, und bin namentlich nachträglich nie absolut sicher, ob ich nicht bei längerem
Besinnen doch noch diese oder jene weitere Folge hätte
voraussehen können. Gerade in diesem Gefühl der Verantwortlichkeit für die Folgen meiner Taten liegt recht eigentlich das Wesen des Willens im engeren Sinn; auch hier tritt
er in der Form eines Gefühls in die Erscheinung, und dieses
Gefühl ist eine empirisch psychologische Tatsache.

Gänzlich vom Gefühl scheinen wir dagegen abzukommen,
wo wir von Zwecken reden. Das Handeln tritt durch das
Denken aus der Isoliertheit eines einfachen Übergehens
vom Gefühl zur Bewegung mit oder ohne begleitende
Vorstellungen heraus und zieht sich in eine Kette auseinander: in der Mitte der Zweck, vorn die Mittel, hinten die
Folgen. Und zwar tritt genau besehen der Zweck doppelt
auf, nicht nur hinter, sondern auch vor den Mitteln, als das,
um was es zu tun ist und was mich in Bewegung setzt, mein
Denken, um die Mittel zu ersinnen, mein Handeln, um den

Zweck, das eigentlich Gewollte zu erreichen. So wird der Zweck Motiv, und als solches ist er der Urheber der ganzen Reihe, ist das aber nur, sofern er Gefühle in mir erregt, Wert, Gefühls= und Affektionswert für mich hat, ein Wertvolles ist, mir Lust und Befriedigung in Aussicht stellt und seine Vor= stellung damit ausstattet. Deshalb muß ich mich nicht bloß über die Mittel, sondern auch über den Zweck selbst besinnen. Erst muß ich seinen Wert bestimmen, dann, wenn er mir wertvoll genug erscheint, ihn wollen; darauf erst kann ich auch die Mittel wollen. Aber auch umgekehrt, wer ihn will, muß auch die Mittel wollen: das liegt sozusagen in der Identität meines Wesens und Denkens.

Nun kann aber, ehe die ganze Strecke bis zur Erreichung des Zweckes hin durchlaufen ist, eine Änderung eintreten, in meinen Verhältnissen oder in meiner Einsicht. Ich kann ge= nötigt werden, den Zweck aufzugeben oder umzugestalten; denn ich bin nicht an mein Wollen gebunden — außer bei Gelübden, die deshalb ebenso wie sie unsittlich sind, so auch auf einer Verkennung des Wollens und seiner psychologischen Gesetze beruhen. Oder aber es können die zwischen Wollen und Ausführung sich auftürmenden Hindernisse mich so ermüden oder erschrecken, daß ich, obwohl der Zweck für mich nicht aufhört Wert zu haben, dennoch von dem Streben nach seiner Durchführung abstehe. Das kann vernünftig sein und auf einer richtigen Abschätzung des Wertes, den das Erstrebte für mich hat, und des Aufwandes von Kräften und Mitteln, die zu seiner Erreichung notwendig sind, beruhen; es kann aber auch ein Zeichen von Willensschwäche und Inkonsequenz sein. Dem steht der Eigensinnige und Starr= köpfige gegenüber, der selbst dann, wenn bessere Einsicht es ihm nahelegt, seine Zwecke aufzugeben oder zu ändern, dennoch auf dem ursprünglichen Beschluß beharrt, nur weil es einmal beschlossen war. Scheinbar eine Stärke ist doch auch das in Wahrheit Schwäche, die Unfähigkeit, sein Wollen

zu korrigieren und sich den veränderten Umständen oder der
berichtigten Einsicht anzupassen.

Was ich begehre, wünsche, will, will ich zunächst als Ein=
zelnes, will es aber stets für mich. Ob aber dieses Erstrebte
meinem Gesamtzustand angemessen ist oder nur als Ein=
zelnes mir Lust verspricht, diese Überlegung und Abwägung
der Werte gegeneinander stelle ich erst auf jener höheren
Stufe des Wollens an, wo von Zwecken die Rede ist. Der
Zweck enthält an sich schon die Richtung auf ein Allgemeines,
es handelt sich bei ihm immer um die Einfügung des Ge=
wollten in den Kreis des Ich und in die Totalität seiner Inter=
essen, um die Harmonisierung des Neuen mit dem schon
vorhandenen Gesamtzustand des Ich; nicht um die Lust des
Augenblickes, er geht ja auf ein Künftiges, sondern um die
Befriedigung im Ganzen und für das Ganze. Nun streift
aber da, wo eine lange Kette von Mitteln bis zur Errei=
chung des Zieles zu durchlaufen ist, die lange Dauer, der
Umweg, auf dem so viel anderes an Interessen und Bestre=
bungen zwischen durchgeht, ähnlich wie beim Kunstwerk,
das nur Momentane und allzu Individuelle, das Gelegent=
liche und Zufällige allmählich ab, und so wird der Zweck
ein Ungefähres und Unbestimmtes, er verliert an Genauig=
keit und Deutlichkeit, wird abstrakt und allgemein. Und nun
nur noch ein kleiner Schritt, so kann ich mir auch geradezu
ein Allgemeines und Abstraktes, ein Prinzip und Gesetz zum
Zweck machen, es als M a x i m e in meinen Willen aufnehmen
und mir dadurch nur die Richtung meines Wollens und Han=
delns, nicht das Was desselben bestimmen lassen: nicht daß
ich etwas Bestimmtes bekomme, sondern daß ich so handle
und so bin, hat für mich Wert.

Allein genau genommen geht es beim Handeln nach
Prinzipien doch meistens ganz anders zu. Wer nach Grund=
sätzen handelt, handelt zunächst — aus Gewohnheit und der
Gewohnheit gemäß: das Prinzip ist sozusagen nur die

Formel für diese Gewohnheit meines Handelns. Und
ich handle daher, wenn ich dem Prinzip gemäß handle,
nicht so, daß Prinzip uud Gesetz wirklich das Motiv
meines Handelns bilden: das Motiv ist die lieb=
gewordene Gewohnheit, die zu lassen, der entgegen=
zuhandeln mir unbequem und unangenehm, peinlich, ja
unmöglich wäre. Weil mir aber das Gewohnheitsmäßige
nicht mehr zum Bewußtsein kommt, so wird nur noch die
Formel dafür bemerkt, und so entsteht der Schein, als ob
ich aus dieser heraushandelte und mich durch sie bestimmen
ließe, während ich in Wahrheit a u s Gewohnheit und Übung
dem Prinzip g e m ä ß handle. Danach beurteilt sich auch
Kants Lehre vom kategorischen Imperativ und seine ri=
goristische Opposition gegen die Möglichkeit eines sittlichen
Handelns aus Neigung. Die vollendete sittliche Handlung
ist eben keine vereinzelte und isoliert in meinem Leben da=
stehende, sondern eine gewohnheitsmäßige, also durch Nei=
gung bestimmte und aus dem Ganzen meines Charakters
mit Notwendigkeit hervorgehende. Ob ich sie auf ihren
Begriff bringe, die Formel dafür mir in das Bewußtsein
rufe, ist an sich nebensächlich, in vielen Fällen nicht nötig,
einem besonders gewissenhaften Mann aber, wie Kant einer
war, bei allen wichtigeren Vorkommnissen Bedürfnis;
und es ist von Zeit zu Zeit gewiß für jeden nützlich, um sich
selbst kennen zu lernen, sich daraufhin zu prüfen und in
der einmal eingeschlagenen Richtung zu erhalten. Deswegen
ist umgekehrt die Richtigkeit der Formel noch kein Beweis
für die Richtigkeit des Handelns: auch hier ist Selbst=
täuschung möglich, die Formel ist noch da, die Richtung aber
ist unbemerkt eine andere geworden, wie sich mancher
zu einer politischen Partei von früher her noch dem Namen
nach bekennt und selbst auf Grund von Gewöhnung an seine
Zugehörigkeit zu ihr glaubt, während er in Wahrheit
längst über sie hinausgewachsen ist und mit seinen Sym=

pathien und Anschauungen auf einer ganz anderen Seite steht.

Aber diese Formeln können doch auch positivere Bedeutung gewinnen, sie dienen als Kontrolle, auch Gefühle der Billigung und der Pietät schließen sich an sie an. Dabei geht es mit ihnen, wie immer und überall, wo das Bewußtsein eingreift: dieses hemmt den Ablauf einer gewohnheitsmäßigen Handlung, erschwert ihn und bringt ihn ins Stocken. So hat überhaupt das Überlegen und sich Besinnen durch das Dazwischenlegen anderer Motive dem Wollen gegenüber eine aufschiebende Wirkung, weshalb manche besondere Hemmungszentren im Gehirn annehmen zu müssen glauben. Und nun ist ein Konflikt zwischen diesen Formeln als den Vertretern der Gewohnheit, in Wahrheit zwischen dieser selbst und dem Neuen, das an mich herantritt, meinen Affekt erregt und mich im Sturme mit sich in anderer Richtung fortreißen möchte, möglich und vielfach zu bemerken.

Um aber darüber weiter reden und die Willenslehre, so weit sie uns hier interessiert, zum Abschluß bringen zu können, müssen wir erst noch die Frage nach dem Inhalt des Willens beantworten.

2. Der Inhalt des Willens.

Die Frage nach dem Inhalt unseres Willens interessiert uns gerade vom Standpunkt des Gefühls aus ganz besonders. Ursprünglich ist jedes Wollen, in seiner einfachen Form als Begehren, ein Wollen von Lust oder ein Widerwille gegen Unlust, also gerichtet auf meinen Gefühlszustand. Freilich wollen wir bald genug scheinbar nicht mehr das Gefühl, sondern vermöge einer Gefühlsübertragung den Gegenstand, der es erregt; aber dies doch erst dann, wenn und seitdem uns der Gegenstand bekannt ist als der, der das Gefühl befriedigt und immer nur darum, weil er es befriedigt. Tatsächlich kann ich mich daher niemals für etwas entscheiden,

das zu meinem Gefühl in gar keiner Beziehung steht, es
käme ja sonst nicht einmal in mein Bewußtsein, würde nicht
apperzipiert werden können. Und ich kann mich für nichts
entscheiden, das nicht in positiver Beziehung zu mir steht,
Wert für mich hat, mir irgendwie Lust verschafft oder Lust
verspricht. So ist in der Tat „nicht bloß der Eudämonismus,
die Rücksicht auf das Gefühl der Lust überhaupt, sondern auch
der Egoismus, die Rücksicht auf das Gefühl der eigenen
persönlichen Lust notwendig in jedem menschlichen Wollen
enthalten", wie Sigwart[1]) ganz richtig und ganz ehrlich
sagt. Nur muß man dabei nicht notwendig an die Vorstellung der künftigen Lust denken, die wir nach und durch Erreichung des Zweckes zu erwarten haben: sie taucht in der
Tat vielfach nicht in unserem Bewußtsein auf; das im Trieb
und im Wollen selbst liegende Gefühl der Unlust, das mit dem
Handeln selbst eintretende Lust- und Kraftgefühl, die innere
Befriedigung, daß es zum Entschluß, zum Handeln kommt,
und die dadurch herbeigeführte Befreiung von der Spannung, von Zweifel und Unsicherheit, das sind vielfach die
einzigen und unmittelbaren Gefühlsmomente inmitten
und während des Wollens und Handelns. Der Tapfere, der
sich jauchzend dem Feind entgegen in den Tod stürzt, denkt
nicht an Künftiges, sondern handelt aus dem Enthusiasmus
des Augenblickes heraus und findet in ihm sein höchstes
Glück.

Aber die sittlichen Handlungen, höre ich fragen, die eben
darum sittlich sind, weil sie selbstlos sind? Wie wir früher
bei den altruistischen Gefühlen des Wohlwollens, des Mitleides u. dgl. eine Beziehung auf das Ich und den Lust-
zustand des Ich konstatieren mußten, so fehlt eine solche
auch bei den moralischen, also selbstlosen Handlungen nicht.
Nur weil man, wo von Lust und eudämonistischen Motiven

---

[1]) Sigwart, Vorfragen der Ethik 1886, S. 6; s. oben S. 205.

die Rede ift, fofort an die nächftliegende einzelne und an
finnlich-körperliche Luft zu denken pflegt, ift die Lehre des
Eudämonismus fo in Verruf gekommen. Und beim Egois=
mus vollends denken wir ftets an die bewußte Entgegenfetzung
des Ich gegen die Zwecke aller anderen, an das rückfichtslofe
fich Hinweg= und Durchfetzen, das abfichtliche Verletzen
derfelben in feinem völlig ifoliert gedachten Intereffe.
So gefaßt ift der Egoismus verwerflich und nur verwerflich.
Im Wortlaut aber lag diefe fchlimme Mitbezeichnung
urfprünglich nicht. Und wo vollends vom Eudämonismus
die Rede ift, da ift jenes Stadium des Begehrens einer ein=
zelnen, ifolierten Luft fchon überfchritten, da handelt es
fich bereits um ein Abwägen der Werte und um ein All=
gemeines, alfo um ein fozufagen hypothetifches Wollen.
Der Eudämonift will nicht nur die nächfte befte Luft von
Fall zu Fall, fondern er will Luft als folche, die höchfte
Luft, das Glück im Vollfinn des Wortes, diefe Luft foll oberftes
Gefetz, letzter Zweck feines Handelns im ganzen fein. Dann
wird es aber nötig, unter den einzelnen Lüften zu fichten,
eine Auswahl zu treffen, die einen abzuweifen, weil fie
Unluft im Gefolge haben oder größere Luft verhindern,
andere zu bevorzugen, weil fie mehr Dauer verfprechen.
So wird die Luft zum Prinzip, und alles einzelne wird darauf=
hin angefehen, ob es dazu paßt und ftimmt. Aber man
täufche fich auch hier nicht: es ift dies nur ein philofophifches
Prinzip, eine philofophifche Abftraktion, der Menfch handelt
fo, als ob das fein Prinzip wäre, aber er denkt nicht
jedesmal daran und rechnet nicht forgfältig den Luftkonto
durch.

Und jedenfalls, „gut" wäre das nicht. Sehen wir zu.
Was heißt denn das Gute wollen und das Wollen des Guten?
Dabei handelt es fich nicht mehr um ein einzelnes Objekt und
Ziel, fondern um den Willen und das Wollen felber: fo wollen,
daß ihm das Prädikat gut beigelegt werden kann. Was heißt

aber in diesem Sinne gut? So nennen wir das Kind, das sich durch Gehorsam und Folgsamkeit die Zufriedenheit seiner Eltern und Lehrer verdient und verdienen, ihre Liebe dadurch vergelten will; so den Mann, der seinen Beruf treu und gewissenhaft erfüllt und sich dadurch die Achtung und das Vertrauen seiner Umgebung erwirbt; so die Frau, die auf ihren guten Namen zarte Rücksicht nimmt und ehrbar und in den Schranken der Sitte sich hält. Aber man sieht alsbald, daß auch hier überall noch Selbstsucht, der Gedanke an das Glück mit unterläuft. Und nicht bloß hier, sondern auch bei dem, der um Gottes, um seiner Seelen Seligkeit willen handelt, entdecken wir Reste des Egoismus, deutliche Zeichen einer eudämonistischen (d. h. Glücksuchenden) Gesinnung. So bliebe schließlich nur der, der das Gute tut um des Guten willen, der auf alles Glück verzichtet und nötigenfalls sogar sich selbst hingibt und der Pflicht sein Leben zum Opfer bringt. Aber man sehe wohl zu. Freilich handelt es sich hier um die Preisgabe aller kleinen und kleinlichen Interessen; aber Glück, Lust und Seligkeit findet der Mensch doch wieder und zwar gerade in diesem seinem Verzicht auf das Kleine und Nebensächliche, in dieser seiner Selbstlosigkeit, in dieser seiner Unterwerfung unter ein Gesetz, das ihm als das Höchste und Wertvollste gilt. Kant redet vom Gefühl der Achtung vor dem Sittengesetz; setzen wir dafür oder daneben das Wohlgefallen am Gesetz, die Lust zum Guten und die Freude am Guten, so haben wir mitten in diesen rein sittlichen Gefühlen und Motiven das Unkraut des Eudämonismus, nur in unserem Sinn nicht als Unkraut. Und dazu kommen dann die sympathetischen Gefühle, von denen früher die Rede war: ich finde mein Glück nur in und mit, nur durch das Glück der anderen, mir ist nicht wohl, wenn ich um mich her Not, leibliche, geistige, sittliche Not sehe, darüber vergesse ich mich selbst und suche zu helfen und gehe auf in dieser Arbeit für andere, in diesem

sozialen Dienst am Ganzen; so wird der Eudämonismus
zum Sozialeudämonismus und hört damit doch nicht auf,
Eudämonismus zu sein. Und sollte es als eine Stufe niedriger
Sittlichkeit oder gar als Unsittlichkeit angesehen werden,
wenn ich erkenne, daß in der Angemessenheit an das irgend=
wie formulierte Sittengesetz nicht nur objektiv das Gute
besteht, sondern hier allein auch subjektiv mein wahresWohl,die
innere Harmonie und Gesundheit, die völlige Befriedigung
meines Ich, mein Glück und mein höchster persönlicher Wert
gefunden werden kann?

Im Sittengesetz haben wir einen jener obersten und all=
gemeinsten Grundsätze; die Triebfeder aber, die mich an=
treibt, mein Handeln in Übereinstimmung mit diesem Gesetz
einzurichten, muß im Gefühl gesucht werden, und dieses
Gefühl hängt notwendig mit meinem Ich zusammen, ist
ganz genau besehen ein egoistisches. Dagegen bildet auch die
Tatsache möglicher Konflikte zwischen Begehren und Wollen,
zwischen Lust (Neigung) und Pflicht, Sinnlichkeit und Ver=
nunft, Fleisch und Geist keine Gegeninstanz. Es ist dabei
nicht so, als ob auf der einen Seite mein Ich, mein Ego, auf
der anderen ein mir fremdes Anderes stünde[1]). Vielmehr,
wenn verschiedene Vorstellungen und Möglichkeiten des
Handelns vor mir auftauchen, der Gedanke an eine nahe=
liegende isolierte Lust, die Erwägung, was wohl die Welt
dazu sagen werde, die Rücksicht auf die innere Harmonie
meines Wesens, die Frage, was ich mir selbst wert bin und
was mir an mir das Wertvollste ist, so ist bis zur Willens=
entscheidung ein Konflikt allerdings möglich. Aber ein
Konflikt zwischen Gedanken und Überlegungen i n   m i r:
dieses alles ist ja ein Stück von mir, liegt in mir, geht mich an,
es handelt sich um m e i n Interesse, um m e i n e n Wert,
um das, was f ü r   m i c h glückhaft und das wahre Glück,

---

[1]) s. oben S. 67 f.

gut und das höchste Gut ift. Und schließlich erhält über alle
solche Hemmungen doch immer nur dasjenige Motiv das
Übergewicht und den Sieg, das den höchsten Gefühlswert
f ü r m i ch hat.

Das führt zu einer Frage, die wir hier wenigstens streifen
müssen, aber in einem besonderen Abschnitt besprechen wol=
len, zu der Frage nach der Willensfreiheit.

3. Die Freiheit des Willens und das Freiheitsgefühl.

Vielfach ift unser Handeln, wie Wundt sagt, eindeutig
bestimmt, so daß von einer Wahl oder von vorangehenden
Konflikten und Überlegungen dabei nicht die Rede ift:
dies gilt nicht bloß von Triebhandlungen, die ja ohnedies
niemand als freie bezeichnen wird. Auf der anderen Seite
gibt es aber doch zahlreiche andere Fälle, wo eine solche Be=
stimmtheit und Eindeutigkeit fehlt, wo wir einer Mehrheit
von Möglichkeiten gegenüberstehen, sei es, daß wir vor der
Ausführung ein Schwanken in uns wahrnehmen und zwischen
diesen Möglichkeiten zu wählen haben, oder daß wir erst,
nachdem gehandelt ift, das Gefühl, die Vorstellung, den
Gedanken haben, wir hätten auch anders handeln können.
Das ift das sogenannte f r e i h e i t s g e f ü h l , eine
psychologische Tatsache, die jeder aus eigener Erfahrung
kennt und in sich konstatieren kann. Aber einmal gilt dies
bei weitem nicht von allen unseren Handlungen, und dann
ift es bezeichnend, daß Menschen, denen wir die Freiheit
des Handelns am ehesten geneigt sind abzusprechen, wie
Kinder, Wilde, rohe brutale Naturen, dieses Freiheitsgefühl
am allerstärksten in sich tragen und keinen Augenblick an
seiner Untrüglichkeit zweifeln, daß sich dagegen in den älteren,
erfahrenen und gebildeten Menschen immer mehr das Ge=
fühl der Abhängigkeit ausbildet, so daß man sagen könnte,
das Freiheitsgefühl sei eine abnehmende Größe.

23*

Was ist aber nun der Inhalt dieses Gefühls? Doch nur das, daß alle meine Handlungen von mir ausgehen, daß ich ihre causa bin; es ist somit nahe verwandt mit dem Kraft= gefühl sozusagen eine Seite desselben isoliert, potenziert und verallgemeinert, auf das Ganze des Ich bezogen, wie umgekehrt das Abhängigkeitsgefühl sich wesentlich auf die Stellung des Ich im Ganzen bezieht. Gerade über das aber, um was es sich in der Freiheitsfrage handelt, sagt das Gefühl nichts aus, nämlich was unser Wollen und Handeln seinerseits bestimme, ob es überhaupt bestimmt und moti= viert[1]), ob es determiniert oder indeterminiert sei? Viel= mehr wissen wir in vielen Fällen, auch wo wir uns frei glauben, daß und wodurch unser Handeln in der Tat deter= miniert und bestimmt gewesen ist; wir reden von zwingenden Gründen, wir sehen nicht nur bei uns, sondern auch bei nahen Bekannten mit ziemlicher, mit großer, mit fast ab= soluter Sicherheit voraus, wie sie in einem gegebenen Fall, den wir genauer kennen, handeln werden, handeln müssen. Und so werden wir auch in den Fällen, wo uns der Be= stimmungsgrund unbekannt ist, annehmen dürfen, daß ein solcher vorhanden war, wenn wir nur imstande sind, be= greiflich zu machen, warum und wie sich das Woher unserem Wissen hat entziehen können, wenn wir nur den Schein der Bestimmungslosigkeit und damit auch das Freiheitsgefühl zu erklären vermögen. Freilich ein Einwand liegt nahe,

---

[1]) Ich glaube nicht, daß die Unterscheidung der Motive oder Willens= gründe von den Ursachen des Wollens, wie sie Al. Pfänder in seinem Aufsatz über „Motive und Wertmotive" (Münchn. Philos. Abhandlungen, Th. Lipps gewidmet 1911) vornimmt, zur Klärung des Willensproblems etwas Ersprießliches beiträgt. Daß man seine Handlungen — nachträglich oder zur Täuschung anderer — von den wahren Ursachen abweichend be= gründen kann, ist uns ja allen bekannt; und klar ist auch, warum man im Bereich des mit Denken und Erkennen verschwisterten Willens lieber von Motiven als von Ursachen redet: das eine ist eben die ratio agendi, das andere die ratio fiendi; jene nennt man Ursachen, diese Motive, aber „rationes" sind beide. Darin behält Schopenhauer recht.

der unfere ganze Argumentation über den Haufen zu werfen
droht, noch ehe wir recht damit angefangen haben. Um zu
zeigen und zu beweifen, daß ich mich nicht nur frei fühle,
fondern daß ich es auch wirklich bin, kann ich mich auch gegen
die mir bewußten und mich fonft beftimmenden Motive
entfcheiden: hier handle ich wirklich gegen die Motive,
handle alfo frei. Aber auch ohne alles Motiv, ohne jeglichen
Beftimmungsgrund? Jft nicht der Grund dafür, daß ich mich
diefes Mal gegen jene näher liegenden oder gewöhnlichen
Motive entfcheide, eben darin zu fuchen, daß ich die Macht
meines Willens zeigen, mich ftark, mich heroifch beweifen
möchte? Diefer Wunfch oder Trieb, wie man es heißen
will, ift hier das Ausfchlaggebende und Motivierende,
ift in diefem Fall das ftärkere Motiv, fei es nun, daß ich
dadurch theoretifch einen Beweis für den Jndeterminismus
liefern oder daß ich praktifch meine Kraft, meinen Herois=
mus erproben und etwas Ungewöhnliches und Unerhörtes
leiften will. Das Jünglingsalter ift die eigentliche Zeit
für folche Kraftproben, daher ift da, wo auch äußerlich die
Ungebundenheit des Lebens am größten zu fein pflegt, z.
B. beim Studenten, fraglos auch das Freiheitsgefühl am
ftärkften.

Nun hat Sokrates den Satz aufgeftellt: niemand tut
freiwillig Böfes, was der Menfch als gut erkannt hat, das
muß er auch wollen und muß er auch tun. Das ift freilich
falfch und widerfpricht vielfacher Erfahrung. Aber das Falfche
daran ift nicht der Determinismus, fondern der Jntellek=
tualismus, der behauptete Primat des Denkens. Nicht Ge=
danken und Erkenntniffe, fondern Gefühle regieren und len=
ken den Willen, wie dies Bismarck in einer feiner Reden
ausgefprochen hat: „Das Gefühl ift, wenn es zur Entfchei=
dung kommt, ftärker und ftandhafter als der Verftand des
Verftändigen." Diefe Gefühle und Gefühlswerte, die den
Willen beftimmen, können, aber fie müffen nicht in Er=

kenntniffe verwandelt, zu Urteilen formuliert, begrifflich
fixiert werden. Bleiben fie aber unausgefprochen und un=
klar, entzieht fich das Motiv einer Willensentfcheidung
der hellen Beleuchtung des Denkens und Erkennens, fo
können wir nicht angeben, warum wir fo wollen und handeln,
und nun glauben wir, wir handeln unmotiviert und grund=
los, und nennen dann ein folches Handeln frei. Oder aber
gefchieht dies, und zwar noch viel häufiger, nach der Tat.
Hier ift fogar Verfchiedenes möglich. Das dominierende
und uns bewußt gewordene Motiv hat fich in der Handlung
fozufagen ausgelebt und erfchöpft; nun treten in unferem
Bewußtfein an die von ihm verlaffene leere Stelle die
anderen zurückgedrängten und in der Handlung unberück=
fichtigt gebliebenen Gefühle und verlangen wenigftens nach=
träglich noch mitfprechen zu dürfen. In der Reue fpielen
fie die Hauptrolle und fuchen fich ihr Recht: diefe ift nichts
anderes als der Wunfch, anders gehandelt zu haben und das
Mißvergnügen darüber, daß man fo und nicht anders ge=
handelt hat; die abgewiefenen Motive kommen nun doch
noch zur Geltung, verftärken fich wohl auch und überzeugen
uns von der Unrichtigkeit unferes Schrittes. Auch die üblen
Folgen ftellen fich ein und bringen uns das Verfehlte und
Verhängnisvolle unferer Handlung ganz befonders nach=
drücklich zum Bewußtfein; und diefe fo teuer erkaufte Ein=
ficht und Belehrung wird dann auf die Zeit vor der Aus=
führung zurückdatiert: damals handelte ich, wie ich moti=
vierterweife mußte; heute würden andere Motive und
beffere Einficht da fein, demgemäß würde ich jetzt anders
handeln; und nun auch fofort der Wunfch: ach, daß ich doch
anders gehandelt hätte! und daraus der rafche Schluß, die
I l l u f i o n ,   daß   ich   auch   wirklich   anders   hätte
handeln können. Endlich, Vorftellungen reproduzieren fich
leicht, Gefühle ohne Vorftellungen fchwer, daher wiffen wir
nachträglich noch, was wir gedacht, aber jedenfalls nicht

klar und deutlich, wie wir gefühlt haben; deshalb finden
wir es unbegreiflich, daß wir so gehandelt haben, und ziehen
daraus wiederum den vorschnellen Schluß, daß wir auch
anders hätten handeln können.

Das Hauptmotiv aller unserer Handlungen aber wird
am meisten übersehen, und das ist der C h a r a k t e r. Dieser
Begriff, von dem schon früher die Rede war[1]), führt uns auf
die wichtige psychologische Tatsache der Gewöhnung und der
Übung zurück. Nicht nur jede einmal ausgeführte Bewegung
wird vermöge der hinterlassenen Dispositionen ein zweites
und drittes Mal leichter wiederholt, zumal wenn sie, als
zum Ziele führend, Gefühlswert hat, sondern ebenso erzeugt auch jedes öfter dagewesene Gefühl dieselben
oder ähnliche Vorstellungen, denselben Gedankenverlauf.
Darauf beruht das Ich mit seinem reichen Inhalt als Einheit
in der Mannigfaltigkeit. Das Ich nun als wollendes und
handelndes ist der Charakter. Vorausgesetzt ist die körperlich bedingte Gemütsanlage, das, was wir früher Temperament genannt haben: der auf Vererbung beruhende, angeborene Charakter. Auf ihm baut sich dann der erworbene
Charakter auf. Indem ich handle, handle ich auf Grund
aller früheren Erfahrungen, aller erworbenen Dispositionen,
ähnlich wie der Aktenmensch die casus similes, die Prä-
zedenzfälle herbeiruft, ich handle a u s m e i n e m C h a -
r a k t e r h e r a u s. Wenn man ein Kind in einem bestimmten Fall mehrmals gezwungen hat zu gehorchen, so gehorcht
es die ferneren Male ganz von selbst, es ist ihm zur Gewohnheit geworden, so zu tun, bald kann es gar nicht anders mehr
als so. Wird man älter, so hat sich diese Macht der Gewöhnung verstärkt, wie ein Netz breitet sie sich über unser ganzes
Dasein und Handeln aus, und so kommt sie uns natürlich
auch in manchen Fällen und bis zu einem gewissen Grad

------

[1]) f. oben S. 213 f.

zum Bewußtfein; dann bringt man fie auf Formeln und
kleidet fie in Sätze und glaubt, diefe Formeln und Sätze
feien felber das Ausfchlaggebende, während in Wahrheit
die Gewohnheit oder fagen wir hier beffer: die Gewöhnung
uns nötigt, zu handeln wie wir handeln und uns ein Abwei=
chen ganz unmöglich macht. Weil fich aber diefe Gewohnheit
hinter den Grundfätzen verbirgt und uns in ihrer Bedeutung
und Kraft jedenfalls nur felten zum Bewußtfein kommt, fo
entfteht der Schein eines Handelns nach Grundfätzen, der
Schein eines freien Handelns. Und doch heftet fich die Macht
der Gewohnheit felbft an diefe Formeln und Grundfätze:
fie haben wir von Jugend auf gelernt, deshalb konfervieren
wir fie auch fpäter noch mit aller Pietät; fie hat man uns
auch wohl mit dem religiöfen Nimbus göttlicher Sanktion
eingeprägt, und fie werden von allen anftändigen Menfchen
anerkannt und gepriefen. Dadurch erhalten fie felbft auch
Affektions= und Gefühlswert (das Jahr übt eine heiligende
Kraft; was grau vor Alter ift, das ift ihm göttlich) und gehen
fomit ebenfalls in diejenigen Beftimmungsgründe meines
Handelns ein, die man nun als Summe aller angeborenen
Eigenfchaften und Anlagen, aller Gewohnheiten und Ge=
wöhnungen, Übungen und Difpofitionen, aller geläufigen
Vorftellungen und formulierten Regeln, Maximen und Grund=
fätze — Charakter nennt.

Daher kann ich vorausfehen und vorausfagen, was ein
Menfch tun wird, wenn ich feinen Charakter kenne: durch
ihn wird er beftimmt, ihm gemäß handelt er. Freilich gibt
es in jedem Menfchen auch Irrationales, daher läßt fich
keiner ganz berechnen; und es gibt auch wirklich charakterlofe,
unberechenbare Menfchen, bei denen fich nie vorausfehen
läßt, wie fie in einem gegebenen Fall handeln werden: aber
wird man diefe für freier halten als den charaktervollen,
den Mann mit feftem, ficherem Charakter? Bei ihnen fehlt
es an jenen Difpofitionen, fei es infolge angeborener

Schwäche (es haftet nichts, sie lassen durch wie ein Sieb; das Temperament des Sanguinikers gehört hierher) oder infolge einer mangelhaften Erziehung und Gewöhnung (so ist die Launenhaftigkeit mancher Frauen zu erklären). Daraus sieht man zugleich, daß im Charakter nicht das Angeborene die Hauptsache ist, es bildet nur die Unterlage; erst die Erziehung, natürlich im weitesten Sinne des Wortes, die Erziehung durchs Leben überhaupt, macht den Menschen zu dem, was man Charakter nennt, der somit als solcher nicht angeboren, sondern stets erworben, Produkt und Ergebnis ist (Charakter = zweite Natur).

Aber steht mit dem Gesagten nicht im Widerspruch, daß man sich auch gegen seinen Charakter entscheiden, ihm zuwiderhandeln kann? Der Charakter wirkt mit der Macht der Gewohnheit und des Vorhandenen. Kommt nun ein Neues, eine neue Aufgabe an den Menschen heran, so wird sie in dubio dieser Gewohnheit und diesem Vorhandenen gemäß ausgeführt, danach gemodelt, dadurch bestimmt: ich entscheide mich so, wie ich es gewohnt bin, wie es in meiner zweiten Natur liegt. Aber es ist auch möglich, daß dieses Neue mit ganz besonders starkem Gefühlswert an mich herantritt und mich in eine neue, in seine Bahn mit fortreißt, die Macht der Gewohnheit bezwingt und den Menschen bestimmt, dieses Mal abweichend von sich selbst zu handeln. Bei dem Akt der Apperzeption ist uns ein Ähnliches bereits begegnet. Das pessimistische Sprichwort, daß jeder Mensch seinen Preis habe, beruht auf einer psychologisch richtigen Beobachtung, und der Pietist, der versichert, Gott habe ihn fallen lassen, kleidet damit nur die Schwäche seines Charakters gegenüber dem übermächtigen Reiz des Neuen (der Versuchung) in eine beschönigende und heuchlerische Phrase. So gibt es keinen character indelebilis, der Charakter kann geändert werden. Aber ein solcher Sieg des Neuen ist Ausnahme, die Regel bleibt: Operari sequitur esse, nur gilt sie nicht, wie Schopenhauer im Anschluß an Kant meint, für den metaphyfischen (intelligibeln), sondern für den rein empirischen Charakter, mit dem wir es hier allein zu tun haben, während wir von einem anderen überhaupt nichts wissen. Der Zirkel, den schon Ariftoteles bemerkt hat, daß sich der Charakter auch wieder aus dem Handeln bildet (esse sequitur operari), bietet dabei keine Schwierigkeit. Wohl aber verftehen wir jetzt auch, wie der Schein der Freiheit eine abnehmende Größe ift: folange der Charakter noch un= entwickelt, noch nicht feft ift, handelt der Menfch fprungweife, launenhaft, unberechenbar, d. h. aber nicht freier, fondern vielmehr impulfiver und abhängiger von ifoliert auf= tretenden Motiven und Gefühlen. Der Charakterfefte da= gegen ift der, deffen Charakter verfeftigt ift, deffen Handeln durchaus gewohnheitsmäßig funktioniert. Daher ift es für den Erwachfenen unmöglich, feinen Charakter v ö l l i g zu ändern, ein g a n z Neuer zu werden; der Charakter ift unfere zweite Natur geworden, und naturam expellas furca, tamen usque recurret. Dem Charakter gemäß handelt man aber deshalb, weil es viel fchwerer fällt, fich gegen ihn, in ungewohnter Richtung zu entfcheiden, und fo geht bei dem fittlichen Charakter die Neigung durchaus Hand in Hand mit der Pflicht.

Noch viel mehr als beim Charakter, der doch oft mit dem andringenden Neuen ftarke Kämpfe ausfechten muß, ift dies der Fall bei dem (fittlichen) T a k t[1]). Hier tritt auch für das Bewußtfein das Freiheitsgefühl faft völlig zurück; denn für ihn gibt es überhaupt kein Überlegen, kein Schwan= ken, kein Wählen, eindeutig wie im Trieb ift hier der Wille beftimmt. Man handelt fo, wie man handelt (taktvoll), weil man gar nicht anders kann, aber ohne zu reflektieren,

---

[1]) Lazarus, Das Leben der Seele III², 1882, S. 1—65. Jhering, Zweck im Recht II², S. 45 ff.

faſt inſtinktiv; und man trifft dabei (denn das liegt im Be=
griff des Taktvollen) durchweg das Richtige. Trotz dieſer
inſtinktiven Treffſicherheit iſt es aber doch kein Angeborenes;
denn es handelt ſich dabei um das Verhältnis des einzelnen
zu der Geſellſchaft, zu deren Sitten und Lebensnormen
und im höchſten Sinn wie bei Sokrates auch zu den Normen
der Sittlichkeit: ſie muß man erſt kennen, auf ſie muß man
merken und achthaben, muß Rückſicht nehmen auf Perſonen
und auf Verhältniſſe. So beruht der Takt auf Erfahrung und
muß gelernt ſein. Aber es gehört auch von Natur etwas dazu,
eine gewiſſe Feinfühligkeit und Verſtändnisfähigkeit, eine
Raſchheit und Verſatilität des Auffaſſens, Geiſtesgegenwart
und zugleich ein Herz für das Milieu, in dem man ſich be=
wegt. Dann aber iſt der Takt die höchſte Kunſt, eine wahre
Lebenskunſt, im einzelnen Fall ſich jenen allgemeinen
Formen und Normen durchaus anzupaſſen, ja anzuſchmiegen,
mit Leichtigkeit ſich in ihnen zurecht zu finden, mit der größten
Sicherheit ſich in ihnen zu bewegen und ſie ohne Frage richtig
anzuwenden. Ein ſolches Handeln iſt durchaus natürlich
und ungezwungen und erregt als ein Anmutiges äſthetiſches
Wohlgefallen, wie wir ja vor allem an gebildeten Frauen
den Takt bewundern und ſie um deswillen Lebenskünſtle=
rinnen nennen. Daß es ſich dabei um ein weſentlich Gefühls=
mäßiges handelt, zeigt ſchon das Wort: man hat es im Ge=
fühl, ſozuſagen im Griff, in den Fingerſpitzen, wie man in
einem gegebenen Fall zu handeln hat; wer dagegen ſolchen
Takt nicht beſitzt, der muß es ſich in dem einzelnen Fall erſt
lange überlegen, und eben deswegen greift er im geſell=
ſchaftlichen Leben viel leichter fehl, weil hier die Anwen=
dung der Regeln durchweg individuell geſtaltet werden muß
und man keine Zeit hat, ſich darüber immer erſt lange zu
beſinnen. Stets aber iſt Takt ein Zeichen von Bildung
und Sache der Bildung, als ein Erworbenes und auf Übung
Beruhendes dem Charakter verwandt, aber gefühlsmäßiger

und inſtinktiver, weicher und ſchmiegſamer, zarter und an=
mutiger als er.

So führen alle dieſe Begriffe auf dasſelbe Reſultat,
zum D e t e r m i n i s m u s ¹), und das, was ihm ſcheinbar
entgegenſteht, dient, richtig verſtanden, allemal nur dazu,
ihn zu beſtätigen. Wenn man etwa hofft, ihn auf meta=
phyſiſcher oder ethiſcher Grundlage überwinden zu können,
oder gar glaubt, ihn hier fernhalten zu müſſen, ſo iſt darüber
zwar an dieſer Stelle nicht zu handeln, aber das Präjudiz
für ihn iſt doch recht ſtark, wenn die individual=pſychologiſche
Beobachtung und Erfahrung ſich auf ſeine Seite ſchlägt,
und die Ergebniſſe der Moral= und Kriminalſtatiſtik ſozial=
pſychologiſch dieſe Erfahrung beſtätigen. Determinismus
bedeutet nichts anderes, als daß der Menſch ſtets auf Grund
von Motiven und auf Grund des ſtärkſten Motivs handelt.
Das durchſchnittlich mächtigſte aller Motive aber iſt die Ge=
wohnheit, und die Summe des Gewohnheitsmäßigen im
Willen, der Willensdispoſitionen iſt der Charakter. Gerade
weil der Menſch neben den Reizen und iſolierten Gefühlen
ſich vor allem durch ihn beſtimmen läßt, handelt er, ob=
gleich determiniert, doch ſpontan, und ſo iſt er immer wieder

¹) Ich will mich ausdrücklich zu dieſem —ismus bekennen, obgleich
ich ſonſt weder von Ismen noch von Bekenntniſſen ein Freund bin, um
zu keinerlei Mißverſtändniſſen Anlaß zu geben. Ich bin Determiniſt,
kann aber darum doch wie Spinoza von einer libera necessitas
reden. Auf die weitſchichtige Literatur, die gerade neuerdings über
dieſes Thema angewachſen iſt, brauche ich mich um ſo weniger einzu=
laſſen, als ſie mir zu Änderungen meiner Anſchauungen an keinem Punkte
Anlaß gegeben hat; auch nicht die neueſte Verteidigung der Willensfrei=
heit durch Karl J o e l , Der freie Wille 1908. Ob Joh. R e h m k e mit
ſeiner Schrift „Die Willensfreiheit“ (1911) auch zu dieſen Verteidigern
zu rechnen iſt, iſt mir nicht ganz klar geworden; ſeine Unterſcheidung von
„Wollen“ und „Wille“ iſt jedenfalls kein Beitrag zur Klärung der Frage.
Übrigens findet ſich das Beſte über dieſes vielverhandelte Problem
überhaupt nicht bei Philoſophen oder Juriſten, ſondern in Schillers
Wallenſtein, der eine Schickſaltragödie und eine Charaktertragödie zu=
gleich iſt.

felber die Urfache feiner Handlungen und für fie verant=
wortlich, weil alles aus dem Ich hervor und durch das Ich
hindurchgeht. Der Schein der Freiheit aber entfteht durch
die Lücken unferes Bewußtfeins und unferer Erinnerung
über unfere Motive, vor allem aber durch das Ignorieren
der Gewohnheit und ihrer Macht, des Charakters und feines
Einfluffes: was durch ihn am feftesten gebunden ift, das
eben erfcheint uns als ungebunden und frei. Tatfächlich
zugrunde aber liegt dem Freiheitsgefühl und dem Freiheits=
fchein — das Kraftgefühl, das Ichgefühl; das ift eine Realität.
Wenn man aber unter Berufung auf pfychologifche Tatfachen
und Erfahrungen der im Determinismus fteckenden Aner=
kennung des Kaufalitätsgefeßes für das Seelenleben ein
anderes, etwa mit Wundt das Gefeß des Wachstums der
Energie[1]) entgegenftellen wollte, fo würde ich die Entfchei=
dung darüber der Metaphyfik überlaffen müffen. Nur die
Berufung darauf, daß im Seelifchen die Urfache oft nur
klein, die pfychifchen Wirkungen dagegen unendlich groß
feien, hier alfo eine Art fchöpferifcher Kaufalität anzuerkennen
fei, könnte ich nicht gelten laffen. Wenn ein Wort, das an
mein Ohr dringt, einen Sturm in mir entfeffelt, der mein
ganzes Seelenleben fchüttelt, umgeftaltet und ungeahnte
Kräfte in neuen Bahnen wirken läßt, fo ift das von der Wir=
kung des Funkens, der in ein Pulvermagazin fällt,
nicht wefentlich verfchieden: die Affekte, die hierdurch
wachgerufen, die Ideenaffoziationen, die angeregt, die
Stimmungen, die ausgebreitet, die Handlungen, die erft
unüberlegt im Affekt, dann wohlbedacht und mit planvoller
Abficht ausgeführt werden und ihrerfeits wieder auf die
Weiterentwicklung meines Seelenlebens zurückwirken, find
alles wohlmotivierte pfychologifche Vorgänge und Prozeffe,
die uns von einer „fchöpferifchen Synthefis" zu

---

[1]) In der 3. Aufl. des Syftems der Phil. I S. 302 ff. nennt er es
vorfichtiger, aber nicht mehr fo unmißverftändlich „Wachstum der Werte".

sprechen weder nötigen noch das Recht geben. Auch bei der
chemischen Synthese (Quecksilber und Schwefel) entsteht
ein Neues (Zinnober) und wächst eventuell der Wert (z. B.
als lebenrettende Arznei); und auch im Bereich der Natur=
vorgänge gilt das Prinzip der Äquivalenz nur annähernd:
ist es da wunderbar, wenn die viel kompliziertere psychische
Synthese auch weit ergiebiger, das Ergebnis bei etwaiger
Umkehrung des Prozesses aber viel unvollkommener ist?
Schöpferisch möchte ich aber darum diese Synthese doch
nicht nennen; denn Schöpfung ist Wunder und heischt nicht
nur einen sich bescheidenden, sondern den **prinzipiellen**
Verzicht auf das Begreifen!

4. Die Leidenschaft.

Ehe wir uns ein abschließendes Urteil über das Ver=
hältnis von Gefühl und Willen bilden können, haben wir
noch den Begriff der Leidenschaft ins Auge zu fassen. Das
Wort schon weist hin auf Leiden, auf Passivität, somit be=
rührt sich die Leidenschaft aufs engste mit den von uns schon
behandelten passiones oder Affekten. Sie von diesen zu
unterscheiden, ist nicht immer leicht, beide sind auch häufig
genug, selbst von Denkern wie Descartes und Spinoza,
zusammengeworfen worden. Das liegt nicht sowohl an
dem schwankenden Sprachgebrauch, der auch da, wo prin=
zipiell unterschieden wird, manches bald zu der einen, bald
zu der anderen Klasse zählt, sondern es beruht vielmehr
auf dem tatsächlich nahen Zusammenhang zwischen Fühlen
und Wollen, so daß das eine bald dorthin, das andere bald
hierhin gerechnet werden mag. Aber der Unterschied, wie
ihn schon Kant[1]) richtig bestimmt hat, ist doch der, daß der

----

[1]) Kant, Anthropologie § 79: „Die Neigung, durch welche die Ver=
nunft verhindert wird, sie, in Ansehung einer gewissen Wahl, mit der
Summe aller Neigungen zu vergleichen, ist die Leidenschaft. Man sieht
cht ein, daß Leidenschaften, weil sie sich mit der ruhigsten Überlegung

Affekt stets plötzlich und tumultuarisch, als Überraschung auftritt
und seine Spuren zunächst nur in dem Gefühlsleben hinter=
läßt (Abklingen in der Stimmung) und die Bewegungen und
Handlungen, zu denen er führt, etwas Unbewußtes haben.
Nun kann auch die Leidenschaft heftig, tumultuarisch auf=
treten, aber sie muß nicht so sein; wohl aber ist sie das, was
der Affekt von Haus aus nicht ist, sondern was erst aus ihm
sich herausbilden kann, eine Disposition, und zwar eine
Disposition des Begehrens und Wollens, die Neigung
nach einer bestimmten Richtung hin, die aber so stark, so
intensiv, so vertieft ist, daß sie den Menschen ganz und gar
beherrscht und ausfüllt und namentlich auch sein Denken
dauernd beeinflußt und vollstänig in ihren Dienst zieht.

Mit dem Affekt aber hängt die Leidenschaft dadurch zu=
sammen, daß sie vielfach aus ihm entsteht und sich entwickelt
und gelegentlich wieder zu Affekten derselben Art führt,
sich in Affektausbrüchen äußert und aus der Verborgenheit
in dieser Form ans Licht tritt. Diese Ausbrüche erklären die
Verwechslung von Affekt und Leidenschaft, für das Bild
der letzteren aber sind sie durchaus nebensächlich. Die Haupt=
sache ist vielmehr die dauernde Vorherrschaft einer einzelnen
Neigung und die Beherrschung des ganzen Gedankenganges
und Vorstellungsverlaufs durch ein Begehren in einseitiger
Richtung. Über dem einen, was erstrebt wird, wird alles
andere vergessen und vernachlässigt; dafür steht jenes Eine
beständig im Vordergrund des Interesses, es erscheint dem
Denken als das allein Berechtigte, Notwendige und Gültige,
als durchaus richtig, gut und schön, deshalb wird es mit
allen Gründen verteidigt und erwiesen. Das ist die Sophi=

---

zusammenpaaren lassen, mithin nicht unbesonnen sein dürfen, wie der
Affekt, daher auch nicht stürmisch und vorübergehend, sondern sich ein=
wurzelnd, selbst mit dem Vernünfteln zusammen bestehen können, der
Freiheit den größten Abbruch tun, und wenn der Affekt ein Rausch ist, die
Leidenschaft eine Krankheit sei."

stik der Leidenschaft, wie sie von Sophokles und Shakespeare so wundervoll dargestellt worden ist — man denke
an Kreon in der Antigone, an Othello oder Lady Macbeth —,
eine Leidenschaft, die blind macht und sich selber täuscht,
das Denken fälscht und nachträglich die Resultate, die zum
voraus feststehen, scharfsinnig und künstlich rechtfertigt.
Das Widerspruchsvolle daran ist aber, daß dieses scheinbar
Notwendige und Allgemeingültige (als Sache des Denkens
muß es sich so darstellen) in Wirklichkeit ein durchaus Par-
tikulares ist. In normalen Verhältnissen hat jeder einzelne
Zweck Beziehung zum Gesamtzustand des Ich und muß sich
nach diesem richten; in der Leidenschaft ist es umgekehrt:
das ganze Ich steht im Dienst dieser einen partikularen
Neigung und muß sich in allen seinen Funktionen von ihr
die Richtung geben lassen. Und ähnlich wie bei der Begierde
zeigt sich dieser Widerspruch dann auch im Verhältnis der Leidenschaft zu dem von ihr Erstrebten. Erreicht sie ihr Ziel, so ist
doch nur ein Teil des Ich befriedigt, und das Ganze bleibt
unbefriedigt; so ist der Leidenschaftliche ein ewig nach Labsal
dürstender, selbst mitten im Haben und Erreichen ge-
quälter und gefolterter Tantalus. Daher ist es so schwer,
sich von ihr freizumachen: man denke an den Spieler; und
daher ist sie ein wirkliches Leiden, geradezu eine Krankheit,
der fixen Idee des Geisteskranken verwandt. Der vernünftigen Selbstbeherrschung gegenüber ist sie Wahnsinn,
von der Leidenschaft muß man kuriert werden. Wenn aber
einmal gesagt worden ist, es sei in der Welt noch nie etwas
Großes ohne Leidenschaft zustande gekommen, so beruht das
auf einer Verwechslung mit der Begeisterung[1]), die freilich
auch die Form der Leidenschaft annehmen kann; aber ihr
Inhalt verdient es, den ganzen Menschen auszufüllen
und bleibend im Vordergrund seines Interesses zu stehen:

---

[1]) s. oben S. 244 f.

die Einseitigkeit wird hier selbst zum Ganzen, und gebän=
digt wird die Glut der Begeisterung durch die Besonnenheit,
die gegen die leidenschaftlich=fanatische Gleichgültigkeit in
der Wahl der Mittel schützt.

Gegenstand der Leidenschaft kann alles sein, was
Gefühlswert für den Menschen hat und Zweck seines Wollens
und Handelns werden kann. Auch das Beste kann ebenso wie
das Niedrigste und Gemeinste mit Leidenschaft erstrebt
werden: in Liebe und Haß, im Spiel und in der Arbeit, in
Kunst und Wissenschaft, in Politik und Religion gibt es
Leidenschaftliche und Leidenschaften. Um so gefährlicher
sind diese, weil sie nicht nur einen einzelnen beherrschen
und sein Herz veröden, sondern auch ganze Massen ergreifen
und zu Ausbrüchen eines wilden Fanatismus hinreißen
können.

5. Das Wesen des Willens.[1])

Indem wir zurückblicken auf den Inhalt dieses Kapitels
und das Ganze überschauen, müssen wir fragen: was ist
denn nun der Wille? Wir haben zuerst seine verschiedenen
Formen kennen gelernt, als da sind Trieb, soweit man ihn
hierher rechnen darf, Begierde, Wunsch, Sehnsucht und endlich
Wollen im engeren Sinn mit Zweck, Mitteln und Folgen.
Den Inhalt des Wollens aber bildet ein zu erreichendes
Wertvolles, der Zweck, der als Motiv und durch Motive

---

[1]) Vgl. hierzu, neben der schon genannten Schrift von Lipps,
Oswald Külpe, Die Lehre vom Willen in der neueren Psychologie, Philo=
Studien V, 1889, S. 179—244. 381—446; Narziß Ach, Über den Willens=
akt und das Temperament 1910 und seinen Vortrag über den Willen 1910;
und Else Wentscher, Der Wille, Versuch einer psychologischen Analyse
1910. Für die Verfasserin scheint (wie für Mathilde Kelchner) mein Buch
zu denen zu gehören, „die sie nicht erreichten". Bei der großen und mannig=
fachen Übereinstimmung ihrer Anschauungen mit den meinigen hätte sie
sonst nach gutem literarischem Brauch darauf hinweisen müssen.
Übrigens haben auch die von ihr Zitierten nicht durchweg Glück: Lipps
z. B. wird da, wo sie sich mit ihm auseinandersetzt, sein Buch also doch
wohl zur Hand gehabt hat, von ihr konsequent Lips genannt.

den Willen in Bewegung setzt. Weil aber die Motive sich
widersprechen und gleichzeitig verschiedene Zwecke an den
Menschen herantreten können, von denen einer den anderen
hemmt, so führen sie in dieser ihrer Verschiedenartigkeit und
Gegensätzlichkeit zum Schwanken und Zweifeln, nötigen
zu einer kürzeren oder längeren Überlegung, fordern schließlich
Wahl und Entscheidung, das Fassen eines bestimmten Ent=
schlusses. Zwecke aber sind entweder isolierte oder sie werden
einbezogen in die Totalität des Ich. Und schließlich erscheint als
das Höchste das Handeln nach allgemeinen Maximen und ober=
sten Prinzipien, ein „nach", das freilich in Wirklichkeit nur
ein „gemäß" ist; denn zuletzt steht als Wichtigstes und Ent=
scheidendes hinter allem und für alles der Charakter.

Wo steckt denn nun aber hier überall das Wollen? Zu=
nächst ergibt sich, daß wir es durchaus nicht mit einfachen,
sondern meist mit recht komplizierten Erscheinungen zu tun
haben; selbst in der primitivsten Form des Triebes ist es
bereits ein Zusammengesetztes, das sich von niederen und
relativ einfachen Anfängen aus immer mehr entwickelt, ver=
feinert und kompliziert. Zum Bewußtsein aber kommen
uns diese Vorgänge alle — soweit nicht Vorstellen und Den=
ken dabei im Spiel sind, und sie lassen sich ja leicht ausscheiden
und absondern — in der Form von Gefühlen: das Gefühl
ist das, was den Willen als Motiv in Bewegung setzt, der
überwiegende Gefühlswert gibt den Ausschlag und die Ent=
scheidung, im Kraftgefühl kommt uns die Aktion des Wollens
zum Bewußtsein, im Verantwortlichkeits= und Freiheits=
gefühl gibt sich mir der Willensakt als der meinige zu er=
kennen, in der Reue oder in der Freude am Erfolg spiegelt
sich Gelingen und Mißlingen, Wert oder Unwert der Hand=
lung als der meinigen wider. Auch Willensstörungen sind
lediglich Gefühlsstörungen oder Folge von solchen.

Daher ist es kein Wunder, daß man den Willen über=
haupt aus der Reihe der Seelenvermögen, um mich der Kürze

halber dieses alten Ausdrucks zu bedienen, hat eliminieren
wollen und daß sich Theorien gebildet haben, die die Phä=
nomene des Wollens aus anderen einfacheren Elementen
des Seelenlebens zu erklären versucht haben. In der Her=
bartschen Psychologie versteht sich das von selbst. Wo das
ganze Seelenleben von metaphysischen Voraussetzungen
aus auf das Spiel von Vorstellungen zurückgeführt werden
soll, muß sich das natürlich auch der Wille gefallen lassen.
Auch zur Erklärung des Begehrens bleibt hier nichts anderes
übrig, als das Bestehen unserer Vorstellungen im Bewußt=
sein und ihr Sich=Emporarbeiten zu klarem Bewußtsein;
und zwar wird man Begehren zu nennen haben die fort=
laufenden Übergänge aus einer Gemütslage in die andere,
deren vorstechendes Merkmal das Hervortreten einer Vor=
stellung ist, die sich gegen Hindernisse aufarbeitet und dabei
mehr und mehr alle anderen Vorstellungen nach sich be=
stimmt, indem sie die einen weckt und die anderen zurück=
treibt; von Abscheu aber (dem Gegenpol des Begehrens)
reden wir da, wo ein ganzes System zusammenwirkender
Vorstellungen sich wider eine einzelne, sie alle drückende
Vorstellung in Freiheit zu setzen strebt und damit aus irgend=
einem Grunde nicht zustande kommen kann. Daß hier ein
einziger Punkt des Vorgangs, um nicht zu sagen: ein be=
stimmter einzelner Fall, ganz willkürlich herausgegriffen
und verallgemeinert wird, um auch den Willen in das Pro=
krustesbett der metaphysischen Annahmen und Grundlagen
zu zwängen, ist schon zu oft wiederholt worden, als daß ich
es hier noch im einzelnen nachzuweisen nötig hätte: mit
Herbarts Seelenlehre steht und fällt auch diese seine Beschrei=
bung und Theorie des Willens, für uns ist sie mit jener ge=
fallen und beseitigt.

Im Grunde löste früher auch Münsterberg[1]) die Willens=

---

[1]) Münsterberg, Die Willenshandlung 1888. Er wird sich
freilich heute schwerlich mehr zu dem Inhalte dieser Schrift bekennen wollen.

handlung als Bewußtseinserscheinung in Vorstellung auf,
wenn er sie auf antezipierte Erinnerungsvorstellungen
reduziert und sagt, daß wir dann „von einer Willensleistung
sprechen, wenn der Wahrnehmung eines durch eigene Be=
wegung erreichten Effektes die Vorstellung der Erreichung,
respektive der Bewegungsempfindung, die Erinnerungs=
vorstellung derselben, das heißt die Innervationsem=
pfindung voranging"; in diesem Innervationsgefühl „als
dem konstanten Signal der Bewegung, das zugleich
inhaltlich der Bewegung entspricht, glauben wir nun
unwillkürlich auch die Ursache derselben zu sehen". Die
materialistische Hypothese, die er daran anschloß, inter=
essiert uns hier nicht: sie ist ebenso berechtigt wie jede andere,
leidet an denselben Fehlern wie der Materialismus über=
haupt und vermeidet dieselben Fehler, die er vermeidet.
Dagegen scheint mir die psychische Erklärung oder Beschrei=
bung selbst nicht ganz klar. Münsterberg vermischt Vor=
stellung und Gefühl: so sympathisch mir die Betonung des
Innervations= oder wie man besser sagt: des Kraft=
gefühls ist und so gewiß antezipierende Vorstellungen beim
Wollen eine Rolle spielen, so bleiben eben doch Gefühl und
Vorstellung verschieden, und mit einem „d. h." und einem
„zugleich" wird aus den beiden nicht eines. Und die Selbst=
beobachtung zeigt mir deutlich, daß sie verschieden sind:
in den antezipierenden Vorstellungen liegt das nicht, was ich
Wollen nenne (wenn E. Richter in seinen sozialdemokra=
tischen Zukunftsbildern den Sozialistenstaat antezipierte,
so wollte er ihn darum doch nicht!), sondern ausschließlich
im Gefühl und nur im Gefühl.

Im Gegensatz zu diesen Auflösungsversuchen steht Wundts
emotionale Willenstheorie[1]). Zwar faßt auch er die äußere

---

[1]) W u n d t , Physiolog. Psychologie III⁵, S. 303 ff. System, 3. A. I,
S. 376 ff.

Willenshandlung als die Apperzeption einer Bewegungs-
vorstellung, aber in der „reinen" Apperzeption selbst sieht
er die primitivste Willenstätigkeit, die elementare Form eines
Willensvorgangs, im Willen somit das Allerursprünglichste,
mit Bewußtsein und Seelenleben überhaupt zusammen-
fallende, die ursprüngliche Energie des Bewußtseins;
daraus gewinnt er dann seine metaphysische Hypothese
vom Willenswesen der Welt. Die richtige Beobachtung, daß
mit der Intensität der Apperzeption einer Körperbewegungs-
vorstellung auch der Drang zu dieser Bewegung selbst wachse,
reicht jedoch nicht hin, um die äußere Willenshandlung als
spezielle Form der Apperzeption erscheinen zu lassen,
bedarf vielmehr selbst erst einer Erklärung durch das Mittel-
glied des Gefühls; und die Apperzeption als Willenstätigkeit anzusehen, hat sich uns oben[1]) schon als untunlich her-
ausgestellt: nicht durch den Willen, sondern durch das Gefühl und den Gefühlswert kommt eine Vorstellung in unser
Bewußtsein. Endlich ist auch Wundts Anschauung keine rein
empirisch psychologische, sondern nimmt rasch genug eine
metaphysische Wendung und zeigt sich dadurch selbst schon
metaphysisch orientiert.

Dem gegenüber gehen wir vom Trieb als dem Grundphänomen aus[2]). In ihm ist das Gefühl das Treibende
und Primäre — „Gefühlsantrieb", und als Gefühl kommt uns
der ganze weitere Verlauf, kommt uns alles, was man hier
Wollen nennt, zum Bewußtsein. Daß es die Vorstellungen
nicht sind, in denen der Wille besteht, ergibt sich daraus,
daß diese erst, nachdem „gewollt" worden ist, auf Grund von
Erfahrungen in das Bewußtsein kommen können; sind sie

---

[1]) f. oben S. 47 ff.
[2]) So auch H o r w i c z in den kurzen Andeutungen eines Vortrags
„Zur Entwicklungsgeschichte des Willens" 1876. Vgl. zum folgenden
auch die Theorie von A l e x. B a i n, The senses and the intellect, 3.
Aufl. 1868.

freilich einmal dagewesen, so stellen sie sich, aber wiederum nur infolge des ihnen anhaftenden Gefühlstons, mit Regel= mäßigkeit jedesmal ein und überdecken als das Klarere das im Dunkel bleibende Gefühl. Aber nicht alles kommt uns als Wollen zum Bewußtsein, wie es danach scheinen könnte, wenn wir den Satz aufstellen: kein Gefühl ohne Bewegung: nicht diejenigen Gefühle, welche nur Bewegungen in den Zentralteilen auslösen (um mich der Kürze halber so aus= zudrücken), also nur den Vorstellungsverlauf in Bewegung setzen; nicht diejenigen, welche zu schwach sind und daher gewissermaßen auf halbem Wege stecken bleiben; und endlich auch nicht diejenigen, bei denen der Übergang ein sofortiger und völlig spontan verlaufender ist: Reflexbewegungen können Willenshandlungen gewesen sein, aber sie sind es nicht mehr. Auch Triebhandlungen bezeichnet man deshalb nur uneigentlich als Willenshandlungen und nur soweit, als auch sie durch eine Periode der Hemmungen, die zu überwinden, der Spannung, die zu lösen ist, hindurch in Aktion übergehen. Denn das ist für das, was wir Willen nennen, durchaus charakteristisch.

All unser Tun ist durch Gefühle kausiert. Wo diese uns eindeutig und direkt in Bewegung setzen, da reden wir nicht von Wollen, sondern nur, wo eine Spannung zu lösen ist, wo Hemmungen und Schwierigkeiten zu überwinden sind, ein Motiv sich gegen ein anderes durchsetzen, der Mensch also wählen muß, wo sich das Kraftgefühl als Gefühl der An= strengung äußert. Diese Überwindung von Hemmungen, diese Lösung der Spannung kommt uns als Spannungs= gefühl zum Bewußtsein, womit sich nachträglich noch die Be= wegungsgefühle selbst verbinden. So ist es mit einem Wort das Kraftgefühl, vermöge dessen ich mich als causa weiß und wonach alles von mir ausgeht, alle diese Vorgänge und Leistungen die meinigen sind. Darin liegt dann freilich auch die Beziehung zum Bewußtsein, zur Apperzeption,

zum Ichgefühl, in der Weise, wie es früher schon von uns
gefunden und beschrieben worden ist. Und hierhin weisen
auch gewisse Erscheinungen bei Geisteskranken, wo wir für
das Fehlen jener Hemmung den bezeichnenden Ausdruck
haben: bei dem ist eine Schraube los. Denn schließlich be=
steht überhaupt die höchste Leistung des Willens darin, ge=
wisse Impulse unterdrücken und hemmen zu können und so
den höheren sittlichen Motiven gegen diese momentanen
Impulse Zeit und Raum zum Wirken zu schaffen.

Worin nun aber diese Kausalität, diese innere Tätigkeit
des Ich, die uns im Gefühl zum Bewußtsein kommt, be=
steht — ich fühle mich als Kraft, aber bin ich auch Kraft, und
was heißt das? —, darüber läßt sich empirisch nichts sagen.
Gegeben ist sie uns in der einfachsten Form des Triebes
nur als Gefühl, aber nicht als einheitliches, sondern als eine
Reihe von Gefühlen; und ist der Trieb einmal befriedigt
worden, so verbinden sich damit Vorstellungen, die auf den
höheren Stufen des Wollens ohnedies nicht fehlen. Was
wir Willen nennen, ist somit nie etwas Einfaches und Pri=
märes, sondern jederzeit ein Komplex, ein Zusammenge=
setztes¹). Der primärste Vorgang aber — denn im Seelen=
leben handelt es sich um keine begrifflichen Wesenheiten
und Substanzen, sondern um Vorgänge und Prozesse —
spricht sich aus in dem Satz: k e i n G e f ü h l o h n e B e =
w e g u n g. Hier haben wir den bekannten Bogen vom
Sensorischen zum Motorischen, psychisch kommt uns das als
Gefühl zum Bewußtsein, psychisch i s t es Gefühl. Somit

---

¹) Ed. v o n H a r t m a n n, Die moderne Psychologie 1901, S. 257
findet es inkonsequent, daß ich die Auflösung des Willens in Gefühl tat=
sächlich lehre, aber nicht offen proklamiere, sondern zaghaft in der Schwebe
lasse. Er ist eben zu sehr Metaphysiker, um die Vorsicht zu begreifen, die
mit dem Begriff einer e m p i r i s c h e n Psychologie und eines empi=
risch Ersten oder Letzten Ernst machen will. Das zeigt sich auch bei seinen
Einwendungen gegen meine Lehre vom Ich und von den Kategorien auf
S. 307 f.

ist das Gefühl für die empirische Psychologie das erste oder
letzte — je nachdem. Dem gegenüber sind Vorstellungen
sekundär, und das Wollen gar, sofern es sich aus Gefühlen
(Hemmungs=, Spannungs=, Kraftgefühl) und Vorstellungen
zusammensetzt, erst tertiär.

Wenn ich aber weitergehen und sagen wollte, daß jenem
empirisch Letzten, dem Elementarvorgang und Grund=
gesetz alles psychischen Geschehens und Lebens: kein Gefühl
ohne Bewegung! in der materiellen Welt der Gegensatz
von Attraktion und Repulsion entspreche, so wäre ich damit an
der Schwelle der Metaphysik angelangt, und die Versuchung
läge nahe, die Gedanken weiterzuspinnen und eine Brücke
zwischen Natur und Geist im luftigen Reich der Hypothesen
zu schlagen[1]). Aber wir bleiben hübsch bescheiden auf empi=
rischem Boden, erkennen die alte Dreieinigkeit von Vor=
stellen, Wollen und Fühlen an, sind aber überzeugt, daß
das keine Seelenvermögen, sondern lediglich Klassen und
Stufen psychischen Geschehens sind und daß dem Fühlen
die erste Stufe gebührt unter diesen drei[2]).

---

[1]) Das Gefühl zum Weltprinzip zu machen, hat, wie schon erwähnt
(S. 7), F. Ritter von F e l d e g g, Das Gefühl als Fundament der Welt=
ordnung 1890 versucht. Es wäre vielleicht einem methodisch denkenden und be=
sonnen sich haltenden Metaphysiker doch möglich, dies in einer dem Fluche
der Lächerlichkeit weniger ausgesetzten Weise noch einmal zu versuchen.

[2]) Ed. von H a r t m a n n, System der Philosophie im Grundriß,
Bd. III, S. 19: „Das Gefühl ist u n t e r den Elementarphänomenen des
Bewußtseins das allerelementarste"; S. 26: „Das Fühlen gehört gleich=
sam tieferen Schichten der Seele an als das Vorstellen."

VII. Abnormitäten im Gefühlsleben.

Was vom gesunden Zustand gilt, muß sich mutatis mutandis auch im kranken Seelenleben wiederfinden, die andersartigen Erscheinungen hier werden gewissermaßen die Probe für das Exempel dort abzugeben haben[1]. Daß ich dabei fast ausschließlich auf die Mitteilung von Psychiatern angewiesen bin,[2] versteht sich von selbst, würde aber nur dann einen Vorwurf begründen, wenn ich über das Gefühl nur eigenes Neues beibringen und nicht vielmehr das Ganze des Gefühlslebens, wie wir es aus dem Zusammenarbeiten vieler Beobachter heraus kennen, darstellen wollte. Schlimmer ist, daß gerade über Gefühlserscheinungen bei Geisteskranken die Berichte verhältnismäßig dürftig und einförmig sind; die Gründe hierfür liegen auf der Hand; uns wird dadurch die Aufgabe wesentlich erleichtert.

1. Die Geisteskrankheit ist meist nicht auf einmal da, obgleich in selteneren Fällen namentlich bei erblich Belasteten die Erscheinungen zuweilen auch plötzlich hervor-

---

[1] Am meisten gilt das von der Hysterie, die man, obwohl sie keine ausschließliche Frauenkrankheit ist, nicht übel als „gigantessa della feminilità" bezeichnet hat.

[2] Neben verschiedenen Einzelbeobachtungen, wie sie in der Zeitschrift für Psychiatrie mitgeteilt sind, stütze ich mich auf Spielmann, Diagnostik der Geisteskrankheiten 1855; W. Griesinger, Die Pathologie und Therapie der psychischen Krankheiten, 3. Aufl. 1871; Krafft-Ebing, Lehrbuch der Psychiatrie, 2. Aufl. 1883; Kirchhoff, Lehrbuch der Psychiatrie 1892; Kräpelin, Psychiatrie, 7. Aufl. 1904; Störring, Vorlesungen über Psychopathologie 1900.

brechen können; sondern es gehen ihr als Zeichen der Er=
krankung allerlei Vorboten voran, wobei es oft schwierig
ist zu sagen, ob die Grenze geistiger Gesundheit bereits über=
schritten und Geistesstörung anzunehmen sei. Und hier ist es
nun für unsere Auffassung vom primären Charakter des Ge=
fühls eine Bestätigung eigener Art, daß der Beginn fast
immer in einer Veränderung der Gesamtstimmung, also
des Gefühlslebens, zu suchen ist. Es ist ja nur natürlich, daß,
wenn das Gefühl wirklich das Primäre ist, auch die krank=
hafte Veränderung in ihm am ersten sich spürbar machen
muß. Aber ebenso bezeichnend ist es, daß hier die Erkran=
kung noch sozusagen im Dunkel bleibt; erst wenn die klareren
sekundären Vorgänge des Vorstellens und Wollens von der
Krankheit ergriffen werden und diese sich im Denken und
Sprechen, im Tun und Handeln äußert, ist der Wahnsinn
zum Ausbruch gekommen.

Dabei ist es dann weiterhin fast selbstverständlich, daß das
Gewöhnliche in diesem Anfangsstadium eine Verstimmung
nach der düsteren Seite hin, ein psychischer Depressionszu=
stand, eine ärgerlich reizbare, hypochondrische oder schmerz=
lich deprimierte und ganz apathische Grundstimmung ist,
die sich oft an ein schweres Erlebnis anknüpft und diesem
zur Last gelegt wird, an ihm haftet und nicht mehr mit
ihm fertig werden kann, ein unbestimmtes Krankheitsge=
fühl, das in seiner Unklarheit doppelt drückt und ängstigt.
Dieses Stadium oder, wenn es als leichtere Form der
Geisteskrankheit chronisch und sozusagen auf der Grenze der=
selben bleibt, dieses Krankheitsbild nennt man wohl auch
Melancholie[1]), mit dem Namen jenes Temperaments,
das alle Eindrücke im Gefühl lange festhält und gefühls=
mäßig nach= und abklingen läßt; als ein solches Nachklingen,
nur krankhaft gesteigert und verlängert, tritt sie uns auch hier
entgegen.

---

[1]) Krafft=Ebing, Die Melancholie 1874.

Es gibt aber auch krankhaft heitere Stimmungen, die sich
bis zu förmlicher Lustigkeit und Ausgelassenheit steigern
können — Manie. Der Erkrankende fühlt sich frischer und wohler
als je, glaubt sich fähig zu großen Leistungen und ist in diesem
gehobenen Selbstgefühl glücklich und fröhlich, liebenswürdig
und munter, ja geradezu ausgelassen und selig. Namentlich
in diesem Falle verbirgt sich die Krankheit oft lange, da vielmehr der Schein erhöhten Wohlbefindens und gesteigerter
Leistungsfähigkeit täuscht und trügt. Endlich ist als drittes
auch ein rasches und unvermitteltes Übergehen und Springen
vom einen zum anderen, von Lust zu Schmerz, von Trauer
zu Freude, eine erhöhte Launenhaftigkeit, der sogenannte
Stimmungswechsel, das Alternieren melancholischer und
manischer Zustände möglich — manisch-depressives, auch
zirkuläres Irresein.

Vielfach hängt besonders jene erste Form der Depression
und Verstimmung zusammen mit krankhaften körperlichen
Gefühlen, die dann falsch gedeutet werden. Es sind vor
allem abnorme Zustände der inneren Organe, krankhaft
veränderte Gemeingefühle; aber auch Geschmack und Geruch,
Gesicht und Gehör können krankhaft affiziert sein. Eine
eigentümliche Perversion, häßliche Idiosynkrasien treten
zutage, Blumenduft wird als unangenehm empfunden,
Gestank erregt Lust, ekelhafte Speisen werden mit Behagen
verschlungen, Geräusch und Geschrei gern gehört, grelle
Farben bevorzugt.

Unter diesen krankhaften Erscheinungen des Gefühlslebens ragt besonders die wohl meistens physisch bedingte
Präkordialangst hervor: es ist dem Kranken, als ob ihm das
Herz zusammengedrückt würde, ein Gewicht darauf läge
und ihm die Brust zerspringen wollte. Und natürlich ist,
daß sich im Zustand der Reizbarkeit auch häufiger und intensiver als bei Gesunden Affekte einstellen: Zornausbrüche,
Wutanfälle, Wonneschauer, ekstatische Verzückungen u. dgl.

Diese Gefühle wirken nun in ihrer Verstimmung und
Veränderung wie das normale Gefühlsleben auch auf den
Inhalt und Verlauf der Vorstellungen ein. Die Apathie
hemmt den Ablauf, verlangsamt das Tempo bis zur Lücken=
haftigkeit und in einem oft höchst auffälligen Maße; die Ge=
fühlsaufregung hat umgekehrt Beschleunigung desselben
zur Folge, die erst als besondere Lebhaftigkeit erscheint und
witzig klingt, aber schließlich in Gedankenflucht und Ideen=
jagd ausartet und in völliger Verworrenheit und fragmen=
tarischer Zerrissenheit endigt. Inhaltlich nimmt der ganze
Vorstellungsverlauf die Färbung der veränderten Grund=
stimmung an: der Melancholische produziert nur noch trübe
Bilder, der heiter Erregte sieht alles im rosigsten Licht und
baut sich Luftschlösser aller Art; die Angst läßt überall
Schrecknisse und Feinde sehen; Größenwahn und Verfol=
gungswahn sind hier besonders zu nennen. Auch die Art,
wie die Vorstellungen sich aneinander reihen, wird eine andere:
die äußerliche Freude an ähnlich klingenden Worten, an
Reim und Vers überwiegt und läßt um diesen Preis auch
das Sinnloseste gelten. Vielfach kommt es auch zur Bildung
von Zwangsvorstellungen: der Kranke wird gewisse quälende
und lästige Gedanken nicht mehr los, obgleich er das Unge=
reimte derselben wohl einsieht; oder er kommt in der Grübel=
sucht über Fragen und Zweifel, die sich meist auf religiöse
oder metaphysische Dinge beziehen, nicht hinweg. Wichtig
ist hierbei vor allem das Gefühl des Zwanges, das dem
Kranken selbst krankhaft und peinlich erscheint.

Die Wahnvorstellungen hängen übrigens vielfach mit jenen
krankhaften Gemeingefühlen zusammen, von denen oben
die Rede war: sie sind — darin mit den Illusionen verwandt
— nichts als falsche Deutungs= und Erklärungsversuche
dieser Gefühle, wobei die Form, in die sich diese Deutungen
kleiden, natürlich vom Bildungsstand und Interessenkreis
des Gesunden abhängt: hier spielt namentlich Verfol=

gungs= und Größenwahn eine Rolle. Liegen diesen Vor=
stellungen periphere Reize zugrunde, so sind es
Illusionen, die bei dem Kranken im Unterschied von der
Illusion des Gesunden leicht eine phantastische Gestalt
annehmen; ist dagegen die Erregung eine zentrale, so sind
es Halluzinationen, die aber vom Geisteskranken nicht als
solche erkannt, sondern mit objektiven Sinneswahrneh=
mungen verwechselt und als solche behandelt werden;
dabei ist es übrigens oft sehr schwer, den Unterschied zwischen
Sinnestäuschungen und erregtem Phantasiespiel festzu=
stellen. Schließlich spinnt sich der Kranke in ein wahres
Wahnsystem ein und verliert jede mögliche Kritik seinen
Deutungen, Wahngebilden und fixen Ideen gegenüber.
Das Schwinden der tieferen Teilnahme für andere, das
Sich=Zurückziehen auf die eigene Persönlichkeit ist, wo es sich
daran anschließt, zuweilen schon ein Anzeichen des beginnen=
den geistigen Zerfalls.

Endlich kein Gefühl ohne Bewegung! daher zeigt sich
die Krankheit auch im Triebleben, im Wollen und Handeln.
Krankhaft veränderten Gefühlen entsprechen qualitative
und quantitative Abänderungen der gewohnten und nor=
malen Gefühlsäußerungen und Ausdrucksbewegungen. Hal=
tung, Gang, Mienenspiel, Sprechweise und Schrift verändern
sich. Die Triebe äußern sich merkwürdig gesteigert und kraß
oder sie nehmen eine perverse Richtung und Form an. Ein
heftiger Trieb zu körperlicher Bewegung äußert sich in be=
ständiger Unruhe, in ziel= und zwecklosem Umherlaufen, im
Sammeln aller denkbaren Gegenstände; ·und wenn dabei
kein Ermüdungsgefühl eintritt, so beweist das doch wohl,
wie stark das Gefühl der Unlust sein muß, das zu diesen Be=
wegungen treibt und die sie begleitende Ermüdung nicht
zum Bewußtsein durchdringen läßt. Hunger und Durst
steigern sich zur Freßgier und zur Trunksucht des Quartal=
säufers; das Perverse zeigt sich hier in der widerlichen

Erſcheinung des Koteſſens. Ebenſo tritt der Geſchlechts=
trieb ins Ungeheuerliche geſteigert und ungehemmt durch das
Schamgefühl in die Erſcheinung, bei den Frauen als Nym=
phomanie. Unluſtempfindungen dem anderen und Luſt=
gefühle dem eigenen Geſchlecht gegenüber führen zu per=
verſem Geſchlechtsverkehr[1]), wobei freilich zweifelhaft iſt,
ob die Homoſexualität immer als krankhafte Erſcheinung
aufzufaſſen iſt. Auch Zwangshandlungen ſchließen ſich
hier an. Zünd' an! ſchlag zu! und der Kranke tut es, trotz
klarer Einſicht in die Verwerflichkeit der Handlung, voll
Angſt vor ſich ſelber, in tiefem Abſcheu über das, was er doch
nicht laſſen kann.

Der Apathie verwandt und aus ihr als einem allgemeinen
Unluſtzuſtand hervorgehend iſt die Abulie, die durch den Mangel
an jeder eigenen Initiative, durch leichte Beſtimmbarkeit
und ſcheinbare Charakterloſigkeit zuweilen vorübergehend
Blödſinn vortäuſcht, bei anderen unheilbaren Defektzuſtänden
aber bis zum wirklichen Aufhören des Wollens und zum Er=
löſchen jedes Triebes, auch des Selbſterhaltungstriebes,
ſich ſteigert, ſo daß zwangsweiſe Fütterung notwendig wird.
Solche Krankheitserſcheinungen, die den geiſtigen Verfall
bedeuten, endigen ſchließlich im terminalen Blödſinn, der als
agitierter in läppiſchem Gefaſel und ſinnloſer Beweglichkeit
ſich äußert, in dem faden Lächeln oder weinerlichen Grinſen
des blöden Geſichtes aber doch noch Spuren von Gefühls=
wirkungen verrät, namentlich wenn dieſe Ausdrücke wech=
ſeln. Im apathiſchen Blödſinn dagegen hört alles auf,
die geiſtigen Funktionen ſind erſtorben, der pſychiſche Menſch
iſt tot.

Alles das ſind Bewußtſeinsſtörungen. Im engeren Sinne
aber verſteht man darunter Veränderungen des Geſamt=

---

[1]) K r a f f t = E b i n g , Psychopathia sexualis — ſeit 1886 in
immer neuen Auflagen erſcheinend.

bewußtſeins, der Bewußtſeinslage und =Höhe einerſeits, des
Selbſtbewußtſeins andererſeits. Auch ſie ſind die folge
krankhafter Deränderungen des Gefühlslebens. Zunächſt
werden wir, der Apathie entſprechend, jene Zuſtände zu
nennen haben, in denen das Bewußtſein traum= und ſchlaf=
artig wird, über das ganze innere Sehfeld eine Art von Schleier
ausgebreitet erſcheint, die Aufmerkſamkeit für nichts zu
gewinnen iſt (Störung im Apperzeptionsorgan?!) und
infolgedeſſen auch nichts haften bleibt. Solche Dämmer=
zuſtände können ſich bis zur völligen Bewußtloſigkeit ſtei=
gern; oder es können auf der anderen Seite ganze Zeit=
räume im Gedächtnis ausgelöſcht werden und ſich Lücken
bilden für unſer Bewußtſein. Damit hängt auch wohl jene
Duplizität des Bewußtſeins zuſammen, von der früher ſchon
die Rede war[1]). Zunächſt nur eine Aufhebung des Be=
wußtſeins der Einheit läßt ſie ſich dann freilich bei einer An=
ſchauung, für welche dieſes phänomenologiſch Ergebnis iſt,
leicht erklären, ohne daß man zu der Zweiheit der beiden
Hirnhemiſphären ſeine Zuflucht nehmen müßte und an
die Möglichkeit des Doppelſehens mit den beiden Augen
als ein Analogon erinnern dürfte. Und auch jenes völlige
Auseinanderfallen der Perſönlichkeit in zwei, jenes wirk=
liche Doppelleben und Doppelbewußtſein in zwei verſchieden
geſtimmten, verſchiedenartige Charakterzüge zeigenden und
nichts von einander wiſſenden Perſonen darf wohl aus ſol=
chen Dämmerzuſtänden und zugleich als alternierendes
Bewußtſein aus wechſelnden Stimmungslagen, von denen
die eine aus völlig ungewohnten und fremdartigen Gemein=
gefühlen hervorgeht, begriffen werden. Darin findet dann
auch das völlige Zerfallen in eine Mannigfaltigkeit ohne
Einheit, das Sichſelbſtverlieren, die „Deperſonaliſation“,
der nihiliſtiſche Wahn des Kranken ſeine Erklärung, Er=

---

[1]) ſ. oben S. 70 ff.

ſcheinungen, von denen ebenfalls ſchon früher die Rede
war.

2. Eine neue Reihe von Problemen hat der Pſychologie
der H y p n o t i s m u s aufgegeben, und es iſt gerade auch
im Intereſſe der pſychologiſchen Wiſſenſchaft erfreulich, daß
man den hypnotiſchen Erſcheinungen nach einer Periode des
Zweifels und der Zurückhaltung heute auch in Deutſchland
ohne Überſchwang die gebührende Aufmerkſamkeit ſchenkt[1]).
Einſtweilen ſind wir freilich noch immer im Stadium des
Beobachtens und Catſachenſammelns, wobei man nicht
vorſichtig genug in der Sichtung und Prüfung des Materials
ſein kann. Dabei ſind wir jedoch gerade hier inſofern in einer
verhältnismäßig günſtigen Lage, als ſich für das Gefühls=
leben nicht allzuviel daraus ergibt und ergeben kann. Immer=
hin dürfen wir an dieſen Erſcheinungen nicht ganz vorüber=
gehen.

Ob alle Menſchen hypnotiſiert werden können, ſcheint
immer noch nicht ganz ausgemacht; daß Neuraſtheniſche
und Hyſteriſche dafür beſonders empfänglich, freilich oft nur
für Autoſuggeſtion empfänglich ſind, ſpricht für ein patho=
logiſches Moment in der Hypnoſe; und die geringe Wider=
ſtandsfähigkeit der meiſten Menſchen dagegen würde dann
nur als ein Beweis mehr für das Neuropathiſche unſerer
überhaſteten und überreizten Generation anzuſehen ſein.

Charakteriſtiſch iſt ſchon die Art, wie in den Zuſtand der
Hypnoſe verſetzt wird: angeſtrengte Aufmerkſamkeit auf
einförmige Sinneseindrücke (fixieren eines glänzenden
Gegenſtandes, Achtſamkeit auf das Ticken einer Uhr) oder
das leichte Streichen des Körpers mit der Hand und das wie=

---

[1]) Die ältere Literatur hat ziemlich vollſtändig zuſammengeſtellt
M. D e ſ ſ o i r , Bibliographie des modernen Hypnotismus 1888. Frei=
lich iſt ſie inzwiſchen lawinenartig angeſchwollen. S. W u n d t , a. a. O.
III⁶, S. 664 und für den Zuſammenhang dieſes Abſchnittes mit dem
vorangehenden W. H e l l p a ch , Die Grenzwiſſenſchaften der Pſychologie
1902.

derholte Zureden einzuschlafen, wobei das physische Moment
des Fühlens und Hörens doch noch immer wichtig zu sein
scheint neben dem suggestiven, sind die Mittel, durch welche
dieser eigenartige Zustand hervorgerufen wird. Charakte=
ristisch ist auch hier das Moment der Einübung. Von Anfang
an sind die meisten Menschen nur schwer zu hypnotisieren;
ist es aber das eine und andere Mal gelungen, dann wird
der Zustand leichter und immer leichter wiederholt, und der
leiseste Anstoß, jetzt jedenfalls schon das suggerierte Wort:
schlaf' ein! genügt zur Versetzung in den hypnotischen Zu=
stand. Umgekehrt dient als geeignetstes Mittel zum Auf=
wecken das Anblasen, also ein einmaliger starker und völlig
ungewohnter Sinneseindruck, der ähnlich wie der Kitzel große
Irradiationsfähigkeit hat.

Die Erscheinungsformen sind sehr mannigfaltig und
wechseln individuell von Fall zu Fall; daher gehen auch
die Versuche zu gruppieren und nach Stadien zu gliedern,
noch so weit auseinander. Als Anfangsstadium wird vielfach
eine Lethargie beobachtet, in der Empfindung und körper=
liches Gefühl fast ganz erloschen ist; der Eingeschläferte
macht den Eindruck eines Gelähmten. In einem weiteren
Stadium tritt Katalepsie, Muskelstarre ein: den einzelnen
Gliedern oder dem ganzen Körper können Stellungen ge=
geben werden, die, obwohl sie im normalen Zustand mit
großer Anstrengung verbunden sind, hier außerordentlich
lange und ohne alles Müdigkeits= oder Schmerzgefühl
festgehalten werden; auch hierbei versteht sich Anästhesie
und Analgesie von selbst. Im Übergang zum dritten Stadium
kommen sodann automatische Bewegungen unter dem
Einfluß des Hypnotiseurs zustande, die auf Suggestion zurück=
geführt werden müssen. Und endlich tut der Hypnotisierte,
was ihm auf irgendeine Weise vom Hypnotiseur suggeriert
wird, sei es nun, daß dieser es ihm ausdrücklich befiehlt
oder es ihm vormacht oder die einleitende Bewegung an

ihm vornimmt, woran sich die anderen dazu gehörigen Be=
wegungen ganz mechanisch und von selbst anschließen.
Während die ganze übrige Welt für den Hypnotisierten zu
existieren aufgehört hat und versunken scheint, schenkt er
dem Hypnotiseur ausschließliche und keineswegs verminderte
Aufmerksamkeit und befindet sich in absoluter Abhängig=
keit von ihm. Der Hypnotiseur kann ihm dabei das Un=
glaublichste einreden (suggerierte Halluzinationen), daß er
Schlechtschmeckendes mit dem Zeichen des Entzückens ißt,
Anwesende für nicht anwesend erklärt (wegsuggerieren),
ja sogar sich selbst als den, der er ist, vergißt und — natürlich
in seiner Weise — eine ihm fremde Rolle spielt, eine fremde
Persönlichkeit annimmt. Während die Analgesie den Hypno=
tismus bei Operationen verwertbar macht, findet sich in
dem höheren Stadium des eigentlichen Somnambulismus
zuweilen eine auffallende Steigerung der Empfindlichkeit
der Sinne — Hyperästhesie; namentlich der Geruchssinn,
aber auch der Tast= und Temperatursinn verfeinern sich, so
daß der Hypnotisierte durch den Widerstand der Luft auf
die Nähe von Gegenständen, die ihm im Wege stehen,
aufmerksam wird. Die Aussagen über angenehm erhöhtes
Lebensgefühl oder über wonnige Seligkeitsempfindungen
sind durchaus vereinzelt, und es bleibt zweifelhaft, ob ihnen
ein wirkliches Fühlen zugrunde liegt oder die Aussagen
darüber nicht lediglich suggeriert und ohne allen Gefühls=
hintergrund sind. Ebenso steht der Amnesie für alles wäh=
rend der Hypnose Erlebte in einzelnen Fällen die gesteigerte
Erinnerungsfähigkeit oder Hypermnesie gegenüber; auch die
über den hypnotischen Zustand hinausreichende Wirksamkeit
der Suggestion (posthypnotische Suggestion) bildet davon eine
Art Ausnahme. Der eigentliche Somnambulismus kommt
übrigens nur in ausgesprochen pathologischen Zuständen,
namentlich bei Hysterischen, vor[1]), deshalb ist hier besondere

---

[1]) Daher ist es grober Unfug, alle möglichen Verbrechen auf Suggestion

Dorsicht notwendig, da bei solchen Kranken Täuschung — Lüge und Selbsttäuschung — an der Tagesordnung ist.

Eine Theorie, die alle diese merkwürdigen und seltsamen Zustände zu erklären vermöchte, fehlt uns durchaus noch; er wird ja sogar darüber gestritten, ob wir es überhaupt mit seelischen Erscheinungen zu tun haben und nicht vielmehr bei den automatischen Bewegungen des Hypnotisierten der psychische Parallelprozeß fehle. Das geht gewiß zu weit und ließe manches unerklärt. Eher werden wir an Hemmungserscheinungen zu denken haben: die angestrengte Aufmerksamkeit auf den einen Reiz oder auf den Hypnotiseur ruft sehr rasch eine starke Ermüdung hervor und betäubt das Organ der Intelligenz, läßt die Großhirnrinde oder Teile derselben „einschlafen", und so ist der Wille und die Aufmerksamkeit gelähmt, das Bewußtsein, die Apperzeptionsfunktionen, wie Wundt[1]) mehr hübsch als klar sagt, „eingeengt". Was dagegen automatisch weiterlaufen kann, das bleibt in seiner Funktion erhalten, also auch die Fähigkeit zu gewissen Trieb- und Nachahmungsbewegungen. Fraglich ist, ob dabei wirklich eine Steigerung der Erregbarkeit der Sinneszentren anzunehmen ist oder ob diese nicht vielmehr nur nach dem Gesetz des Kontrastes durch das Wegfallen aller die Aufmerksamkeit sonst ablenkenden Reize gesteigert s c h e i n t . Die Hauptsache aber bleibt das Automatische; und damit hängt zusammen, daß, weil das Bewußtsein nichts damit zu tun hat, alles so sicher und normal verläuft (vgl. die Sicherheit des wirklichen Nachtwandlers). Weil aber das Bewußtsein wenigstens teilweise außer Funktion gesetzt, das Ich sozusagen suspendiert ist,

zurückzuführen und interessante Verbrecher damit entschuldigen zu wollen
[1]) W. Wundt, Hypnotismus und Suggestion 1892. Phys. Psychologie III^5, S. 666 ff. Die „Verengung" des Bewußtseins hält Heymans a. a. O. auch für das wesentlichste Merkmal der Hysterie wodurch der nahe Zusammenhang von Hysterie und Somnambulismus erklärt wäre.

so regiert diesen Automaten nicht das eigene Ich, sondern ein fremdes Ich, soweit es und von welchen Punkten aus immer es sich zu diesen halbschlafenden Menschen einen Zugang zu schaffen und Einfluß auf sie zu gewinnen vermag. Daß dabei das Gefühl am wesentlichsten beeinträchtigt, vollständig oder fast vollständig erstorben erscheint, beweist wiederum nur dessen nahe Beziehung zu Bewußtsein und Aufmerksamkeit, die zentrale und primäre Stellung, die es im Seelenleben einnimmt. Daß sich aber der Hypnotiseur Gehör verschaffen kann und seinen Befehlen Folge geleistet wird, zeigt doch, daß da, wo es sich um mehr als um die Ausführung von ganz einfachen koordinierten Bewegungen handelt, immer noch ein Rest von Gefühl und Bewußtsein vorhanden sein muß; ein Gefühl der Schwäche und Abhängigkeit ist bei diesen nerven- und willensschwachen Somnambulen ja gewiß erste Voraussetzung; daher die Passivität der Hypnotisierten und die große Leichtigkeit, mit der sich der Hypnotiseur in den Besitz ihres seelischen Lebens setzt und die vielleicht auf einem Gefühl der Hilflosigkeit und Abhängigkeit, der Willensschwäche ihm gegenüber mit beruht. Schmidkunz[1]) meint, daß über das, was vom seelischen Leben übrigbleibt, „nähere Beobachtungen von Wert wären, mehr als so viele andere Spezialitäten". Er hat recht; aber allzuviel verspreche ich mir davon doch nicht. Die ganze Erscheinung ist psychologisch viel uninteressanter, als wir erst gemeint hatten. Die Hauptsache, was die Psychologie durch die Hypnose gelernt hat, ist nur das, daß der Umfang dessen, was automatisch und unbewußt in unserem Leben abläuft, erheblich größer ist, als wir bis dahin anzunehmen geneigt gewesen waren. Mit dem Automatischen und Mechanischen hat es aber gerade das Gefühl am allerwenigsten zu tun; jenes tritt vielmehr da ein, wo, und tritt dadurch ein, daß Bewußtsein und Gefühl verschwinden.

[1]) Schmidkunz a. a. O. S. 147.

Schluß.

Im Gefühl dringen wir, wie ich glaube, bis zu der tiefsten Tiefe des psychischen Lebens vor, soweit überhaupt e m p i = r i s ch vor= und eingedrungen werden kann. Schon daraus ergibt sich seine Bedeutung für das Ganze des Seelenlebens. Und doch ist es dem Erkennen und Wollen gegenüber in der wissenschaftlichen Betrachtung lange Zeit fast wie ein Minderwertiges immer zu kurz gekommen. Man hat das Gefühlsleben entweder als ein die beiden anderen störendes und beeinträchtigendes Element und deswegen als ein zu Überwindendes und zu Beseitigendes angesehen oder doch darin nur eine Art von Luxus, etwas wie den Sonntag des Lebens finden wollen. Diese Auffassung geht offenbar auf die alte Vermögenslehre zurück, die trennt und scheidet, koordiniert und subordiniert, was doch in Wahrheit eng zusammengehört; im psychischen Geschehen ist ein Inein= ander, ein inniges Verschlungen= und Verwobensein, und die einzelnen Fäden dieses Gewebes lassen sich nur vom analysierenden und abstrahierenden Denken aussondern, in Wirklichkeit sind sie nicht getrennt.

So konnten auch wir dem Fühlen nicht für sich allein nachgehen: da müßte das Ergebnis dürftig und lückenhaft bleiben; sondern wir haben i m Vorstellen und Denken, i m Wollen und Handeln Gefühl und Gefühle gesucht und ge= funden, unzertrennlich mit diesen anderen Funktionen ver= knüpft selbst da, wo wir es am wenigsten erwartet hätten. Fühlen ist die Sprungfeder des Erkennens, das Motiv alles Handelns; es liegt auch inhaltlich allem Erkennen als das

Ursprüngliche zugrunde, wie ja auch Kinder immer zuerst sich emotionell, gefühlsmäßig erregt zeigen, lange ehe sie zu erkennen und zu reflektieren vermögen; erst allmählich wird der Gefühlscharakter abgestreift und es bleibt als Rest eine relativ gefühlsfreie Erkenntnis übrig. Noch viel sichtbarer aber ist das Wollen durchweg an das Fühlen geknüpft, von dem es ausgeht, da alle Motive Gefühle sind, und vor allem, weil es uns ausschließlich nur in der Form von Gefühlen zum Bewußtsein kommt. Überhaupt dringt in unser Bewußtsein nur, was Gefühlswert hat: daher steht das Gefühl an der engen Pforte des Bewußtseins und entscheidet über Aufnahme oder Nichtaufnahme, über Ja oder Nein. So ist Bewußtwerden = Gefühltwerden, Selbstbewußtsein ist Selbstgefühl.

Daß die Erkenntnistheorie diesen gefühlsmäßigen Charakter des Bewußtseins fast völlig ignoriert, daß sie nicht anerkannt hat, daß das Ich als fühlendes immer auch dabei sei, hat sie lange Zeit so blutleer und immer wieder unbefriedigend gemacht. Gewiß ist die Welt meine Vorstellung; aber das Ich, das sie vorstellt, ist in erster Linie ein fühlendes Ich, und selbst die Kategorien, in denen wir die Welt vorstellen, tragen noch deutlich die Spuren ihrer Herkunft vom Einheitsgefühl und Kraftgefühl in Identität, Kontinuität und Kausalität zur Schau. Vollends aber bleibt das fühlende Ich das Zentrum des Handelns, auch die altruistischen Gefühle sind ja m e i n e Gefühle, im Glück der anderen finde ich m e i n Glück; selbst die Ethik hat sich damit abzufinden, wie sie sich von diesem egoistischen Mittelpunkt aus die Welt des Sittlichen aufbaut. Aber auch die Asthethik, von der man hätte denken sollen, sie habe ihren Gefühlscharakter nie vergessen und verleugnet, muß sich daran mahnen lassen, über die Form und in der Form den Gefühlsgehalt wieder mehr zu betonen und in der Einfühlung den Zusammenhang alles Schönen mit dem fühlenden Ich festzuhalten.

Doch nicht nur im Seelenleben des Einzelnen, in der Individualpsychologie, nimmt das Gefühl diese zentrale Stellung ein, sondern, wie das natürlich ist, da Individuen die Träger des Ganzen sind, auch im Leben der Menschheit, in ihrer Geschichte und in der Art, wie sie sich dieses ihr Leben gestaltet hat, in ihrer Kulturarbeit und deren Schöpfungen und Ergebnissen auf allen Gebieten ihres Daseins (Sozialpsychologie). Was aber das Gefühl hier leistet, ist dasselbe wie im einzelnen Seelenleben, es läßt sich mit einem Wort aussprechen, das wir bisher mehr nur nebenbei genannt haben und das doch alles in sich faßt: Das Gefühl schafft Werte. Nur was Wert besitzt, wird von mir erkannt, nur was für mich Wert hat, wird von mir erstrebt, unternommen und getan: das ist die einfache Formel für den Beitrag des Gefühls zum Erkennen und zum Handeln. Und nicht anders ist es auch im Ganzen und Allgemeinen. Das Schöne, das Gute, das Wahre, sie sind das Wertvolle und machen den Wert des menschlichen Daseins aus. Um Werte handelt es sich in der Sitte und Religion, um Werte auch im Staat und — man denke an den „Wert"messer des Geldes[1]) — auch im sozialen Verkehr und Leben; „Güter" zu erzeugen ist die Aufgabe aller Kultur, zu Gütern aber macht sie doch nur ihr Wert für mich und für jedes Ich. Und ebenso dreht sich aller Streit in der Welt um die richtige Wertung und Schätzung der Dinge und um den Besitz von Werten und Gütern. Wert aber hat etwas nur durch das Gefühl und für das Gefühl.

Geraten wir aber mit dieser Betonung des Gefühls nicht in die Nähe von allerlei Richtungen und Strömungen, denen ich wenigstens keine Lust hätte anheimzufallen und von denen ich in Wissenschaft und Leben kein Heil erwarte? Dahin rechne ich zuerst die Neigung der Erkenntnistheorie,

---

[1]) Über den Gefühlsgehalt des Geldes s. G. Simmel, Philosophie des Geldes 1900.

diefen Begriff des Wertes mit dem der Realität zu identi=
fizieren, die Welt der Vorstellung in eine Welt von Werten,
die Welt des Seins in eine Welt des Sollens zu verwandeln.
Damit stellen wir die Sache auf den Kopf. Ja wenn es nur
Luft gäbe in der Welt, möchte man allenfalls so denken;
aber in Schmerz und Unluft macht sich die Realität als eine
von uns unabhängige, über uns stehende und uns beein=
flussende unverkennbar geltend; daß wir leiden und uns an
ihr wundstoßen, das eben zeigt, daß die Welt mehr ist als
nur unsere Vorstellung. Nicht umsonst und nicht uneben hat
deshalb Descartes gerade auch in dem Vorhandensein
der passiones einen Beweis gefunden für die Existenz
einer Welt außer uns. Die Welt ist, im Gefühl erfahren
wir, daß sie ist, und im Gefühl haben wir den Wert=
messer für das, w a s sie u n s ist. Das Gefühl schafft nicht
die Welt, sondern es zeigt uns unsere Abhängigkeit von
einer realen Welt und unseren Zusammenhang mit dieser
realen Welt[1]).

Wenn wir aber im Leiden vor allem die Macht der
Realität über uns anzuerkennen genötigt sind, ist das etwa
pessimistisch gedacht? und führt die Gefühlslehre überhaupt
mit Notwendigkeit zum Pessimimus? Hiergegen darf ich

---

[1]) Mit dem Wertbegriff und mit Werturteilen wird heute in Phi=
losophie und Theologie arger Mißbrauch getrieben. Die Philosophie
soll geradezu eine Wissenschaft der Werte werden. Daher das Erscheinen
des großen Werkes von Hugo M ü n s t e r b e r g , Die Philosophie der
Werte 1908. Wie der Wert in der Lehre vom Fühlen und Wollen seine
Stelle hat, hat L i p p s a. a. O. S. 194 ff. sehr gut gezeigt, und auch
ich habe seine Bedeutung für Wollen und Erkennen durchaus anerkannt.
Aber mit der Frage nach der Wahrheit hat der Wert schlechterdings nichts
zu tun: es ist leider vieles wahr, was keinen Wert hat, und vieles nicht
wahr, was nach unserer Meinung wertvoll wäre. Doch wird dem letzteren
gegenüber H e g e l mit seinem Optimismus recht behalten, daß der Welt=
lauf meist vernünftiger ist als die Wünsche unserer Herzen. Überhaupt
täte man gut, gegen diese Überschätzung des Wertbegriffs Hegel und
seinen Respekt vor dem S e i n im Gegensatz zu einem bloßen Seinsollen,
das doch immer auch ein Nichtsein ist, heute wieder heraufzubeschwören.

nur an schon Gesagtes erinnern. Der Pessimismus ist auf dem Boden der Willenslehre gewachsen, eine richtige Psychologie des Gefühls zeigt seine Unhaltbarkeit und lehrt ihn über= winden. Wem das Lustgefühl das eigentliche Lebensgefühl ist, der wird weder an den illusorischen und negativen Charakter der Lust glauben noch am Leben verzweifeln oder den Glauben daran verlieren, daß man immer wieder mit dem Übel fertig werden kann; der wird so viele Güter und Werte in sich und in der Welt finden, daß ihm das Leben um ihretwillen doch immer lebenswert bleibt.

Der Pessimismus ist eine romantische Weltanschauung. Sind wir mit unserer Gefühlslehre nicht in Gefahr, auch unsererseits der Romantik zu verfallen oder doch Vor= schub zu leisten? Das wäre mir leid; denn ich sehe in der Romantik geradezu d e n Feind. Ich meine aber auch faktisch: ganz im Gegenteil. In der Romantik tritt das Gefühl dem Denken und Wollen mit Machtansprüchen feindlich gegen= über, es will allein herrschen und die beiden anderen in Dienst nehmen oder vertreiben. Wir dagegen haben dem Ge= fühl dadurch, daß wir es in das Zentrum des Seelenlebens stellen, das Schwebende und Unklare, den Mangel an Denk= kraft und Willensenergie genommen, der doch vor allem das Wesen der Romantik ausmacht. Wer will, der fühlt, wer denkt, der fühlt: man braucht also nicht, um nur ja recht fühlen zu können, Wollen und Denken zu opfern oder herab= zusetzen. Und so ist jenes einseitige Schwelgen und Luxu= rieren in Gefühlen, wie wir es in Politik und Religion, in Musik und Poesie als romantisch zu bezeichnen pflegen, im Grunde genommen ein Mißtrauensvotum gegen das Ge= fühl, als ob es da nicht zu seinem Rechte käme, wo man klar dächte und kräftig wollte.

Den großen Aufgaben der Zeit gegenüber aber tut es doch nur das Gefühl. Daß wir so lange geglaubt haben, im Wirtschaftsleben ohne Gefühle fertig werden zu können, hat

uns, wie schon wiederholt gesagt, die soziale Frage herauf=
beschworen. Man erzeugte fort und fort „Güter“ und ließ
doch diejenigen, die sie erarbeiteten, nicht daran teilnehmen;
man verwendete Menschen und kümmerte sich nicht um ihre
Gefühle. Da kam, was kommen mußte: die Verkennung des
menschlichen Gefühls rächte sich, in wilder Empörung er=
hob sich der vierte Stand und forderte mit vollem Recht
seinen Anteil an den Gütern der Kultur, in deren Dienst er
sich tagaus tagein abarbeitet, forderte auch für seine Gefühle
Schonung und Befriedigung. Wir haben ihm das allzulange
verweigert. Jetzt suchen wir das Versäumte gutzumachen
und hereinzuholen. Ob es uns damit gelingt, den sozialen
Frieden wiederherzustellen, weiß niemand. Aber was dabei
unsere Pflicht ist, das wissen wir: den humanen, den sozialen
Gefühlen müssen wir Raum schaffen in der Welt und uns
in ihren Dienst stellen, müssen der leiblichen und geistigen
Not des vierten Standes entgegenarbeiten, ihm die Hand
bieten zur Befreiung aus unwürdiger Abhängigkeit von den
wenigen wirtschaftlich Starken und ihn in seinem Streben
nach materieller, intellektueller und sittlicher Hebung und
Erhebung unterstützen und anerkennen.

Aber nicht nur im Namen des recht verstandenen sozialen
Gefühls gegenüber dem Egoismus, der sich in der indivi=
dualistischen Gesellschaftslehre aufspielte, als wäre er allein
im Recht, und im Wirtschaftsleben sich ein Reich unbeschränk=
ter Herrschaft reserviert hatte, sondern im Namen der humanen
Gefühle schlechthin gilt es den Kampf aufzunehmen mit irre=
geleiteten und mißverstandenen Gefühlen aller Art und auf
allen Gebieten des Lebens. Gegen den religiösen Fanatis=
mus hüben und drüben, der unser Volksleben vergiftet,
unsere Nation zerklüftet und unser Staatsleben gefährdet,
gegen den Bildungsstolz, der die Menschen in zwei Klassen
auseinanderreißt und sich nicht mehr untereinander verstehen
läßt, gegen den Chauvinismus, der die Nationen trennt,

ihre befte Kraft in maßlofen Rüftungen zu vergeuden zwingt
und fich von Zeit zu Zeit in wilden Kriegen zerfleifchen läßt,
gegen ein Ehrgefühl, das die Form höher fchätzt als den
Inhalt und in dem Blödfinn des Duells noch immer als
befonders fein und zart, als befonders ftark und tapfer fich
brüften zu dürfen meint, gegen eine Kunft, die erft in lang=
weiligem Schönmachen die Fühlung mit dem Leben verlor
und fich dann im Gegenfatz dazu von allem Schönen ab= und
dem Häßlichen zuwandte, gegen Gefühlsraffinement auf
der einen, gegen Gefühlsroheit und Stumpffinn auf der
anderen Seite — gegen fie alle gilt es, das Gefühl in
feiner Reinheit und Wahrheit zu fchützen und herzuftellen.

Helfen aber kann auch hier nur die Erziehung. Wenn
die Macht der Gewohnheit eine fo gewaltige Rolle fpielt
im Leben des Menfchen, wie wir gefehen haben, fo kommt es
vor allem darauf an, gute Gewohnheiten im Einzelnen wie
in der Gefamtheit heranzuziehen. Man hat fich im Unter=
richt an den Intellekt gewendet, man hat in der Zucht den
fittlichen Charakter zu bilden gefucht, man hat im Begriff
des Intereffes den richtigen Weg, um zum Bewußtfein vor=
zudringen, gefunden. Aber man hat von einer falfchen
Pfychologie aus fich diefen Weg felbft wieder ungangbar
gemacht und die Bedeutung des Gefühls und der Gewöhnung
für die Erziehung doch nicht begriffen. Dabei handelt es
fich natürlich nicht um eine einfeitige Pflege des Gefühls=
lebens; wohin wir damit kommen, haben wir an unferer
elenden Mädchenerziehung zur Genüge fehen können.
Nur wenn man im Unterricht wirklich mit dem Intereffe
Ernft macht und in der Erziehung beherzigt, daß immer nur
das ftärkfte Gefühl Motiv werden kann, und wenn man
für beides den Wert und die Macht der Gewöhnung an=
erkennt, wird man endlich auch den „intereffanten" Stoff
herausfinden und wird nur denjenigen Lehrer als einen guten
anerkennen, der zu intereffieren vermag, wird den „erzieh=

lichen" Unterricht nicht länger als bloße Phrase im Munde
führen und sich nicht erst nach besonderen Gesinnungs-
stoffen umsehen, auch die mit Recht geforderte staatsbürgerliche Erziehung nicht mit der Einführung eines neuen Unter-
richtsfachs erledigt glauben, sondern man wird den Nachdruck auf jenes Milieu der Sitte legen, in dem schon die
Jugend sich zu bewegen und den Imperativ der Pflicht zu
lernen hat, auf den Schulorganismus als einen Staat
im kleinen und auf den guten Geist, der in diesem Schul-
staat waltet und den Schüler von Anfang an umgibt. Vor
allem aber wird man aufhören zu meinen, daß die Schule
alles machen könne, und ihr zuzumuten, daß sie alles machen
solle. Vom ersten Tag an nehmen uns das Leben und die
Welt, Natur und Menschheit in die Schule und erziehen uns
unser ganzes Leben lang zu dem Ich, als das wir unsererseits
auf die Welt ein- und zurückwirken. Und wie alles, so hat
auch dieses Ich seinen Wert; es ist für jeden einzelnen
wirklich ein unendlicher, hängt ja doch der der ganzen Welt
davon ab. Das ist das Recht des Individualismus. Daraus
auf einen objektiv unendlichen Wert der Persönlichkeit
schließen zu wollen und praktische Folgerungen für
das Diesseits und für das Recht eines schrankenlosen sich
Auslebens im Diesseits oder gar für ein erträumtes Jenseits und für den Anspruch auf ein Fortleben im Jenseits
zu ziehen, wäre aber eine unerlaubte Überspannung und
Übertreibung eines natürlichen Gefühls. Denn objektiv
betrachtet steht doch immer das Ganze höher als der Teil,
die Gesamtheit höher als der einzelne. Daraus ergibt sich,
daß sittlich sein sozial sein heißt. Aber „was e i n Mann
kann wert sein", haben wir in der Geschichte und im Leben
darum doch oft genug erfahren; deshalb gilt es immer wieder, zuerst seiner eigenen und einzigen Persönlichkeit so viel
Wert zu geben, als es nach ihren individuellen Anlagen
möglich ist. Auch die Gesamtheit fährt dabei am besten.

So gleichen sich Individualismus und Sozialismus, die sich erst schroff gegenüberstanden, und gleichen sich Selbstbehauptung und Selbsthingabe als die beiden Grundtugenden des Menschen immer wieder zum Hand-in-Hand-gehen miteinander aus.

Ein Unausgeglichenes bleibt aber doch: es ist die Rücksichtslosigkeit des Natur- und Weltlaufes, den wir unter dem Namen „Schicksal" zusammenfassen, gegen alle Werte und vor allem gerade gegen den Wert der menschlichen Persönlichkeit. Schonungslos werden von ihm Güter zerstört, Werte vernichtet, welche die Kultur geschaffen hat, erbarmungslos wird menschliches Glück zu Boden getreten und — man denke an Schiller, der seinen Demetrius unvollendet lassen mußte — wertvollste Persönlichkeit dahingerafft. Gegen diese Tatsachen erhebt sich immer wieder das Gemüt, es möchte sich ihrer Anerkenntnis entziehen und im Weltlauf selbst seine Rechnung finden. In der Religion schafft sich dieser Herzenswunsch Befriedigung, hier ist die Einfühlung in das Schicksal am besten gelungen, ob man die Natur mit Göttern belebt und beseelt oder einem allliebenden Vater die Sorge für sich zuweist oder im Pantheismus Naturordnung und sittliche Weltordnung ineinandergreifen läßt und zur Einstimmigkeit zu bringen sucht. Nur freilich ist es eine Lösung, die sich aus Wünschen und aus Schöpfungen der Phantasie zusammensetzt und daher ihr Recht und ihre Ansprüche auf Allgemeingültigkeit erst noch zu erweisen hätte.

So könnte man hier noch einmal versucht sein, auf jene oben abgewiesene Forderung zurückzukommen und zu fragen, ob die in diesem Buch entwickelte Theorie des Gefühls nicht schließlich doch zu einer Metaphysik des Gefühls führen müsse? Gewisse Richtungslinien scheinen uns in die Hand gegeben zu sein, die über die psychischen Erscheinungen hinaus und auf ein ihnen zugrunde Liegendes hinweisen, im Ästhetischen haben wir einen Augenblick diesen Schritt über die Erfahrung hinaus gewagt, und wir wären jedenfalls in der guten Gesellschaft Goethes, wenn wir Ernst machen wollten mit dem Wort: „Gefühl ist alles"! Dennoch unterlasse ich es, diesen Sprung ins Metaphysische zu wagen. Schon innerhalb des Psychologischen und scheinbar Empirischen bleibt so vieles hypothetisch: warum deshalb mit einer so kühnen und allumfassenden Hypothese schließen — denn jede Metaphysik ist hypothetisch — und dadurch auf alles Rückliegende erst recht den Schein des Hypothetischen werfen? Würde es dann nicht so aussehen, als sei alles Vorangehende nur im Dienste dieser metaphysischen Schlußwendung geschrieben, und würde dadurch nicht die Kritik eine gewisse Berechtigung erhalten, mit diesem Schluß das Ganze abzulehnen und zu verwerfen? Nein, ich habe es ausschließlich mit dem Gefühl als einer Erscheinung des menschlichen Seelenlebens zu tun gehabt und suche darum nicht einmal nach dem, was diesem Seelenleben als Kern zugrunde liegt: eine Psychologie ohne Psyche, eine Seelenlehre ohne Seele muß uns auch bei dieser Spezialarbeit genügen, deren letztes Wort ja nicht eigentlich das Gefühl als ein begriffliches Etwas, sondern immer wieder der S a t z ist: K e i n G e - f ü h l o h n e B e w e g u n g. Daher habe ich auch die Frage: Psychophysische Parallelismus oder influxus physicus? ganz beiseite gelassen.

Doch sind es nicht bloß opportunistische Gründe, die mich von dem weiten Meer metaphysischer Spekulationen, so sehr es mich auf dasselbe hinaus lockt und zieht, in den verhältnismäßig sicheren Port der Psychologie zurücktreiben. Das Gefühl kühn und frank als Weltpotenz zu fassen, dazu habe ich wirklich nicht den Mut. Nicht weil es sich nicht dazu eignete, das weiß ich nicht; sondern was mich zurückhält, das ist die Erwägung, daß wir in der Philosophie doch nicht immer aufs neue den Weltgrund verendlichen und

anthropomorphifieren follten. Gerade wer mit dem Pan=
theismus Ernft macht, wie ich es tue, der ift nicht bloß
vom Hegelfchen Panlogismus oder vom Schopenhauer=
Wundtfchen Panthelismus und Voluntarismus unbefriedigt,
fondern er kann auch nicht das Bedürfnis in fich fühlen,
ihnen als drittes einen Panäfthanismus zur Seite zu ftellen.
Ich bin überzeugt, daß der Weltgrund unendlich viel reicher
ift, wirklich nach Spinoza infinita attributa befitzt und fich
nicht in eine jener drei uns Menfchen allein zugänglichen
Kategorien — und wären es auch alle drei zufammen —
bannen läßt. Der Menfch ift das Maß f e i n e r Welt,
aber darum noch lange nicht das Maß a l l e r Dinge. Wenn
das Göttliche als Weltgrund das All in feiner Einheit ge=
dacht ift, dann kann es noch weniger, als es ein zur unend=
lichen Perfönlichkeit erweiterter Menfch ift, wie der Theis=
mus will, nur die Potenz einer einzigen menfchlichen Kraft
fein, heiße diefe nun Denken (Logos) oder Wollen oder
Fühlen. Was ift es aber dann? Ich kann das nur mit einer
Gegenfrage beantworten und in einer durch das viele Un=
gewiffe und Problematifche auch diefer vorliegenden pfy=
chologifchen Unterfuchung verftärkten fkeptifchen Stimmung
mit dem oft wiederholten Wort Montaignes fchließen:
Que sais-je?

Namenregister

Nachtrag.

Die vierte Lieferung des zweiten Bandes von Ebbing=
haus, Grundzüge der Psychologie, worin E. Dürr das
Gefühlsleben zu behandeln beginnt, ist mir ebenso wie
der Aufsatz von H. Werner, Skizze zu einer Begriffs=
tafel auf genetischer Grundlage, im Archiv f. system. Philof.
Bd. 18, H. 1, erst nach Vollendung des Druckes zuge=
gangen; ich konnte sie daher nicht mehr berücksichtigen.

G. J. Göschen'sche Verlagshandlung G. m. b. H. Berlin W. 35 u. Leipzig

Soeben erschien:

Der deutsche Student

Von

Prof. Dr. Theobald Ziegler

Elfte und zwölfte Auflage

Gebunden M. 3.50

Diese „Studentenpredigten", wie sie Paulsen genannt hat, haben sich unter der studierenden Jugend viele Freunde erworben. Und so war es nicht zu verwundern, daß das Buch seit seinem Erscheinen fast alljährlich eine neue Auflage erlebte. Herausgewachsen war es aus der fin-de-siècle-Stimmung vor der Jahrhundertwende, die besonders in studentischen Kreisen die Herzen höher schlagen und das Blut rascher kreisen ließ, eben deswegen aber auch nach besonnener Führung sich sehnte. Eine solche fanden sie hier. Den Auflagen im neuen Jahrhundert fügte der Verfasser eine Nachtragsvorlesung hinzu zur Überleitung in ruhigere Bahnen und zur Ergänzung durch manches inzwischen Neu=gewordene. Im Winter 1905/06 aber hat er in Straßburg die Vorlesung über den deutschen Studenten noch einmal gehalten und hier vor allem die Vorgänge jener bewegten Zeit, des sogenannten „Hochschulstreites" und des Kampfes gegen die konfessionellen Korporationen freimütig und kritisch besprochen. Der neuen Auflage ist die Vorlesung in dieser späteren Fassung, wenigstens in der ersten größeren Hälfte, zugrunde gelegt worden. Die fin-de-siècle-Stimmung ist verschwunden, dafür sind die Probleme, die das Studentenleben im ersten Jahrzehnt des 20sten Jahr=hunderts bewegt haben und bewegen, in den Vordergrund gerückt und so das Buch durchaus modernisiert und wieder ganz aktuell geworden. Dabei hat es eine nicht unbeträchtliche Erweiterung erfahren. Und doch ist der Geist des Buches der alte geblieben, es ist der Geist der Freiheit, die als akademische Studenten und Professoren gleichmäßig am Herzen liegt, und der Geist eines kräftigen sittlichen Idealismus, der sich nicht fürchtet, Jünglinge zu wagen, damit Männer aus ihnen werden. Und auch der alte gute Freund des deutschen Studenten ist der Verfasser geblieben, der ihn versteht, weil er ihn liebt. Das zeigt gleich von vornherein die Widmung des Buches an die Straßburger Studentenschaft. So ist es beim Abgang Zieglers von Straßburg zu einem Vermächtnis an seine jungen Freunde auf allen deutschen Hochschulen geworden, und will nun auch in der neuen Gestalt wieder vielen eine Hilfe werden und ein Halt.

G. J. Göschen'sche Verlagshandlung G. m. b. H. Berlin W. 35 u. Leipzig

Soeben erschien:

Grundriß einer Philosophie des Schaffens
als Kulturphilosophie

Einführung in die Philosophie als Weltanschauungslehre

Von

Dr. Otto Braun
Privatdozent der Philosophie in Münster in W.

Broschiert M. 4.50, gebunden M. 5.—

Der Verfasser findet das Wesen der Philosophie darin, daß sie Gesamt=
wissenschaft, d. h. Weltanschauungslehre ist: sie erhebt sich auf dem
Fundament aller übrigen Wissenschaften und sucht (induktiv) zu einem
Weltbilde vorzudringen, dessen „Wahrheit" durch seine personale Ein=
heitlichkeit bedingt ist. Nachdem der Verfasser sich eine erkenntnistheore=
tische Basis geschaffen — es wird ein Real=Idealismus vertreten —, sucht
er an ein Grunderlebnis anzuknüpfen, das er durch den Begriff „Schaffen"
bezeichnet. Dieses Schaffen führt zur Entwicklung einer Kulturphilosophie
— die Formen und Stoffe des Schaffens werden untersucht, und dann die
Hauptgebiete des Kulturlebens in den Grundzügen dargestellt: Wissen=
schaft, Kunst, Religion, soziales Leben, Staat, Recht, Sitte, Ethik finden
ihre Würdigung. So wird der Versuch gemacht, aus dem Wesen des mo=
dernen Geistes heraus eine systematische Weltanschauung zu gewinnen,
wobei der kulturimmanente Standpunkt ausschlaggebend ist, wenn auch
eine kosmisch=metaphysische Vertiefung sich als notwendig zeigt, der Begriff
des Schaffens wird durch einen geschichtsphilosophischen Überblick über
das 19. Jahrhundert als notwendig und berechtigt erwiesen.

G. J. Göschen'sche Verlagshandlung G. m. b. H. Berlin W. 35 u. Leipzig

J. F. Herbart
Grundzüge seiner Lehre

Von

Friedrich Franke

Broschiert M. 1.50. gebunden M. 2.—

Diese Darstellung sucht in Herbarts System möglichst d i r e k t einzuführen, ohne von den späteren Fortbildungen auszugehen, läßt immer nach Herbarts eigenen Weisungen die prinzipiellen Teile zuerst einzeln entstehen und darnach in den Zusammenhang treten, den die Betrachtung unserer praktischen Anliegen verlangt. Dabei ist dann auch vielfach Gelegenheit, auf die empirische Detailforschung und ihre philosophische Bearbeitung, auf die Kunstbewegung, die sozialen und politischen Aufgaben und anderes, was die Gegenwart bewegt, Blicke zu werfen.

Friedrich Nietzsche
Eine intellektuale Biographie

Von

Dr. S. Friedlaender

Broschiert M. 2.80

Um einen Denker, wie Nietzsche, voll und ganz zu verstehen, ist vor allem die Erkenntnis des Werdegangs seiner Ideen notwendig. Bei dieser schwierigen Arbeit ist das Buch von Friedlaender ein zuverlässiger Führer und Wegweiser. Denn der Untertitel „Intellektuale Biographie" bedeutet eben nichts anderes als eine Darstellung der philosophischen Entwicklung Friedrich Nietzsches. Von dem richtigen Grundsatz ausgehend, daß der späteste Nietzsche nur aus dem frühesten verstanden werden kann, behandelt der Verfasser nach einer orientierenden Einleitung zuerst dessen geniales Erstlingswerk: „Die Geburt der Tragödie aus dem Geiste der Musik", um dann darauf die späteren Schriften und deren Grundgehalt einzeln zu erläutern und den Fortschritt, der darin enthalten, festzustellen.

G. J. Göschen'sche Verlagshandlung G. m. b. H. Berlin W. 35 u. Leipzig

Philosophische Bibliothek

aus der „Sammlung Göschen"

Jeder Band in Leinwand gebunden 80 Pfg.

Bis jetzt erschienen:

Weitere Bände sind in Vorbereitung.

G.J. Göschen'sche Verlagshandlung G.m.b.H. Berlin W.35 u. Leipzig

Pädagogische Bibliothek
aus der „Sammlung Göschen"

Jeder Band in Leinwand gebunden 80 Pfg.

Bis jetzt erschienen:

Pädagogik im Grundriß von Profeffor Dr. W. Rein, Direktor des Pädagogischen Seminars an der Univerfität Jena. Nr. 12.

Geschichte der Pädagogik von Oberlehrer Dr. H. Weimer in Wiesbaden. Nr. 145.

Schulpraxis Methodik der Volksschule von Dr. R. Seyfert, Seminardirektor in Zschopau. Nr. 50.

Geschichte des deutschen Unterrichtswesens von Prof. Dr. Friedrich Seiler, Direktor des Königl. Gymnafiums zu Luckau. I: Von Anfang bis zum Ende des 18. Jahrhunderts. Nr. 275.

— — II: Vom Beginn des 19. Jahrhunderts bis a. d. Gegenwart. Nr. 276.

Das deutsche Fortbildungsschulwesen nach seiner geschichtlichen Entwicklung und in seiner gegenwärtigen Gestalt von H. Siercks, Revifor gewerbl. Fortbildungsschulen in Schleswig. Nr. 392.

Das deutsche Handelsschulwesen von Direktor Theodor Blum in Deffau. Nr. 558.

Die deutsche Schule im Auslande von Hans Amrhein, Seminar-Oberlehrer in Rheydt. Nr. 259.

Weitere Bände find in Vorbereitung.